당신은 왜
부자가 되지 못하는가

Original Title:
Fiat Ruins Everything

© 2023 by Jimmy Song All rights reserved.
Original first edition published by BTC Media LLC
The Korean Language edition © 2025 Giant's Garden
The Korean translation rights arranged with
BTC Inc through Enters Korea Co., Ltd.

이 책의 한국어판 저작권은 ㈜엔터스코리아를 통한
저작권사와의 독점 계약으로 거인의 정원이 소유합니다.
저작권법에 의하여 한국 내에서 보호를 받는 저작물이므로
무단전재와 무단복제를 금합니다.

# 당신은
## 왜
## 부자가
## 되지
## 못하는가

개인의 부를
빼앗는
법정화폐와
비트코인 혁명

**지미 송** 지음
**백훈종** 옮김
**강승구** 감수

Fiat
―
Ruins
―
Every
―
thing

거인의 정원

**일러두기**
- 본문의 괄호 안에 적힌 내용은 이해를 돕기 위한 역자 및 편집자의 주석입니다.

오늘의 저를 있게 해준 아내 줄리에게

사랑과 지지를 바칩니다

| 추천사 |

**언젠가** 이 책의 저자인 지미가 나에게 "시스티나 성당을 꼭 방문해 보라"라고 말한 적이 있다.

"그 성당은 신성함의 상징이자 아름다움의 진정한 본보기야. 열정적인 기술의 전시이며 예술이 지향해야 할 본모습이지. 현실과 상상력을 깊이 반영한 작품이라고. 예술계 쪽 작업증명Proof of Work(네트워크 참여자들이 새로운 블록을 블록체인에 추가할 권리를 얻기 위해 어려운 수학 문제를 풀며 경쟁하는 방식)의 전형이라고 할 수 있어."

나는 그의 말에 영감을 받긴 했지만 혼란스러웠다. 지금까지 한 번도 예술을 작업증명 메커니즘의 일환으로 생각해 본 적이 없었기 때문이다. 작업증명은 경제학에서 쓰는 개념이 아니었나?

지미는 '화폐 공급'을 왜곡한 세력이 세상의 다른 부분을 어떻게 왜곡했는지도 설명해 주었다. 예술, 에너지, 교육, 도덕, 종교에 이르기까지 거의 모든 분야가 법정주의적 사고방식에 의해 타락해 왔다.

내가 하는 일은 법정주의적 사고방식이 교육 체제, 그중에서도 특히 성적 세탁을 일으키고, 대학 등록금을 상승시키며, 학교 교육의 엄정성을 전반적으로 쇠퇴시키며 학교를 타락시키는 것에 대한 불만에서 영감을 얻었다.

Write of Passage(글쓰기의 여정)를 창업한 사람으로서 나의 임무는 지미와 같은 작가들이 자신의 사명을 전파하고, 비트코인 사용자들이 소중히 여기는 자유를 실현하도록 돕는 일에 헌신하는 것이다. 이 책의 씨앗은 지미가 내 강의를 듣는 동안 움텄다. 나는 비트코인이 인터넷상에서 가치를 이동하고 저장하는 새로운 방식인 것처럼, 인터넷을 기반으로 글쓰기를 가르치는 방식을 새롭게 개척하고 싶다. 주류 언론은 법정화폐 세계를 지지하는 정치인 및 금융가와 한통속이지만, 결국 지미-그리고 사토시 나카모토와-같은 독립적인 창작자들이 병들고 인플레이션에 중독된 기관을 무너뜨릴 것이다. 아니면 지미의 말처럼 아예 '법정화폐가 빠진 지식 경제'를 구축할 수도 있다.

화폐 공급 과잉의 위험성은 지미와 처음으로 저녁 식사를 하며 이야기를 나눌 때만 해도 터무니없이 느껴졌지만 이제 내게도 분명해졌다. 나는 인간이 상호 작용하는 세계에서 건전한 화폐 Sound Money를 제거하는 것은 마치 물리학의 세계에서 중력을 제거하는 것과 같다는 것을 깨달았다. 모든 것이 깨지고, 진실이 사라지게 된다. 그리고 모든 것이 작동을 멈춘다.

경제뿐만 아니라 문화에서도 마찬가지 일이 벌어진다.

모순적이고 냉소적인 말이 진지한 대화를 대체한 시대다. 도덕의 기준은 몇 년마다 한 번씩 바뀌고, 삶의 근간이 되는 종교가 없는 사람들은 유행하는 미신들을 쫓는다 현대의 직업은 나에게도 혼란스럽다. 내가 아는 매우 똑똑한 사람들 중 많은 사람이 실제로 무언가를 직접 만드는 대신 투자자가 된 것이 어딘가 기묘하다. 그들은 무언가를 만들어서 돈을 버는 대신 돈을 찍어내는 기계(유동성을 늘리는 중앙은행의 행위를 풍자적으로 표현할 때 사용하는 단어)

근처에 머물며, 골치 아프고 복잡한 방식으로 현금을 움직이는 일을 통해 돈을 번다.

진실이 없으면 신뢰가 없고, 신뢰가 없으면 사회는 작동을 멈춘다.

스스로를 고정할 닻이 없는 문화는 마치 돌고 도는 죽음의 나선에 빠진 군대개미 무리와도 같다. 죽음의 나선은 개미들이 평소 길을 찾는 데 사용하던 페로몬의 흔적을 잃어버리며 시작된다. 개미들은 한번 행렬이 끊기거나 방향을 잃으면, 목적지로 향하지 못하고 끝없이 원을 그리며 서로를 따라가다가 결국 죽음에 이른다. 이를 우리가 사는 세상에 비유하자면, 건전한 화폐는 혼란스러운 세상에서 나침반과 같은 역할을 한다. 나침반이 없으면 우리는 이내 아무것도 모르는 무지의 상태에 빠져 버린다. 방향성도 없고 고정도 되지 않은 토대 위에 우리의 삶과 사회, 또는 금융 시스템을 세울 수는 없기 때문이다.

이 책은 비트코인과 금융의 역사라는 투시경을 통해, 우리가 사는 세계의 많은 부분이 기능적 장애를 겪는 이유를 설명한다.

지미는 안락의자에 앉아 거들먹거리며 그저 비트코인이 최고라고 외치는 사람이 아니다. 사기꾼과 허풍쟁이가 난무하는 세상이지만 그는 자신의 생각을 뒷받침할 기술과 능력을 갖추고 있다. 그는 소프트웨어와 수학에 관한 글을 쓰면서 비트코인의 세계에 입문했다. 이 책에서 그는 인문학적인 접근 방식을 통해 법정화폐 Fiat Money가 사회를 어떻게 망가뜨렸는지 여실히 보여준다.

지미는 내가 아는 사람 중 현대 세계를 가장 예리하게 관찰하는 사람 중 한 명이다. 지미를 더 많이 알게 될수록 그의 지식과 더불어, 그가 그토록 많은 문화적 규범을 거부하는 이유를 더 깊이 이해하게 되었다. 나는 그가 여섯 명의 자녀를 데리고 전 세계를 여행하며 교실이라는 근시안적인 환경에서 벗어나 세상의 광활함-그리고 시스티나 성당-을 자녀들에게 보여준 것에서도 그 사실을 알 수 있었다. 매주 성경을 공부하는 시간에 다른 사람보다 적어도 한 단계 이상 더 깊이 파고들어 성경을 해석하는 모습에서도, 그리고 당신이 지금부터 읽으려는 이 책에서 그토록 설득력 있게 법정화폐의 사회적 의미를 설명하는 것에서도 그 사실을 알 수 있었다.

《당신은 왜 부자가 되지 못하는가》는 세상에서 무엇이 잘못되었는지를 냉정하고, 친근하고, 부끄러울 정도로 솔직하게 설명한다. 지미는 기술적인 전문성, 뛰어난 언어 구사력과 금융 역사 지식은 물론 비트코인 커뮤니티에서의 영향력까지 지녔기에 이 책을 집필하는 데 더없이 완벽한 인물이다. 이 책은 정치학 학위가 없는 사람들을 위한 정치 가이드이자, 경제학 학위가 없는 사람들을 위한 '비트코인' 안내서다. 더 나은 세상을 만드는 일은 화폐의 공급이 어떻게 이뤄지는지 이해하는 것에서 시작된다. 건전한 세상은 '건전한 화폐'가 공급됨으로써 시작될 것이다.

데이비드 페렐(@david_perell)
Write of Passage 창립자

| 들어가며 |

# 법정화폐의 숨겨진 진실

**당신은 강탈당하고 있다.** 당신이 가진 돈의 가치는 줄어들고, 당신의 노력은 헐값에 팔리며, 사회의 근간을 이루는 가장 필수적인 요소들은 점진적으로 붕괴되고 있다.

삶은 점점 더 힘들어지고, 당신은 남들이 누리는 호사를 위해 당신이 대신해서 끊임없이 비용을 지불하는 것처럼 느낀다. 다른 사람들은 잘나가는 것처럼 보이는데 당신은 더 적은 급여를 받으며 더 오랜 시간 일하고, 생계를 유지하기 위해 고군분투한다. 재정적 안정을 위해 사랑하는 사람들과 갖는 소중한 시간을 희생하면서 당신의 일과 삶의 균형은 점점 더 일그러진다.

그 과정에서 당신은 자신이 사는 동네가 점점 더 비인격적이고 분리된 공간으로 변해 가는 것을 지켜보게 된다. 서로 이름을 알고 경험을 공유하며 친밀하게 지내던 지역사회는 이제 오래전에 꾼 한낱 꿈처럼 느껴진다. 정겨운 동네 가게는 사람 냄새 없는 체인점으로 대체되고, 이웃과 나누는 진솔한 대화는 점점 더 드물어진다. 당신은 자신을 기계의 수많은 톱니바퀴 중 하나처럼 느끼기 시작하고, 당신의 개성과 가치관은 빚의 집요한 압박에 짓눌려 뒷전으로 밀려난다.

한편, 생활비는 계속 올라 미래를 위해 저축하거나 노동의 결실을 누리기가 더욱 어려워진다. 당신은 부자들은 더 부자가 되고 중산층과 빈곤층은 생계를 유지하기 위해 고군분투하는 모습과 더불어, 소득 격차가 확대되는 것을 목격하고 무력감을 느낀다. 당신의 꿈과 열망은 일상을 지배하는 금전적인 압박이라는 그늘에 가려진다.

한때는 가치를 지녔던 모든 것들이 가치를 잃고 있으며, 그렇게 만드는 주범은 바로 법정화폐다.

어쩌면 법정화폐라는 말이 생소할 수도 있지만 법정화폐의 영향력은 만만치 않다. 법정화폐 체제에서는 우리가 일상에서 매일 사용하는 제품의 품질과 신뢰도가 떨어진다. 규제는 점점 더 번거롭고 비논리적으로 변하고, 제도는 불안정하고 불투명해지며 점점 더 정치적으로 변한다. 사람들이 더욱 피상적이고 불친절해지면서 미래에 대한 우리의 열망조차 무뎌지고 자기중심적으로 변해 간다.

우리 문명은 느리지만 확실하게 쇠퇴하고 있다. 이런 상황에서 가치를 길어 올리는 것은 불가능한 과업처럼 느껴진다. 마치 가치 있던 모든 것이 가치를 잃어버리고 시간과 돈, 노력을 투자해도 수익을 얻는 경우는 점점 줄어드는 것만 같다.

우리가 한때 꿈꿨던 달 기지와 화성 탐사는 대체 어디로 간 것일까? 경제 위기는 왜 이렇게 자주 발생할까? 현재 진행 중인 전쟁을 부추기는 것은 무엇일까? 비만과 건강 악화가 점점 더 만연하는 이유는 무엇일까? 왜 우리가 소비하는 모든 것이 점점 더 갖기 어려워질까? 온라인으로 끊임없이 연결되어 있음에도 불구하고 왜 우리는 서로 단절되어 있다고 느낄까? 소비자가 중심인 이 사회에서 왜 우리는 만족감을 거의 얻지 못할까?

전 세계 곳곳에 광범위하게 퍼진 부패와 타락은 심지어 북한과 같이 가장 고립된 곳에까지 영향을 미치고 있다. 이러한 쇠퇴의 원인은 명확하고 분명하다. 이 책의 목적은 이러한 원인이 2차, 3차로 영향을 미치는 추악한 심연까지 탐사해 나가는 것이다. 법정화폐가 바로 그 원인이며, 앞으로 계속 살펴보겠지만 법정화폐는 경멸의 대상이자 저주의 대상이 되어야 마땅하다.

## 매트릭스에서 탈출하기

돈의 가치 하락은 많은 문제의 근원이며, 나는 이 책에서 그것이 왜 문제인지, 또 어떻게 문제를 일으키는지 밝혀낼 것이다.

여기서 내 역할은 당신의 가이드이다. 영화 〈매트릭스〉의 주인공 네오에게 모피어스가 그랬듯이 말이다. 우리는 당신이 평생을 알아왔던 체제, 평생을 헌신해 온 체제, 당신이 직접 구성원으로 참여하고 있는 바로 그 체제가 당신을 어떻게 노예로 만들어 왔는지 살펴볼 것이다.

이 책의 목표는 당신에게 내가 가진 가치관을 강요하는 것이 아니다. 물론 공감해 준다면 매우 기쁘겠지만 말이다. 내 목표는 당신이 세상을 있는 그대로 보고, 비즈니스에서부터 인간관계, 제도, 세계 정치에 이르기까지 우리 삶의 모든 측면에 법정화폐 체제가 어떤 영향을 미쳤는지 이해하도록 돕는 것이다.

마치 좀비들을 다스리는 우두머리처럼 중앙은행은 모든 조직을 노예로 만들었고, 이제 대부분의 문명이 좀비와 같은 존재로 살아가고 있다. 이것이 바로 당신이 평생 동안 느껴온 허탈감이며, 모든 것이 서서히 악화하는 것처럼 보이는 이유다.

하지만 절망하지는 말자. 이 책을 다 읽을 때쯤이면 당신은 매트릭스에서 벗어나는 데 필요한 지식과 도구를 얻게 될 것이다. 즉, 화폐가치 하락을 극복하고 자신과 주변 사람들을 위해 더 의미 있고 만족스러운 미래를 창조할 수 있게 될 것이다.

## 법정화폐

—

우리가 사용하는 돈(법정화폐)은 상당히 광범위한 분야에 걸쳐 만연해 있는 문제다. 주유소에서 신용카드를 사용하거나 농산물 직판장에서 현금을 지불할 때면 모든 것이 문제 없이 잘 작동하기 때문에 그렇게 보이지 않을 수도 있다. 은행 송금으로 주택담보대출을 갚거나 벤모Venmo로 친구에게 돈을 송금할 때도 돈은 그럭저럭 잘 작동한다. 하지만 물건 값을 지불하는 것만이 돈의 유일한 기능은 아니다. 쉽고 편리한 거래는 선진국 경제에서 특히 중요하고 또 나름 잘 작동하지만, 돈은 다른 용도로도 사용된다.

돈은 단순한 결제 수단을 넘어 저축 수단이자 비상사태에 대비하는 수단이며, 다양한 상품의 상대적 가치를 측정하는 도구이기도 하다. 현재의 화폐 체제는 많은 분야에서 돈의 이러한 기능들을 제대로 활용하지 못하고 있다.

1913년 연방준비제도이사회FRB가 출범한 이래 달러는 구매력의 97%를 잃어버렸다. 미국 정부의 자체 소비자물가지수CPI에 따르면 현재 1달러의 가치는 1913년 당시 가치의 3%에 불과하다. 즉, 만약 1913년에 100달러가 수중에 있었다면 지금 100달러로 살 수 있는 것보다 33배나 더 구매력이 있었다는 뜻이다. 이렇듯 달러로 저축하면 상당한 가치 손실이 발생한다.[1]

물론 당신은 "그래서 그게 어쨌다는 거야?"라고 반문할 수도 있다.

"무언가 정확히 알 수 없는 경제적 변화가 있었다는 게 뭐가 그리 중요하다는 거지? 문명은 잘만 번영하는데 누가 그런 일에 신경이나 쓴다는 거야?"

정말이지 훌륭한 질문이다. 그럼 한번 물어보겠다. 과연 지난 50년 동안 문명은 크게 발전했을까? 아니면 발전 속도가 현저히 느려졌을까? 만약 속도가 느려졌다면 그 원인은 무엇일까?

## 돈은 문명의 생명선이다

문명은 사람과 사람 사이를 연결하는 복잡한 관계망으로 이루어져 있다. 개인과 개인의 연결이 없이는 문명도 존재할 수 없다. 이러한 관계는 문명을 유지하는 토대가 된다. 돈은 이 관계망에 흐르는 생명선이며, 상품과 서비스의 거래를 가능하게 한다.

네트워크 내에서 유통되는 재화의 가치가 안정적일수록 더 나은 거래가 더 많이 이루어진다. 더 많은 상품과 서비스가 시장에 출시되고, 더 많은 사람이 그 효용의 혜택을 누리며, 문명이 번성한다. 이러한 체제에서 화폐는 **건전하고** 신뢰할 수 있으며 미래를 계획하는 데 도움이 되는 좋은 도구다. 건전한 화폐는 믿을 수 있는 친구의 약속처럼 작동하며 기대한 만큼, 때로는 그 이상의 결과물을 가져다준다.

그러나 네트워크 안에서 순환하는 가치가 안정적이지 못하면 문명은 흔들린다. 거래는 더욱 투기적으로 변하고, 상품과 서비스를 시장에 내놓는 사람이 줄어들며, 문명은 정체되고 심지어 퇴보한다. 이러한 체제에서 화폐는 신뢰를 잃게 되고 화폐를 기반으로 계획을 세우기 어렵기 때문에 **불건전하다**. 불건전한 화폐는 사기꾼의 약속처럼 작동하여 미래에 대한 불확실성을 가중시키고, 궁극적으로 무언가를 구축할 동기를 잃게 한다.[2]

지난 50년 동안 우리 문명은 이 흔들리는 토대 위에 세워져 왔다. 우리는 모래 위에 세상을 건설했다. 한때는 화폐가 건전했다. 금본위제 아래에서는 문명 네트워크를 통해 흐르는 가치가 고정된 무게의 금에 묶여 있었기 때문에 정직하고 예측 가능한 거래가 보장되었다. 일정량의 금을 상품이나 서비스로 교환할 수 있었고, 같은 양의 금을 언제 어디서나 거의 동일한 가치의 다른 상품이나 서비스로 교환할 수 있었다.

법정화폐의 도입과 중앙은행의 세력 확장은 이러한 안정성을 약화시켰다. 중앙의 계획에 따라 공급이 수시로 변하면서 화폐가치는 지속적으로 하락했다. 이로 인해 미래를 계획하는 일이 점점 어려워졌고, 그 결과 시간이 지남에 따라 문명은 점차 퇴보했다.

이러한 문제들이 어떤 영향을 미쳤는지는 코로나19로 인한 봉쇄 기간에 일어난 일만 살펴봐도 알 수 있다. 처음에는 심각한 경기침체가 있었고, 그다음에는 자산가치가 엄청나게 폭등했으며, 다시 경기침체가 이어졌다. 기존 사업체들은 미래의 불확실성으로 인해 큰 어려움을 겪었다. 설상가상으로 불규칙한 통화정책은 신규 사업자들이 창업하는 데 상당한 어려움을 겪게 만들었다. 이러한 패턴은 새롭게 등장한 것이 아니다. 우리는 1971년 이후 미국뿐만 아니라 전 세계에서 이와 비슷한 호황과 불황의 주기를 여러 번 목격했다.[3]

우리의 화폐는 왜 불건전해졌을까? 화폐는 왜 이렇게 불안정한 걸까? 그 답은 중앙은행에서 찾을 수 있다. 중앙은행이 바로 지금의 모든 혼란을 발생시키는 핵심 원인이다.

## 중앙은행 제도: 문제의 근원

겉으로 보기엔 무해해 보이는 중앙은행이라는 기관은 사실 우리 경제에 파괴적인 인센티브(어떠한 선택과 행동을 하도록 유도하는 보상 또는 처벌 시스템)를 만들어내는 숨겨진 권력을 휘두르고 있다. 중앙은행은 화폐 공급을 통제하는 인형극의 조종자로서, 수탈과 스태그네이션(장기간의 저조한 경제 성장과 정체 현상)의 체제를 영속화하여 대다수 국민에게 그 피해를 고스란히 떠안긴다.

중앙은행은 은행들의 은행으로서 통화 공급의 고삐를 쥐고 경제에 언제, 얼마나 많은 돈을 투입할지를 결정한다. 새로운 화폐 발행을 통제하는 권한은 화폐가치를 떨어뜨리고, 일반 대중이 보유한 저축의 구매력을 약화시키는 교묘한 인플레이션을 일으켜 왔다. 중앙은행은 경제 체제에 지속적으로 법정화폐를 쏟아부음으로써, 정부가 대중의 부를 은밀하게 몰수하여 낭비되는 깜깜이 예산을 충당하는 것을 돕는다. 정부는 전쟁 자금을 끝없이 지원하고, 다채로운 사회 서비스를 제공하며, 수익이 감소하는 산업에 구명조끼를 던져주는 등 다양한 목적으로 화폐를 발행한다.[4]

이러한 통화 공급의 조작은 경제 내 인센티브와 각종 신호를 왜곡하기도 한다. 중앙은행 정책의 부산물인 인위적인 저금리는 무분별한 차입을 조장하고 투기적인 투자를 장려하는 결과를 불러온다. 금융공학Financial Engineering으로 불리는 이러한 행위들은 자산 거품과 금융 위기를 초래하는 유해한 경기순환 주기로 이어지고, 스태그네이션과 불평등을 더욱 악화시킨다.[5]

이러한 순환 주기는 경제의 한 부분에서 발생한 작은 혼란이 다른 부분에까지 전염되어 영향을 미치는 중앙집권식 화폐 발행 및 관리 체제의 취약성을 잘 보여준다. 법정화폐라는 흔들리는 기반 위에 세워진 현대 경제는 카드로 만든 위태로운 집과 같으며, 피할 수 없는 돌풍이 불어와 모든 것을 무너뜨릴 때만을 기다리는 집과 같다.

게다가 중앙은행은 실질적인 가치를 창출하는 것보다, 비생산적인 활동에 보상을 주는 시스템을 육성함으로써 끔찍한 인센티브의 증가에 기여하고 있다. 이러한 왜곡된 인센티브와 도덕적 해이라는 환경은 생산적인 기업으로부터 인재와 자원을 멀어지게 하여 문명의 발전을 저해하고 퇴보를 가져온다.[6]

### 인플레이션: 조용한 도둑

—

중앙은행 체제 아래에서 인센티브가 변화하는 주된 경로는 인플레이션이다. 인플레이션은 교활한 소매치기처럼 어둠 속에서 활동하며 우리가 인지하지 못하는 사이에 가치를 빼앗아간다. 인플레이션은 대표성도, 입법 절차도, 투명성도 없이 우리에게 다가오는 은밀한 세금이다.[7] 사실 호황기에는 대부분의 사람들이 인플레이션의 진정한 영향을 무시하거나 인식조차 하지 못한 채 서서히 물이 끓는 냄비 속의 개구리처럼 살아간다.

돈을 저축해 왔던 현 세대 사람들은 코로나19 팬데믹이라는 대격변과 그에 뒤따른 극단적인 통화 정책들로 인해 인플레이션의 도둑 같은 본성을 체감했다. 이전 세대는 1970년대의 경기침체와 스태그플레이션을 통해, 나아가 제2차 세계대전 이후 시기는 물론 1920년대의 호황기 때에도 사람들은 인플레이션의 본성에 대해 깨달았다.[8] 그때마다 진실의 장막이 걷히면서 우리의 구매력을 사라지게 만드는 속임수의 이면이 드러난 것이다.

코로나19가 전 세계를 강타하기 전에도 자산 가격은 폭주하는 롤러코스터처럼 천정부지로 치솟았다. 주택, 자동차, 주가는 어지러울 정도로 급등했고, 2%라는 물가 상승률 목표치는 물거품이 되었다. 흔히 이러한 현상의 원인으로 기업의 탐욕을 지적하지만, 그런 설명은 마치 중고차 딜러의 영업 멘트처럼 믿기 어렵다. 진짜 원인은 수요와 공급이라는 기본적인 경제 원리에 따라 끊임없이 시장에 유입되는 달러의 홍수다.[9] 달러 공급이 늘어나면 자산 가격은 필연적으로 치솟는다. 끊임없는 화폐가치의 하락은 삶을 갉아먹으며 우리를 내내 괴롭혀 온 불안과 불만족의 근원이기도 하다. 이제 베일이 벗겨졌으니, 이 어두운 문제를 밝은 곳으로 끌어내서 우리 삶과 지역사회, 국가 그리고 우리가 사는 세상에 만연한, 초라한 저성장과 부패를 드러내야 할 때다.

## 이 책의 목적

이 책은 우리가 사용하는 불건전한 화폐 체제가 만들어낸 결과물인, 얽히고설킨 거대한 그물망 속으로 뛰어든다. 법정화폐의 영향은 쉽게 이해하기 힘들 만큼 매우 광범위하고 깊숙이 세상에 뿌리박혀 있으며, 우리 삶의 거의 모든 측면에 유독성 안개처럼 널리 스며들어 있어 그 실체를 파악하기 어렵다.

처음 〈비트코인 매거진Bitcoin Magazine〉에 글을 쓰기 시작했을 때나의 목표는 화폐가치 하락이 우리에게 어떤 해를 끼치는지에 대한 나의 의견을 표출하는 것이었다. 처음에는 뉴욕에서 저렴한 아파트를 찾는 것처럼 이러한 사례를 찾는 것이 어려울 것이라고 생각했다. 그런데 웬걸, 내가 틀렸다.

내가 이내 발견한 진짜 문제는 오히려 부패한 법정화폐의 영향력이 미치지 않는 영역을 찾을 수 없다는 것이었다. 중앙은행 제도의 촉수는 매우 거대하여 거의 모든 것을 그 파괴적인 손아귀에서 벗어나게 놔두지 않는다. 사실 화폐가 경제 내에서 거의 모든 거래에 쓰이는 지불 수단이라는 점을 감안하면 이는 놀라운 일이 아니다.

이 책은 세상을 바라보는 새로운 시각을 제시하며, 불건전한 화폐 체제가 초래한 광범위한 부패와 황폐화를 폭로한다.

이 책은 6부로 나뉜다. 1부에서는 법정화폐가 왜 부도덕함과 사악함의 집합체인지 설명한다. 법정화폐가 문명, 도덕, 의미 그리고 삶을 가치 있게 만드는 모든 것들을 어떻게 파괴해 왔는지 살펴본다. 1부의 내용은 법정화폐의 사악함에 대한 철학적 논증이다.

그다음으로 2~5부에서는 법정화폐의 인센티브를 뚜렷한 네 가지 차원에서 면밀히 살펴보고 점진적으로 범위를 확대한다. 2부에서는 개인 차원의 인센티브와 우리 개개인의 삶이 어떻게 왜곡되고 훼손되어 왔는지에 대해 자세히 살펴본다. 3부에서는 기업 차원의 인센티브와 우리의 공동체적 유대가 어떻게 약화되었는지 살펴본다. 4부에서는 국가 차원의 인센티브와 정부의 간섭이 우리의 제도와 정체성 형성에 어떤 영향을 미쳤는지 살펴본다. 5부에서는 범지구적 인센티브와 달러 패권주의의 영향력 아래에서 세계가 어떻게 운영되는지 살펴본다.

마지막으로 6부에서는 현재 중앙은행이 지원하는 법정화폐 체제의 대안에 대해 분석한다. 이 책 전체에 걸쳐 비트코인이 유일하고도 합리적인 대안이라고 주장하는 이유를 좀 더 자세히 살펴볼 것이다. 무엇보다도 알트코인이 그저 새로운 종류의 법정화폐일 뿐이라는 것과 비트코인이 우리에게 자기 주권과 개인의 책임을 되돌려주는 방식을 보여준다. 요약하면 이 책은 법정화폐가 왜 파멸을 불러오는 문제 투성이이며, 왜 비트코인이 훨씬 더 우수한 대안인지에 대한 균형 잡힌 논거를 제시하는 것을 목표로 한다.

다시 말해, 이 책은 당신이 평생 느껴온 끊임없는 화폐가치 하락의 실체에 대해, 그리고 그 폐해로부터 어떻게 자유로워질 수 있는지 알려줄 것이다.

# Fiat Ruins Everything

| 차례 |

추천사 006
들어가며 법정화폐의 숨겨진 진실 010

 **1부**
**법정화폐는 악이다**

1장 문명을 훼손하는 법정화폐 029
2장 꿈을 훔치고 삶의 의미를 바꿔버린 법정화폐 042
3장 도덕을 훼손하는 법정화폐 057
4장 법정화폐는 신념을 훼손한다 070

 **2부**
**개인의 인센티브를 파괴하는 법정화폐**

5장 법정화폐라는 러닝머신 087
6장 지대 추구자들의 나라 102
7장 결혼을 파괴하는 법정화폐 114
8장 가족을 무너뜨리는 법정화폐 125
9장 법정화폐는 인간관계를 훼손한다 138
10장 포스트모던 투자의 승리 152

### 3부
# 조직의 인센티브를 파괴하는 법정화폐

| | |
|---|---:|
| 11장 법정화폐가 기업에 미치는 영향 | 165 |
| 12장 돈을 빨아들이는 새로운 자석, 스타트업 | 183 |
| 13장 일의 가치를 훼손하는 법정화폐 | 197 |
| 14장 기술 독과점 체제를 만들어낸 법정화폐 | 208 |
| 15장 최초의 알트코인, 항공사 마일리지 | 218 |
| 16장 자선단체의 위상을 추락시킨 법정화폐 | 228 |
| 17장 대학의 가치를 떨어뜨리는 법정화폐 | 242 |

### 4부
# 국가의 인센티브를 파괴하는 법정화폐

| | |
|---|---:|
| 18장 법정화폐는 국가 부패를 조장한다 | 257 |
| 19장 기업을 착취하는 국가 | 281 |
| 20장 세금은 정부의 수입을 위한 연극이다 | 290 |
| 21장 부동산의 허황된 현실 | 297 |
| 22장 법정화폐는 모든 것을 정치화한다 | 308 |

### 5부
# 세계화의 인센티브를 파괴하는 법정화폐

| | |
|---|---:|
| 23장 세계화를 망가뜨린 법정화폐 | 323 |
| 24장 과학을 망치는 법정화폐 | 348 |
| 25장 풍력과 태양광은 에너지의 알트코인이다 | 365 |

| 26장 예술을 타락시키는 법정화폐 | 376 |
| 27장 지식을 타락시키는 법정화폐 | 387 |

## 6부
# 법정화폐 체제의 종식

| 28장 법정화폐는 반드시 파괴되어야 한다 | 401 |
| 29장 알트코인의 망상과 순진함 | 412 |
| 30장 알트코인 지지자들이 비트코인을 지대 추구에 이용하는 방법 | 425 |
| 31장 피자데이의 잘못된 교훈 | 438 |

## 결론
# 가치, 자기 주권, 희망의 미래

| 결론 가치, 자기 주권, 희망의 미래 | 453 |

| 감사의 말 | 464 |
| 주석 | 470 |

# 1부
# 법정화폐는
# 악이다

Fiat
Ruins
Every
thing

# Fiat Ruins Everything

| 1장 |

# 문명을 훼손하는 법정화폐

**편안한 집**, **맛있는 음식**, 충만한 인간관계, 이국적인 곳에서 경험하는 짜릿한 모험, 매혹적인 음악, 뜻깊은 공헌 그리고 의미 있는 삶의 목적까지, 우리는 모두 '좋은 것'을 원한다. 우리는 오래도록 지속될 무언가를 만들고, 위대한 성취를 이루며, 미래 세대를 위해 더 나은 세상을 물려주고 싶어 한다.

이러한 열망은 사회에 참여하고 인류의 발전에 기여하려는 인간의 자연스러운 본능이자 인간이라는 존재를 구성하는 속성 중 일부분이다. 그러나 안타깝게도 이런 바람은 법정화폐로 인해 좌절되고 만다. 우리는 더 나은 것을 갈망하지만, 어쩔 수 없이 사용해야만 하는 법정화폐 체제 때문에 그 모든 것들이 늘 손에 닿지 않는 것처럼 느낀다.

## 법정화폐와 왜곡된 인센티브

법정화폐는 여러 인센티브를 교란한다. 그 이유는 가격에 민감하지 않은 특별한 구매자, 즉 법정화폐 발행자가 존재하기 때문이다. 이들은 가난한 사람들에게 복지를 제공하거나, 무력을 앞세운 군사작전에 필요한 자금을 조달하는 등 다양한 목적을 위해 화폐를 발행할 수 있으며, 실제로 그렇게 하고 있다. 문제는 이들이 새로 발행한 화폐를 무분별하게 지출한다는 점이다.

이렇듯 무분별한 지출이 가능한 것은 정부 자체가 아니라 정부를 대신하는 관료가 제품과 서비스의 조달을 담당하기 때문이다. 정부를 대신하여 행동하는 이 관료는 정부의 자금을 지출할 권한을 위임받는데, 이 체제를 남용하기 쉽다. 그 이유는 간단하다. 관료들은 본인의 돈이 아니라 타인의 돈을, 본인의 이익이 아니라 타인의 이익을 위해 사용하기 때문이다. 이로 인해 효율적으로 거래할 인센티브가 부족해지고 잘못된 투자와 낭비가 발생한다.

반면에 개인이 자신의 돈으로 시장에서 제품이나 서비스를 사고팔 때는 지출하기 전에 각각의 가치를 신중하게 평가한다. 개인은 가격에 민감하며 돈의 가치를 최대한 끌어올리기 위해 노력한다. 그러나 제품과 서비스를 조달하는 정부 관료들은 정부의 이익을 극대화하기보다는 자신의 이익을 우선시한다. 이는 상품과 서비스를 검토하는 데 시간을 덜 쓰거나 특정 공급업체를 선호하는 등 다양한 방식으로 나타난다. 결국, 이러한 관행은 조달 관료가 정부의 비용으로 자기 배를 불리는 불공정한 거래로 이어진다.

법정화폐 경제에서는 정부가 풍부한 자금을 보유하고 있기 때문에 이러한 문제를 간과하기 쉽다. 또한 원활한 관계 유지를 위해 문제를 일으킨 관료를 해고하지 않는 경우도 있다. 이러한 관료들은 경제적 제약을 거의 받지 않으며, 가격에도 민감하지 않다. 이는 한계 없이 발행할 수 있는 법정화폐가 제공하는 특성이다. 결국 지대 추구자(별다른 노력 없이 일정한 이득을 얻기 위해 비생산적이고 부당한 활동에 자원을 낭비하는 자)로 알려진 이들은 그 어떤 가치나 혜택도 창출하지 않으면서 타인의 희생을 통해 이익을 얻는다.

정부 관료만이 지대 추구자에 속하는 것은 아니다. 과도한 레버리지를 이용해 도박을 일삼는 투자은행의 기관투자자도 같은 범주에 속한다. 이들은 투자에 성공하면 이익을 독차지하지만, 실패해도 정부의 구제금융으로 손실을 보전받는다. 이러한 지대 추구자들은 무언가 가치 있는 것에 기여하지 않으면서 사회의 자원만 고갈시킨다.

안타깝게도 법정화폐 사회에 존재하는 많은 직업이 지대 추구 요소를 상당 부분 가지고 있다. 직업에서 발생하는 지대 추구의 정도는 대개 그 직업이 정치와 얼마나 밀접하게 연관되어 있는지에 비례한다. 직업이 정치적 성격을 띨수록 지대 추구가 발생할 가능성도 커진다.

체제를 속이는 것이 이익이 되는 구조에서는 많은 사람이 그렇게 행동하게 된다. 속이는 것은 열심히 노력하는 것보다 쉽기 때문에 매력적으로 보이며, 속이는 행위가 만연할수록 기존의 도덕적 장벽이 무너지면서 속임수가 당연시되어 버린다. 그 결과 사회의 가치관이 왜곡되고, 속임수에 능숙한 사람들이 오히려 그 기만적인 능력으로 인해 존경받게 된다. 오늘날 지대 추구 행위는 당연시되는 것을 넘어 찬양까지 받고 있다.

도덕적으로는 비난받아 마땅한 행위지만, 지대 추구에는 현실적으로 이해할 만한 측면이 있다. 가치 있는 제품이나 서비스를 창출하는 일은 어려운 데다, 기술이 발전함에 따라 언젠가는 도태되어 새로운 것으로 대체될 위험이 지속되기 때문에 본질적으로 불안정하다. 이에 비해 지대 추구 행위를 일삼는 직업은 비록 보상이 적더라도 안정성이 높아서 더 매력적으로 보인다. 따라서 이런 자리를 차지하려는 경쟁이 치열한 것은 그리 놀라운 일이 아니다.

많은 사람이 투자은행에서 일하는 기관투자자, 벤처투자자, 또는 정치인이 되기를 꿈꾸는 이유는 이 직업들이 높은 수익성을 보장하면서도 상대적으로 적은 노력과 창의성만을 요구하고, 상품이나 서비스를 생산하는 것보다 훨씬 더 안정적이기 때문이다. 결국 법정화폐가 만들어낸 인센티브 구조는 본질적으로 심각한 결함을 가지고 있으며, 이는 건강하지 않은 경제 환경을 조성하는 주요한 원인이 된다.

법정화폐가 인센티브에 미치는 광범위한 영향은 사회에 다양한 부작용을 초래한다. 법정화폐는 재능 있고 열정적인 인재들이 문명을 발전시키는 재화와 서비스를 생산하는 대신 지대 추구 활동에 노력을 쏟게 만든다. 이러한 우선순위의 왜곡은 혁신을 저해하고 경제 성장을 둔화시키며, 개인의 이익을 사회 전체의 이익보다 우선시하는 병리적 구조를 심는다.

더 나아가, 지대 추구 행위를 미화하는 것은 사회의 도덕적·윤리적 기반을 흔들며, 속임수와 조작을 당연시하게 만들고 기관과 개인의 신뢰를 훼손한다. 이러한 신뢰의 상실은 사회 결속력을 약화시키고 공동체의 근간을 불안정하게 만드는 등 광범위한 영향을 미친다.

## 능력주의를 약화시키는 '캉티용 효과'

지대 추구 행위를 일삼는 직업이 만연하다는 것은 경제의 상당 부분이 정상적인 수요-공급의 시장 원리에 따라 운영되지 않는다는 것을 의미한다. 심지어 지대 추구가 가능하다는 사실만으로도 기울어진 운동장이 형성된다. 법정화폐는 마치 편파적인 심판처럼, 능력주의를 장려하는 척하면서 지대 추구자에게 유리한 환경을 조성한다.

진정한 자유 시장에서는 정치적으로 가장 영향력이 높거나 가장 많은 사람을 고용한 기업의 제품, 혹은 정부 기관에서 가장 많이 사용하는 제품이 아니라 최고의 제품이 승리한다. 최고의 제품은 최상의 가격 경쟁력으로 가장 많은 사람의 필요와 욕구를 충족시키기 때문에 시장에서 살아남는다. 그러나 법정화폐 체제는 이 시장 경쟁이라는 경주로에 바나나 껍질을 던지는 것과 같다. 참가자들은 이 왜곡된 환경에서 미끄러지며 길을 벗어나고야 만다.

정부가 돈을 찍어낼 수 있는 체제에서 가장 큰 혜택을 보는 사람은 그 돈에 가장 먼저 접근하는 사람들이다. '캉티용 효과'[10]로 알려진 이 현상은 부자들이 특별한 가치를 창출하지 않고도 더 부자가 되는 이유를 설명해 준다. 예를 들어, 왜 많은 국회의원들이 몇 번의 임기만 마치면 그토록 엄청난 부자가 되는 것일까? 이들은 단순히 법을 제정하는 역할만 할 뿐인데도 말이다.

그렇다면 정부는 '황금 티켓'을 받을 대상을 어떻게 결정할까? 대부분의 정부 정책이 그렇듯 결국 모든 것은 관료들을 만족시키는 정치적 게임으로 귀결된다. 법정화폐 발행이 정치적 의도에 따라 좌우되는 순간 돈이 닿는 모든 것, 즉 사실상 모든 것이 정치의 영향권에 놓이게 된다. 그 결과, 정치는 자유 시장이라는 정원에 무성한 잡초처럼 자라나 그 본래의 기능을 방해하는 존재가 된다.

법정화폐 경제에서 '가진 자'는 대개 정치적 감각이 뛰어난 플레이어들이다. 이들은 새로 찍어낸 돈이 자신들에게 흘러들어오도록 조종하는 방법을 알고 있으며, 이를 통해 그렇지 못한 사람들에 비해 압도적인 우위를 점한다. 그 결과, 정치적인 기업이 우수한 제품을 생산하는 비정치적인 기업보다 앞서게 된다. 법정화폐 경제에서 오래 살아남는 기업들은 정치적으로 민첩한 기업들이다. 오늘날에는 기업가가 아니라 정치인 같은 경영자가 기업을 이끄는 경우가 많고, 특히 오래된 기업일수록 더욱 그렇다.

정치적으로 능숙한 기존 기업들은 법정화폐 경제에서 막대한 이점을 누린다. 이들은 신생 기업에 과도한 규제 비용을 부과하고, 새로 발행한 돈에서 보조금을 받아 자신의 지위를 더욱 공고히 한다. 결국, 시장은 열등하고 철 지난 제품들로 가득 차고, 더 우수하고 혁신적인 제품들은 이런 불공정한 환경 때문에 시장에 진입조차 하기 어렵다. 기존 기업들은 마치 캘빈볼(참가자가 경기를 진행하며 마음대로 규칙을 추가할 수 있는 스포츠 경기)[11]을 하듯, 자신들이 불리해질 때마다 규칙을 바꿔가며 경쟁에서 살아남는다.

부패한 노동조합, 좀비기업, 낡은 정치인은 사회에서 쓸모가 다한 기관들을 대표한다. 이들은 시장의 요구를 충족시키지 못했음에도 정치적 수단을 이용해 생존을 유지한다. 낡고 쇠락한 것들이 삶에 집착하며 혁신을 틀어막고, 창의적인 해결책이 등장하는 길을 가로막는다. 결국, 정치는 마치 무능한 교사가 학생의 호기심을 꺾어버리는 것처럼 기업가 정신과 창의성을 말살해 버린다.

다시 말해, 능력주의는 모든 영역에서 정치의 그늘에 가려지고 말았다. 한때 활기찼던 능력주의의 정원은 정치라는 잡초로 뒤덮였고, 혁신과 창의성은 숨 쉴 공간조차 없는 환경에서 힘겹게 버티고 있다. 능력이 원동력이 되어야 할 경제에서 정치는 오히려 발전을 가로막는 장애물이 되어 버렸다.

## 발전을 가로막다

정치가 능력주의보다 우위를 점하면 문명은 발전하기 점점 더 어려워진다. 우수한 제품과 서비스가 성공하기는커녕 시장에 출시되기조차 힘들고, 설령 출시되더라도 기득권을 가진 기업들에 밀려 살아남지 못한다. 그 결과, 시장은 더욱더 정치화된다. 법정화폐는 마치 자녀를 과잉보호하는 부모처럼 정치적으로 연결된 기존 업체들을 보호한다. 즉, 이들이 역동적인 신생 기업들에 밀려 도태되지 않도록 시장 환경을 인위적으로 조작한다.

결국, 법정화폐는 발전을 가로막는다. 문명의 발전이 정체되는 이유는 마치 운동장을 장악한 불량배처럼 기존 업체가 강력한 정치적 힘을 휘둘러 신생 기업의 성장을 가로막기 때문이다. 기존 업체는 거대한 규제 장벽을 세우고, 법정화폐 보조금으로 신생 경쟁사를 압박하며, 제한 없는 법정화폐로 최고의 인재를 낚아채고, 마지막 수단으로 신생 기업을 아예 인수해 버린다. 이 모든 전략은 새로 발행한 화폐에 대한 접근권을 기반으로 한다. 좀비기업들은 진보와 혁신을 집어삼키며 그들의 존재를 유지해 나간다.

사실 지금쯤 우리는 원자력 기반 기술을 풍부하게 활용하고 있어야 하지만, 과도한 규제에 가로막혀 억눌려 있는 상태다. 정부는 법정화폐 체제를 통해 이런 규제를 강제할 수 있다. 석유, 천연가스, 석탄 같은 기존 에너지원이 여전히 지배적인 위치를 차지하고 있는 이유는 더 나은 에너지 대안을 모색하는 데 별다른 과학적 진전을 이루지 못했기 때문이다. 앞으로 살펴보겠지만, 풍력이나 태양광과 같은 기술은 변동성, 에너지 밀도, 휴대성 측면에서 명백한 단점이 있음에도 불구하고, 단지 정치적으로 인기가 있다는 이유로 정부의 지원을 받는다. 에너지 기술의 발전은 오히려 퇴보하고 있다.[12] 정치적 이해관계에 맞아떨어진다면, 현실보다 거짓이 더 강력한 힘을 발휘하는 것이 법정화폐 경제의 특징이다.

러다이트 운동가들(일반적으로 산업화, 자동화, 컴퓨터화 또는 신기술에 반대하는 사람을 의미)[13]은 법정화폐와 정치적 이해관계가 초래하는 심각한 스태그네이션 덕분에 법정화폐 체제에서 번성한다. 이 체제는 뿌리부터 보수적이며, 낡고 오래된 것을 보존하기 위해 새롭고 가치 있는 것들을 희생시킨다. 만약 이 논리가 익숙하게 느껴진다면 그럴 만한 이유가 있다. 메디케어(미국의 국영 의료보험 제도) 자금 조달, 사회보장제도 유지, 코로나19 봉쇄 정책의 정당화 등 모두가 같은 논리에 기반하기 때문이다.

이러한 정체 현상은 뉴욕과 런던 간 비행시간이 50년 전보다 오히려 늘어난 항공업과 같이 다양한 산업에서 뚜렷하게 드러난다.[14] 세척하는 데 1시간도 채 걸리지 않던 식기세척기가 이제는 3시간 이상 걸리는 것도 마찬가지다.[15] 이러한 퇴보의 원인은 기존 기업들을 보호하는 규제와 능력보다 정치적 이해관계를 우선시하는 시스템에 있으며, 그 결과로 진보를 멈춘 산업이 점점 늘어나고 있다.

법정화폐는 실제로 문명의 퇴보를 초래했다. 과거였다면 핵공학자가 되었을 인재들이 이제는 리액트React.js 기반 앱과 신뢰하기 어려운 웹 3.0Web3 프로젝트에 몰두하고 있다. 그 이유는 단순하다. 그 분야에서 가장 높은 보수를 지급하기 때문이다. 다른 시대였다면 발명가가 되었을 사람들이 오늘날 투자은행가가 되어 고빈도 거래 시스템이나 만지작거리고 있다. 법정화폐가 만들어낸 인센티브 구조는 완전히 왜곡되었고, 능력은 더 이상 고려 대상조차 아니다. 따라서 우리가 문명의 기술적, 정치적, 도덕적 퇴보를 경험하는 것은 결코 우연이 아니며, 이것이 바로 법정화폐 경제가 만들어낸 현실이다.

인류는 1969년 달에 사람을 착륙시키면서 문명 발전에 정점을 찍었다. 그 이후로 우리의 업적은 인류를 앞으로 나아가게 하기는커녕 오히려 뒷걸음질 치게 만들었다. 기껏해야 우리가 기존에 이룬 것들을 간신히 유지하고 있을 뿐이다. 더욱 최악인 것은 인류가 여태껏 쌓아온 발전을 거꾸로 되돌리고 있다는 것이다.

게다가 이러한 지대 추구 문화는 '특권의식'을 조장해 왔다. 강력한 정치적 인맥을 지닌 지대 추구자들은 자신들이 이 제로섬 또는 네거티브섬 게임의 주인공이라고 믿는다. 그러나 현상 유지를 목표로 하는 개인보다 발전에 더 해로운 것은 없다. 법정화폐 체제는 원래 생산적이었던 사람들조차 특권의식에 사로잡혀 기득권의 문지기 역할이나 하는 골칫거리로 전락시키고, 도로의 작은 구멍을 수년 동안 수리하는 인부처럼 발전으로 가는 길을 가로막는다.

## 법정화폐 스태그네이션

—

법정화폐의 핵심은 잘못된 인센티브로 가득 찬 체제다. 남의 노력을 훔치는 것과 정당한 노동 중 하나를 선택해야 한다면, 사람들은 대부분 훔치는 것을 선택한다. 법정화폐 체제에서는 이러한 도둑질이 정치적 수단을 통해 이루어진다. 안타깝게도 정치는 문명의 퇴보를 초래하는 네거티브섬 게임이다. 정치는 전쟁과도 같다. 시장 원리에 따라 자원을 배분하는 것이 아니라, 중앙에서 강제적으로 결정하기 때문에 이미 쌓아온 자본을 소모하고 공유 자원을 파괴하는 방식으로 작동한다.

　법정화폐는 기존 기득권층이 자신의 지위를 유지할 수 있도록 그들에게 유리한 방식으로 부를 재분배한다. 그 결과 신선한 아이디어, 신상품, 혁신적인 제품이 자리 잡을 공간이 제한된다. 기존 기업들이 막강한 정치적 영향력을 행사하여 시장을 정체된 상태로 유지하기 때문이다.

　우리는 이제 사회에 실질적으로 기여하는 생산적인 개인보다 지대 추구자가 더 많은 위험한 분기점에 도달했다. 얼마나 많은 사람들이 무의미한 일자리에서 일하고 있을까? 아예 일하지 않고 엑스박스Xbox와 매트리스Mattress, 우버 이츠Uber Eats에 만족하며 살아가는 사람은 얼마나 될까? 이들은 사회에 어떤 의미 있는 기여를 하고 있을까? 이런 현실 속에서 우울증이 만연하는 것은 어쩌면 당연한 일이다.

　경제의 정치화와 좀비화는 사회의 운영 방식에 실질적인 악영향을 미쳤다. 건축 규제로 인해 새로운 형태의 주택 건설이 어려워지고 있으며,[16] 항공 규제가 혁신적인 상업용 비행기 설계를 불법화하고 있다.[17] 또한 핵에너지 규제는 원자력을 더 효율적으로 활용하는 대체 기술의 개발을 사실상 불가능하게 막고 있다. 이처럼 법정화폐와 정치적 개입은 혁신을 억누르고, 사회를 정체된 상태에 가둔다.

　이미 전성기를 한참 지난 산업과 기업들이 경제의 생산성을 떨어뜨리고 있다. 이들은 거의 아무런 가치도 제공하지 않지만, 여전히 법정화폐 체제를 통해 보조금을 받고 생존을 이어간다. 석유,

기차, 항공, 자동차와 같은 산업은 이미 정체 상태에 빠졌으나, 법정화폐 덕분에 도태되지 않고 유지되고 있다.[18] 심지어 전자제품 및 소프트웨어 같은 비교적 새로운 산업조차 성장이 정체된 채 좀비들에게 시장을 점령당하고 있다.

게다가 이러한 좀비화는 더욱 가속화하고 있다. 예를 들어, 페이스북Facebook(현재의 메타)은 IBM보다 훨씬 더 빠르게 생산적인 기업에서 지대 추구형 기업으로 전락한 것으로 보인다.

이것이 바로 법정화폐의 냉혹한 현실이다. 결국, 생산적인 개인들조차 시간이 흐를수록 정치에 얽혀 지대 추구자로 변질된다. 사회에 긍정적으로 기여하는 사람보다 좀비가 더 많아지면서 이들에게 감염되지 않는 것은 점점 더 어려워진다. 법정화폐의 확산은 스태그네이션을 초래하고, 좀비로 가득 차 심연으로 서서히 가라앉는 배처럼 인류의 발전을 위태롭게 만든다.

## 비트코인은 희망이다

—

그나마 다행스러운 점은 비트코인이 이 잘못된 인센티브를 바로잡을 수 있다는 것이다. 법정화폐를 없애면, 시장은 다시 자연스러운 수요와 공급의 원리에 따라 효과적으로 작동하게 된다. 그 결과, 정치의 영향력이 줄어들고 경제가 스태그네이션에서 벗어나면서 문명은 다시 앞으로 나아갈 수 있다. 비트코인은 위험한 바다에서 길을 잃은 배를 안내하는 등대처럼, 퇴보를 되돌릴 수 있는 해결책이자 인류에게 주어진 희망의 기회다.

그러나 그 이전에 우리는 약 100년에 걸쳐 이루어진 법정화폐 체제의 부패와 정체를 해결해야 한다는 현실을 인정해야 하며, 여기에는 시간이 걸릴 수밖에 없다. 현 체제에서 가장 큰 이득을 얻고 있는 캉티용 효과의 수혜 계층-아이비리그 경영대학원 졸업생, 부유한 노년층 그리고 관료들-은 비트코인을 받아들일 가능성이 가장 낮다. 이들은 변화에 격렬하게 저항하고, 현 체제를 유지하며 자신들의 지배력을 더욱 공고히 하기 위해 모든 수단을 동원할 것이다. 그 대표적인 예가 중앙은행 디지털 화폐CBDC: Central Bank Digital Currency를 도입하려는 시도다. CBDC는 기존 기득권층의 통제력을 더욱 강화하기 위한 도구에 불과하다.[19]

다행히도 비트코인은 시간이라는 이점을 갖고 있다. 젊은 세대, 개발도상국의 시민, 가치 있는 상품과 서비스를 생산하는 사람 등 캉티용 효과의 수혜를 입지 못하는 낙오자들은 궁극적으로 비트코인이 제공하는 더 공정한 시스템으로 자연스럽게 이동할 것이다. 결국, 좀비들은 서로를 잡아먹으며 소멸할 수밖에 없다.

자, 혁명에 참여한 것을 환영한다. 이제 문명을 구하러 가자.

| 2장 |

# 꿈을 훔치고
# 삶의 의미를 바꿔버린
# 법정화폐

**법정화폐가 만들어낸** 거짓말이 하나하나 쌓일 때마다 우리는 꿈을 잃어가고 있다.

세상을 바꾸고, 진정한 변화를 만들고 싶다는 꿈으로 가득 찼던 어린 시절을 기억하는가? 그러나 나이가 들면서 법정화폐 경제의 냉혹한 현실, 특히 영혼을 짓밟는 법정화폐 기반 직업들이 그런 열정을 꺾어버렸다. 결국, 당신은 자신의 꿈을 현실적인 선택과 맞바꾸었고, 한때 간절히 원했던 목표들은 이제 순진했던 어린 시절의 헛된 환상으로 치부되었다.

대신 당신은 승진, 더 큰 차, 더 좋은 집을 좇으며 이것이 가치 있는 희생이라고 스스로를 설득하며 생쥐 레이스Rat Race(치즈를 차지하기 위해 달리는 쥐들처럼 출세를 위해 치열하게 경쟁하는 삶)에 갇혀

버렸다. 법정화폐 체제의 유혹에 조종당하는 꼭두각시가 되어버린 것이다. 그들이 정해 놓은 규칙에 맞춰 춤추며, 정작 좋아하지도 않는 사람들의 인정을 받으려 애쓰고 있다. 고작 이런 것이 당신의 삶인가? 의미 없는 게임에서 사소한 승리를 쫓으며 끝없이 허덕이는 것? 한때 가슴 뛰게 했던 꿈은 먼지 쌓인 다락방에 방치한 채 말이다.

이렇듯 덧없고 물질적인 목표를 추구하는 이유는 그것이 현실적으로 달성할 수 있는 유일한 목표처럼 보이기 때문이다. 당신은 그것이 비록 법정화폐 체제가 만들어낸 신기루일지라도 옳은 길로 가고 있다고 스스로를 합리화한다. 이 체제는 지대 추구를 성공이라는 이름으로 포장하며 당신을 속인다. 당신의 꿈은 단순히 바뀐 것이 아니라 훼손되었다. 그리고 여기, 받아들이기 힘들겠지만 피할 수 없는 진실이 있다. 꿈의 훼손은 곧 인생의 훼손이라는 사실이다.

하지만 비디오 게임, 소셜 미디어, 밈들이 이런 존재적 공허에서 당신을 잠시라도 벗어나게 해줄 것이다. 그렇지 않은가?

## 법정화폐 세상에서 의미를 찾는 여정

역사상 대부분의 사람들은 자신을 넘어서는 더 큰 가치를 추구하는 데서 삶의 의미를 찾았다. 가족, 공동체, 종교 등 자신이 믿는 것에 참여하고 그것을 확장하는 것을 삶의 의미로 삼았다. 그들은 도시를 건설하고, 다음 세대를 키우며, 사상을 가르침으로써 오래도록 지속될 유산을 남기고자 했다. 이러한 노력 속에서 그들은 존재의 목적을 찾았고, 삶을 가치 있게 만들었다.

가족, 공동체, 종교는 문명의 필수적인 요소로서 사회를 건설하는 데 필요한 견고한 토대를 제공했다. 이러한 사회를 건설하려면 다양한 기술과 재능이 필요했고, 각자 맡은 역할을 수행함으로써 공동체는 더욱 발전할 수 있었다. 그 과정에서 노동은 단순히 생계유지 수단을 넘어서는 의미를 가졌다. 왜냐하면 그들이 만들어낸 것들은 단순히 한순간의 성취가 아니라, 오랜 세월 지속될 유산이 되었기 때문이다.

예를 들어 수십 년, 때로는 수 세기에 걸쳐 자발적인 노동력으로 지어진 유럽 전역의 대성당을 떠올려보자.[20] 대성당 건설에 참여한 많은 사람이 생전에 자신이 평생을 바친 노동의 결실인 완성된 성당을 보지 못했지만, 이러한 건축물과 그것이 상징하는 가치가 오랜 세월 동안 지속될 것이라는 점에서 그들의 노동은 의미 있는 것이었다. 이와 마찬가지로 가문의 유산과 공동체 조직 또한 그것을 쌓아온 이들이 세상을 떠난 후에도 지속되었으며, 미래를 내다보는 장기적인 비전과 깊은 의미를 지니고 있었다.

이제 오늘날의 현실과 비교해 보자. 많은 사람이 불과 몇 년 만에 문을 닫는 기업에서 일하고 있으며, 오랫동안 존속한 기업조차도 캉티용 효과와 정부 보조금에 의존하는 좀비기업이나 다름없다. 우리가 살고 있는 건물들은 오랜 세월을 견딜 수 있도록 지어지지 않았다. 연구조차도 진리를 탐구하기보다는 지대 추구 수단으로 활용되는 경우가 많아 인류의 발전에 실질적으로 기여하지 못하고 있다. 법정화폐 체제는 전통적으로 삶에 의미를 부여했던 모든 요소의 시간 선호도Time Preference(현재의 만족을 미래의 만족보다 얼마나 더 중시하는지를 나타내는 지표)를 높였고, 그 과정에서 그 가치마저 타락시키고 말았다.

삶의 의미를 지켜온 마지막 보루인 가족, 공동체, 종교는 여전히 존재하지만 점차 그 본래의 가치를 잃어가고 있다. 특히 지난 50년 동안 가족은 더 작아지고,[21] 공동체는 서로 단절되고 있으며, 종교마저도 법정화폐 문화에 잠식되고 있다.

이제 우리는 법정화폐 체제가 교육, 기업, 과학, 예술 그리고 지식을 어떻게 타락시켰는지 깊이 탐구할 것이다. 진정한 의미와 공동체의 가치를 대체하려는 타락한 것들은 마치 기생충과 같아서, 삶의 모든 원천에서 의미를 빼앗아 간다. 그리고 그런 와중에도 법정화폐 체제라는 게임은 마치 좀비 무리가 다음 희생자를 찾아 헤매듯 계속해서 움직인다.

## 가문의 유산을 대체한 법정화폐 교육
―

법정화폐 기반의 교육 체제(중앙집권식 교육 체제)는 가치와 기술의 전수라는 가족의 핵심 역할을 은밀하게 빼앗아 갔다. 전통적으로 가족은 가치관과 기술을 전파하는 중심 공간이었으며, 각 세대는 이전 세대로부터 배운 지식과 경험을 다음 세대에 전달하며 가문의 유산을 이어왔다. 이러한 유산은 단순히 부富의 형태로만 남은 것이 아니라, 가문의 이름과 정체성 속에서도 지속되었다.

과거에는 이름이 중요한 의미를 지니고 있었다. 아이에게 좋은 이름을 지어주는 것은 그 아이가 가문의 예절과 가치관을 계승하길 바란다는 뜻이었으며, 각 가문은 고유한 정체성과 신뢰할 수 있는 전통을 유지해 나갔다. 그러나 이제는 가치관과 기술을 전수하는 책임이 법정화폐 교육 체제에 흡수되었다. 그 결과, 가문의 이름보다 어느 대학을 졸업했는지가 직업 시장에서 더 중요한 평가 기준이 되면서, 교육 기관이 가치관과 기술 습득의 주요 근원이 되어버렸다.

이러한 변화는 언뜻 보면 사회적 평등을 강화하는 것 같지만, 실제로는 국가에 대한 순응을 더욱 높이는 역할을 한다. 과거에 가족이 중심이 되어 전수하던 가치들은 이제 획일화되었고, 이른바 '진보'라는 명목 아래 전통적 경쟁자인 가족 단위를 약화시키는 방향으로 나아가고 있다. 그 결과, 개인의 정체성은 점점 더 가족과 공동체가 아닌 광범위한 이념적 진영에 기반하여 형성되고 있으며, 그 사이에서 다양성은 거의 찾아보기 어려워졌다.

게다가 가치관은 끊임없이 변화한다. 엘리트 계층의 유행이 계속 바뀌기 때문이다. 권력을 쥔 자들이 의제를 설정하는데, 그 의제의 유일한 일관성은 그들에게 더 많은 권력을 부여한다는 사실뿐이다. 국가가 가치관과 기술을 전수하는 역할을 장악하면서, 많은 사람들이 국가가 지시하는 대로 행동하고 국가가 말하는 것을 그대로 믿게 되었다. 결국, '순응'이 법정화폐 교육에서 가르치는 핵심 가치가 되어버렸다.

　안타깝게도 순응은 사랑이라는 진정한 덕목의 빈약한 대체물에 불과하다. 가족은 친족 간의 자연스러운 사랑과 유대 속에서 책임감, 충성심, 희생을 길러낸다. 그러나 국가는 이와 같은 반응을 강제로 이끌어내려 하며, 결국 사랑을 왜곡된 형태로 변질시켜 '순응'이라는 가치를 주입하려 한다.

## 진정한 공동체를 장악한 법정화폐 기업들

법정화폐 기업들이 진정한 공동체의 자리를 대신 차지했지만, 그 안에는 실제 공동체가 제공하는 풍요로움과 깊이가 결여되어 있다. 진정한 공동체에서는 사람들이 서로를 알고, 물품과 서비스를 자유롭게 거래하며, 당국의 허가 없이도 무에서 유를 창조할 수 있다. 공동체의 가치는 사회적 교류와 자연스러운 배척을 통해 유지되며, 실력과 가치를 갖춘 상품과 서비스가 인정받고 선택된다. 그 결과, 특유의 문화가 형성되고 구성원들 사이에 깊은 유대감과 진정한 의미가 자리 잡는다.

　이와 대조적으로, 법정화폐 기업은 법정화폐 체제를 유지하기 위해 설계된 인위적이고 거대한 권력 구조 안에서 운영된다. 이들은 하향식 가치관을 강요하며, 규모가 커질수록 지대 추구에 더욱 깊이 빠져든다. 승진이나 임금 인상과 같은 혜택은 정치적 계산에 따라 배분되며, 결국 기업은 권력 다툼과 반사회적 행동이 만연한 장소로 변질된다.

　기업이 강력한 공동체 의식을 형성하는 데 어려움을 겪는 가장 큰 이유는 그들이 직면한 인센티브가 왜곡되었기 때문이다. 법정화폐 체제에서 살아남기 위해 이들은 의미 있고 오래 지속되는 무언가를 구축하기보다 빠른 해결책과 즉각적인 이익을 우선시한다. 결국, 법정화폐 체제가 존재하는 한 오랜 기간 생존한 기업은 필연적으로 금융화의 길을 걷게 된다.

　금융화된 기업들은 캉티용 효과에 의존하여 생존하며, 그 결과 시장에 실질적인 가치를 제공하지 않는 경우가 많다. 이러한 접근 방식은 장기적 관점에서 문명을 건설하는 상품과 서비스를 창출하는 것보다 더 선호되곤 한다. 그러나 캉티용 효과는 안타깝게도 대기업에 불균형하게 혜택을 주면서 기업의 핵심 가치를 훼손하는 부작용을 초래한다. 그 결과, 이러한 기업들은 영혼 없는 좀비처럼 변하면서 오직 화폐 발행자들의 이익을 충실히 기여하는 데만 집중하게 된다.

　아이러니하게도 이러한 기업들에서 지대 추구가 만연함에도 불구하고, 편한 일자리를 구하는 것은 생산적인 일자리를 찾는 것만큼 어렵거나 오히려 더 힘들다. 고위직은 정치적인 요구가 뒤따르기 때문에 그 역할이 여간 부담스럽지 않고, 때로는 더 가혹할 수도 있다. 예를 들어, 로펌의 파트너가 되거나 벤처캐피털VC의 지원을 받는 스타트업을 창업하려면 종종 주당 80시간을 일해야 한다. 그러나 이러한 성취는 그 대가로 사회에 실질적인 가치를 더하는 것이 아니라, 개인의 희생을 요구하는 경우가 많다. 기업 내에서 승진하고 높은 지위에 올라 권력과 돈을 얻을 수 있을지는 몰라도, 끝없는 잡무와 더불어 사랑하는 사람들과 보낼 시간이 부족한 삶이 뒤따른다. 결국 이러한 '승리'는 거시적인 관점에서 보았을 때 별다른 의미를 갖지 못한다. 로펌의 파트너 승진 같은 일을 한 세기 후에 기억하는 사람은 아무도 없을 것이다.

따라서 이러한 환경에 처한 많은 사람들이 우울증에 시달리는 것은 전혀 놀라운 일이 아니다.[22] 이들은 캉티용 효과를 이용한 지위 경쟁에서 승리할 수 있을지 몰라도, 실제로는 아무런 성취도 이루지 못하며 유산을 남기지도 못한다. 본질적으로, 이들은 국가가 조장하는 금융 게임을 통해 타인의 부를 훔치고 있을 뿐이다. 그리고 대부분의 사람들은 이러한 직업에 어떠한 '의미'도 없다는 걸 마음속 깊이 인식하고 있다.

반면에 진정한 공동체는 공동의 미래에 투자하고, 자신들이 사라진 후에도 오래 지속될 무언가를 구축한다. 이에 비해 법정화폐 체제에 의존하는 기업들은 공동체의 타락한 대체물에 불과하며, 그 구성원들에게 공허함과 불만족만을 남긴다.

## 종교를 장악한 법정화폐 정치

정치는 이제 진정한 종교의 피상적인 대체물이 되어 겉보기에는 더 중요한 의미를 전달하는 것처럼 보이지만, 사실은 미사여구에 그칠 뿐이다. 화폐 발행권이라는 유혹적인 보상이 걸려 있기에, 정치는 지대 추구자들을 끌어들이고 철학보다는 관료주의에 가까운 학문적 사제 계급을 형성했다. 대학교들은 학생들에게 법정화폐 체제의 도덕을 주입하고 세뇌하는 기관이 되었으며, 정치가 종교를 대체해 버렸다.

정치가 종교를 대체하며 초래한 다양한 부작용 중 하나가 과학의 타락이다. 역사적으로 많은 과학의 선구자들은 지식을 탐구하는 것이 신을 더 깊이 이해하는 길이라고 보았다. 이들에게 과학은 종교적 신념의 연장선이었으며, 이는 그들의 가치관과 조화를 이루는 의미 있는 탐구였다.

그러나 정치가 진리 탐구를 대체하면서 법정화폐 체제의 과학은 점점 현실과 단절되고 있다. 과학의 형이상학적·철학적 토대는 정치적 의제로 대체되었고, 그 결과 진리와 현실은 배제된 채 지대 추구만이 우선시되고 있다. 결국 법정화폐 체제의 과학은 철학이 추구하는 진리와 현실이 아니라 권력 정치의 허무주의를 반영하게 되었다. 24장에서 살펴보겠지만, 중앙집권적으로 계획한 막대한 자금을 투입했음에도 불구하고 법정화폐 체제에서 과학적 진전은 거의 이루어지지 않았다.

법정화폐 체제의 예술 역시 형이상학적 기반의 부족으로 어려움을 겪고 있다. 법정화폐 사회가 만들어낸 예술은 복잡하고 난해하며, 진리와 아름다움 대신 허무주의와 정치의 권력 게임을 반영하는 데 그치고 있다. 이와는 대조적으로 르네상스 시대의 예술가들은 신앙심이 깊었던 만큼 예술을 종교적 헌신의 연장선으로 여겼다. 이들은 신에게 영광을 돌리지 않는 예술의 창작을 부적절한 행위로 간주했다. 26장에서 살펴보겠지만, 법정화폐 예술은 정치적 개입으로 인해 거대한 지위 경쟁으로 전락했고, 시대를 초월한 아름다움은 단순한 지대 추구 행위의 수단으로 격하되었다.

정치가 진정한 종교를 대체하면서 과학과 예술은 진리, 아름다움, 그리고 더 높은 목적과의 연관성을 잃고 말았다. 이러한 변화는 허무주의, 권력 다툼, 지대 추구를 우선시하는 세상을 만들어 냈으며, 그 결과 사회는 더욱 깊은 삶의 의미와 충만함을 상실하게 되었다.

## 법정화폐 시대에 사라지는 삶의 의미

법정화폐는 원래는 의미 있었을 삶의 다양한 요소들을 서서히 부식시킨다. 이는 화폐가치가 빠르게 하락하면서 단기적인 이익을 좇는 고高시간 선호적 행동이 장려되기 때문이다. 그 결과 사회는 돈을 의미보다 우선시하는 왜곡된 가치관에 지배당하게 되었다.

법정화폐 기업, 법정화폐 교육 그리고 법정화폐 정치는 모두 본래의 가치를 대체하는 방식으로 겉보기에는 의미가 있는 것처럼 보인다. 그러나 사랑, 희망, 믿음과 같은 덕목을 받아들이는 대신 우리는 그 타락한 형태인 순응, 권위주의적 이상, 허무한 지위 경쟁에 직면하게 된다. 사람들은 자신의 존재가 더욱 타락할까 봐 두려워하며, 마지못해 이러한 게임에 순응할 수밖에 없다.

권력을 쥔 자들이 허용하는 범위 내에서만 결정할 수 있기에 우리의 선택지는 극도로 제한되었다. 가능성으로 가득 차야 할 세상은 정제되고 생명력을 잃은 형태로 축소되었고, 결국 우리는 국가의 의제를 추진하는 도구로 전락했다. 직업, 성취, 공동체 그리고 원래는 삶의 의미를 부여해야 할 다양한 요소들마저 국가에 의해 무기화되어 개인이 아닌 국가의 목표를 위해 이용되고 있다.

결혼, 가족, 자녀, 심지어 개인의 정체성과 같은 전통적인 '의미의 원천'들조차 정부의 개입으로 인해 변질되었다. 그 결과 이러한 삶의 요소들은 점차 의미를 잃었고, 사람들은 선전을 통해 국가가 승인한 길만을 따르게 되었다. 권력층은 국민이 순응하기를 바라며, 개인의 충성심이 분산될수록 국가에 대한 복종이 약해진다는 사실을 잘 알고 있다.

순응적인 사람들은 통제하기 쉽다. 이는 그들이 방역 지침을 따르고, 전쟁을 지지하며, 심지어 어린아이들의 성전환처럼 논란이 되는 행위조차 옹호하는 모습에서 드러난다. 법정화폐의 시대에는 국가에 대한 순응과 국가 목표의 추구가 의미를 찾을 수 있는 유일한 길이 되어버렸다. 그 결과 인간 존재의 근간이 무너지고 사회는 진정한 목적을 상실한 채 표류하고 있다.

**공허한 꿈의 추구**
—

지속적이고 의미 있는 노력이 희귀해진 세상에서 사회는 국가가 제시하는 유토피아적 비전에 집착하게 된다. 이러한 비전은 역사적으로도 흔히 나타났는데, 예를 들어 나치 독일[23]은 인종적으로 순수한 세상을 지향했고 스탈린 치하의 소련은 노동자가 지배하는 마르크스주의적 이상향을 추구했다.

본래는 의미 있고 생산적인 활동에 쓰여야 했을 에너지가 이제 국가가 주도하는 서사에 흡수되고 있다. 그러나 열역학 제2법칙과 마찬가지로, 이러한 서사는 시간이 지날수록 점점 더 혼란스럽고 불안정해지기 마련이다. 예를 들어, 현재 미국이 제시하는 비전은 미국이 세계를 경찰처럼 관리하는 평화로운 질서 속에서 시민들이 별다른 노력 없이 쾌락적인 삶을 즐기는 것이다. 결국 이는 정치적 술수를 동원하는 수고 없이도 지대 추구가 가능한 국가를 만들겠다는 목표에 불과하다.

이러한 비전은 현실과는 거리가 멀다. 미국은 그 어느 때보다 많은 분쟁에 휘말려 있으며[24] 재정, 군사 장비, 인명 피해 측면에서 막대한 비용을 지출하고 있다. 또한 사회 프로그램과 구제금융에도 더 많은 비용을 지출하고 있으며, 달러의 글로벌 기축통화 지위마저 위협받고 있다. 이러한 실패에도 불구하고, 다른 삶의 영역에서 의미를 찾지 못한 사람들은 여전히 이 유토피아적 환상을 맹목석으로 추구하고 있다. 한때 의미를 지녔던 모든 것들이 타락하면서 사회는 결국 국가가 내세우는 공허한 약속에 기대게 되었고, 그 결과 가짜에 불과한 목적의식에 안주하게 되었다.

## 법정화폐가 규정한 삶의 의미에서 벗어나기

—

삶의 의미가 점점 사라지는 것이 불러온 결과는 참담하기만 하다. 과거에는 가족, 공동체 그리고 종교가 정체성의 중심이었지만 이제는 화려한 학위, 영혼을 소진하는 직장 생활 그리고 혼란스러운 정치 속에서 길을 잃는 것이 삶의 전부가 되었다. 요즘 사람들이 간신히 붙잡고 있는 삶의 의미마저도 피상적인 것들뿐이다. 소셜 미디어에서의 인기나 정치적 소속감 같은 것들이 그 예다. 트위터에서 벌어지는 최신 논란을 한 번만 봐도, 정말 요즘 시대에도 여전히 의미가 있는 무언가가 있기는 한지 회의감이 든다.

삶의 의미는 본질적으로 시간 선호도가 낮아야 찾을 수 있다. 하지만 우리는 "어떻게 하면 저 인스타그램 인플루언서처럼 복근을 만들 수 있을까?" 또는 "내가 승진하지 못하면 친구들이 어떻게 생각할까?"와 같이 높은 시간 선호도를 자극하는 질문들에 끊임없이 시달린다. 이 질문들이 얼마나 자기중심적인지 눈여겨보자. 마치 나르키소스가 거울을 들여다보듯, 한쪽에는 끝없는 자기 집착이, 다른 한쪽에는 포모 FOMO: Fear of Missing Out(자기만 뒤처지는 것 같은 두려움)라는 두려움이 자리 잡고 있다.

비트코인은 우리로 하여금 다시 장기적인 시각을 되찾게 해준다. 법정화폐 체제에서는 미래를 내다볼 수 없었고, 저축의 가치가 계속 떨어지면서 장기적인 계획을 세우는 일이 그저 헛된 꿈처럼 느껴졌다. 하지만 비트코인은 '저축할 길'을 열어줌으로써 우리의 시야를 넓혀준다. 우리는 어떤 유산을 남길지, 문명에 어떻게 기여할지를 깊이 고민할 수 있으며, 마침내 다시 한번 더 큰 꿈을 꿀 수 있는 정신적 여유를 가질 수 있게 된다.

그렇다면 이렇듯 삶의 의미를 추구하는 여정을 되찾도록 주도하는 것은 누구일까? 다름 아닌, 종종 비판받는 비트코인 맥시멀리스트들이다. 이들은 장기적인 관점을 바탕으로 의미 있는 삶에 과감히 뛰어들고 있다. 법정화폐 체제에서 벗어난 이들은 가족, 공동체, 종교와 같은 전통적인 가치 속에 진정한 삶의 의미가 존재한다는 것을 다시금 깨닫기 시작했다.

많은 이들이 가정을 꾸리고, 공동체 활동에 참여하며, 심지어 종교를 찾기까지 했다. 이는 외부에서 보면 놀라운 변화처럼 보이지만, 덕목의 관점에서 바라보면 자연스러운 흐름이다. 비트코인을 통해 저축할 수 있는 자유를 얻으면 자신의 삶을 깊이 돌아볼 기회가 생기고, 그 과정에서 조금만 비판적으로 들여다봐도 법정화폐의 기만적인 본질은 무너져 내린다.

비트코인은 법정화폐의 영향력을 제거한다.

이제 당신은 묻어두었던 꿈을 다시 꺼내, 진정으로 의미 있는 무언가를 추구할 자유를 갖게 될 것이다.

| Fiat Ruins Everything |

## 뇌세포를 낭비하는 무의미한 일 10가지

01. 어젯밤 열린 스포츠 경기의 점수(프로 운동선수라면 예외)

02. 온라인에서 우연히 마주친 키보드 워리어의 의견

03. 원작을 망치는 영화 속편(그냥 무시하길)

04. 유명인의 의견

05. 기업이나 정부가 공들여 작성한 공식 성명

06. 공직자의 부적절한 행동에 대한 변명

07. 비디오 게임 출시일

08. SNS에서 받은 '좋아요' 수

09. 인터넷 논쟁에서 이기려는 집착(아무도 신경 쓰지 않음)

10. 카다시안 부부가 지난주에 한 일(혹은 그 어떤 주에라도)

| 3장 |

# 도덕을 훼손하는 법정화폐

**우리의 도덕적 가치관은** 법정화폐 체제에 잠식되었다.

2023년 사람들은 우크라이나 국기를 프로필에 달고, 마스크를 착용하며, 선호하는 대명사를 사용했다(영어권 국가들에서 번지고 있는 사회적 현상으로 일부 성 소수자들이 실제 성별과 상관없이 he/him, she/her, 또는 they/them 대명사로 자신을 불러 달라고 요구하는 것). 만약 2018년의 누군가가 이런 행동을 본다면 아마 의아해할 것이다. 그 이유는 간단하다. 이러한 행동은 선천적이거나 본능적인 것이 아니라 최근에 강요된 도덕규범일 뿐이기 때문이다. 우리는 권위자들이 지시했기 때문에 이러한 행동을 따를 수밖에 없었다. 나는 이러한 현상을 법정화폐 도덕성Fiat morality이라고 부른다.

법정화폐 도덕성은 엘리트들 계층이 '하향식'으로 강요하는 가치 체계다. 매년 새로운 규범이 등장하고 그 기준은 빠르게 변한다. 불과 몇 년 전만 해도 도덕적인 행동으로 간주되던 것이 이제는 혐오스럽고 불쾌한 것으로 간주되기도 하고, 반대로 과거에 비난받던 것이 갑자기 미덕으로 평가되기도 한다. 이러한 규칙들은 이더리움의 통화 정책보다 더 자주, 더 비논리적으로 바뀐다.

우리는 모두 누군가 우리를 특정한 가치관으로 몰아가고 있다고 느낀다. 왜 곤충 단백질을 먹으라고 권장하는 걸까? 왜 작은 캡슐만 한 원룸에서 살도록 유도하는 광고가 넘쳐날까? 왜 '아무것도 소유하지 않아도 행복할 수 있다'고 계속해서 세뇌하려는 걸까? 이 모든 것 뒤에 숨겨진 의도에 대한 불편한 의심이 우리 내면의 회의적인 본능을 일깨운다. 지금 우리에게 강요되는 도덕성은 마치 길거리에서 벌어지는 3카드 몬테 게임(플레이어가 딜러의 덱에 있는 특정 카드의 모양에 베팅하는 도박 카드 게임)과 같이 처음부터 조작된 것처럼 보인다.

왜 우리는 이러한 새로운 행동을 받아들이도록 압박받는 걸까? 왜 이런 행동들이 미덕인 것처럼 포장되고 있을까? 더 중요한 것은, 이러한 흐름이 과연 우리를 어디로 이끌고 있는가 하는 것이다. 이 장에서는 법정화폐 도덕성이라는 혼란스러운 환경의 배경에 깔린 동기를 밝히고, 이러한 노골적인 조작이 결국 법정화폐 체제에서 비롯되었음을 보여줄 것이다.

## 법정화폐 도덕성의 작동 방식
—

법정화폐 도덕성은 법정화폐와 비슷한 방식으로 작동한다. 위에서 일방적으로 선언하며, 모두가 따르니까 당연히 받아들여야 한다는 식으로 압박을 가한다. 이 새로운 도덕규범에 의문을 제기하는 순간 매장, 배척, 집단적 비난과 같은 사회적 처벌이 뒤따른다. 넘지 말아야 할 선이 점점 늘어나면서, 결국 우리는 마치 레이저 동작 경보망에 갇힌 것처럼 자유롭게 움직일 수 없는 상태가 되어 버린다.

법정화폐 도덕성은 '대세 여론'이라는 논리를 통해 강력한 영향력을 행사한다. 충분히 많은 사람이 어떤 행동을 혐오스럽다고 믿으면, 그 행동이 실제로 혐오스러운지 여부는 중요하지 않다. 사람들은 단지 사회적 비난을 피하기 위해 자발적으로 그 행동을 회피한다. 이는 마치 학교에서 불량배를 피하는 심리와 비슷한데, 바로 안전 때문이다. 만약 자신의 행동을 바꿈으로써 비난의 화살이 다른 사람에게 향한다면, 가장 안전한 선택은 행동을 바꾸는 것이다.

엘리트들은 이러한 인간의 심리를 교묘하게 이용하여, 선전을 통해 새로운 법정화폐 도덕규범을 퍼뜨린다. 이 과정에서 주요한 역할을 하는 기관은 언론, 학계 그리고 정부다. 예를 들어, 많은 저녁 뉴스가 시청자에게 "당신은 □를 해야 한다"라는 메시지를 주입한다. 대학이나 정치 집회도 마찬가지다. 이들은 단순히 보고하거나 교육하는 것이 아니라 준수를 강요한다. 기관들은 국가의 대변인 역할을 하며, 마치 소련의 정치국처럼 위에서 내려오는 지침을 전달하는 역할을 한다. 그리고 대중에게 "이 선을 넘지 마라", "불이익을 피하려면 이렇게 행동하라"라고 끊임없이 명령을 내린다.

선전이 필요한 이유는 이러한 새로운 행동들이 본능적이거나 직관적인 것이 아니기 때문이다. 예를 들어 코로나19가 유행하는 동안 집에 머무르는 것이 도덕적 행동으로 간주된 것은 보건 당국이 그렇게 선언한 이후였다. 즉, 법정화폐 도덕성은 개인이 스스로 판단하는 것이 아니라 위에서 정해져 내려오는 것이다. 따라서 법정화폐 도덕성은 임의적일 수 있으며, 상황에 따라 어느 한쪽으로 치우친 새로운 규칙을 만든다. 조지 오웰의 말을 빌리자면, 어느 날은 유라시아와 전쟁 중이라더니 다음 날은 동아시아와 전쟁 중이라고 말이 바뀌는 것과 같다.

## 도덕적 과시

이처럼 임의적인 명령들을 폭압적으로 여기는 사람들이 이에 반발해 들고일어날 법도 하다. 하지만 안타깝게도 최근의 현실은 그렇지 않다. 대부분의 사람들은 집단적 비난의 대상이 되는 것이 두렵기 때문에 그저 순응한다.

어떤 사람들은 단순히 순응하는 데 그치지 않고, 열렬하게 충성심을 표명하며 앞장서서 이를 강요하는 역할을 도맡는다. 이들은 마치 자경단처럼 행동하며, 규범을 어기는 사람들을 공격하는 집단적 감시자가 된다. 이를 흔히 '도덕적 과시'라고 하며, 이는 선전이 얼마나 효과적으로 작용했는지를 보여주는 중요한 지표다.

'도덕적 과시'라는 표현은 적절한 용어가 아니다. 전통적인 미덕을 드러내는 것과는 아무 상관도 없고, 법정화폐 도덕성에 순응하는 것을 넘어 열렬한 지지를 표하는 행위이기 때문이다. 대부분의 사람들은 비난을 피하거나 사회에서 소외되지 않기 위해 조용히 따를 뿐 적극적으로 남을 공격하지는 않는다. 그러나 도덕적 과시자들은 엘리트 계층의 호의를 얻기 위해, 심지어 그들의 '감시자' 역할을 자청하며 법정화폐 도덕성을 강요한다. 엘리트 계층에 속하기 위해서는 단순한 순응으로는 부족하며, 다른 사람들까지 순응하게 해야 한다.

왜 굳이 엘리트들과 친분을 쌓으려고 할까? 그 이유는 엘리트 계층이 법정화폐 발행을 통해 고수익의 지대 추구 행위를 할 수 있는 직책을 가지고 있기 때문이다. 이러한 직위는 대개 명망이 높다. 따라서 가장 열성적인 도덕적 과시자들이 이미 지대 추구를 일삼는 직책에 있다는 것은 놀라운 일이 아니다. 일반적으로 정부 관료들은 일반 노동자보다 환경, 사회, 지배구조ESG를 훨씬 더 열정적으로 지지할 가능성이 높다. 이전 세대에서는 같은 관료들이 마약과의 전쟁, 베트남 전쟁, 매카시즘, 가격 통제 등을 지지했다. 지대 추구자들은 모두가 엘리트들이 말하는 대로 따라야 한다고 주장하지만, 생산적인 사람들은 대체로 그냥 내버려두길 원한다.

지대 추구 기회는 도덕적 과시 행동을 유도한다. 여기에서 핵심은 '과시'다. 도덕적 과시자들은 다른 사람들이 따라 하기를 원하는 행동을 모델로 보여준다. 마스크 착용, 이라크 침공 지지, 총기 규제 등 엘리트들이 지지하는 것을 찬성하는 것은 그 행동을 도덕적인 것으로 승인하는 셈이다. 이들은 어느 팀이든 상관없이 승리하는 팀을 응원하는 팬과 같다. 도덕성 자체에 대한 신념은 거의 없고, 오직 규칙을 만든 사람들의 환심을 사는 데만 관심이 있다.

법정화폐 도덕성은 도덕적 기준을 끊임없이 변화시킨다. 도덕적 과시는 이렇듯 새롭게 설정된 법정화폐 도덕적 기준을 통해 도덕적 우월성을 차지하는 방법이다.

## 자연법

법정화폐 도덕성은 전통적인 도덕과 뚜렷이 대조된다. 전통적인 도덕에서는 도덕적인 행동이 선험적인 도덕 규칙에서 비롯된다. 전통적인 도덕은 자연법Natural Law에 뿌리를 두고 있으며, 자연법은 다른 사람의 재산을 훔치면 안 된다와 같은 직관적인 행동 규범이다.

자연법은 우리가 정의라고 생각하는 것, 즉 서로를 공정하게 대하는 것의 토대가 된다. 예를 들어 북한과 같은 사악한 정부가 저지르는 잔혹 행위를 악한 것으로 간주하는 이유는 우리가 어떤 정의를 기준으로 그들을 판단하기 때문이다. 그 기준이 바로 자연법이다. 자연법은 모든 사람들에게 공통되는 법칙이기 때문에 관습법 또는 상식으로도 불린다.

자연법은 문화적 차이와 역사적 변화를 초월하는 보편적인 도덕 규범을 의미한다. 이는 옳고 그름에 대한 특정 원칙이 인간에게 내재되어 있으며, 이성과 성찰을 통해 이를 발견할 수 있다는 믿음에 기초한다.

역사적으로 정부는 자국의 이익을 위해 이 기준을 바꾸려고 시도해 왔고, 그 결과가 바로 법정화폐 도덕성이다. 그러나 정의가 법정화폐 도덕성으로 인해 타락하면 문명은 심각한 타격을 입으며, 이로 인해 피해를 입는 것은 법정화폐 도덕성을 강요받는 사람들이다.

## 엘리트들은 왜 법정화폐 도덕성을 강조하는가

사회의 엘리트들은 자연법을 교묘하게 회피하여 본래라면 혐오스러울 행동을 하려고 든다. 예를 들어, 도둑질을 생각해 보자. 엘리트들은 법정화폐 체제와 인플레이션을 통해 다른 사람의 재산을 훔칠 수 있다. 그들은 화폐 발행을 '구제금융' 또는 '전체 시스템이 붕괴를 막기 위해 필요한 조치'로 둔갑시킨다.

자연법 아래에서는 특정 기업과 개인에게 특혜를 주는 것이 부당한 것으로 간주될 것이다. 그러나 법정화폐 체제는 이를 환경 문제나 사회적 책임과 연결 짓고, 어떤 기업이 더 도덕적인지 판단하며, 승자와 패자를 가르는 행위는 합리적이고 심지어 고귀한 것처럼 보이게까지 한다.

역사적으로 전쟁은 법정화폐 도덕성을 정당화하는 가장 흔한 이유 중 하나였다. 정부는 법정화폐 도덕성을 이용해 전쟁을 정당화하고 지지를 얻으려 한다. 역사 속의 전쟁들은 모두 정당화가 필요했다. 이라크 전쟁, 베트남 전쟁, 한국 전쟁은 도덕적 성전으로 포장되었고, 우크라이나 방어와 매달 수십억 달러가 지출되는 것 역시 비슷한 방식으로 정당화되었다. 자연법에 따르면 불필요하고 정부의 권한을 넘어서는 것으로 여겨질 수 있는 일이 이제는 광범위한 지지를 받고 있다.[25]

결국 법정화폐 도덕성은 정치적 권력을 공고히 하는 데 목적이 있다. 엘리트들은 자신들에게 더 많은 권한을 부여하는 도덕성을 밀어붙인다. 예를 들어, BLM Black Lives Matter 운동(흑인 인권 및 사회개혁 운동)은 그 운동을 지지하는 사람들을 도덕적 심판자로 내세운다. ESG(환경, 사회, 지배구조)도 마찬가지다. 엘리트들은 법정화폐 도덕성이라는 메커니즘을 통해 무엇이 도덕적이고 무엇이 그렇지 않은지 결정할 권한을 얻는다. 이들은 대중의 신뢰를 얻는 대신, 자신을 심판자로 선언함으로써 암묵적으로 신뢰를 확보할 수 있다.

이러한 조작 덕분에 엘리트들은 반대 의견을 소외시키고 여론을 통제하며, 자신들에게 유리한 방향으로 사회를 형성할 수 있다. 이들은 법정화폐 도덕성을 밀어붙임으로써 기존 체제의 혜택을 계속 누리는 동시에, 자신들의 권위에 도전하는 반대 진영의 목소리를 억압할 수 있다.

## 법정화폐는 법정화폐 도덕성을 일으킨다

법정화폐와 마찬가지로 법정화폐 도덕성은 폭력적인 사태가 발생할 수 있는 불안정한 상황을 만들어낸다. 화폐가치가 하락하면 도덕적 기준도 (인위적)명령에 의해 종종 훼손된다. 이 책의 다른 장에서 논하겠지만, 이러한 상관관계는 무과실 이혼부터 금본위제의 종말에 이르기까지 여러 사례에서 분명하게 드러난다. 완화된 통화 정책 아래에서는 법정화폐 도덕성을 강요하기가 더 쉬워진다. 결국, 화폐를 바꿀 수 있다면 도덕적 기준도 바꿀 수 있지 않을까?

화폐는 사람들이 신뢰를 바탕으로 원활히 상호작용 하도록 촉진하기 위해 존재한다. 신뢰도가 높은 사회는 빚을 갚고, 계약을 지키며, 사기를 처벌하는 도덕적인 사회다. 화폐가치 하락은 이러한 상호작용을 점점 더 위험하게 만들고 신뢰도를 떨어뜨린다. 따라서 화폐가치 하락은 신뢰도 하락으로 이어지고 궁극적으로는 도덕적 기준 하락으로 이어진다.

화폐가치가 하락하면 아마도 (정부나 기업의)부채는 구제금융 자금으로 상환되고 있을 텐데, 사실상 여기에 쓰이는 자금은 (납세자가 정부에게)도둑맞은 돈이다. 경제 붕괴를 막기 위해 은행 예금 계약을 파기하는 것도 사실상 허용된다. 국가를 전쟁으로 몰고 가는 사기도 은폐되거나 용서될 수 있다.[26] 이러한 상황들은 모두 정당화할 필요가 있는데 바로 여기서 법정화폐 도덕성이 등장한다. 자연법에 따라 나쁜 행동, 특히 엘리트들을 부유하게 하거나 권한을 부여하는 행동을 정당화하려면 논리적인 근거가 필요하다. 모든 법정화폐 도덕규범은 본질적으로 엘리트들이 강요하려는 것을 정당화하는 수단이다. 법정화폐 도덕성은 모든 정치 게임에서 필수적이며 대가가 따르는 요소다.

새로운 도덕 규칙은 중요한 변화뿐만 아니라 아주 작은 변화도 정당화한다. 관료들의 사소한 요구는 끝이 없으며, 그 결과 우리는 재활용, 공공장소에서 쓰레기 버리지 않기, 사회적 거리두기와 같은 법정화폐 도덕성의 명령을 받게 된다. 이러한 조치들은 주로 관료들의 업무를 더 쉽게 만들기 위해 도입되며, 그 과정에서 일반 대중은 마치 노예처럼 취급된다.

## 법정화폐 도덕성은 법정화폐 노예제다

―

법정화폐 도덕성은 권력자들이 대중을 바라보는 방식을 변화시킨다. 자연법 아래에서 통치는 주로 기존의 도덕 기준을 집행하는 것을 의미한다. 하지만 법정화폐 도덕성 아래에서 대중은 정부의 자원으로 간주되며, 엘리트들의 변덕에 따라 좌우된다. 개인은 법정화폐 도덕성을 통해 권력자들의 명령을 수행하도록 조종된다.

권력자들은 대중을 노예로 취급할 때 권위주의적 규제를 강요한다. 예를 들어, 특정 금액 이상의 송금에 적용되는 자금세탁방지AML: Anti Money Laundering 및 고객확인제도KYC: Know Your Customer[27]와 같은 규제를 부과한다. 화폐를 통제하면 도덕을 강요할 수 있으므로, 권력자들은 자신들의 이익을 위해 이 권력을 사용한다. 이러한 도덕규범은 선전을 통해 퍼져나가고, 이렇듯 이해하기 어려운 법정화폐 도덕규범들은 시민들을 노예로 만든다.

역사적으로 흥미로운 사례는 중국 마오쩌둥의 4대 해충 퇴치 운동이다.[28] 중국에서는 농작물 수확량을 감소시킨다는 이유로 법령에 의해 참새를 적으로 규정했다. 사람들은 이 운동에 복종하여 참새를 박멸하는 임무를 부여받았다. 이 운동은 결국 기근과 굶주림으로 이어졌지만, 중요한 의문을 제기한다. 애초에 왜 사람들이 이렇게 강제로 동원된 것일까?

법정화폐 도덕성은 권력자들이 구상하는 이상향의 실현이라는 더 큰 목표를 달성하는 데 일조한다. 법정화폐는 대중의 시각을 노예처럼 바꿔 놓고, 법정화폐 도덕성을 통해 우리를 지도자들과 뗄 수 없는 관계로 묶어 놓는다. 법정화폐 도덕성은 이것을 채택하는 사회를 사회주의에 더욱 가까이 이끈다.

## 더 나은 화폐, 더 나은 도덕

비트코인은 안정적인 통화 기준을 제공한다. 우리는 끊임없이 등락하고 변하는 화폐 대신, 비트코인을 통해 안정적이고 표준화된 통화를 얻게 된다. 화폐는 거의 모든 시장 거래에 관여하며 대부분의 관계에 큰 영향을 미치기 때문에, 화폐를 안정시키면 거래나 무역에서 신뢰를 높일 수 있다.

비트코인의 잠재력은 중앙은행을 배제함으로써 개인 간의 상호

작용을 개선하는 데 있다. 캉티용 효과를 악용할 수 없기 때문에 나쁜 행동을 정당화할 필요가 없다. 지대 추구 행위가 사라지면 법정화폐 도덕성의 필요성도 줄어든다. 공개적으로 도둑질할 수 없는 상황에서는 도둑질을 정당화할 필요가 없는 것과 마찬가지다.

결과적으로 법정화폐 전염병의 확산이 줄어들고 법정화폐 도덕성의 수요도 감소한다. 선동과 광범위한 여론 조작에 드는 비용을 생산적인 활동에 투자할 수 있다. 엘리트들은 더 이상 캉티용 효과의 혜택을 누릴 수 없기 때문에 자신의 행동을 정당화할 필요성이 줄어든다. 통치하는 자보다 통치받는 자를 우선시하게 되고, 시민은 더 이상 조종당하는 노예로 취급되지 않는다. 비트코인은 관료적 국가를 약화시키고 법정화폐 도덕성의 강요를 최소화한다. 사회는 자연법으로 돌아가 도덕적 왜곡을 피할 수 있게 된다.

다시 말해, 비트코인으로 우리는 법정화폐 도덕성을 거부하고 도덕적 과시자들에게 조종당하는 것을 멈출 수 있다.

그야말로 잘된 일이다.

| Fiat Ruins Everything |

## 머지않아 등장할 법정화폐 도덕규범 10가지

01. 인플레이션이 기업의 탐욕이 아닌 다른 이유로 발생할 수 있다는 주장은 증오 범죄로 간주된다.

02. 이lice 발생을 막기 위해 전신 방호복 착용이 의무화된다.

03. 혐오 표현을 강제로 침묵시키는 행위는 더 이상 폭력으로 간주되지 않으며, 대신 훈장을 받게 된다.

04. 권위에 의문을 제기하는 행위는 종신형에 처할 수 있는 반역죄로 간주된다.

05. 아이들은 국가의 소유물이 된다.

06. 정부 일자리를 얻기 위한 조건으로 고도 비만이 요구된다.

07. 권력자들이 '위선'이라는 단어를 재정의하고, 자신들의 발언은 예외로 둔다.

08. 패륜과 근친상간이 흔해진다.

09. 화이자의 최신 제품을 몸에 주사하는 것이 법으로 의무화되며, 이를 거부할 경우 즉시 추방된다.

10. 초월적 민족 정체성은 스스로 정의할 수 있는 것이며, 반드시 존중되어야 한다.

| 4장 |

# 법정화폐는
# 신념을 훼손한다

**우리에게는 신념이 필요하다.** 신념은 우리에게 목적을 부여하고, 도덕을 형성하며, 우리의 형이상학적 존재를 정의한다. 신념은 충만한 삶을 위한 필수 요소이며, 전통적으로 사람들은 자신의 신념을 무엇보다도 중요하게 여겼다. 그러나 안타깝게도 법정화폐는 조엘 오스틴이 기독교를 훼손시키는 것과 같은 방식으로, 의심스러울 만큼 완벽한 미소를 지으며 우리의 신념을 훼손한다.[29]

법정화폐의 궁극적인 결과는 캉티용 효과의 지위 경쟁에서 성공한 사람들이 전통적인 신념과의 연결고리를 잃게 된다는 것이다. 사람들은 더 이상 아무것도 믿지 않게 되고 결국 허무주의자로 변한다. 이러한 현상은 특히 지대 추구 계층에서 목격되며, 이들의 상당수가 조지 오웰의 소설 《1984》에 등장하는 내부 당 지도자들과 닮았다. 이들은 권위자들이 지시하는 대로 자신의 신념을 바꾸며, 그렇게 하는 데 망설임이나 모순을 느끼지 않는다. 이러한 현상은 검찰의 위법 행위, 악의적인 규제, 사실로 받아들여지는 명백한 속임수에서 분명하게 드러난다. 이러한 허무주의의 만연은 당혹스러울 뿐만 아니라 심각하게 우려스러운 문제다.

이 장에서는 허무주의가 만연한 이유를 살펴본다. 어떻게 이렇게 많은 사람들이 정부의 명령에 따라 자신의 신념을 그토록 쉽게 바꿀 수 있는 것일까? 왜 수많은 개인, 특히 언론인, 학자, 관료가 정부의 지시를 맹목적으로 따르며 절벽에서 뛰어내리는 쥐떼처럼 순응하는 것일까? 예상할 수 있듯이, 그 이유는 바로 법정화폐가 만들어낸 인센티브 때문이다.

## 법정화폐와 돈에 대한 집착

법정화폐는 우리를 돈에 집착하게 만든다. 마치 카다시안 가족이 카메라에 집착하듯, 우리도 돈에 지나치게 많은 관심을 기울이게 만든다.

법정화폐는 지속적으로 가치가 하락하기 때문에 어느 정도 재산을 가진 사람들은 이 하락세를 따라잡기 위해 투자를 할 수밖에 없다. 재산이 많을수록 더 집착하게 된다. 중간 정도로 부유한 사람들은 주식과 부동산을 연구한다. 아주 부유한 사람들은 벤처펀드, 사모펀드, 특수목적인수회사SPAC: Special Purpose Acquisition

Companies를 찾는다. 진정한 부자들은 가족 사무실에 투자 담당 직원을 고용하기도 한다.[30]

부자와 대화를 나누다 보면 그들이 참여하고 있는 거래에 대해 듣게 될 가능성이 높다. 그들이 진정으로 믿는 거의 유일한 것이 바로 이것이기 때문이다. 법정화폐 경제에서 부자가 되는 길은 돈에 집착해 캉티용 효과의 지위 경쟁에 참여하는 것이다. 그러나 그렇게 하면 진정한 신념을 가질 여지는 거의 없다.

법정화폐는 권위주의적 명령에 순응하는 비겁한 사람들에게 보상을 제공하며, 이는 지대 추구를 통해 큰 부를 얻는 사람들의 필수적인 특성이다. 이들 집단에서는 이념적 다양성이 환영받지 못한다. 제로섬 지위 게임에서는 신념이 일치하는 것이 당연한데, 이는 이러한 지위를 얻으려는 수요가 워낙 많기 때문이다. 지위를 배분하는 사람들과 신념이 다르다면 실격 처리될 수 있다.

반면에 저축이 없는 사람들은 빚을 권하는 제안에 끊임없이 시달린다. 대출과 신용이 쉽게 제공되기 때문에 법정화폐 경제에서는 빈곤층에게 소비를 앞당길 수 있는 선택지가 있다. 광고, 선전, 저축 수단 부족이 결합하며 이들의 소비는 눈에 띄게 증가한다. 안타깝게도 소비를 앞당기는 것은 사람들을 수년 동안, 어쩌면 평생 동안 빚에 얽매이게 만든다. 빚을 계속 갚는 한편으로 소비가 점점 더 늘어나기 때문이다. 원칙과 신념-그리고 그밖에 거의 모든 것-은 빚을 갚기 위해 희생된다. 마치 과체중인 사람이 다이어트를 내일로 미루는 것처럼, 빚의 악순환은 진정한 신념을 무기한으로 유보시킨다.

어쨌든, 법정화폐 체제 아래에서 대부분의 사람들은 '돈이 모든 것의 기준이 된다'라는 신념만을 섬기게 된다. 불행히도 돈은 마치 모든 걸 집어삼키는 블랙홀처럼, 삶을 의미 있게 만드는 야망과 가치를 희생시키며 모든 것을 앗아가는 끔찍한 신이다.

## 돈과의 위대한 타협

돈을 우선시하면 다른 신념들이 뒷전으로 밀려나고, 덜 중요하게 여겨지며, 점점 훼손된다. 성서 시대(구약과 신약 성경에 기록된 시기)에는 세금 징수와 매춘이 다른 직업들에 비해 훨씬 수익성이 높았다. 그럼에도 불구하고 이런 직업들은 천하게 취급되었다. 왜 그랬을까? 돈보다 더 신성한 것, 바로 공동체의 도덕과 신념이 있었기 때문이다. 이를 위반하는 것은 곧 자신이 누구인지를 부정하는 것이었고 자신의 뿌리, 공동체, 정체성에 대한 궁극적인 배신이었다.

이는 단순히 어제오늘의 일이 아니다. 역사적으로나 여러 문화권에서는 공동체를 해치면서 돈을 버는 것을 불명예스러운 일로 여겼다. 만약 당신이 사기를 쳐서 돈을 벌었다면 부자가 될 수는 있었겠지만, 평판이 나빠져 많은 사람이 당신과 거래하는 것을 꺼렸을 것이다. 뱀기름 장수(사기꾼을 뜻한다)는 마을에서 마을로 떠돌아야 했다. 속임수를 쓰거나, 공동체에 해를 끼치는 방식으로 다른 사람의 재산을 빼앗는 것은 용납되지 않았다. 고대 로마에서는 이런 행위를 하면 추방당했고[31] 중세 유럽에서는 추방자라는 낙인이 찍혔다.[32] 오늘날에는 이를 '마케팅'이라고 부르고, 이 분야에서 탁월한 성과를 거두는 사람들을 오히려 칭송한다.

그렇다면 무엇이 달라졌을까?

법정화폐는 공동체가 중앙 통제자와 그들의 자비심에 완전히 의존하게 만들어 공동체를 약화시킨다. 과거의 가장 폭압적인 군주조차도 오늘날 중앙은행이 화폐를 통제하는 정도까지 통제할 수는 없었다.

중앙은행이 '공산당 선언'의 다섯 번째 강령에 포함된 데는 이유가 있다.[33] 카를 마르크스는 모든 공동체에서 화폐가 중요한 역할을 한다는 것과 중앙에서 통제하는 화폐가 대중을 통제할 수 있는 잠재력을 가지고 있다는 것을 깨달았다. 그리고 그는 옳았다. 가장 타락하고 가장 철저히 바뀐 공동체들은 20세기의 전체주의 국가들, 즉 스탈린 시대의 러시아, 폴 포트의 캄보디아, 나치 독일과 같은 곳이었다. 중앙은행은 우리 모두를 그들의 마법에 걸린 좀비로 만들어버렸다.

옛날 사람들은 무언가를 믿었고, 그 믿음을 지키기 위해 싸울 준비가 되어 있었다. 이들은 특히 억압하려는 힘에 맞서 기꺼이 싸웠다. 이것은 자유와 독립을 위한 투쟁, 그리고 억압적인 권력에 맞서서 개인의 권리와 신념을 지키려 미국이 독립을 선언한 1776년의 정신을 정의하는 것이었다. 신념은 식민지 공동체를 하나로 묶는 힘이었다.

하지만 오늘날의 정치 상황을 보며, 가장 중요한 싸움은 신념을 위한 것이 아니라 돈과 권력을 둘러싼 싸움이다. 법정화폐는 너무 강력해져서 이제 싸울 가치가 있는 유일한 것이 되어버렸다. 신념은 화폐를 찍어내는 권력에 밀려 뒷전으로 밀려났다. 당연히 신념은 유동적일 수밖에 없고, 변하기 쉬운 신념은 권력자들이 더 정신병자처럼 행동하게 만든다.

우리가 믿어야 한다고 강요받는 것들이 왜 계속 변하는 걸까? 트랜스젠더 화장실 문제가 어떻게 이렇게도 빨리 논쟁거리가 되었을까? 혹은 우크라이나나 테러 문제는 어떻게 된 걸까? 연준Fed의 인플레이션 전망보다 더 일관성이 없는 것이 바로 그들이 우리에게 믿으라고 강요하는 신념들이다. 간단히 말해, 권력자들은 더 많은 권력을 얻기 위해 이러한 문제들을 이용한다.

## 노동의 가치 타락

과거에는 노동이 공동체에 가치를 제공해야만 인정받았지만, 지금은 지대 추구가 그 어느 때보다도 인정받고 심지어 고귀한 일로 칭송받고 있다. 그 결과, 돈을 위해서라면 무엇이든 하는 투자은행가의 모습이 이제는 탐욕을 경고하는 이미지가 아니라 하나의 롤 모델로 자리 잡았다. 투자은행에서 일하는 사람들은 그 직업이 가져오는 도덕적 허무주의를 단순히 무시하는 것에 그치지 않고, 오히려 받아들이고 있다. 어쩌면 그들은 은퇴 후에 양심을 살 수 있다고 합리화할지도 모른다.

물론 이러한 정치적 특성을 보이는 것은 투자은행뿐만 아니라 다른 직업들도 마찬가지다. 목표는 항상 그 어떤 대가를 치르더라도 권력의 사다리를 오르는 것이다. 법정화폐 체제에서는 지위가 성품에 따라 부여되지 않는다. 지위는 돈과 권력에 따라 주어진다. 워런 버핏이나 빌 게이츠와 같은 사람들이 존경받는 것에서도 이 사실을 확인할 수 있다.

물론 기업은 항상 이윤을 추구하는 조직이며, 일반적으로 시장을 위해 상품과 서비스를 생산하는 과정에서 돈을 추구하는 것이 기업에 유리하다. 하지만 안타깝게도 법정화폐는 지대 추구라는 새로운 방법을 도입했고 이를 통해 막대한 돈을 벌 수 있게 되었다. 지대 추구는 특별한 능력을 요구하지 않지만, 새로 찍은 화폐의 흐름을 위해 모든 신념을 희생할 수 있는 허무주의적 사고방식을 필요로 한다. 그 결과, 법정화폐는 신념을 재산과 맞교환하는 지대 추구 환경으로 직장을 바꿔 놓았다.

법정화폐 체제에서는 신념이 목적이 아니라 수단이 된다. 많은 사람들은 자신의 신념을 상황에 맞춰 유연하게 바꿔가며 경력을 쌓는다. 특히 학계, 미디어, 정부, 할리우드, 벤처캐피털 등 법정화폐의 영향을 가장 많이 받는 분야에서는 이러한 경향이 더욱 두드러진다. 이 분야에서 가장 성공하는 사람들은 권력자들의 신념을 따르는 이들이다. 이들은 신념을 깊이 고민하지 않고, 권력자들의 신념에 모순이 있어도 별다른 생각 없이 쉽게 따라간다.

이 기관들은 매우 정치적이기 때문에 그 안에서 성공하기 위해서는 동료와 상사의 기류를 살피고, 그에 맞춰 자신의 신념을 적절히 조율할 수 있어야 한다. 이런 사람들은 주로 권력을 믿으며 내면이 근본적으로 타락했고 허무주의적이다. 이런 곳에 있는 사람들의 도덕성이 심각하게 훼손되는 것은 우연이 아니다. 의심이 든다면, 제프리 엡스타인의 주요 고객이 이들 기관의 관계자들이었다는 사실을 기억하라.[34] 그리고 그는 스스로 목숨을 끊지 않았다(성 착취 네트워크를 운영한 금융인인 제프리는 교도소 내 자살로 사망하였지만 진실 여부에 대한 논란이 있다).

## 독성 맥시멀리즘은 필수적인 방어수단이다
―

내가 비트코인 커뮤니티에 대해 느낀 점 중 하나는, 다른 곳에서는 두 팔 벌려 환영받을 사람들이 이곳에서는 직설적이고 거침없는 대우를 받는다는 것이다. 예를 들어, 라울 팔이나 마크 큐반 같은 벤처투자자들은 그들의 영향력과 돈 덕분에 다른 곳에서는 존경받고 중요한 인물로 대우받을 것이다. 하지만 비트코인 사용자들은 그들이 뭐라고 하든 아랑곳하지 않고, 그들의 생각에 의문을 제기하며, 지대 추구를 앞장서서 비판하고, 심지어 그들의 어처구니없는 발언을 조롱하기도 한다. 비트코인에서는 돈을 주고 영향력을 살 수도 없고, 단지 인지도가 있다고 해시 줄의 맨 앞으로 갈 수 있는 길도 없다.

비트코인은 탈중앙화되어 있으며, 이것이 바로 우리가 원하는 방식이다. 그러므로 비트코인을 대표하려 하거나 바꾸려고 시도하는 사람은 커뮤니티의 적으로 비난받을 것이며, 소속감을 악용하여 이 커뮤니티를 매수하려는 사기꾼들은 이념에 편승한 기생충처럼 쫓겨날 것이다.

알트코인 지지자들은 이를 '독성 비트코인 맥시멀리즘(다른 암호화폐를 배척하는 극단적 비트코인주의)'이라고 부르지만, 커뮤니티의 이러한 방어적 자세는 오히려 바람직하다. 독성 맥시멀리즘은 단순히 신념을 순수하게 유지하는 면역 체계가 아니다. 이는 돈을 위해 신념을 희생하는 법정화폐 모델을 거부하는 태도다. 법정화폐 기관들은 지위, 영향력, 돈으로 신념을 거래하며 대가를 지불하면 이들의 신념을 언제든 바꿀 수 있다. 하지만 비트코인 사용자들은 원칙을 지키며, 누구도 그들에게 원칙을 강요할 수 없다. 이것이 바로 탈중앙화의 핵심적인 특징이다. 내가 운영하는 노드는 내 것이고 누구도 이를 변경할 수 없다. 비트코인에는 뇌물을 줄 수 있는 중앙 통제자도, 신뢰할 수 있는 제3자도, 단일 실패 지점도 없다.

이것을 리플Ripple의 이사회의 의장이 그린피스 USA에 500만 달러를 기부한 후, 이들이 한 행동과 비교해 보자.[35] 그린피스는 곧 비트코인을 반대하는 캠페인을 시작했는데, 이는 그들이 돈과 권력의 영향 아래에 놓여 있음을 보여준다. 자신들의 가치와 신념을 돈으로 바꾼 셈이다. 비트코인 커뮤티니와 달리 이들은 자신의 신념을 쉽게 바꿀 수 있는 법정화폐 체제에 속해 있다. 캉티용 효과의 수혜를 받는 자들은 모든 것을 돈으로 해결하는 것에 익숙하기 때문에 비트코인 사용자들을 이해하지 못한다. 지대 추구자들 역시 마찬가지다. 그들은 자신의 직장이 법정화폐에 의존하기 때문에 신념을 바꾸는 것에 익숙하다. 반면, 비트코인 사용자들은 신념을 팔지 않는다. 비트코인 사용자로서 우리가 비난받는 이유는 돈이나 권력에 의해 신념을 바꾸는 일이 없기 때문이다. 우리의 신념은 결코 희석되지 않는다.

## 알트코인 지지자들의 타협된 원칙

알트코인 투자는 자신의 신념을 순식간에 무너뜨릴 수 있다. 에릭 부어히스, 제프 가직, 우디 베르트하이머의 사례만 봐도 그 점을 잘 알 수 있다.[36] 이들은 자신의 신념을 버리고 알트코인을 받아들인 순간부터, 그 선택을 정당화하기 위해 말도 안 되는 논리를 수없이 만들어 냈다. 그 결과 도저히 반박을 방어할 수 없는 입장을 고수하게 되었고, 단순히 동맹을 유지하기 위해 점점 더 터무니없는 프로젝트까지 지지하게 되었다.

다행히도, 이러한 프로젝트들이 실패하면서 그들의 명성도 함께 무너졌다. 알트코인은 돈을 위해 신념을 사고파는 법정화폐 체제와 동일한 방식으로 운영되지만, 변동성이 훨씬 더 크고 유동성은 훨씬 더 적으며 국가 폭력을 독점하는 권한도 없다. 여기서 말하는 폭력은 알트코인 시장을 유지하기 위해 필요한 상압석이고 권위적인 힘을 의미한다. 즉, 사람들이 믿음을 바꾸도록 강제로 영향을 미치기 위해 물리적 또는 정치적 힘을 사용하는 상황을 말한다. 알트코인은 법정화폐와 비슷한 영향력 게임을 하고 있기 때문에, 알트코인 지지자들은 토큰 가격을 올릴 수만 있다면 그 어떤 믿음이든 받아들이게 된다. 그렇기 때문에 그들의 제안은 아무리 터무니없어도 여전히 청중을 끌어모으곤 한다. 알트코인 시장에서는 돈으로 언제든 영향력을 살 수 있다. 왜냐하면 애초에 아무도 진정으로 믿는 것이 없기 때문이다. 그러나 이런 방식은 폭력 없이는 지속될 수 없다. 그런 의미에서 알트코인 붕괴는 샘 뱅크먼-프리드가 부적절한 공개 발언을 하는 것만큼이나 피할 수 없는 일이다.

반대로 벤처투자자, 알트코인 창립자, 비트코인의 이름을 빌려 사기를 치는 사람들이 결국 실패할 수밖에 없는 이유는 비트코이너들의 탈중앙화에 대한 신념을 결코 훼손할 수 없기 때문이다. 인플루언서 한두 명을 뇌물로 매수할 수는 있겠지만, 나머지 커뮤니티는 고집스럽게 그들을 따르지 않을 것이다.

이는 법정화폐 세계의 방식과는 확실히 다르다. 영향력을 얻기 위해 돈을 지불하는 것은 법정화폐 체제에서 매우 효과적이다. 돈을 기꺼이 받아줄 준비가 된 중앙화된 통제자가 있기 때문이다. 여기서 중요한 질문은 단 하나, "얼마나 줄 것이냐?"라는 것이다.

비트코인은 탈중앙화되어 있기 때문에 이런 방식이 통하지 않는다. 당신이 아무리 많은 돈을 쥐여 준다고 해도 독성 맥시멀리스트들을 그들이 믿지 않는 것에 동의하게 만들 수는 없다. 비트코인 사용자들은 법정화폐권에서 아무리 큰 영향력을 가진 사람이라고 해도 주저하지 않고 거부한다. 여기서는 규칙이 다르다. 비트코인에는 통제할 지점이 없기 때문이다. 비트코인은 진정으로 탈중앙화되어 있다.

## 진정성의 재발견

—

비트코인 사용자들은 스스로 생각하는 법을 배움으로써 자신의 신념을 굳건히 했다. 돈의 가치와 마찬가지로, 비트코인 사용자들은 기본적인 원칙에 근거한 분석을 중요하게 생각한다. 우리는 누군가가 우리에게 떠넘기려고 하는 것을 맹목적으로 받아들이지 않고, 사안을 직접 분석하고 스스로 결론에 도달하는 법을 배웠다. 이것이 바로 많은 비트코인 사용자들이 육식, 단식, 혹은 기독교에 관심을 보이는 이유다. 오늘날 이런 선택들이 주류 사회에서는 인기가 없을지 몰라도 역사적으로 인기를 끈 데는 이유가 있다. 대규모 농업 생산으로 인해 음식의 가치가 떨어지고, 대량 생산된 음식이 간헐적 단식을 웃음거리로 만들며, 마르크스주의의 다양한 사조가 무신론을 조장해 온 사실을 비트코인 사용자들은 결코 간과하지 않는다. 이들은 법정화폐라는 눈가리개를 벗었기 때문에 이러한 신념을 새로운 시각으로 바라보고 있다.

다시 말해, 한때 약화되었던 우리의 신념은 기본적인 원칙에 근거한 분석을 거치면서 더욱 현실적이고 개인적인 것으로 변모했다. 이는 법정화폐 체제 아래에서 선전을 통해 주입되어 쉽게 변하는 신념과는 극명한 대조를 이룬다. 비트코인 사용자늘과 이야기를 나눠 보면 전형적인 지대 추구자보다 훨씬 더 강한 신념을 지니고 있음을 알 수 있는데, 이는 우연이 아니다. 법정화폐 체제에서는 출세와 생존을 위해 필요하다면 그때그때 유리하게 무엇이든 말할 수 있다. 하지만 비트코인 세계에서는 진정으로 믿는 바를 말하며, 그로 인해 존중받는다.

신념은 우리를 인간답게 만든다. 하지만 불행히도 법정화폐는 나쁜 요리법처럼 우리의 신념을 망치고, 우리를 무미건조하고 밋밋한 존재로 바꿔 놓는다. 법정화폐에 얽매일수록 우리는 마치 자신을 생각 없는 좀비로 바꾸듯, 점점 더 허무주의적으로 변하고 인간다움을 잃고 말 것이다.

비트코인은 우리의 신념에 새로운 생명을 불어넣는다. 비트코인 세계에서 돈은 더 이상 우리의 모든 행동을 조종하는 꼭두각시 주인이 아니다. 비트코인은 우리를 빚과 끊임없이 변하는 신념의 노예로 만드는 대신, 저축의 기술 Saving Technology로서 부지런히 작동하며 신뢰할 수 있는 조력자 역할을 한다.

신념은 도덕, 가치, 목적 등 삶에서 의미 있는 모든 것의 기초를 이룬다. 하지만 법정화폐의 부식력이 이러한 필수적인 요소들을 침식시켜, 결국 우리는 무미건조한 존재가 되고 만다.

비트코인이 있음에 감사하자.

여기서부터 해방된 인간으로서 새롭게 여정을 시작할 수 있다.

이제, 앞으로 나아가서 배우자.

2부

# 개인의 인센티브를 파괴하는 법정화폐

Fiat
Ruins
Every
thing

Fiat Ruins Everything

| 5장 |

# 법정화폐라는
# 러닝머신

**비트코인은 우리의 사고방식을** 변화시키며, 그 변화는 이를 받아들인 사람들의 삶에서 분명하게 드러난다. 많은 비트코인 사용자들이 저축을 시작하며, 월급쟁이 생활을 버리고 미래를 계획하기 시작한다. 이들은 술이나 비디오 게임과 같이 즉각적인 만족을 추구하는 활동을 포기하고, 삶을 더욱 진지하게 받아들인다. 또 다른 이들은 식단을 면밀히 점검하여 설탕, 탄수화물, 씨앗기름을 피한다. 일부는 결혼하여 아이를 낳고, 일부는 종교를 찾기도 한다.

이러한 변화는 매우 놀랍다. 탈중앙화된 디지털 화폐가 이렇듯 삶의 다양한 측면에 어떤 영향을 미치는 걸까? 그러나 이런 질문 자체가 우리가 처한 환경과 널리 퍼져 있는 법정화폐 체제를 간과하는 것이다. 우리가 헤엄치고 있는 탁한 물이 우리에게 어떤 영향을 미치는지 수영장을 벗어나기 전까지는 알기 어렵듯이 말이다.

법정화폐는 모든 수준에서 파괴적인 인센티브를 만들어내고, 그 누적 효과는 우리가 수없이 목격하는 자멸적인 행동으로 이어진다.[37] 비트코인이 왜 사람들을 알코올 중독에서 벗어나게 하는지 궁금해하기보다, 애초에 왜 사람들이 과도하게 술을 마시는지 그 근본적인 이유를 물어야 한다. 비트코인 사용자들이 왜 아이를 더 많이 낳는지 묻기보다, 법정화폐 체제 아래에서 사람들이 왜 아이를 적게 낳는지 살펴봐야 한다.

2부에서는 현대 사회를 괴롭히는 복잡한 문제들을 더 깊이 파헤친다. 사람들이 충동적으로 행동하고 높은 시간 선호도를 갖게 되는 이유, 직장에 대한 불만 증가, 가족 형성의 감소 등 여러 문제를 살펴볼 것이다. 그 해답을 찾다 보면 오늘날 개인적인 인센티브가 과거와 크게 다르다는 사실에 놀랄지도 모른다. 그리고 예상대로, 법정화폐는 이런 인센티브를 형성하는 데 중요한 역할을 한다.

법정화폐의 가장 명백한 단점, 즉 저축에 미치는 영향을 살펴보는 것으로 조사를 시작할 것이다. 저축 방식은 시간이 지남에 따라 극적으로 변화해 왔으며, 현재 상황은 몇 가지 의문점을 제기한다. 법정화폐는 미래를 위해 저축하는 능력에 어떤 영향을 미칠까? 우리의 재정적 결정과 우선순위 설정에서 어떤 역할을 할까? 궁극적으로, 오늘날 우리가 직면한 더 큰 사회적 문제에 이러한 변화가 어떻게 기여할까?

이 질문들을 탐구하면서, 법정화폐가 우리의 삶에 만연한 문제들과 어떻게 연결되는지 종합적으로 이해하고자 한다. 금융 시스템과 인간 행동 사이의 연관성을 밝혀내고, 종종 간과되지만 사람들이 세상과 관계를 맺는 방식에 큰 영향을 미치는 통화 정책의 강력한 힘을 드러낼 것이다. 이 주제를 다루다 보면, 당신은 자신의 동기가 어떻게 현재 체제의 영향을 받는지 더 잘 이해하게 될 것이다.

## 우리는 왜 저축 수단이 부족할까

현재의 법정화폐 체제는 다양한 방식으로 개인에게 영향을 미친다. 가장 눈에 띄는 문제는 신뢰할 수 있는 저축 수단, 즉 안정적인 가치저장 수단이 많지 않다는 점이다. 가치저장 수단에는 치명적인 결함이 있어서, 저축은 물론이고 장기적인 계획을 세우는 것조차 빵집에서 탄수화물을 참는 것보다 더 어려운 일이 되었다.

이처럼 효과적인 가치저장 수단이 부족한 이유는 정부 소속 경제학자들과 케인스주의자들이 의도적으로 그렇게 만들기 때문이다.[38] 그들은 저축으로 돈을 쌓아두는 것이 생산적이지 않다고 믿는다. 그들은 돈이 경제 내에서 활발히 순환해야만 번영이 이루어진다고 믿으며, 이 때문에 화폐 유통 속도를 경제 건전성의 핵심 지표로 삼는다. 그러나 이러한 관점은 실제로 경제적 안정성과 번영을 제대로 반영하지 못하는 경우가 많다.[39]

사실 케인스주의자들은 고용률을 경제 건전성의 지표로 사용하는 등 여러 가지 오류로 악명이 높다. 자유시장 체제에서는 고용률과 경제 건전성 사이에 어느 정도 상관관계가 있을 수 있다. 그러나 정부가 사람들에게 도랑을 판 뒤 다시 메우게 하고 돈을 주는 식으로 고용률 통계를 조작한다면, 이 지표는 더 이상 유효한 지표가 되지 못한다. 학점 인플레이션이 대학의 우수한 성적을 무의미하게 만드는 것처럼, 정부가 통계 수치를 조작하면 해당 지표의 가치가 떨어진다.

화폐 유통 속도도 비슷한 패턴을 따른다. 인플레이션이라는 압력에 의해 강요되는 거래는 도랑을 판 뒤 다시 메우는 것만큼이나 무의미하다. 활기찬 경제에 필요한 것은 배를 만들고, 소를 키우고, 제조한 상품을 운송하는 것과 같은 생산적인 활동이지, 벤처캐피털이 투자한 원숭이 JPEG 토큰과 같은 비생산적인 활동이 아니다.

연준Fed의 케인스주의자들은 지표 기반의 경제 회계를 선호한다. 정부 권한의 성장을 거의 무조건 정당화할 수 있기 때문이다. 전쟁이 발발하면? 일자리가 창출되고 경제가 활성화될 것이다! 복지를 늘리면? 더 많은 소비가 일어나 경제에 도움이 될 것이다! 이들의 신념에 따르면, 거의 모든 정부 권한의 확대가 경제 활동을 '부양'하기 때문에 정당화될 수 있다. 정부 소속 경제학자들이 케인스주의자인 이유는 고대에 거짓 선지자들이 번성했던 것과 마찬가지로, 통치자들이 듣고 싶어 하는 말을 하고 그들의 정책에 당위성을 부여하기 때문이다.

케인스주의자는 저축을 싫어하며, 그 이유를 어려운 경제학 전문 용어로 포장해 정당화한다. 하지만 이들이 저축을 싫어하는 진짜 이유는 저축이 개인에게 너무 많은 자율성을 부여하기 때문이다. 케인스주의자들은 경제를 중앙 집중적으로 통제하고 싶어 한다. 개인의 저축은 사람들이 케인스주의자들이 만든 경제 정책 도구의 영향을 덜 받게 만든다.[40] 그래서 케인스주의자들은 저축을 이더리움 전체 노드를 운영하는 것보다 더 어렵게 만들어 버린다.

## 전통적인 가치저장 수단

비트코인을 제외하고, 장기적으로 가치를 저장하고 싶다면 괜찮은 선택지가 세 가지 있다. 첫째는 부동산으로 희소성은 있지만 보유 및 유지 관리에 상당한 비용이 든다. 둘째는 주식으로 대내외적인 충격에 취약하다는 약점이 있다. 셋째는 금이다. 금은 오랫동안 훌륭한 가치저장 수단이었지만, 부분 준비금 제도가 등장한 이후로 그 위상이 흔들리고 있다.

이렇듯 다른 자산들이 장기적인 저축 수단으로 인기가 있다는 사실은 법정화폐가 가치저장 수단으로서 얼마나 형편없는지를 보여준다. 그래도 더 완벽히 이해하기 위해 법정화폐가 왜 끔찍한 가치저장 수단인지 짚고 넘어가자. 법정화폐는 유동성이 매우 높지만 인플레이션으로 인해 가치가 빠르게 떨어진다. 달러로 저축하는 것은 시간이 지남에 따라 돈을 잃는 가장 손쉬운 방법이다. 1959년 2,890억 달러였던 M2 통화 공급량이 2023년 21조 달러 이상으로 급증하는 등 달러의 통화 팽창 정도는 실로 놀랍다.[41] 연간으로 환산하면 매년 약 7%씩 가치가 하락하는 셈이다. 앞으로 살펴보겠지만, 이 수치는 결코 우연이 아니다.

스포츠 팀, 수집품, 레고 세트, 심지어 세제[42]와 고등어 캔과 같은 다른 가치저장 수단도 있다.[43] 이들 중 일부는 뒤에서 더 자세히 다루도록 하겠다. 지금은 금, 주식, 부동산이라는 세 가지 주요 선택지에 집중하자. 이들은 각각 고유한 단점을 지니고 있다.

## 주식, 부동산, 금의 문제점

이 가치저장 수단들이 지닌 문제는 크게 세 가지다. 첫 번째 문제는 이들 모두가 상당한 거래 비용을 수반한다는 것이다. 부동산 거래는 상당히 번거롭다. 유동성이 끊임없이 변할 뿐만 아니라 정산하는 기간도 길고 불확실하다. 또한 매수하거나 매도할 때마다 5% 이상의 높은 수수료가 발생한다.[44] 실물 금의 경우, 금 보관소에서 멀리 떨어진 곳에 거주하면 배송비가 상당히 많이 들 수 있다.[45] 주식에도 수수료가 있으며, 적절히 분산투자를 하려면 여러 종목을 사야 하므로 그만큼 수수료도 늘어난다. 뮤추얼 펀드와 인덱스 펀드도 관리 수수료가 장기간에 걸쳐 합산되기 때문에 마찬가지다.[46]

두 번째 문제는 주식과 부동산의 경우 철저한 조사가 필요하다는 것이다. 법정화폐 경제에서는 돈을 벌기 위해 한 번, 돈을 지키기 위해 한 번, 총 두 번 돈을 벌어야 한다. 부동산과 주식에는 수요와 공급 그리고 이에 따른 가격에 영향을 미치는 다양한 요소가 있기 때문에 철저한 투자 분석이 필요하다.

바로 옆에 이웃한 두 집도 지반이 부실하거나 학군이 다르다는 이유로 가치가 크게 달라질 수 있다. 마찬가지로, 같은 업종에 속한 두 주식의 가치도 한쪽이 더 유능한 경영진을 보유하고 있거나, 특정 특허에 독점적으로 접근할 수 있다는 이유로 가치 평가가 달라질 수 있다. 더 큰 문제는 이런 조사를 남에게 맡길 경우 도덕적 해이 문제가 발생할 위험이 있다는 점이다. 그래서 가장 성공한 부동산 및 주식 투자자들은 반드시 직접 조사한다. 하지만 단순히 금전적인 이익을 따라잡는 데 시간과 노력을 낭비하는 것이 아니라, 실제로 상품과 서비스를 생산하는 데 이를 사용할 수도 있었을 것이다.

금은 부분 준비금 제도가 생겨난 원인이자 은행이 막대한 수익을 창출하게 된 이유다. 오랫동안 은행들은 실존하지 않는 금을 대출하면서 그 대신 종이 증서를 발행했다.[47] 다른 맥락에서라면 이것을 사기로 분류하겠지만, 정부는 은행 시스템을 중앙은행 기반의 법정화폐 체제에 통합함으로써 이러한 관행을 합법적으로 승인했다.

유감스럽게도 이러한 잘못된 관행은 오늘날에도 계속되고 있으며, 이로 인해 금은 더 이상 좋은 가치저장 수단이 아니다. 대형 금 보관소는 실존하지 않는 금에 대해 종이 증서를 발행한다.[48] 부분 준비금 제도는 유동성이 가장 높은 금 시장에서 금 인도 증서 거래를 통해 금 공급을 인위적으로 부풀린다. 따라서 실물 금은 희소하지만 종이 금은 전혀 그렇지 않다. 할리우드 여배우의 화보처럼 종이 금은 대체로 일종의 환상에 불과하다.

따라서 금으로 저축하려면 실물로 금을 소유해야 하지만 보안을 유지하기가 매우 어렵다. 400온스짜리 금괴를 집에 보관하면 도난과 분실의 위험이 있다. 실물 금은 도둑맞을 수도 있고, 심지어 믿었던 친척이나 정부 당국에 의해 잃을 수도 있다.[49] 외부에 보관한다면 또 다른 형태의 도난 위험이 뒤따른다. 이처럼 실물 자산은 안전하게 보관하기가 매우 어려운데, 이것이 바로 은행이 애초에 설립된 이유다.

세 번째 문제는 제3자 리스크가 상당하다는 점이다. 부동산은 토지의 강제수용법(연방 정부나 주 정부가 공적인 이유로 개인의 사유지를 취득할 수 있는 권리) 등에 의해 몰수될 수 있다. 상장 기업에는 횡령과 사기를 저지르는 경영진이 있을 수 있으며, 이로 인해 주식 투자에 큰 피해를 입을 수 있다. 보관소에 금을 맡기면 정부가 자신의 금고를 채우기 위해 급습해 빼앗아 갈 수 있으며, 심지어 개인 소유의 금조차도 정부의 명령으로 몰수될 수 있다.

## 연간 7% 기준을 달성하기 위한 경쟁

―

펀드 매니저들은 7% 수익률을 고객 투자의 성과를 판단하는 기준점으로 삼는다.[50] 그런데 이 수치가 어디에서 나온 것일까? 그냥 허공에서 뚝 떨어진 것이 아니라, 역사적으로 7%는 미국 USD 화폐 공급이 확대되어 온 비율이다. 주식에서 연간 7%의 수익률을 달성하는 것은 인상적인 성과로 간주된다. 대부분의 부동산은 이에 미치지 못하며 금 역시 마찬가지다.[51]

이것이 무엇을 의미하는지 생각해 보자. 건전한 화폐 체제에서는 이 7%가 저축한 사람에게 돌아간다. 하지만 법정화폐 체제에서는 매년 그만큼 화폐가치가 떨어진다. 사실상 그 가치를 빼앗아 가는 셈이다.

개인이 이용할 만한 가치저장 수단이 부족하면, 부자조차 계속 일해야만 자신의 부를 유지할 수 있다. 그들은 거대한 화폐 러닝머신에 갇혀 제자리를 지키기 위해 끊임없이 달려야 하는 상황에 처한다. 주위에 부자가 있다면, 그들의 특징 중 하나가 바로 돈 관리에 엄청난 시간을 할애하는 것이라는 사실을 알게 될 것이다.

## 과시적 소비라는 대안
―

그렇다면 많은 사람이 돈 관리를 아예 포기하고 탕진해 버리는 것이 그리 놀라운 일일까? 그게 바로 케인스주의자들이 원하는 바다. 그들은 당신이 정말 필요해서든 아니든 상관없이 돈을 계속 흘려보내기를 원한다. 그 결과, 법정화폐의 러닝머신에서 벗어나고 싶은 사람들 사이에서 과시적인 소비가 나타난다.

어차피 구매력이 급격히 감소할 거라면 지금 당장 소비하는 것이 낫지 않을까? 자동차나 핸드백, 맛있는 도넛을 사는 게 왜 문제가 되지? 돈을 모으는 것이 너무 힘들다면, 당장 나를 즐겁게 해줄 무언가에 돈을 쓰는 건 어떨까?

법정화폐는 저축을 어렵게 함으로써 소비를 장려한다.

법정화폐의 또 다른 측면인 부채가 이러한 사고방식을 더욱 부추긴다. 저축이 어려운 것만 문제가 아니라 부채에 쉽게 접근할 수 있는 것도 문제다. 일반적인 근로소득자라면 대부분 손 쉽게 대출을 받을 수 있다. 흥미롭게도, 자영업자나 기업가는 부채를 얻기가 더 어렵다.[52] 그러나 일반 기업에서 정규직으로 일하는 근로자라면 부채를 통해 소비를 앞당길 수 있다. 즉, 절제하며 저축하지 않아도 지금 당장 무언가를 가질 수 있다. 그 결과, 부채는 자신이 마땅히 무언가를 가져야 한다고 생각하는 무절제하고 미성숙한 성인들을 무수히 양산해 냈다.

야심이 있는 사람들조차 자기 자신을 더 발전시키려는 욕구를 늘 실현하는 것은 아니다. 많은 이들이 스타트업처럼 부채를 활용해 성장을 도모하려 한다. 예를 들어, 학자금 대출을 받아 대학에 진학해 교육을 받으며 '투자'한다고 생각하고 나중에 더 많은 돈을 벌기를 바란다. 하지만 안타깝게도 이러한 투자는 대부분 실패로 끝난다. 다음 장에서 살펴보겠지만, 많은 사람이 대학을 4~6년간 보내는 휴가 정도로 여기며, 4년제 대학에 입학한 학생의 약 45%가 6년 이내에 졸업하지 못한다.[53] 투자로 시작한 것이 부족한 절제력 탓에 소비로 변질되는 셈이다.

부채는 절제하는 것을 점점 더 어렵게 만든다. 신용카드, 모기지, 학자금 대출, 자동차 대출, 심지어 개인 대출까지 쉽게 이용할 수 있는 시스템은 즉각적인 만족을 추구하는 사고방식을 부추긴다. 이 시스템은 사람들을 끝없이 소비로 유도하는 한편, 저축과 같이 절제된 행동에는 세금을 부과하는 식으로 불이익을 준다.

## 자산 인플레이션의 영향

한정된 저축 수단과 부채에 대한 높은 접근성은 자산 인플레이션을 일으킨다. 쉽게 말해, 믿을 만한 가치저장 수단이 부족하기 때문에 희소성이 있어 보이는 자산의 가치가 과도하게 부풀려진다. 사람들은 자신의 재산이 서서히 줄어드는 것을 막기 위해, 희소성이 있어 보이는 거의 모든 것에 투자한다. 그 결과 마이클 조던의 신인 시절 농구 카드, 로스코의 그림, 뉴욕시 택시 면허증과 같은 것들까지 높은 가격에 거래되는 현상이 나타난다. 믿을 만한 가치저장 수단이 없고, 주식처럼 유동성 높은 자산조차 통화량이 팽창하는 만큼만 오르다 보니 사람들은 다른 희소한 자산에 더 매력을 느낀다. 신뢰할 수 있는 가치저장 수단이 없으면 결국 모든 것이 그저 열등한 대체제로 변해 버린다.

이러한 자산 인플레이션에서 특히 문제가 되는 것은 일반적으로 그 수혜자가 매우 부유하거나 엄청나게 운이 좋은 소수라는 것이다. NFL 구단,[54] 햄프턴의 고급 주택,[55] 상장 전 페이스북 주식[56] 같은 자산은 모두 연간 수익률 7%를 큰 폭으로 상회했다. 이 투자들은 초부유층만 접근할 수 있다는 공통점이 있다. 이 자산들에 투자하는 데 필요한 최소 자산 규모는 수백만에서 수십억 달러에 이르며, 이 자산들은 부자들이 더 큰 부자가 되게 해 주는 수단이 된다.

높은 수익률을 기록한 또 다른 자산은 갑자기 큰 인기를 얻은 것들이다. 많은 현대 미술 작품, 택시 면허증, 스포츠 카드 등이 그 예다. 물론 이것들을 초기에 매입할 수도 있었겠지만, 그러려면 엄청난 선견지명이나 행운이 필요했을 것이다. 로스코의 한 작품 뒤에는 비슷한 그림을 그렸지만 인기를 얻지 못한 예술가들이 그린 그림이 수천 장 있다. 조던의 신인 시절 농구 카드 한 장 뒤에도 성공적인 경력을 쌓지 못한 선수들의 신인 시절 카드가 수백 장 있다.

이런 상황에서는 시장에서 성공하는 상품과 서비스를 제공하는 사람들에게 가치가 돌아가지 않는다. 대신, 가치는 투기 게임에서 탁월한 능력을 발휘하는 사람들에게 돌아간다.

인플레이션을 능가하는 자산에 투자하는 것은 커다란 운이 따르는 일이기 때문에 종종 공분을 사기도 한다. 사람들은 그 혜택을 얻은 이들이 노력해서 성공했다기보다는, 단순히 적절한 시기에 적절한 장소에 있었던 덕분일 뿐이라고 인식한다. 이런 종류의 운은 사실상 지대 추구와 크게 다르지 않다. 그 결과 투자는 마치 도박처럼 변했고, 가치를 제공하기보다는 사람들에게 알려져 인기 있는 자산이 되기 전에 미리 투자하는 것으로 경제의 가치관이 옮겨 가게 되었다.

이러한 운의 요소는 부동산과 주식에서도 분명하게 드러난다.

이들 자산에는 불공정함이 따른다. 내부자 정보나 부유층 커뮤니티에 대한 접근성, 또는 그냥 가격이 저렴한 시기에 태어났다는 이유만으로 좋은 투자를 할 수 있기 때문이다. 또한 이런 시장에 본격적으로 진입하려면 상당한 규모의 부채가 필요하다. 자산 인플레이션으로 이익을 얻은 많은 사람들은 사실상 다른 사람들에게 어떤 가치도 제공하지 않았다. 그저 '운이 좋았을' 뿐이다. 다시 말해, 그들은 적절한 집단에 들어가 거기에서 얻은 정보를 활용할 수 있는 레버리지를 확보하기 위해 열심히 일했다. 그러나 이러한 노력으로 다른 사람들에게 이득을 주지는 않았고, 오히려 새로 발행된 화폐의 일부를 차지할 수 있는 위치에 올랐다. 캉티용 효과의 승자가 된 셈이다. 투기성 자산 거품을 통해 이익을 얻는 것은 결국 지대 추구의 한 형태인 셈이다.

## 비유동적이고 대체 불가능한 가치저장 수단의 단점

부동산, 주식, 마이클 조던의 신인 시절 농구 카드 등의 수집품과 같은 가치저장 수단은 대체성이 낮아 저축 수단으로 적합하지 않다. 땅 한 마지기나 기업의 주식 한 주는 다른 땅이나 주식으로 대체할 수 없기 때문에 유동성은 줄어들고 리스크는 증가한다. 그래서 펀드 매니저들은 분산투자를 중요시하는데, 특정 투자가 잘못될 수 있는 경로가 무척 다양하기 때문에 모든 자원을 한곳에 몰아넣는 것은 너무 위험하다.

개인 차원에서 법정화폐는 사람들이 자신의 가치를 지키기 위해 훨씬 더 열심히 일하게 강제한다. 반대로 만약 사람들이 가치를 지키는 것을 포기하고 빚을 지는 길로 가면 과시적 소비에 빠지게 된다. 이러한 시스템은 부유층에 대한 사회적 분노를 조장한다. 사람들이 이들의 부를 실제로 사회적 가치를 창출한 결과라기보다는 단순히 운이 좋아서 얻은 것으로 여기기 때문이다.

부를 보존하려는 사람은 부지런히 일해야 하고, 별 관심이 없는 사람은 빚을 내어 부채를 쌓으면 된다. 법정화폐 체제의 인센티브는 사람들이 가능한 한 적게 일하고 가능한 한 많이 소비하도록 유도하며, 궁극적으로 사회적 가치와 우선순위에 심각한 불균형을 초래한다.

## 법정화폐의 문제 해결하기

개인 차원에서 비트코인과 같은 신뢰할 수 있는 저축 수단이 있다면, 법정화폐 경제에서 나타나는 문명 파괴적인 행동을 크게 줄일 수 있다. 가치를 저장할 수 있는 확실한 대안이 있다면 굳이 '투자'-라고 쓰고 도박이라고 읽는다-할 이유가 훨씬 줄어든다. 가장 생산적인 사람들은 자산을 보존하기 위해 러닝머신 위에서 끊임없이 허덕이는 대신 문명에 가치를 계속 제공할 수 있다.

비트코인을 사용하면 자산 인플레이션에도 작별을 고할 수 있다. 부동산과 같은 자산은 투자 목적이 아니라 실제로 살 집이 필요한 사람들에게 돌아간다. 가치저장 수단으로 붙였던 프리미엄이 사라지면, 주택 가격이 자연스럽게 하락하면서 더 많은 사람이 주택을 소유할 수 있게 된다. 사람들은 실제 거주용으로 집을 소유할 것이며, 더 이상 집이 억지로 떠안아야 하는 투자 수단이 되지는 않을 것이다. 마찬가지로 로스코의 그림, 조던의 신인 시절 농구 카드, 레고 세트 등의 가격도 더 이상 인플레이션을 피하기 위한 피난처로서가 아니라 그 자체의 효용성에 따라 책정될 것이다. 또한, 이제는 미친 듯이 돈을 모으려는 사람이 아니라 진정으로 좋아하고 가치를 아는 사람들이 이 자산들을 구매할 것이다.

마지막으로, 비트코인을 사용하면 부채의 공급이 훨씬 줄어들어 과도한 소비가 감소할 것이고, 대신 자본은 혁신과 기업가 정신 쪽으로 흘러들어갈 것이다. 이는 3부와 4부에서 다룰 주제다.

법정화폐는 인센티브라는 끔찍한 괴물을 만들어냈다. 대부분의 사람들은 열심히 일하고 기술을 배우기보다는 운 좋게 편히 살기를 원한다. 그러나 부지런히 일하는 사람조차도 법정화폐라는 러닝머신에서 벗어나지 못하며, 그들이 미치는 긍정적인 영향력 또한 제한적이다. 반면에 많은 비트코인 사용자들은 이런 법정화폐의 함정에서 벗어나 달라진 삶을 살게 되었다.

사실, 이것이 바로 많은 비트코인 커뮤니티 회원들이 전문가치럼 성숙해 보이는 진짜 이유다. 저축할 수 있는 능력과 빚으로부터의 자유는 게임의 판도를 완전히 바꿔버린다.

수익을 위해 시작하든, 삶의 변화를 위해서든 비트코인이 이끄는 세상으로 오라.

| 6장 |

# 지대 추구자들의 나라

**지대 추구는 진정한** 전염병이다.

 이 바이러스는 화폐 체제를 통해 사람들 사이로 퍼져나가고, 과도한 규제를 통해 암세포처럼 성장한다. 지대 추구자들은 자신들이 어딘가에 가치를 제공하고 있다고 믿지만, 실제로는 그러지 못하기 때문에 정확히 자기가 무슨 가치를 어떻게 제공하는지 파악하는 데 어려움을 겪는다. 그래서 그들은 자신이 갇혀 있는 절망적인 인센티브의 늪을 인정하기는커녕, 마치 이미 목표를 향해 나아가고 있는 것처럼 막연하고 희망적인 말을 떠들어댄다. 그들은 다양한 거래에서 세금을 갈취하면서 아무런 대가 없이 자원을 소비한다. 이들은 문명을 파괴하고 정부, 기업, 인간관계 그리고 사람들에게 병균을 감염시키는 암 덩어리다.

무엇이 지대 추구 열풍을 부추길까? 어떻게 이 지경에 이르렀으며, 우리는 어떻게 이 전염병에서 벗어날 수 있을까?

## 법정화폐가 지대 추구를 낳는다

지대 추구의 문제는 잘못된 인센티브에서 비롯되며, 이를 조장하는 것이 바로 법정화폐. 법정화폐는 사탕과 달콤한 청량음료를 먹는 것과 비슷하다. 이렇게 단 음식을 먹으면 입안에서 유해한 박테리아가 퍼져 결국 충치가 생기게 마련이다.

마찬가지로, 법정화폐는 지대 추구형 일자리를 위한 기반을 마련해 준다. 정부가 법령을 통해 이러한 직업들을 규정하고 자금을 지원하면서 이러한 직업들이 생겨난다. 이 직업들은 정부가 자금을 지원하는 싱크탱크, 스타트업의 규제 준수 담당자, 은행 분야에 넘쳐나는 일자리 등 다양한 형태로 나타난다.

지대 추구자들에게 이런 직업들은 아주 매력적이다. 일반적으로 일이 쉽고, 법으로 규정되어 해고될 우려가 적으며, 특히 창출하는 가치에 비해 지급되는 급여가 높다. 게다가 변덕스러운 고객을 만족시킬 필요도 없고, 이 직업들을 대체할 혁신도 없으며, 심지어 걱정해야 할 경쟁자도 없다. 그저 위에서 지시하는 권력자만 만족시키면 되고, 그들의 눈에 들기만 하면 직장은 안전하다.

지대 추구자들은 시장의 필요를 충족시키기보다는 권력자에게 맞춰 일한다. 이로 인해 실제로 하는 일이 줄어든다. 지대 추구의 경제적 본질은 누군가가 그들을 부양하기 위해 돈을 찍어내고 있다는 사실, 즉 대중이 그들을 지원하기 위해 돈을 빼앗기고 있다는 것이다. 기득권층이 살아있는 한, 기생적인 지대 추구 계층은 계속 번성할 수밖에 없다.

정부의 관료주의는 지대 추구의 전형적인 예다. 관료들은 기업이나 개인에게 별 의미 없어 보이는 규칙을 따르도록 강요하여 돈을 번다. 그들은 두 가지 방식으로 이익을 얻는다. 승인 수수료나 규정 위반에 대한 벌금과 같은 직접적인 세금을 통해, 그리고 직접 벌금을 물리는 게 돈이 되지 않을 때는 화폐 공급을 늘리는 방법을 통해 수익을 얻는다.

본질적으로, 모든 규제는 단지 돈뿐만 아니라 시간을 낭비하게 만드는 세금이기도 하다. 사람들이 규제를 준수하려면 많은 시간을 투자해야 하고, 이는 종종 불필요한 서류 작업이나 복잡한 절차에 소모된다. 이 과정에서 기업과 개인들은 생산적인 활동에 사용할 수 있었던 자원을 규제 준수에 사용해야 하며, 이는 경제적 가치 창출을 방해하는 결과를 초래한다. 결국, 규제는 단순히 금전적 비용만이 아니라 시간과 노력을 낭비하게 만드는 세금인 셈이다. 인플레이션이라는 은밀한 세금을 통해 이러한 규제에 필요한 자금을 조달하는 것은 열심히 하루를 살아가는 생산적인 사람들에게 두 배로 해를 끼친다. 지대 추구는 마치 암처럼, 가치 창출 기능을 저해할 뿐만 아니라 그 과정에서 자원을 낭비한다.

## 규제 준수에 따르는 부담

지대 추구는 비단 정부의 관료주의에만 국한되지 않는다. 정부 규제를 준수하는 것은 대기업들에도 상당한 비용을 요구한다.[57] 기업이 규제 준수를 위해 보고해야 하는 요구사항은 매우 번거롭고, 여기에는 그 어떤 산업도 예외가 없다. 회계, 고용 및 세금은 모든 기업이 반드시 처리해야 하는 세 가지 영역으로 특히 엄격하게 규제된다.

인사부서는 주로 직원 관련 규정 준수에 업무 중점을 둔다. 고용주와 직원 간의 관계를 규정하는 방대한 규칙을 준수하려면 전담 부서가 필요하다. 인사부서는 후보자 면접 일정을 조정하는 등의 역할을 통해 일정 부분 가치를 제공하긴 하지만, 그들이 제공하는 기능의 대부분은 기업 활동에 직접적인 가치를 더하지 않는다. 규제 준수에 드는 비용은 기업이 제공하는 제품이나 서비스와는 관계가 없지만, 규제 당국을 만족시키기 위해서 반드시 필요하다. 기업은 규제 준수를 우선시하느라 시장과 고객으로부터 멀어진다. 규제 준수는 원래라면 상품과 서비스를 개선하는 데 사용할 수 있었던 자원을 빨아들이는 암 덩어리가 된다.

이 암묵적인 세금은 결국 시장 참여자들이 지불하게 되며, 별부가가치 없이 제품 비용만 증가시킨다. 더욱 중요한 것은 이러한 규제 준수가 신생 기업의 창업을 더 어렵게 만들어, 궁극적으로 경쟁을 줄이고 혁신을 억제한다는 점이다. 대기업은 더 굶주리고 더 의욕적인 경쟁자를 상대로 혁신할 필요가 없기 때문에 이러한 규제 준수 비용을 은근히 반긴다. 이 병든 시스템을 받아들임으로써 자신들의 생존 확률을 높이는 것이다.

더욱이, 정부 규제를 준수하다 보면 종종 입법자들과 거래 관계를 맺게 된다. 충성심을 보여준 기업들은 어려운 시기에 정부로부터 구제금융을 받을 가능성이 높다. 이 기업들은 구제금융을 받은 후 법정화폐로 보조금을 지원받고, 이후 기업 전체가 지대 추구형 기관으로 변모한다. 이들은 본질적으로 국가 기관의 연장선이 되어 경제를 고갈시킨다. 이러한 암은 퍼져나가 영구적인 고질병으로 자리 잡는다.

놀랍게도 현재 많은 기업이 이러한 방식으로 운영되며, 손해를 보면서도 제품과 서비스를 생산하고 있다. 이들은 금융 조작을 통해 계속 운영을 이어가며 경제의 나머지 부분에서 자원을 빼앗는다. 이러한 좀비기업들은 사회 속에 살아 움직이는 시체처럼 자신들이 기여하는 것보다 더 많은 자원을 소비한다.

### 지대 추구의 정점인 은행
—

정부의 관료주의와 구제금융 기업보다 더 심각한 문제는 전체 은행 시스템이다. 돈을 찍어내는 이 은행들은 사실상 돈을 찍어내 스스로에게 보상할 수 있는데, 이는 다른 모든 사람에게 부과되는 암묵적인 세금과도 같다.

은행은 기회비용이 없는 대출을 통해 지대 추구에 참여한다.

각 대출은 만기까지 달러의 가치를 희석시킨다. 국채T-bills, 회사채, 신용카드 대출에 이르기까지 모든 대출은 은행과 대출자에게 이익을 주며, 그 비용은 다른 사람들에게 전가된다. 은행은 지대 추구의 중심이자 핵폭탄과 같은 파급 효과로 광범위한 피해를 초래하며, 더 많은 좀비를 만들어내는 원조 좀비다.

특히 해로운 것은 그림자 금융Shadow Banking(은행 시스템 밖에서 이뤄지는 신용중개 기능 혹은 그것을 수행하는 기관)을 통해 실행되는 과도한 레버리지로, 여기서 헤지펀드와 투자은행의 이익을 위해 막대한 자금이 창출된다. 그림자 금융이 핵탄두라면 소매 금융은 수류탄에 불과하다.[58] 그림자 금융은 사회에 유용한 그 어떤 것도 창출하지 않으며, 그들이 하는 일은 달러 보유자의 저축을 희석하는 것이 전부다. 달러 보유자에게는 끔찍한 일이 은행가에게는 엄청난 수익을 안겨준다.

지난 50년 동안 전 세계 명문대 출신의 우수한 인재들이 투자은행업에 진출한 이유가 바로 이것이다. 사람들이 투자은행에 들어가는 이유는 열정이나 이 어려운 직업에 필요한 특별한 재능이 있어서가 아니라, 수익성이 엄청나게 좋기 때문이다. 이는 문명에 두 배로 나쁜 영향을 미친다. 가장 우수한 인재들로부터 혁신을 일으킬 기회를 빼앗을 뿐만 아니라, 그들을 가장 위험한 암세포이자 가장 탐욕스럽고 공격적인 좀비로 만들기 때문이다.

## 1969년 이후의 스태그네이션

―

1969년 달에 착륙한 이후로 인류가 뚜렷한 진보를 이루지 못했다는 사실은 실망스러운 일이다. 사실, 가장 뛰어난 인재들은 새로운 영역을 개척하기보다는 지대 추구에 더 집중하는 길을 선택했다. 그들은 진보보다는 안정적인 이익을 추구하는 방향으로 나아갔다.

많은 사람들이 상품이나 서비스를 성공적으로 만들어낸 후, 사업에서 은퇴하고 벤처투자자가 된다. 이 역시 지대 추구형 사업이다. 이들은 고위험 스타트업에 투자하여 수익을 올리며, 종종 포스트모던 니체주의 전략을 사용하여 유니콘 기업을 만든다. 이들은 순진한 개인 투자자들을 이용해 알트코인과 같은 자산의 가치를 부풀린다. 지대 추구의 수익성이 워낙 높다 보니, 시장에 실제로 필요한 무언가를 생산하는 고된 일은 뒷전으로 밀려나 버렸다. 더 큰 문제는 지대 추구와 관련한 직업들이 돈을 많이 벌 수 있다는 이유로 명망 높은 고위직으로 간주되면서 많은 사람들이 이러한 직업을 갖고자 한다는 것이다. 하지만 이 직업들은 창출하는 가치도 적고 실질적으로 기여하는 것도 없다.

결과적으로, 이러한 사고방식은 소비자 취향에까지 영향을 미쳤다. 많은 이들이 더 나은 사람이 되기 위해 노력하는 대신 오락거리를 우선시한다. 이들은 창조하기보다는 소비하기를 선호하며, 자신의 고유한 재능을 활용하여 가치를 창출하는 대신 넷플릭스를 몰아보거나 SNS 화면을 끝없이 넘기며 시간을 허비한다. 지대 추구 사고방식이 사회에 깊숙이 스며들면서 자신의 한계를 뛰어넘거나 의미 있게 사회에 기여하려는 열망은 점점 줄어들고 있다. 결국 이는 무의미한 순환 현상, 즉 좀비가 더 많은 좀비를 만들어내는 지경에 이르렀다.

우리 사회는 이제 개인 투자자가 헤지펀드와 투자은행가의 전유물이었던 잔인한 권력 게임에 참여하는 단계에 이르렀다. '월스트리트벳츠(Wall Street Bets, 미국의 SNS인 레딧에서 개인 주식 투자자들이 모여 있는 유명한 커뮤니티)의 게임스톱 Game Stop, AMC, 허츠 Hertz 주가 부양은 이러한 권력 다툼의 전형적인 사례로, 시장 내 다른 참가자들을 망가뜨리기 위해 설계된 전략이 어떤 것인지 보여준다. 이런 행동은 투자의 본래 목적-배당금 형태로 수익을 축적하여 최대 가치를 창출할 수 있는 곳에 자본을 투자할 기회를 찾아내는 것-과 크게 어긋난다. 이런 시나리오에서 창출되는 가치는 오직 시장 반대편에 있는 투자자의 손실뿐이다. 한때 시장에 공급할 상품을 생산하고, 투자자들에게 실제 가치를 제공하는 포지티브섬 게임이었던 투자 활동이 이제는 투기와 투매뿐인 제로섬 게임으로 전락했다. 이 새로운 환경에서는 직업뿐만 아니라 투자 시장 전체가 지대 추구 대상으로 변해 버린 것이다.

하지만 '월스트리트벳츠'보다 더 나쁜 것이 있다. 바로 알트코인이다.

## 지대 추구 알트코인의 등장

알트코인 창립자들은 막대한 부를 축적하면서 아무런 가치도 생산하지 않는, 최악의 자본 파괴형 지대 추구자로 떠오르고 있다. 이들은 허무주의적인 투자은행과 캉티용 효과로 억만장자가 된 벤처캐피털의 최악의 측면을 결합한 존재다. 알트코인 창립자들은 슈퍼 좀비이자, 두 가지 방식의 지대 추구에서 가장 나쁜 특징들만을 합친 최악의 변종이다.

알트코인은 지대 추구자들의 꿈과도 같다. 이들은 복잡하고 이해하기 어려운 상품을 통해 무한한 상승 가능성을 주장한다. 여기에 왜곡된 인센티브가 결합되면서, 자기 이익에 의해 움직이며 허무하게 가치를 파괴하는 일에 열정적으로 참여하는 슈퍼 좀비 무리가 출현한다.

벤처투자자들 또한 알트코인에 자금을 지원하고 홍보하는 일에 동참한다. 이 마케팅 전문가들은 알트코인을 과대 포장하고, 니체식 권력 의지 전술을 통해 가치를 조작하며, 투자은행가들의 지대 추구적인 생활 양식에 비해 뒤처졌다고 느끼는 사람들에게 엄청난 부를 약속한다. 알트코인의 매력은 접근이 쉽고, 사용이 편리하며, 아무런 제약 없이 누구나 참여할 수 있다는 점이다. 본질적으로 알트코인 창립자들은 일하지 않고도 돈을 벌 수 있다는 꿈을 팔아치우며, 새롭게 지대 추구자가 되려는 사람들을 끌어들인다. 소비 지향적이고 비생산적인 법정화폐적 사고방식은 이제 사회에 너무 깊숙이 퍼져서, 사람들이 스스로 좀비가 되는 길을 적극적으로 찾는 상태에 이르렀다.

열성적인 알트코인 지지자들은 생산적인 일에 참여하지 않고 돈을 벌고 싶어 한다. 지대 추구에 성공한 초기 참여자들은 이런 투자자들에게 스스로 증거가 되어, 그들도 마법과 같은 케인스주의적 힘을 통해 지대 추구자가 될 수 있다는 확신을 심어준다. 이들은 기꺼이 현실을 무시하며, 알트코인에 대한 탐욕을 불어넣어 시장의 과열을 부추긴다.

물론 이런 프로젝트는 결국 현실의 무게에 짓눌려 무너지겠지만, 한동안은 지속될 수 있다. 그 과정에서 가장 큰 피해를 입는 것은 가장 가난하고 취약한 개인이다. 이들은 절박한 나머지, 힘들게 번 돈을 투자하면서 지대 추구형 일자리를 얻기를 바란다. 그러나 일반적인 다단계 사기와 마찬가지로, 이들은 결국 자신의 돈으로 알트코인 창립자, 인플루언서, 벤처투자자에게 자금을 지원하는 상황에 빠지게 된다.

### 생산성과 가치 창출을 촉진하는 비트코인

안타깝게도 법정화폐 체계는 끊임없는 권력 추구의 장으로 변질되었다. 이 체제에서는 영향력 있는 사람들이 능력이나 자질에 관계없이 힘없는 사람들을 이긴다. 이렇게 왜곡된 시스템에서는 권력 자체가 가치의 유일한 지표가 되며, 재능과 노력의 중요성은 뒤로 밀려난다. 그 결과 문명의 발전과 개선은 뒷전으로 내몰렸고,

사회 전체가 어떤 대가를 치르든 권력을 차지하고 유지하는 것이 주요 목표가 되었다. 이는 지대 추구가 깊이 뿌리내린 사회가 자연스럽게 겪게 되는 귀결이다.

노력 없이 무언가를 얻으려는 지대 추구와 그런 사고방식이 지배하는 세상에서, 대안은 시장을 위한 상품과 서비스를 만들기 위해 열심히 노력하는 것이다. 그러나 법정화폐가 지배하는 세상에서는 생산적인 일에서 얻는 가치가 화폐가치 하락으로 인해 점점 더 희석되므로, 이러한 노력은 갈수록 찾기 어려워지고 있다.

이런 불편한 흐름은 정부, 기술, 학계, 투자 등 다양한 영역에서 뚜렷하게 드러난다. 이들 영역에서는 모두 근본적으로 변화된 규칙에 따라 운영되는데, 그곳에서는 이미 지대 추구가 가장 권위 있고 바람직한 직업이 되어 버렸다. 이들 영역은 마치 암세포처럼 숙주를 죽일 때까지 악성적인 확장을 계속할 것이다. 그러나 현실은 조작이나 왜곡에 직면할 때마다 결국 제자리를 찾는다. 이러한 왜곡을 일으키는 힘은 근본적인 경제 법칙을 잠시 무시할 수 있지만, 그럴 수 있는 시간은 한정적이다. 결국 이 힘은 치명적인 붕괴를 겪게 되고, 그때 우리는 적어도 한동안 더 근본적인 원칙으로 돌아가게 될 것이다.

현실을 인정했다가 외면하는 이 반복적인 시도는 우리가 사용하는 화폐의 종류에 직접적인 영향을 받는다. 사실상 우리가 사용하는 화폐는 인위적이어서 근본적인 현실을 외면하기가 너무나도 쉽다. 이러한 니체식 권력 다툼의 악순환에서 벗어나려면 건전하고 안정적인 화폐가 필요하다. 건전한 화폐는 우리의 시스템을 현실에 뿌리내리게 하고, 권력을 휘두르는 자들의 조작에 영향을 받는 것이 아니라 진정한 가치와 원칙에 기반한 의사결정을 가능하게 한다.

투자를 포함한 사회의 모든 부분은 현실에 확고하게 뿌리내려야 하며, 우리는 지대 추구를 단호히 거부해야 한다. 현실과의 괴리와 권력 다툼에 대한 집착이 사회의 여러 분야에서 지속 불가능하고 해로운 관행을 만들어냈기 때문이다. 가치 제공의 중요성을 강조함으로써, 우리는 겉모습과 권력 다툼보다 실력과 본질을 우선시하는 사회를 만들 수 있다.

비트코인은 개인이 노동으로 거둔 결실을 인플레이션의 도둑질로부터 보호해 준다. 지대 추구에 저항하는 특성 덕분에, 비트코인 사용자들은 법정화폐적 사고방식에서 벗어나 시장에 가치를 제공하는 데 집중할 수 있다. 저축하는 사람들은 유용한 상품과 서비스를 창출하여 문명의 성장에 기여하며, 비트코인은 저축을 보호함으로써 정직한 노동을 장려한다.

알트코인과 법정화폐가 가치를 약화시키는 반면, 비트코인은 가치를 창출하는 사람들에게 안전하고 몰수할 수 없으며 인플레이션에 영향받지 않는 방식으로 가치를 보존해 준다. 본질적으로 비트코인은 가치를 창출하는 생산적인 사람들에게 힘을 실어준다. 왜냐하면 이들의 노력을 훼손하는 중앙 권력이 없기 때문이다. 가치 창출이 늘어나고 지대 추구가 줄어들수록 문명의 발전은 더욱 촉진된다.

비트코인은 지대 추구라는 암과 싸우는 항체로, 좀비를 생산적인 사회 구성원으로 되돌린다.

| 7장 |

# 결혼을 파괴하는 법정화폐

**사랑이 타락했다.**

과거에 사랑은 지속적이고 친밀한 관계에서 나타나는 미덕을 의미했다. 사랑에는 희생, 절제, 인내가 요구되었다. 고전 작가들은 그 안에 내재된 어려움 때문에 사랑을 미덕으로 여겼다. 사도 바울의 말을 빌리자면 사랑은 인내하고, 친절하며, 시기하지 않고, 겸손하다.[59] 이러한 자질을 기르기 위해서는 엄청난 내적 노력과 자기 개선이 필요하다.

하지만 오늘날 사랑은 종종 강한 감정이나 욕망을 표현하는 데 사용된다. 예를 들어, "나는 아이스크림을 좋아해" 또는 "나는 내 직업을 사랑해"처럼 말이다. 한때 미덕의 정점이었던 사랑은 이제 덧없는 감정의 정도를 나타내는 표현으로 축소되었다. 이제 사랑이라는 단어의 가치는 어린이 대회 참가자들에게 무더기로 나눠주는 트로피보다도 더 떨어졌다.

사랑이라는 개념이 이렇게 싸구려로 전락했지만, 이 글은 단순히 언어의 변질에 관한 담론이 아니다. 내가 단어의 의미 상실을 아쉬워하는 것은 사실이지만 더 시급한 문제가 있다. 이 장에서는 사랑의 타락이 문명, 특히 결혼 제도에 미친 실질적인 영향을 다루고자 한다.

사랑의 평가절하는 단순한 언어적 문제가 아니라 사회 전반에 심각한 영향을 미쳤다. 특히, 가족 단위의 해체와 시간 선호도가 높은 행동의 증가에 기여했다. 시간 선호도가 높다는 것은 장기적인 이익보다 단기적인 만족을 우선시하는 경향을 말하며, 이는 인간관계를 포함한 현대 생활의 모든 측면에 침투해 있다.

## 이혼 무책주의

1969년 캘리포니아 주지사였던 로널드 레이건은 미국 최초로 「이혼 무책주의 법」을 통과시켰다.[60] 이 법은 이혼을 둘러싼 원한과 갈등을 줄이는 데 목적이 있었다. 이 법이 제정되기 전에는 혼인관계를 끝내려면 정당한 사유가 있어야 했다. 예를 들어, 1969년 이전에는 아내가 결혼 생활을 끝내려면 남편의 신체적 학대나 외도 등의 사유를 입증해야 했다.

그러나 많은 사람들이 정당한 근거 없이 결혼 생활을 끝내려고 했고, 이는 이혼 사유 조작과 명예 훼손으로 이어졌다. 실제로 로널드 레이건의 첫 번째 부인은 정신적 학대를 이혼 사유로 들었다.[61] 「이혼 무책주의 법」은 두 아이가 서로 싸울 때 부모가 실제 원인과 관계없이 "누가 먼저 시작했든 상관없어"라며 처벌하듯, 허위 고소를 없애기 위해 제정되었다.

이 법은 빠르게 인기를 얻었고, 1969년 캘리포니아에서 제정된 후 불과 몇 년 내에 미국의 모든 주에서 이 법을 채택했다.[62] 그러나 많은 정부 규제와 마찬가지로 그 결과는 의도치 않은 부작용과 피해를 가져왔다.

반세기가 지난 지금 돌아보면, 우리는 「이혼 무책주의 법」이 이혼 과정에서 고통을 줄이기는커녕 오히려 악화시켰다는 결론을 내릴 수 있다.[63] 이 법은 허위 고소, 인신공격, 이혼과 관련된 전반적인 트라우마를 끝내는 데 실패했을 뿐만 아니라 오히려 더 악화시켰다. 그러는 사이 이혼 산업은 번성한 반면, 결혼 제도는 퇴보했다.[64] 그렇다면 이 법에서 무엇이 잘못된 것일까? 이를 살펴보려면 결혼에 관한 두 가지 역사적 사실을 이해할 필요가 있다.

첫째, 결혼은 본질적으로 계약 또는 약속이며, 전통적으로 평생 서로에게 충실하겠다는 다짐을 중심으로 이루어져 왔다. 다소 제약적으로 느껴질 수도 있지만, 여기에는 자녀에게 안정적인 환경을 제공하려는 중요한 목적이 있다. 부모의 안정된 결혼 생활은 자녀의 복지에 매우 중요하므로, 결혼의 제약은 주로 개인의 행복보다는 자녀에게 혜택을 주기 위한 것이었다.

둘째, 결혼은 역사적으로 정부의 통제 밖에 존재해 왔다. 결혼에 대한 정부의 규제는 비교적 최근에 생겨난 것으로, 주로 인종 간 결혼과 일부다처제를 사전에 막으려는 역사적 시도에 뿌리를 두고 있다.[65] 혼인 등록이 의무화되면서 이러한 규제가 하향식으로 시행되었다. 「이혼 무책주의 법」은 의도하지 않은 결과를 낳은 정부 규제의 또 다른 예로, 결혼의 신성함과 안정적인 환경 제공이라는 본래의 목적을 더욱 약화시켰다.

## 결혼은 더 이상 구속력이 없다

이혼 무책주의에 따르면 어느 한쪽도 책임을 묻지 않고 결혼 계약을 해지할 수 있다. 그 결과, 결혼 계약에서는 법적으로 충실함을 요구할 수 없으며, 한쪽 배우자가 불륜을 저질렀든 아니든 이혼을 선택할 수 있다. 본질적으로 외도에 대한 법적 처벌은 없으며, 이혼의 결과는 누가 계약을 위반했는지가 아니라 누가 더 유능한 변호사를 쓰느냐에 따라 달라진다.

법적으로 결혼은 이제 취약하고 까다롭지 않은 계약이 되었다. 물론 배우자에게 충실하겠다고 약속할 수는 있지만, 그 서약을 어긴다고 해서 법적으로 처벌할 수 있는 것은 없다. 정부 입장에서 보면 모든 결혼은 이제 본질적으로 '열린 결혼(구속력이 없는 결혼)'인 셈이다. 이는 마치 당뇨병 환자에게 끼니마다 사탕을 제공하는 것과 비슷하며, 결혼의 근간을 훼손하는 결과를 초래한다.

어쩌다가 이 지경에 이르렀을까? 충실함은 결혼에서 변함없이 중요한 측면이 아니었나? 신의를 맹세한다는 것이 그렇게도 어려운 일일까?

역사적으로 가족의 불안정성은 대부분 전쟁, 전염병, 기근과 같은 외부 요인으로 인해 발생했다. 이러한 어려움에도 불구하고 결혼은 자녀들이 잘 자랄 수 있게 안정적인 환경을 제공해 왔다. 그러나 오늘날에는 가족의 불안정성이 내부 요인에서 비롯되는 경우가 흔하다. 전체 결혼의 거의 절반이 이혼으로 끝나고,[66] 출산율이 사상 최저치를 기록하는[67] 등 많은 사람들에게 결혼은 더 이상 자녀 양육을 중심으로 하는 것이 아니다.

지난 한 세기 동안 결혼에 대한 인식에는 상당한 변화가 있었다. 100년 전만 해도 결혼과 관련된 가치는 자녀에 대한 의무, 공동체를 위한 희생, 가족에 대한 책임을 중심으로 논의되었다.[68] 그러나 오늘날에는 결혼에 대한 논의에서 종종 사랑이 중심이 된다.

이 두 관점의 차이는 매우 뚜렷하다. 하나는 공동체 중심의 결혼관인 반면, 다른 하나는 자기중심적인 결혼관이다. 우리는 공동체적 제도가 개인적 욕망을 중심으로 돌아가야 한다고 믿는, 일종의 유아적 사고방식으로 퇴행해 버렸다.

## '사랑'이라는 단어

"사랑만 있으면 충분해"라는 말은 단순히 비틀스의 가사로 그치는 게 아니라 많은 사람들이 진정으로 믿는 신념이 되었다. 하지만 '사랑'이라는 단어가 타락한 현실을 고려하면 이는 지극히 자기중심적인 주장일 뿐이다. 오늘날 대부분의 사람들은 개인의 행복을 위해 결혼하며, 강렬한 사랑의 감정을 경험하고 싶어 한다. 그러나 이러한 감정은 대개 헌신, 희생, 책임감에서 비롯되는 것임에도, 사람들은 이 사실을 종종 간과한다.

많은 사람들이 노력하지 않고도 보상받기를 원한다는 점에서, 이는 법정화폐적 사고방식을 반영한다. 마치 프로 농구선수인 스테판 커리처럼 슛을 쏘고 싶어 하면서도 연습은 하지 않으려는 식이다. 그러니 빗나가기가 일쑤인 게 당연하지 않을까? 이는 실업 문제에 지나치게 집중한 나머지 케인스주의 경제학이 잘못된 추론을 낳은 것과 비슷하다. '사랑'에 대한 집착이 결혼의 다른 중요한 측면들을 희생시키면서, 결국 오늘날 결혼의 의미를 파괴하는 결과를 가져왔다.

'사랑'에 대해 이야기할 때 사람들은 일반적으로 그 자체의 미덕보다는 자신이 갈망하는 내적 상태를 언급한다. 그들은 '사랑에 빠지기를 원하거나' 설탕 과다 섭취로 인한 흥분처럼 순간적인 감정의 고양을 느끼고 싶어 한다. 이러한 자기중심적인 관점이 사랑에 대한 현대인의 관점을 지배하면서, 결혼은 개인적인 행복을 추구하는 경로로 변질되었다.

앞에서 언급했듯이 역사적으로 결혼은 자녀를 양육하고 가정을 꾸리기 위한 것이었다. 하지만 자녀가 개인의 행복을 방해한다고 느낄 때, 결혼의 이러한 목표는 자기중심적인 결혼 개념과 충돌하며 갈등을 일으킨다.

이혼 무책주의는 본질적으로 결혼에 대한 개인적인 행복 이론을 지지하고 합법화한 셈이다. 그 결과로 출산율이 급감하고 가족 구성원 수가 줄어들며, 모성애를 구시대적인 것으로 치부하는 것은 놀라운 일이 아니다. 개인의 행복이 중심이 되면 자녀를 위한 자리는 거의 없어진다. 이러한 사회 풍조 속에서는 의무, 질서, 희생과 같은 개념들이 의미를 잃는다.

## 법정화폐와 결혼의 타락

화폐의 타락은 결혼의 타락에도 큰 영향을 미쳤다. 1971년 달러와 금의 결별은 부분적으로는 1960년대의 수많은 사회보장 정책 덕분이었다. 특히 LBJ(린든 베인스 존슨, 미국의 제36대 대통령)가 실시한 메디케어와 같은 '위대한 사회' 정책은 달러화 공급에 상당한 압력을 가했고, 그 결과 1971년에 역사적인 결정이 내려졌다.[69] 당시 미국은 세계 기축통화라는 지위를 바탕으로 가진 것 이상의 달러를 지출하고 있었다.

이러한 사회보장 정책들은 빈곤층을 위한 사회 안전망을 제공하는 것을 목표로 했다. 그러나 그 효과는 결혼, 가족, 공동체를 정부 보조금 제도로 대체하는 데 그쳤다. 「이혼 무책주의 법」은 '위대한 사회' 정책과 같은 사회적 흐름의 일부였다. 이들은 돈을 통해 갈등을 줄이려 했고, 개인의 복지는 법정화폐의 출현과 함께 정부의 의무가 되었다. 다시 말해, 법정화폐는 정부가 사람들에게 행복을 제공해야 한다는 기대를 불러일으켰고, 이러한 행복 중심적 패러다임은 결국 결혼을 타락시켰다.

개인적 행복에 대한 강조는 사실상 화폐를 발행하는 정부의 도덕적 책임에서 비롯된다. 정부가 돈을 찍어내서 문제를 해결할 수 있다면, 이것은 곧 도덕적 의무가 된다. 「이혼 무책주의 법」과 사회보장 정책은 정부가 사람들의 문제를 '해결'하려는 시도의 일환이었다. 법정화폐는 모든 사람을 사회에 기여하는 생산자가 아니라 정부가 제공하는 혜택을 소비하는 사람으로 만들었고, 이는 곧 개인적 행복을 중심으로 하는 윤리관을 낳았다. 법정화폐는 의무, 책임감, 희생의 가치를 떨어뜨렸고, 그 결과 결혼까지 타락했다.

결혼에 대한 부정적인 인식은 가난한 사람들에게 가장 큰 타격을 입혔는데, 특히 흑인 사회에 큰 영향을 미쳤다. 1950년에는 35세까지 결혼한 흑인 여성의 비율이 백인 여성보다 더 높았다.[70] 하지만 사회적 우대 정책, 개인적 행복에 대한 지나친 강조 그리고 결혼에 대한 부정적인 인식이 결합하면서 흑인 가족 해체 현상을 가속화했다.[71] 결혼에 대해 정부가 느슨한 태도를 취하자, 이는 결혼할 여력이 부족한 계층에게 현실로 다가왔다.

## 비트코인은 장기적인 사고를 촉진한다

비트코인 커뮤니티에서 많은 사람들이 실제로 결혼하는 것을 보는 것은 매우 고무적인 일이다. 비트코인에 대한 깊은 관심은 장기적인 사고방식을 키운다. 화폐에 대해 시간 선호도가 낮은 태도를 선택하다 보면 이는 자연스럽게 삶의 다른 측면으로도 확장된다. 장기적으로 가장 중요한 고민거리 중 하나는 삶의 의미를 찾는 것이며, 가족은 이를 위한 깊은 목적 의식을 제공한다. 시간 선호도가 낮은 태도는 결국 가족의 형성을 촉진한다.

이러한 동기는 개인적인 행복을 추구하는 사회 분위기와 강한 대조를 이룬다. 장기적인 관점에 초점을 맞출 때 비로소 희생, 책임, 헌신의 여지가 생긴다. 하지만 개인적 행복만을 추구할 때는 이러한 가치들이 필연적으로 가려지게 된다. 전통적인 결혼관은 본질적으로 시간 선호도가 낮은 태도와 부합한다.

고대 철학자들은 시간 선호도가 낮은 태도를 신중함 또는 지혜라고 불렀다. 이는 곧 '사랑'과 같은 순간적인 감정의 지배를 따르는 충동에 대한 해독제다. 비트코인은 우리가 자기중심적인 쾌락 추구에서 벗어나도록 도와준다.

비틀스는 틀렸다. 사랑만으로는 충분하지 않다.

| Fiat Ruins Everything |

## 당신이 사랑을 위해 절대로 하지 않을 10가지

01. 스마트폰을 내려놓고 진짜 삶을 경험하기. 와이파이가 있는데 사람 간의 교류가 꼭 필요할까?

02. 배우자가 살이 찌거나 실직해도 참기. 당신이 배우자와 맺은 사랑의 서약보다, 배우자와 함께 섰을 때 남들 눈에 어떻게 보이는지가 더 중요하니까.

03. 소개팅 앱인 틴더Tinder를 삭제하기. 앱 화면에서 모르는 사람을 좌우로 넘기며 외부 검증을 받는 건 꼭 필요한 옵션이니까.

04. 당신의 멋진 MMORPG 캐릭터를 이베이에 팔기. 가상세계 속 당신의 자아가 현실 속 당신보다 더 많은 경험치와 더 멋진 탈것을 가지고 있으니까.

05. 데드리프트를 하기. 당신이 어려운 운동을 꾸준히 할 리가 없으니까.

06. 술을 끊기. 건강한 간과 맑은 정신보다 데킬라를 원샷하고 의심스러운 결정을 내리는 것이 더 재밌고 즐거우니까.

07. 아이를 낳기. 미니밴을 타고, 앞으로 몇 년 동안 끝없이 기저귀를 갈아야 하는 것을 피하는 것이 인생의 유산을 남기는 것보다 더 중요하니까.

08. 키토제닉 식단을 몇 달 이상 지속하기. 피자가 바로 당신의 사랑의 언어니까.

09. 오페라나 도예 수업처럼 지루한 데이트를 견디기. 재미보다 더 중요한 것은 없으니까.

10. 저축하고 빚 청산하기. 산더미 같은 재정적 스트레스와 끝없는 신용카드 명세서에 파묻히는 것만큼 낭만적인 일은 없으니까.

| 8장 |

# 가족을 무너뜨리는 법정화폐

**전 세계적으로 출산율이** 급감하고 있다.[72] 유럽과 동아시아의 수많은 국가가 인구 감소에 직면해 있으며, 일본과 같은 일부 국가는 이미 인구 감소를 경험하고 있다.[73] 많은 사람들이 아이를 낳지 않기로 선택하고, 자녀를 낳는다고 해도 덜 낳고 늦게 가정을 꾸리는 경우가 대부분이다.[74]

그 결과, 전 세계 인구가 고령화되고 있으며 이는 경제적인 어려움으로 이어지고 있다. 미국의 사회보장 제도를 비롯한 연금 제도는 심각한 재정 부족에 시달리고 있다.[75] 연금에 가입하여 돈을 지불하는 사람들의 수는 연금에서 돈을 지급받는 사람들을 모두 감당하기에 턱없이 부족하다. 우리는 역전된 인구 구조로 인해 국가 부도, 경제 붕괴 또는 그보다 더 나쁜 상황에 빠질 위험이 있는 단계로 빠르게 접어들고 있다.

불과 50년 전만 해도 경제학자 맬서스의 이론에 따른 인구 폭증에 대한 두려움이 대중의 담론을 지배했다는 점을 고려하면, 이 상황은 아이러니하다.[76] 그렇다면 어쩌다가 출산율이 이토록 낮아져 많은 초등학교가 문을 닫는[77] 지경까지 이르렀을까?

더 나아가, 우리는 이러한 가치관을 어떻게 받아들이게 되었을까? 문명은 인간 없이는 발전할 수 없고, 모든 인간은 반드시 어린 시절을 거친다. 그런데 왜 우리는 인구 증가를 중요하게 여기지 않는 걸까?

## 가족 가치의 쇠퇴

—

이 장의 제목에서 알 수 있듯이, 현재 자녀 출산에 대한 태도 변화는 대부분 법정화폐 체제와 관련이 있다. 이는 글로벌 엘리트들의 거대한 음모라기보다는 일련의 잘못된 인센티브가 가져온 결과다.

지난 한 세기 동안 법정화폐는 정부에 대한 의존도를 점점 더 높여왔다. 예를 들어, 사회보장 제도는 처음에 경제를 활성화하기 위해 도입되었지만, 공식적인 목적은 노년층을 부양하는 것이었다.[78] 많은 국가에서 보편적 의료, 복지, 다양한 칸티용 효과 등이 비대해진 정부 관료주의로부터 사람들이 혜택을 얻는 방식으로 등장했다. 분명한 것은 이 기간에 가족 규모가 점점 더 작아졌다는 사실이다.[79]

100년 전만 해도 가족에는 핵가족뿐만 아니라 이모, 삼촌, 사촌 그리고 더 먼 친척까지 포함되었다. 가족의 일원이 된다는 것은 특별한 의미가 있는 일이었고, 성씨는 평판을 의미했다. 사람들은 자녀에게 좋은 이름을 물려주기를 바랐다. 하지만 오늘날 의미 있는 성씨를 가진 집안은 매우 부유한 집안(록펠러)이나 정치적으로 유명한 집안(케네디, 부시)뿐이다.

1950년대부터 핵가족이 점점 더 강조되기 시작했다. 사람들은 점차 직계 부모 및 형제자매와 더 많은 관계를 맺게 되었고, 대가족 구성원들과의 연결은 점차 줄어들었다. 동시에 자녀를 적게 낳기 시작했다. 1980년대에는 이혼율이 증가하고 한부모 가정이 훨씬 더 흔해지면서 가족 규모가 더욱 작아졌다.[80] 오늘날에는 많은 사람들이 아예 결혼하지 않기를 선택하며, 가족은 가장 작은 단위인 개인으로까지 축소되었다.

## 가족 지원 체계의 붕괴

지난 한 세기 동안 가족 단위는 점점 더 작아졌을 뿐만 아니라 그 중요성도 줄어들었다. 대가족은 본래 개인의 어려움에 대비하는 일종의 보험 역할을 했다. 과거에는 가족이 여러 자녀를 두었는데 그 이유는 추가된 구성원이 모두에게 자산이 되었기 때문이다. 대가족은 단순히 유산을 남기는 것에 그치지 않고, 신뢰할 수 있는 인맥을 구축하고 수익성 있는 기회를 활용할 가능성도 높였다. 가족은 사업을 확장하고 신뢰할 수 있는 근로자를 고용하는 자연스러운 수단으로 활용되었다.

자녀들 또한 노년의 부모를 부양했다. 부모는 노후를 위해 저축하는 대신 자녀를 키우고, 효심이 있는 자녀가 노후에 자신을 돌보기를 기대했다. 대가족은 질병, 재난, 시장 변동성과 같은 불행에 대비하는 보험 역할을 했다. 결혼은 대가족의 규모를 사실상 두 배로 늘렸고 그에 따른 혜택도 함께 증가시켰다.

그러나 오늘날에는 대가족을 형성하고 유지하던 경제적인 이유가 정부의 지원으로 대체되었다. 정부는 건강보험, 사회보장, 실업보험, 의무교육, 학자금 대출 등을 제공한다. 경제적인 측면에서 보면, 이런 정책들이 원래 대가족이 제공하던 지원을 대체한 셈이다. 그러나 정부는 비용을 숨기는 방식으로 이러한 혜택을 제공한다. 따라서 이는 마치 훨씬 적은 비용과 수고로움만으로도 가족이 제공하는 모든 혜택을 누리게 해주는 것처럼 보인다. 이런 인센티브를 고려할 때, 사람들이 가족 대신 정부와 사회보장 제도에 의존하는 선택을 한 것은 놀라운 일이 아니다.

물론 이러한 혜택에는 정부의 규제를 따라야 한다는 조건이 따른다. 이러한 정부의 사회보장 제도는 법정화폐가 없이는 존재할 수 없다. 정부가 의존성을 조장하는 다양한 방식은 인플레이션을 통한 은밀한 도둑질에 기반을 두고 있다. 비생산적인 사람들이 정부에 계속 의존할 수 있도록 생산적인 사람들을 착취하는 것이다. 대가족제에서는 게으르고 비생산적인 기생충 같은 구성원이 버림받지만, 민주주의에서는 그들의 투표권이 중요하기 때문에 이들의 기생을 용인할 뿐만 아니라 오히려 장려한다.

문명적인 관점에서 볼 때, 가족에게 의존하던 것에서 정부에 의존하는 것으로의 전환은 '파우스트식 거래(악마에게 영혼을 팔아먹는 거래라는 뜻)'였다. 사회는 친밀하고 생산적인 가족 간의 유대를 지대 추구적인 정치적 인맥으로 바꾸었으며, 지금 그 대가를 치르고 있다.

놀라운 것은 정부가 가족을 대체한 것이 우연이 아니라는 사실이다. 이는 지난 세기 동안 매우 영향력 있는 특정 이데올로기인 프랑크푸르트 학파의 명백한 목표였다.[81]

프랑크푸르트 학파에 대한 종합적인 검토는 이 책의 범위를 넘어서지만, 마르크스주의와 프로이트 심리학에서 그 기원을 찾을 수 있다. 이 조합이 다소 이상하게 보일 수도 있지만, 이는 필요에 의해 탄생했으며 프랑크푸르트 학파 내에서 이들의 결합은 일종의 강제적인 동맹이었다.

## 프랑크푸르트 학파의 난제
—

1920·1930년대의 마르크스주의는 큰 문제를 안고 있었다. 카를 마르크스는 자본주의의 경제 위기가 계급 의식을 촉발하여 폭력적인 혁명으로 이어지고, 이것이 사회주의로 이어질 것으로 예측했다. 1920년대 유럽, 특히 중부 유럽은 오스트리아, 독일, 헝가리에서 발생한 초인플레이션으로 인해 심각한 경제 위기를 경험했

다. 하지만 혁명도, 계급 의식도 없었으며 사회주의가 도래하지도 않았다. 마찬가지로, 1930년대에 대공황이 미국과 캐나다를 강타했지만 여전히 혁명은 일어나지 않았다. 이에 당시 마르크스주의자들은 궁금해했다. 도대체 무엇이 잘못되었을까? 왜 마르크스의 예측이 실현되지 않는 걸까?

당시 많은 마르크스주의자들에게 이것은 존재론적인 위기였다. 마르크스가 옳았다면, 그가 예견한 대로 필연적인 경제 발전의 다음 단계가 반드시 이루어져야 했다. 그런데 왜 사회주의가 아직 도래하지 않았을까? 그들의 선택은 마르크스를 부정하거나, 사회주의 혁명이 일어나지 않은 이유를 설명하기 위해 마르크스주의에 무언가를 추가하는 것이었다.

마르크스주의 사상가들은 결코 마르크스를 부인하지 않았고, 혁명이 일어나지 않은 이유에 대한 설명은 프랑크푸르트의 마르크스주의자들로부터 나왔기 때문에 그들의 철학을 프랑크푸르트 학파라고 부른다. 이들은 마르크스가 주장한 폭력적인 혁명의 필수 요소인 계급 의식이 경제 위기로 인해 자동으로 생겨나는 게 아니라고 주장했다. 대신, 그들은 가족의 존재가 '잘못된' 의식을 조장하여 진정한 계급 의식을 가로막는다고 지적했다. 그들은 프로이트의 말을 인용하여, 사람들이 가족의 유대감으로 인해 잘못된 의식에 얽매여 있으며 '진정한' 계급 의식에 눈을 떠야 한다고 주장했다.

이 용어는 오늘날에도 계속 사용되기 때문에 익숙하게 들릴 수 있다. '깨어난woke'이라는 용어는 마르크스주의자들 사이에서 계급 의식을 지니고 마르크스가 예언한 사회주의 혁명을 지지하는 사람들을 묘사하는 데 쓰인다. 프랑크푸르트 학파는 마르크스가 암시한 사회주의 혁명을 달성하려면 사람들이 자연스럽게 각성해야 한다고 주장했다. 이는 비판 이론으로 불리며, 그 후예들인 비판적 인종 이론, 퀴어 이론, 교차성 이론 등이 현대의 극좌파 정치에 깊이 뿌리내리고 있다.

프랑크푸르트 학파는 사회주의 혁명이 일어나지 않은 이유를 가족 탓으로 돌렸다. 그들에 따르면, 사람들의 계급 의식이 발전하지 못한 이유는 그들이 가족으로부터 배운 가치관 때문이었다. 이후 마르크스 추종자들은 가족 형성을 반대하기 시작했고, 법정화폐의 도움으로 지난 세기 동안 가족의 가치를 성공적으로 깎아내렸다.

## 위대한 마르크스주의자의 침투

마르크스주의자들은 문화적으로 영향력 있는 기관들 속에 자신들의 사상을 심는 데 큰 성공을 거두었다. 특히 할리우드, 학계, 언론은 1920~1930년대에 공산주의 요원들의 표적이 되었다.[87] 침투 활동은 전 세계에 요원을 두었던 소련의 자금 지원으로 이루어졌다. 우리는 100여 년이 지난 지금도 이러한 기관들의 좌파적인 편향성에서 그들의 노력이 결실을 맺은 모습을 목격할 수 있다. 할리우드, 학계, 언론은 이제 프랑크푸르트 학파와 그 지적 후손들의 자랑스러운 옹호자가 되었다.

이 집단들은 특히 좌파에서 정치적 담론을 형성해 왔다. 그 결과, 정부 의존도는 높이고 가족 의존도는 낮추기 위한 수많은 정책들이 도입되었다.

법정화폐가 뒷받침하는 사회보장, 복지, 메디케어와 같은 정책들은 가족에 대한 의존도를 낮추고 궁극적으로 가족 간의 유대를 약화시키는 데 성공했다. 그들은 더 많은 사람들이 깨우치고 계급의식을 갖도록 가족의 중요성을 체계적으로 약화시킴으로써 목표를 달성했다. 그 결과, 우리는 가족 단위가 지속적으로 축소되면서 세계 곳곳에서 인구가 감소하는 상황에 직면하게 되었다.

## 마르크스주의의 경제학적 결함

지난 한 세기 동안 마르크스주의에서 영감을 받은 좌파의 주요 전략은 자본을 재분배하는 것이었다. 가족을 약화시키기 위해 좌파는 자녀에 대한 경제적 인센티브를 없애버렸다. 오늘날에는 법정화폐 경제의 경제적 인센티브가 국가에 대한 의존으로 바뀌었고, 이로 인해 가족의 필요성이 줄어들었다. 마르크스주의자들의 초기 목표는 출산율 자체를 낮추는 것이 아니라, 계급 의식을 일깨워 사회주의로 나아가는 길을 열려는 것이었다. 그러나 안타깝게도 그 대가로 경제적으로 생산 가능한 인구가 줄어들었다.[83]

경제적으로 생산 가능한 인구가 부족해지자 노동 인구의 증가가 절실히 요구되었다. 가정에서 남편의 부양을 받는 여성이 일하는 여성보다 더 많은 자녀를 낳는다는 것은 상식이다. 마르크스주의에서 널리 퍼진 지대 추구 행태 때문에, 정부에 의존하는 것을 피하려는 가정에서는 종종 부모가 모두 일해야 한다. 그 결과, 가장이 한 명인 가정과 자녀가 네 명 이상인 가정이 줄어들었다.[84]

정부의 사회 안전망에 의존하는 사람들에게는 그 영향이 더욱 치명적이다. 이는 지대 추구 행위가 증가하고 가정이 해체되는 원인을 제공했다. 법정화폐가 지배하는 세상에서는 모든 새로운 개인을 먹여 살려야 할 입으로 간주한다. 새로운 생명은 자원을 낭비하는 것으로 인식되어 좌파 성향의 집단 사이에서 제로섬 사고방식을 불러일으킨다. 마르크스주의자들은 환경 문제나 공동체 자원의 부담 때문에 출산조차 부정적으로 바라본다.[85] 이들은 기존 생명에 대한 동정심은 있지만 새로운 생명을 맞이하는 것에는 큰 열의가 없다.

그 결과, 자녀 양육 비용이 천정부지로 치솟았다.[86] 부모는 임신 기간의 막대한 의료비뿐만 아니라 출산 후 관리, 카시트와 고급 유모차 구입, 정기적인 소아청소년과 방문 등 정부가 요구하는 각종 비용과 사회적 압박으로 발생하는 비용을 감당해야 한다. 마르크스주의적 접근 방식은 사실상 자녀 양육에 막대한 세금을 부과한 셈이 되었고, 이는 당연히 출산율 감소로 이어졌다.

정부의 부양 정책과 보조금이 없었다면, 자녀를 낳고 가정을 꾸리는 것에 대한 인센티브가 크게 증가했을 것이다. 자녀 한 명 한 명은 관계의 네트워크에서 귀중한 연결고리를 형성하며, 자녀가 습득한 기술은 부모에게 상당히 많은 혜택을 준다. 대가족은 자연스럽게 경제적 재난의 위험을 줄이는 일종의 보험 역할을 한다. 자녀는 법정화폐 체제 아래에서는 부채로 여겨지지만, 건전한 화폐 체제에서는 부담이 아니라 자산이 된다. 법정화폐는 자녀를 낳으려는 자연스러운 욕구를 방해했으며, 마르크스주의자들은 이에 더할 나위 없이 만족하고 있다.

## 자녀의 중요성

법정화폐는 사람들이 장기적인 것보다 단기적인 것을 우선시하게 만든다. 20대와 30대의 대부분은 70세나 80세가 되었을 때의 삶을 거의 고려하지 않는다. 그러나 노인들은 젊었을 때 중요하게 여겼던 것들이 나이가 들면서 그 의미를 잃는다고 강조하곤 한다. 배우자를 사귀거나, 안정적인 직장을 얻거나, 고급 아파트를 구입하는 것과 같은 성취들은 인생 후반부에는 예전과 같은 가치를 지니지 못한다.[87] 궁극적으로 진정 중요한 것은 건강과 가족이다. 하지만 젊은이들은 대개 이 점에 주목하지 않는다.

여성들은 종종 자신의 경력보다 가족을 우선시한다는 이유로 비난받는다. 자녀를 양육하는 것은 법정화폐 경제에서 너무나 평가절하되어, 새로운 생명을 탄생시키는 것이 의미 없는 지대 추구형 사무직보다 덜 중요한 것으로 간주된다. 역사적으로, 어머니가 되는 것은 여성의 인생에서 가장 위대한 성취로 축하받았다. 대부

분의 문화권에서 깨달았듯, 사람이 곧 모든 문명의 근간이기 때문이다.[88]

나는 아내에게 내가 무엇을 하든, 무엇을 성취하든, 무엇을 발명하든, 그 어떤 것도 그녀가 세상에 데려온 아이들과는 비교할 수 없다고 말하곤 한다. 그리고 그것은 진실이다. 사람을 창조하는 경이로움에 비견할 만한 것은 없다. 이러한 감성은 최근까지만 해도 모든 문화와 문명에서 공유해 온 것이었다.

그렇다면 왜 이런 고귀하고 의미 있고 보람찬 인생의 목적이 평가절하되었을까? 그 이유는 중앙은행과 법정화폐를 장려하고 가족의 가치에 반대해 온 프랑크푸르트 학파의 마르크스주의 때문이다. 법정화폐와 이로 인해 조장되는 의존성은 자녀를 낳는 것을 억제하는 역할을 했고, 이는 문명의 쇠퇴에 기여했다.

비트코인은 진정한 가치를 강조하며 자녀 양육과 가족 형성의 르네상스를 불러일으켰다. 비트코인을 연구하면 가치에 대해, 그리고 인간이 노력을 통해 가치를 창출하는 방식에 대해 더 깊이 이해하게 되는 것은 놀라운 일이 아니다. 법정화폐의 추세가 드디어 반전되고 있다.

비트코인 사용자들이여, 이제 결실을 맺고 번성하자.

| Fiat Ruins Everything |

## 아이를 갖지 않는 10가지 이유

01. 아이를 낳으면, 거울을 보며 자신의 모습을 감상할 시간이 줄어드니까.

02. 85세에도 여전히 클럽과 파티에서 즐길 계획이어서.

03. 침실 4개짜리 집, 대리모, 식사용 은수저 없이 새 생명을 세상에 데려오는 것은 무모한 일이므로.

04. 아이를 낳으면 월드 오브 워크래프트, 만화, 부분 유료화 모바일 게임을 즐길 시간이 없지 않을까?

05. 사실은 마음속 깊이 겁쟁이라서.

06. 상사와 동료의 의견이 당신 삶의 유산보다 더 중요한 게 확실하니까.

07. 기저귀를 갈거나 다른 사람의 음식을 잘라주는 것 같은 새로운 기술을 배우는 데 자신이 없기 때문에.

08. 누군가가 아이를 돌보고, 정서적으로 지지해 주고, 양육비를 지원해 준다면 전적으로 동참할 계획이라서.

09. 아이를 낳는 것이 어쩌면 고래의 멸종 같은 일을 초래할지도 모르니까.

10. 평생 아이가 없는 롤모델을 따라 살아왔는데, 이제 와서 바꾸는 게 무슨 의미가 있을까 싶어서.

| 9장 |

# 법정화폐는 인간관계를 훼손한다

**우리의 인간관계에는 반갑지** 않은 불청객이 있다. 바로 정부다.

사회는 사람들 사이의 관계망이다. 이상적으로는 모든 관계들이 직접적이고 쌍방적이어야 하지만, 안타깝게도 오늘날의 법정화폐 세계에서는 그렇지 않다. 대부분의 관계에는 중간에 제3의 중개자, 즉 우리의 관계에 개입해 규제하는 권위자가 존재한다.

분쟁을 해결해야 할 때처럼 제3자의 중재가 필요한 경우도 있다. 그러나 일반적으로 제3자는 관계에 있는 두 사람의 초대로 참여하는 것이지, 알아서 개입하지 않는다. 관계에 초대되지 않은 간섭은 불필요하며 관계에 큰 부담을 준다. 사람들이 갈등 없이 원하는 방식으로 관계를 맺을 자유를 제한하기 때문에 이것은 큰 문제다. 권위자는 마치 트위터 피드에 붙는 광고처럼 달갑지 않은 불청객이 된다.

　행복하고 좋은 삶을 위해 인간관계가 얼마나 중요한지에 대해서는 더 이상 논쟁할 필요가 없다. 이는 누구나 본능적으로 아는 사실이다. 인기 TV 프로그램인 〈나 혼자 산다Alone〉에서 볼 수 있듯이, 아무리 혼자 잘 지내는 사람이라도 관계가 필요하다.[89] 인간관계가 없는 삶은 결코 즐겁지 않다. 아무리 내향적이라고 주장하더라도, 적어도 몇 가지 중요한 관계는 존재한다. 관계는 여러 가지 측면에서 삶을 흥미롭고 가치 있게 만드는 요소다. 관계의 네트워크가 바로 문명이며, 문명이 제대로 작동하려면 사람들이 필요하듯이 우리에게도 문명이 필요하다.

　불행하게도 우리의 관계, 즉 문명의 연결고리는 타락해 버렸다. 권위자들의 불필요한 개입은 쌍방 관계에 시간, 노력, 에너지라는 부담을 추가했고, 관계를 유지하는 데 필요한 자원들을 낭비하게 만들었다. 거의 모든 쌍방 관계의 운영과 관리에 관료주의가 자리 잡았고, 신뢰할 수 있는 제3자는 반명예훼손연맹(미국 최대의 유대인 단체) 회의에 나타난 칸예 웨스트만큼이나 불편하고 환영받지 못하는 존재가 되었다.

　7장에서는 결혼이라는 특정한 관계에 정부가 개입해서는 안 된다고 주장했지만, 이 주장은 다른 많은 관계에도 적용된다. 이 장에서는 법정화폐의 존재가 모든 관계의 질을 훨씬 더 악화시켰다는 주장을 펼친다.

　우리 모두 본능적으로 이를 느낀다. 관계들이 예전보다 훨씬 피상적으로 느껴지고, 시간 선호도가 높아진 듯한 느낌이 든다. 왜

요즘 들어 첫인상이 더욱 중요해진 걸까? 왜 사람들과 깊은 수준으로 연결되기 어려운 걸까? 우리의 삶이 마치 페이스북처럼, 사람들에 대해 겉핥기식 정보만 넘쳐나고 그들의 성격이나 깊은 내면은 거의 알지 못하는 방향으로 흘러가고 있는 것은 아닐까? 대부분의 사람들이 깊은 관계를 맺고 싶어 할까? 이 장에서는 무언가 어긋난 게 분명한 오늘날의 관계에 대해 의문을 제기하고 그 이유를 탐구한다.

## 높은 시간 선호도와 인간관계

―

법정화폐의 가장 명백한 영향 중 하나는 시간 선호도가 높은 행동을 조장한다는 것이다.[90] 저축은 어렵다. 우리가 사용하는 화폐 가치가 지속적으로 하락하기 때문이다. 정부는 장기적인 저축 대신 다양한 형태의 안전망을 약속하며, 더 많은 사람들이 이를 믿고 현재를 즐기며 사는 것을 선택한다. 법정화폐는 장기적인 계획에서 단기적인 즐거움으로 인센티브를 이동시킨다.

 그 결과, 관계는 장기적인 관점에서 형성되지 않는다. 업무 관계, 우정, 심지어 연애 관계조차 매우 단기적인 관점에서 시작된다. 법정화폐 경제에서 사람들은 관계가 현재의 필요를 충족시키기를 기대한다. 그러니 전 세계적으로 출산율이 감소하는 것은 당연한 결과다. 생각해 보면 부모와 자식 관계는 매우 장기적인 투자다. 20~30년을 기다린다는 것은 긴 시간이며, 법정화폐 경제에

서는 모든 불확실성을 고려할 때 이러한 기다림이 그다지 의미 없게 느껴진다.[91]

안타깝게도, 단기적 관점은 착취를 부추긴다. 시간 선호도가 높은 관계는 양측이 상대방의 장기적인 행복에는 신경 쓰지 않고, 최대한 이익을 얻으려 하는 관계다. 장기적인 관계를 맺을 생각이 없는데, 자신의 이익을 위해 다리를 건너지 못하게 불태우는 것이 뭐가 어려울까? 다단계와 폰지사기부터 로맨스 스캠 및 기부 사기에 이르기까지 모든 유형의 사기꾼이 급증하고 있다.[92] 이 모든 사례에서 관계는 이익 추구를 위해 악용되고 있다.

게다가 관계의 단기적 특성은 관계의 깊이를 얕게 만든다. 사람들은 성격이나 충성도, 신뢰성 같은 가치를 중시하기보다는 재미, 접근성, 생활의 편리함 등 각 관계에서 얻을 수 있는 모든 이점을 끌어내는 데 더 집중한다. 시간 선호도가 높은 관계는 본질적으로 더 변덕스러우며 더 많은 유지 관리가 필요하다. 만약 마지막 교류가 재미없었거나 흥미롭지 않았거나 어떤 식으로든 기분이 좋지 않았다면 그 관계는 끝날 가능성이 높다. 예를 들어, 가혹한 진실을 말하면 친구와의 우정이 끝나거나 직장에서 해고될 수도 있다. 관계는 나심 탈레브(Nassim Taleb, 《블랙 스완》 저자. 비트코인을 찬양하다가 비판하는 쪽으로 전향함)의 지이보다 더 취약해진다.

법정화폐 체제에서는 사람들의 시간 선호도가 높고, 시간 선호도가 높은 사람은 절제력이 떨어진다. 자연스럽게 이들은 관계의 장기적인 건전함을 크게 고려하지 않고 더 감정적으로 행동할 가능성이 높다. 많은 사람들이 관계에 크게 투자하지 않기 때문에 자주 관계를 끊게 된다. 게다가, 정부가 제공하는 안전망 덕분에 나쁜 행동의 비용이 적게 든다.

## 법정화폐는 평판의 필요성을 줄인다

예전에는 평판이 돈을 버는 데 매우 중요했다. 좋은 제빵사, 구두 수선공, 변호사가 된다는 것은 일을 잘하고 고객을 잘 대접한다는 것을 의미했다. 평판이 나쁘다는 것은 파멸로 가는 지름길이었다.

그러나 법정화폐가 이 상황을 바꿔 놓았다.

법정화폐 체제에서는 지대 추구로 이익을 얻을 기회가 넘쳐나며, 이를 위해서는 기술이 아닌 인맥이 필수다. 지대 추구자들은 수요와 공급이라는 시장 원칙에 좌우되는 대신, 오직 화폐를 찍어내는 권력자-궁극적으로는 누가 돈을 받느냐를 결정하는 화폐 발행자-만 만족시키면 된다. 이들은 고객보다 성과에 별로 관심이 없는 화폐 발행자의 눈치를 본다. 지대 추구자들은 직접적인 이익이 없기 때문에 고객과의 관계에 투자하려 하지 않는다. 이들을 관리하는 관리자들도 형식적으로만 감시할 뿐, 이들에게서 최상의 성과를 이끌어내려는 강한 인센티브를 갖고 있지는 않다.

이를 시장 거래와 비교해 보자. 당신의 사업이나 서비스를 원하는 사람들은 스스로를 더 잘 관리하고, 관계에 시간과 노력을 투자할 가능성이 훨씬 더 높다. 그들은 정치적 고려가 아니라 이윤을 동기로 움직이기 때문에 훨씬 더 긴 시간적 관점을 가진다.

요즘은 경제에서 대부분의 직업이 지대 추구적 요소를 가지고 있으며 이는 평판, 기술, 심지어 고객의 필요성도 줄어드는 것을 의미한다. 이 지대 추구적 요소가 바로 우리가 맺고 있는 각 관계에서 썩은 냄새를 풍기는 부패의 원인이다.

## 묵시적 제3자

법정화폐의 영향은 고용주-직원 관계에서 가장 명확하게 나타난다. 정부는 노동법을 통해 고용 관계를 규제한다. 급여에는 세금이 부과되고, 특정한 복리후생은 필수적이며, 양측 모두 정부 명령의 요건을 충족해야 한다. 정부는 이 관계에 제3자로 개입하여 결함이 많은 줌$^{Zoom}$ 회의보다 더 큰 마찰을 불러일으킨다.

이 관계에는 물론 소득세라는 금전적인 세금이 부과된다. 침해적인 제3자의 개입으로 인해 가치가 떨어지기 때문에 고용주와 직원 모두 이것을 사소한 문제로 치부해서는 안 된다. 하지만 정부의 존재는 시간과 노력을 소모하는 세금이기도 하다. 고용주와 직원이 창의적으로 서로에게 맞는 방식을 찾아내는 대신, 정부가 그 관계가 어떻게 이루어져야 하는지 결정한다. 따라서 고용주-직원 관계의 상당 부분이 표준화되어 있다. 이러한 요소들이 모두 동일하게 규정되어 있기 때문에 혁신이나 경쟁은 거의 일어나지 않는다.

이것이 바로 기업들이 차갑고 비인간적으로 느껴지는 이유다. 법정화폐 체제의 기업은 본질적으로 정부의 연장선상에 있다. 이런 곳에서 회사에 충성심을 느끼는 직원이 얼마나 될까? 오히려 사람들이 회사를 떠났다가 다시 돌아와 승진하는 것이 당연시되고 있다. 이런 상황에서는 모두가 단기적인 이익을 추구하며 행동한다. 이로 인해 회사와 직원은 많은 돈과 시간, 에너지를 낭비하게 되는데, 사실 좋은 관계라면 이런 불필요한 낭비를 줄이고 더 효율적인 방법으로 문제를 해결할 수 있었을 것이다. 이 관계는 마치 싸우고 헤어졌다가 매주 다시 만나는 커플과도 같다. 이러한 비효율성은 자본을 낭비하고, 결국 그들이 생산하는 제품의 가격을 높이는 결과를 낳는다.

기업가들조차 정부의 개입에서 자유롭지 않다. 고객과의 관계도 규제받기 때문이다. 이런 규제들은 표면적으로는 당사자 중 한쪽을 보호하기 위한 것이지만, 결국 혁신과 창의성을 저해한다. 항공 산업과 같은 몇몇 산업들이 왜 발전하지 못했는지 이유가 궁금하다면 이러한 규제가 그 원인이라고 할 수 있다.

예를 들어, 연방 정부가 안전벨트 착용을 의무화하자 그때부터 안전벨트의 혁신은 멈췄다. 새로운 유형의 안전장치가 안전벨트로 인정되지 않을 수도 있으며, 설령 고객이 다른 안전장치를 원하더라도 이 관계를 규제하는 제3자가 존재하기 때문에 그런 변화는 경제적으로 불가능하다. 자동차 비용의 상당 부분이 자동차와 관련한 규제 때문에 발생하며, 이는 자동차 산업에서 혁신이 일어나지 않는 이유이기도 하다.

지대 추구가 너무나 만연하여, 이제 모든 산업에서 규제가 완전히 고착화할 때까지 남은 시간은 매우 한정적이다.

## 정치가 모든 것을 장악하다

고용주와 직원, 생산자와 소비자 관계처럼 돈이 중심이 되는 관계만이 법정화폐의 영향을 받는 것은 아니다. 법정화폐 경제에서는 정치가 모든 것을 지배하며, 심지어 개인적인 관계에까지 불쑥 끼어든다.

돈을 찍어낼 수 있는 권한은 너무나 큰 인센티브여서, 모든 사람들이 자기 집단의 이익을 위해 싸운다. 지대 추구는 시장의 요구에 부응하는 것보다 훨씬 쉽기 때문에 정치적 행동은 엄청난 중요성을 가지게 된다. 정치는 본질적으로 제로섬 게임이다. 즉, 정치적으로 이득을 얻으려면 누군가는 손해를 감수해야 한다. 따라서 자신이 속한 집단의 필요를 증진하려면 자연스럽게 다른 집단의 필요와 충돌하게 된다.

그러므로 정치적 논쟁은 도덕적 색채를 띠게 된다. 돈을 둘러싼 모든 논쟁은 결국 도덕적인 논쟁으로 귀결된다. 사람들이 돈을 얻기 위해 피해자라고 주장할 유인이 크게 작용하는 이유도 여기에 있다. 그래야 돈을 요구하는 도덕적 근거가 더 강해지기 때문이다. 피해자 지위가 높을수록 새로 발행되는 돈에 대해 주장할 수 있는 도덕적인 권리도 더 커진다.

이제 관계는 피해자라는 지위로 물들고 있으며, 그 근본적인 원인은 화폐에 있다. 법정화폐 경제에서 정의란 피해자가 보상받는 것을 의미한다. 따라서 다른 정치 집단에 속한 사람들과의 관계에는 법정화폐라는 묵시적 제3자가 끼어들게 된다. 결국 '누가 더 피해자인가'를 두고 경쟁하는 상황이 벌어진다.

오늘날 모든 정치 집단은 이제 반대하는 목소리를 내면 배척당하는, 메아리만 울려 퍼지는 방이 되어 버렸다. 당신이 그들의 돈을 빼앗아 쓰는 꼴이 되기 때문이다! 법정화폐는 우리의 관계를 정치적 목적을 지지하는 표면적인 차원으로 전락시킨다.

## 지위 경쟁

정치적이고 지대 추구적인 특성 때문에 지위는 엄청난 중요성을 갖는다. 법정화폐 경제에서는 지위의 사다리를 오르지 않으면 돈을 벌 수 없다. 혁신과 창의성, 유용한 상품과 서비스로 돈을 버는 시장 경제와 달리, 법정화폐 경제에서는 올바른 의견과 적절한 정치적 기술을 갖추고 좋은 첫인상을 주는 능력이 화폐 발행자의 환심을 사는 요소다.

이는 우리가 맺는 관계에도 반영된다. 사람들은 지위의 사다리를 오르기 위해 집단 내에서 당신의 표나 지지를 구한다. 조직은 뒷담화, 험담, 얄팍함이 난무하는 중학교의 확장판으로 변질된다. 더 나아가 관계가 정치적으로 더 이상 이득이 되지 않는다고 판단되면 즉시 단절되기 때문에, 이러한 관계는 오래 지속되지 않는다.

이를 시장 경제와 비교해 보자. 시장 경제에서는 상품과 서비스가 훨씬 더 중요한 역할을 한다. 궁극적으로 사람에게 인상을 남기는 것은 판매자의 정치적 능력이 아니라 상품과 서비스다. 게

다가 시장 거래는 훨씬 더 장기적인 경향이 있다. 전환 비용이 실제로 존재한다는 것은 사람들이 다른 선택지로 쉽게 바꾸지 않게 만든다는 뜻이다. 예를 들어, 한 회사와 장기적으로 거래를 하거나 서비스를 이용할 때, 그 관계를 끊고 새로운 회사로 바꾸는 데는 시간과 비용이 들기 때문에 쉽게 결정할 수 없다. 또한, 시간이 지나면서 사람들은 점점 더 나은 품질을 원하게 된다. 시장 경제에서는 관계가 일시적일 수 없다. 쉽게 관계를 끊어버리면 다시 새로운 고객이나 거래처를 찾는 데 더 많은 돈과 시간이 들기 때문이다. 즉, 다리를 끊는 것은 결국 금전적인 손실을 가져온다.

안타깝게도 이 정치적 게임은 친구들 사이에서도 너무나 흔하게 일어나며, 그로 인해 친구 관계조차 단기적이고 불안정해진다. 친구 모임 내에서 지위가 그 관계의 핵심 요소가 되며, 사람들은 쌍방 관계보다는 모임 내 지위에 더 신경 쓰게 된다. 그 결과, 친구 그룹에서는 사람들이 더 자주 오고 가며 관계가 쉽게 변한다. 결국, 누가 지위 서열에서 맨 아래에 있고 싶겠는가? 더 나은 위치를 찾기 위해 다른 모임으로 옮기는 것이 더 낫지 않을까?

지난 몇 년 동안 페이스북에서는 다단계 판매 방식이 확산되었다.[93] 이들은 친구에게 상품을 팔고 일부 수당을 챙긴다. 친구 관계를 돈을 벌기 위한 자원으로 여기고, 이를 악용하는 데 전혀 거리낌이 없다. 친구 관계를 수익화하는 것이다. 이런 행동은 우정을 훼손할 뿐만 아니라, 많은 광고로 인해 가뜩이나 질이 떨어지는 SNS 경험을 더욱 최악으로 만든다. 안타깝게도 대부분의 관계는 너무 연약하고, 많은 사람들이 너무 소심하거나 그런 잘못된 행동을 지적할 만큼 용감하지 않거나 아예 관심이 없다. 어떤 면에서 보면, 친구 관계가 이렇게 평가절하되고 돈을 지나치게 중요시하는 사회에서는 친구를 돈으로 바꾸는 것이 이상한 일이 아닐 수도 있다.

## 권위자-피지배자 관계

민주주의의 묘한 점은 적어도 명목상으로는 권위자가 피지배자의 동의를 필요로 한다는 것이다. 피지배자의 동의를 구하는 것은 좋은 일이다. 하지만 안타깝게도 법정화폐가 개입하면 우리는 속임수로 가득 찬 통치를 경험하게 된다.

우리는 모든 것이 잘되고 있다거나 적어도 정부가 할 일을 잘하고 있다고 믿도록 선동당한다. 하지만, 사실은 그렇지 않다. 권위자들은 우리의 표를 얻으려 한다. 새로 찍어낸 돈이라는 보상이 워낙 크기 때문이다. 만약 속임수, 수사학, 선전을 통해 우리의 표를 얻을 수 있다면, 그들은 인구의 49%를 소외시키더라도 그렇게 할 것이다. 권력을 유지하는 것이 최우선 과제이며, 이를 위해 다른 사람의 돈을 쓰는 것은 전혀 망설일 일이 아니다. 특히 권위적 지위에 끌리는 반사회적 성향의 사람들에게는 더더욱 그렇다.

현재 일어나고 있는 일, 특히 금전적인 문제에 대한 진실은 알트코인 백서를 읽는 것만큼이나 재미없다. 정부가 거짓말을 하고 기만하려는 동기를 얻는 것은 이 때문이다. 거짓말은 좋은 관계의 기초가 될 수 없다. 정치 시스템에 대한 냉소주의, 회의론, 노골적인 적대감은 이러한 기만에 뒤따르는 자연스러운 결과다.

건전한 화폐 시스템 아래에서도 정부는 거짓말을 했다. 그러나 법정화폐는 정부에 우리를 기만할 더 큰 인센티브를 제공한다. 법정화폐는 권위자들에게 막대한 재정적 이익을 안겨주는데, 그 이유는 이들이 권력을 이용해 부당하게 얻은 돈을 자신이나 측근에게 빼돌릴 수 있기 때문이다. 이렇게 되면 관계는 점점 돈과 권력에 의존하게 되어, 공정하거나 건강한 방식으로 유지되기 어렵다.

## 관계를 다시 위대하게 만들기

비트코인 여정에서 내가 경험한 놀라운 점 중 하나는 내가 쌓은 관계의 질이 매우 좋았다는 것이다. 이 분야에는 훌륭하고 흥미로운 사람들이 많으며, 나는 운 좋게도 그들 중 많은 사람들과 친구가 될 수 있었다.

비트코인의 인센티브는 법정화폐와 매우 다르다. 내가 본 바로는 시간 선호도가 높은 사람들은 필연적으로 모든 관계를 파괴하게 된다. 실제로 이 업계 사람들은 인간관계를 자주 끊어버리는데, 가장 최근에는 비트코인 맥시멀리스트들과 그들의 촌철살인을 비난하고 나섰다. 나는 이들이 정신적으로 법정화폐의 영향을 받는다고 본다. 그들은 권력 쟁탈과 중앙집권적 통치에 익숙하다. 반면에 여전히 남아 있는 사람들은 개성과 집단에 대한 충성심이 더 강하기 때문에 그런 식으로 쉽게 떠나지 않는다.

비트코인은 다르고, 관계에서의 인센티브를 변화시킨다. 우리는 저축하고 미래를 계획할 수 있기 때문에 장기적인 것에 더 신경을 쓴다. 관계는 중요하며, 좋은 관계를 유지하는 것만큼이나 나쁜 관계를 정리하는 것도 중요하다. 비트코인 사용자들은 이 사실을 본능적으로 알고 있다. 특히, 우리 업계에서 같은 편인 척 다가와 사기를 치는 수많은 알트코인 사기꾼들이 이와 같은 교훈을 일깨워 준다. 오래 지속되는 관계는 자연스럽게 걸러져 남는다. 이것이야말로 관계가 어떠해야 하는지 보여주는 아름다운 시스템이다.

우리 함께 다시 깊은 관계를 만들어 보자.

| Fiat Ruins Everything |

## 외로움을 느끼는 이유 10가지

01. 틴더(Tinder, 2012년 서비스를 개시한 미국의 소셜 디스커버리 앱) 프로필을 변경하는 것이 자신을 발전시킨다고 생각한다.

02. MMORPG 친구들을 실제로 만나 보니 생각했던 것만큼 재미있지 않았다.

03. 안타깝게도, 줌$^{Zoom}$ 통화는 사람의 따뜻한 손길을 원하는 욕구를 채워주지 않는다.

04. 사람들이 집에 놀러 왔는데도 애니메이션 시리즈 15화를 꼭 봐야겠다며 고집을 부린다.

05. 승진을 위해 사무실에서 테이크아웃 음식을 먹는 것이 데이트보다 더 큰 우선순위가 되었다.

06. 누군가 약간이라도 들어 주면 자신의 인생 이야기를 계속한다.

07. 자신과 정치적 성향이 똑같지 않으면 교류하지 않는다.

08. 자신의 성공을 부러워하는 사람들만 친구로 두려고 한다.

09. 데이트 상대를 (당신이 지금 살고 있는) 부모님 집 지하실로 데려오기는 아무래도 힘들다.

10. 일단 비참함을 경험해 보지 않으면 행복해질 수 없다.

| 10장 |

# 포스트모던 투자의 승리

**지난 수십 년** 동안 주식 시장은 상당히 비합리적으로 움직였다. 주가 수익이나 실적의 배수가 하늘 높은 줄 모르고 치솟았을 뿐만 아니라, 시장에서 벌어지는 여러 행태는 완전히 기괴하다고밖에 표현할 수 없을 정도였다. 버드와이저Budweiser와 타깃Target은 특정 마케팅 실수에 대해 전혀 사과하지 않는 태도 때문에 시가총액에서 수백억 달러의 손실을 입었다. 팬데믹 기간에는 허츠Hertz와 같은 파산한 기업의 주가가 급등하기도 했다.[94] 2008년으로 거슬러 올라가면 폭스바겐Volkswagen이 쇼트 스퀴즈, 즉 공매도를 한 기관이 주가가 오를 것을 우려하여 다시 그 주식을 사들이는 과정에서 세계에서 가장 가치 있는 기업이 되었다.[95] 이때 포르쉐Porsche는 폭스바겐 지분의 75%를 소유하고 있었는데, 포르쉐의 시가총액은 폭스바겐의 일부에 불과했다!

더 근본적으로, 우리는 수년 동안 여전히 막대한 손실을 기록 중인 주식들이 믿을 수 없을 정도로 높은 가치 평가를 받는 것을 목격해 왔다. 수익성이 없는 일부 기업들은 미래 성장 가능성이 있어서 수익이나 매출 대비 높은 프리미엄을 정당화할 수 있지만, 가격이 급격히 오른 자산들 중 일부는 그마저도 갖추지 못했다. 지엠GM이 2008년에 그랬듯이 파산한 주식이 논리를 벗어난 가격에 거래되기도 했다.[96] 비슷한 현상이 '월스트리트벳츠' 커뮤니티에도 일어나고 있으며, 기본적으로 수익성이 높은 주식보다 AMC나 게임스톱GameStop과 같이 향수를 불러일으키는 주식에 베팅하는 경우가 많다.

물론 펀더멘털이 전혀 없이 과대광고에 편승해 급등하는 알트코인들도 있다. 이 장에서는 이러한 현상의 원인을 살펴보고, 우리가 이렇게 특이한 투자 환경에 이르게 된 그 경위를 추적한다.

## 법정화폐와 포스트모던 투자

투자 환경에서 일어나는 변화의 중심에 돈이 있는 것은 놀랍지 않은 일이다. 법정화폐의 확산과 그에 따른 인플레이션은 두 가지 강력한 역동성을 불러일으킨다. 첫째, 경제에 상당한 양의 자금을 투입하게 되며, 이 자금은 결국 어디엔가 머물러야 한다. 둘째, 이 화폐의 소유자들은 화폐가치가 지속적으로 하락하는 환경에서 자신의 부를 보존하려는 본능적인 욕구에 의해 움직인다.

부의 가치를 저장하는 다른 수단들에 비해 주식 시장이 지닌 인상적인 수익률과 생산성을 고려할 때, 새로 발행된 이 돈의 상당 부분은 주식 시장으로 몰릴 수밖에 없다.[97] 이렇게 유입된 자금에는 기회비용이 없기 때문에 사람들은 배당금과 수익률을 쫓게 되고, 결국 배당금은 수익에 거의 영향을 미치지 않게 된다. 실제로 2023년 6월 기준 S&P 500 기업의 평균 배당 수익률은 연간 약 1.66%였다.[98] 이와 대조적으로, 금본위제 시대에 스탠더드 오일Standard Oil은 33%에 달하는 배당금을 지급한 것으로 유명하다![99] 이렇게 돈의 공급이 급증하면서 배당금은 더 이상 주식 보유의 주요 인센티브가 아니게 되었다.

따라서 새로운 역동성으로 인해 투자자들은 주식의 가격 상승만을 기대하는 투자에 빠지게 된다. 하지만 배당금이 주가를 정당화하지 못한다면, 대체 무엇이 그 역할을 할까? 흥미롭게도 그 답은 '예상되는 미래의 인기'다. 이러한 변화는 우리가 '포스트모던 투자'라고 부르는 새로운 투자 방식을 예고한다.

절대적 상대주의에 뿌리를 둔 철학인 포스트모더니즘은 필연적으로 이 논의에 등장할 수밖에 없다. 어떤 오스트리아 학파 경제학자의 주장처럼, 상대적 가치라는 개념에는 부인할 수 없는 진실이 있다.[100] 가치의 주관적 특성은 다양한 상품의 일일 가격 변동에서 분명하게 드러난다. 하지만 포스트모더니스트들은 이 개념을 더 확장하여, 가치가 주관적일 뿐만 아니라 충분한 의지력을 가진 사람들에 의해 조작될 수 있다고 주장한다. 이러한 관점은 현실을 다수의 의견이나 감정에 의해 형성되는 민주주의와 유사한 것으로 본다.

포스트모던 철학은 내재가치가 모호한 주식과 알트코인에서 관찰되는 투기적 급등을 뒷받침하는 기반이 된다. 포스트모던 투자는 근본적인 현실의 존재 자체를 부정한다. 시장은 매수 및 매도 행위만을 인식하며, 만약 충분한 수의 신봉자들이 매수 랠리를 벌이면 자산의 실제 가치와 상관없이 가격을 끌어올릴 수 있다. 이러한 패러다임에서는 근본적인 현실을 무의미한 것으로 간주하기 때문에, 파산한 회사마저도 충분한 지지를 얻으면 부활할 수 있다.

## 현실에 구속받지 않는 돈

주식의 근본 가치가 더 이상 주가를 좌우하지 않고 인기가 주요 동력이 된다면, 무엇이 이러한 인기의 원동력인지 궁금할 것이다. '월스트리트벳츠'의 경우 부분적으로는 향수를 불러일으키려는 목적도 있었지만, 헤지펀드를 저지하려는 의도가 주된 원동력이었다. 흥미롭게도 '월스트리트벳츠' 커뮤니티는 사실 월스트리트가 오랫동안 해온 게임, 즉 기업을 압박하기 위해 재정적 영향력을 행사하는 게임에 단지 참여했을 뿐이다.[101]

이는 버드라이트Bud Light나 타깃 같은 기업이 그들의 다양성, 형평성, 포용성 및 ESG(환경, 사회, 지배구조) 운동에 대해 사과하지 않는 이유를 설명해 준다. 블랙록Blackrock 같은 강력한 헤지펀드는 기관투자자들 사이에서 이러한 기업들의 인기를 떨어트려 주가를 폭락시킬 수 있다.[102] 배당금은 어차피 너무 적어서 중요하지 않기 때문에, 기초 체력이 탄탄한 기업조차도 인기가 없을 것 같으면 투자자를 붙잡아 둘 모멘텀이 거의 없다.

앤하이저-부쉬Anheiser-Busch와 타깃은 비록 대중의 반발에 직면했지만, 새로 발행된 기회비용이 없는 화폐를 통제하는 사람들과의 관계가 나빠지는 것이 훨씬 더 치명적이다. 따라서 이들 기업의 경영진이 내리는 결정은 전적으로 합리적이다. 대중의 실망이 시장 가치에 타격을 주더라도, 더 강한 구매력과 영향력을 가진 개인과 기업을 불쾌하게 한다면 훨씬 더 큰 후폭풍이 닥친다. 새로 찍어낸 법정화폐의 유입을 고려하면, 전통적인 사업의 기본적인 원칙은 무의미해진다. 게다가 이 돈의 분배는 대출을 받을 수 있는 사람들에게 편중되며, 이들은 더 많은 자금을 활용해 기업 활동에 영향력을 행사할 수 있게 된다. 본질적으로 금융계의 '큰손'이 주식의 인기를 좌우하는 셈이다.

따라서 매출이나 미래 성장 가능성과 같은 근본적인 현실은 이제 자본을 끌어들이기 위한 경쟁에서 부차적인 것이 되었다. 오늘날 자본을 유치하기 위해서는 재무 건전성보다 인기가 더 중요하다. 내부자들의 게임이 집단적 매수 행동에 점점 더 의존하게 되면서, 이제 이 게임은 수익률이나 배당금, 가치 창출보다는 투자자 수를 측정하는 게임으로 변질되었다.

본질적으로, 법정화폐를 이용한 투자는 이익, 매출, 미래 현금 흐름에 대한 철저한 분석을 통한 투자가 아니라, 단순한 거래 게임으로 바뀌었다. 투자를 거래 게임처럼 취급하는 시장은 조작에 취약한 반면에 수익성, 수익, 미래 현금 흐름을 기반으로 투자하는 시장은 조작에 더 강하게 저항한다. 법정화폐는 시장 조작을 용이하게 하고 주식 투자를 현실과 단절시킨다.

그 결과, 본질적으로 가치가 없는 것들이 인위적으로 부풀려진다. 어떤 의미에서는, 미래의 성과에 대해 과장된 주장을 하는 대신 아무런 약속도 하지 않는 이러한 정직함이 신선하게 느껴진다. 내부자들은 현대 투자 환경에서 기업의 근본적인 가치보다 인기의 영향력이 더 중요하다는 점을 강조하며, 시장에 그들의 소신을 강요한다.

## 포스트모던식 가치 평가

도지코인은 장기적으로 가치를 제안하지 않고, 가치가 있는 척하지도 않는다. 그럼에도 불구하고 충분히 많은 사람들이 원하기 때문에 가격이 오르고 있다. 도지코인은 현실과 분리된 자산이며, 포스트모던 투자자의 관점에서 보면 스스로 현실을 창조하고 있다.

이는 놀라운 일이 아니다. 포스트모더니즘은 수년 동안 우리 문명이 나아가고 있는 방향이기 때문이다. 포스트모더니스트들은 생물학이든 경제학이든 그 어떤 형태의 현실도 부정하며, 이런 태도는 투자에까지 확대되었다.

포스트모던 철학을 경멸하는 우리에게 좋은 소식이 있다. 이러한 가격 상승은 모두 단기적이며 오래 지속될 수 없다. 포스트모던 투자자와 투자 세력은 본질적으로 안정적이지 않기 때문에 어느 시점이 되면 소진되기 마련이다. 어떤 의미에서 포스트모던 투자자들은 게임 이론과 경제 법칙이라는 현실과 맞닥뜨리게 된다. 시장은 오랫동안 비합리적일 수 있지만, 그렇다고 해서 근본적인 현실이 사라지는 것은 아니다.

안타깝게도 비합리성은 단순히 기업 정책을 통제하는 데 그치지 않고, 가장 비용을 감당하기 어려운 사람들을 착취하는 도구로 악용되어 왔다. 법정화폐 경제의 여러 측면과 마찬가지로, 투자 분야에서도 우리는 권력을 얻기 위한 공격적인 경쟁에 빠져들었다. 영향력 있는 자들이 능력이나 자격과 상관없이 힘없는 자들을 정복하고 있으며, 이런 왜곡된 시스템에서는 재능과 노력이 뒤로 밀려나고 인맥과 속임수가 우선시된다. 그 결과, 문명 자체가 퇴보했으며 권력을 얻고 유지하는 것이 중심이 되었다.

걱정스러운 이 퇴보 현상은 정치, 교육, 학문 그리고 오락 분야 등 현실과 점점 멀어지고 있는 분야에서도 만연하다. 투자 세계도 포스트모던 허무주의의 영향에서 벗어나지 못했다. 오늘날 시장은 본질적으로 새롭게 정의된 규칙에 따라 운영된다. 허무주의가 이 모든 분야를 낙타의 등에 실린 짐처럼 짓누르고 있으며, 결국 문명 자체가 무너지는 것은 시간문제일 뿐이다. 현실은 왜곡하거나 회피하려는 시도에도 불구하고 스스로 다시 자리 잡기 마련이다. 이러한 왜곡을 조장하는 힘은 기본적인 경제 원칙을 한동안 무시하며 버틸 수 있지만, 결국 큰 붕괴를 맞이하게 된다. 그렇게 되면 우리는 일시적으로 더 기본적인 원칙으로 되돌아갈 수밖에 없다.

현실을 인정하는 것과 현실에 맞서려는 것 사이에서 흔들리는 것은 법정화폐가 가져온 직접적인 결과다. 안타깝게도 우리의 돈은 가상적이고 불안정하기 때문에 현실을 무시하기가 너무 쉬워진다. 투자 시장에 침투한 권력 쟁탈이라는 악순환에서 벗어나려면 신뢰할 수 있고 예측 가능하며 건전한 화폐가 필요하다. 건전한 화폐는 우리의 금융 시스템을 현실에 뿌리내리게 하여, 경제적 결정이 소수의 힘 있는 자들에 의해 좌우되지 않고 진정한 가치와 펀더멘털에 근거해 이루어지도록 보장할 것이다.

투자 및 사회의 다른 구성 요소들은 현실에 기반해야 한다. 법정화폐는 포스트모던 화폐, 즉 허무주의적인 화폐로 도둑질, 연고주의, 부패로 가득 차 있다. 이제 자유 시장이 지배하도록 포스트모던 화폐 질서를 뒤집어엎어야 할 때다. 법정화폐가 현실과 분리되고 권력 쟁탈을 조장한 결과, 투자를 포함한 다양한 사회 부문에서 지속 불가능하고 해로운 지대 추구 관행이 만연하게 되었다.

건전한 돈을 옹호함으로써 우리는 현실에 기반한 투자와 의사결정을 되찾을 수 있다. 건전한 화폐는 일시적인 이미지와 권력 다툼보다 공정한 자격, 실질적인 내용, 진정한 가치를 우선시한다. 이는 금융 시장에 도움이 될 뿐만 아니라 포스트모던적 사고가 침투한 정치, 교육, 엔터테인먼트 분야에도 긍정적인 파급 효과를 가져올 수 있다.

비트코인이 바로 그 건전한 화폐다. 비트코인을 채택함으로써 우리는 포스트모던적 관점을 거부하고 현실에 더 기반을 둔 접근 방식을 지지하게 되며, 이는 안전하고 번영하며 진실한 문명으로 나아가는 길을 열어준다. 진실과 진정한 가치를 중요시함으로써 우리는 시장의 복잡성을 더 잘 헤쳐나가고, 가치를 제공하는 의미 있는 상품과 서비스를 창출할 수 있게 된다. 이는 궁극적으로 우리와 다음 세대를 위해 더 지속 가능하고 의미 있는 삶을 위한 길을 열어줄 것이다.

비트코인은 현실에 대한 존중을 되돌려준다.

3부

# 조직의 인센티브를 파괴하는 법정화폐

Fiat
Ruins
Every
thing

Fiat Ruins Everything

| 11장 |

# 법정화폐가 기업에 미치는 영향

**2부에서는 법정화폐가 개인의 인센티브**에 미치는 영향을 다루었다. 저축할 기회가 없고 빚이 넘쳐나는 상황에서는 개인에게 파괴적인 인센티브가 생긴다. 사람들은 자신이 번 돈의 구매력을 유지하기 위해 '투자'해야 하고, 부채는 더 공격적으로 소비하도록 부추긴다. 법정화폐는 직업, 결혼, 육아, 인간관계 등 삶의 다양한 측면에 영향을 미쳤다. 그 결과, 많은 이들이 다른 사람들에게 가치를 제공하기보다는 돈을 쥔 권력자들의 환심을 사려는 시대 추수자로 전락했다.

이로 인해 많은 사람들이 주로 소비만 하고 소수의 사람들만이 생산적이고 저축하는 사회가 되었다.[103] 결과적으로 대부분의 사람들은 의미 없는 일에 종사하며 관계 형성, 자녀 양육, 유산 남기기와 같이 전통적으로 의미 있는 일들은 점점 도외시되고 있다. 그러나 법정화폐의 시간 선호도가 높은 인센티브는 여기서 끝나지 않는다.

## 기업 차원의 인센티브

기업은 개인보다 한 차원 위에 있다. 한때 사람들은 가족과 부족 단위로 구성되었지만, 오늘날 사회는 전통적인 가족 단위의 유대감과는 긴밀한 관계가 없는 기업을 중심으로 구성되어 있다. 기업이 지금처럼 중요해진 것 자체도 법정화폐가 가져온 결과이며, 기업 차원의 인센티브는 생산성 향상과 가치 창출에 파괴적인 영향을 미친다.

과거에는 개인이 어려운 시기에 가족, 씨족 또는 부족에 의존하여 보호와 지원을 받았다. 하지만 법정화폐는 건강보험, 실업보험, 사회보장 제도, 연금, 생명보험 등 다양한 사회 안전망을 도입하여 이러한 역학을 변화시켰다. 이 중에서 일부 안전망은 법정화폐 이전에도 존재했지만, 법정화폐의 확산 덕분에 널리 사용될 수 있었다. 법정화폐 체제 아래에서 운영되는 정부는 대중의 지지를 얻기 위해 이런 안전망을 제공한다.[104]

그 결과, 사람들은 가족에 덜 의존하게 되었다. 실업보험은 실직 시 가족을 대신 부양해 주고, 생명보험은 가장을 잃은 가족들이 어려움을 겪지 않도록 돕는다. 또한, 사회보장이나 연금은 노후에 자녀들의 지원을 대신한다. 가족 의존에서 벗어나 정부가 지원하는 안전망으로 전환하는 것은 개인 간의 관계를 약화시켜, 우울증과 소외감을 확산시키는 데 일조한다.

법정화폐가 제공하는 안전망은 개인의 직업과 밀접하게 연관되어 있으며, 종종 상당한 비급여 혜택을 포함한다. 예를 들어, 미국에서는 일반적으로 자영업자에 비해 기업 임직원이 더 저렴하고 쉽게 의료 서비스를 이용할 수 있다. W-2 세금 양식은 주택담보대출을 받을 수 있게 신용 점수를 높여주며, 401k와 연금 계획은 은퇴 후 재정적인 안정성을 제공한다. 기업은 직원에게 헬스장 회원권, 보육비 환급, 교육비 지원 같은 추가 혜택을 제공하여 일자리를 편리하게 의존할 지지대로 만든다. IT 기업들은 여기서 더 나아가 엔진오일 교환, 이발, 무료 식사 등의 서비스를 제공하여 직원들이 직장에서 일하는 시간을 늘리고 가족과 보내는 시간이 줄어들게 유도한다. 이로 인해 회사는 결국 직원들의 주요 사회 집단이 된다.

그런데 우리는 어떻게 이런 상황에 이르렀을까? 기업은 어떻게 이토록 강력한 영향을 미치게 되었을까? 예상대로 그 답은 법정화폐에 있다. 법정화폐 체제는 대기업에 시장을 지배할 자원과 인센티브를 제공함으로써 그들이 성장할 수 있게 도왔다. 이로 인해 사회적 가치가 변화했고, 전통적인 가족 간 유대나 인간관계보다 물질적인 부와 직업의 안정성이 더 중요한 가치로 자리 잡게 되었다.

이러한 변화는 개인에게 영향을 미쳤을 뿐만 아니라 기업의 운영 방식에도 큰 영향을 끼쳤다. 법정화폐가 촉진한 성장과 인기에 집중하는 것은 비윤리적인 경영 방식과 직원, 고객, 그리고 사회 전체의 복지를 무시하는 결과를 낳았다. 그 결과 스태그네이션, 지대 추구, 품질 저하가 기업 환경의 특징이 되었다.

## 대기업의 단점

많은 법정화폐 기업들의 규모는 매우 거대하다. 씨티은행Citibank은 21만 명,[105] IBM은 30만 명을 고용하고 있다.[106] 이러한 조직들은 역사적으로 볼 때 비즈니스 세계를 떠도는 기업판 프랑켄슈타인처럼 거대한 규모를 자랑한다. 제아무리 유능한 CEO라고 할지라도 이처럼 많은 직원의 생산성을 어떻게 유지할 수 있을지 상상하기조차 어렵다. 그럼에도 불구하고 이 기업들은 작은 도시와 맞먹는 인력을 계속해서 고용하며 존재감을 유지한다.

이렇게 큰 조직들은 어떻게 성장했을까? 그 많은 사람들이 도대체 무슨 일을 할까? 그리고 그들은 정말로 가치를 창출하고 있을까? 대기업은 소규모 기업에 비해 많은 단점을 지니고 있다.

첫째, 대기업은 방향을 빠르게 바꾸거나 새로운 제품을 도입하기가 매우 어렵다. 예를 들어, 마크 저커버그가 메타버스에 올인하려 했을 때 페이스북에 일어난 일을 보면 알 수 있다. 엄청난 기술력과 막대한 자금, 수십억 명에 달하는 사용자 기반에도 불구하고 메타버스 사업은 마치 장례식장에서 광대가 공연하는 것처럼 외면당했다. 시장과 제품의 부적합성, 사용자 경험에 대한 투자 부족, 형편없는 실행력, 킬러앱의 부재 등 메타버스가 실패한 원인

은 다양하다.[107]

그럼에도 불구하고 페이스북이 그토록 많은 돈을 낭비했다는 사실은 그들의 규모가 너무 거대해졌음을 보여준다. 규모가 작은 회사라면 다양한 시도를 해보고 반응이 없으면 곧 포기했을 것이다. 아니면 성공할 때까지 적은 비용을 들여 시도하다가 성공할 기미가 보이면 투자를 늘렸을 것이고, 최악의 경우에는 파산했을 수도 있다. 그 어떤 경우에도 페이스북처럼 막대한 자본을 낭비하지는 않았을 것이다. 페이스북의 실패는 그저 훨씬 더 많은 비용이 들었을 뿐이며, 솔직히 말하면 억만장자 CEO의 애완용 프로젝트가 잘못된 것에 지나지 않는다.

둘째, 대기업의 모든 관리 비용은 상당히 크고 지속적으로 발생한다.[108] 대기업의 관리는 마치 스테로이드 주사를 맞은 고양이 떼를 몰아내는 것만큼이나 어렵다. 실행하기도 힘들고 생각보다 훨씬 많은 자원이 필요하다. 이는 모든 직원이 자원을 낭비하지 않고 유의미한 일을 하게 하는 데 드는 비용이다. 소규모 기업은 구조가 더 단순하기 때문에 관리 비용이 훨씬 적게 들지만, 페이스북과 같은 대기업의 경우 관리 계층이 많고, 이로 인해 지대 추구자들이 많아져 관리 비용이 매우 커질 가능성이 높다.

역사적으로, 대부분의 조직은 던바Dunbar가 말한 직원 수(약 150명) 정도에서 변곡점에 도달한다. 이 숫자를 넘어가면 각 개인의 활동을 추적하기가 매우 어려워지기 때문이다.[109] 기업이 개인의 기여를 제대로 인식하지 못하면 더 많은 직원이 지대 추구자로 변한다. 지대 추구자는 실질적인 가치를 제공하지 않고도 회사의 이익으로부터 혜택을 받는다. 이로 인해 대기업은 더 작고 효율적인 경쟁사들보다 경쟁력이 떨어지게 된다.

셋째, 대기업은 관리 자체에도 많은 비용이 든다. 관리는 결국 제로섬 게임이기 때문이다. 정치적 지지를 받는 형편없는 프로젝트가 자금을 지원받는 반면, 시장에서 인기를 끌 만한 좋은 아이디어는 이를 지지하는 현명한 경영진이 없으면 지원받지 못한다.

넷째, 대기업은 소규모 공동체의 요구를 충족시키는 데 어려움을 겪는다. 지역마다 선호하는 것이 다르고, 다양한 공동체에 동일한 상품이나 서비스를 제공해야만 대규모 운영에 성공할 수 있다. 반면에 소규모 기업은 여러 공동체를 상대할 필요 없이 하나의 공동체에 맞춤형 상품과 서비스를 제공하는 데 집중할 수 있다. 이러한 현상은 다국적 기업이 현지 기업에 밀리는 곳에서 자주 나타난다.

마지막으로, 대기업은 규제와 감시도 심하게 받는다. 정치인들은 대기업을 비난하는 것을 좋아하고, 대중적인 관점에서 보면 대기업에 대한 질투와 반감이 분노를 불러일으킬 수 있다. 따라서 대기업을 의회 앞줄에 세워 놓고 온갖 해명을 요구하는 것은 그들이 겪는 많은 괴롭힘 중 하나일 뿐이다.

그럼에도 불구하고 대기업은 이러한 경제 환경에서 여전히 존재하며, 이는 대기업이 되는 것에 몇 가지 장점이 있다는 것을 시사한다. 그렇다면 이렇게 심각한 단점을 뛰어넘는 장점은 무엇일까? 대기업은 단순히 멸망을 기다리는 공룡일까, 아니면 뭔가 숨겨둔 비장의 무기가 있는 걸까?

## 돈, 거대한 이점

―

지금껏 논의한 이 모든 단점을 고려할 때, 대기업이 존재한다는 것은 놀라운 일이다. 대체 무슨 일이 벌어지고 있는 걸까? 그 해답은 법정화폐 체제가 제공하는 막대한 이점, 즉 캉티용 효과에 있다.

캉티용 효과는 새로 발행한 화폐를 가장 먼저 소비하는 사람들이 타인에 비해 불공정한 이익을 얻는 현상을 말한다. 실제로 기업, 특히 대기업들이 바로 그 최대 수혜자다. 이들은 저리로 대출을 받을 수 있는데, 이를 통해 새로운 자금이 경제에 유입된다. 이러한 대출은 대기업에 막대한 이점을 제공하여 소규모 기업이 겪는 단점들을 훨씬 뛰어넘게 만든다.[110]

법정화폐는 대출을 통해 경제에 자금이 공급되도록 작동한다. 대출은 대기업에 압도적으로 유리하다. 왜냐하면 은행 입장에서는 대기업에 대출하는 것이 더 편리하기 때문이다. 만약 당신이 시중 은행이라면 다음 중 어느 쪽에 대출하는 것을 선호할까? 100개의 중소기업에 100만 달러를 대출할 것인지, 아니면 하나의 대기업에 1억 달러를 대출할 것인지 중에 말이다. 100개의 대출을 처리하는 데 드는 관리 비용과 서류 작업을 고려하면, 후자가 훨씬 더 간편하고 비용 효율적이다. 실제로 은행들은 한 번의 대출을 통해 대출액을 많이 지급할 수 있기 때문에 오히려 할인 혜택을 제공하기도 한다. 실제 시장에서 이러한 행태가 벌어지고 있다.

규모가 크다는 것 자체가 바로 이런 새로운 자금에 접근할 수 있다는 점에서 막강한 장점이다. 사실 상업 대출 시장은 방대한 규모를 자랑한다. 대부분의 사람들은 은행을 떠올릴 때 보통 당좌 예금 계좌를 개설하는 웰스 파고Wells Fargo, 뱅크 오브 아메리카Bank of America 또는 신용 조합과 같은 소매 은행을 떠올린다. 하지만 소매 은행은 상업은행에 비하면 미미한 수준에 불과하다. 실제로 스테이트 스트리트State Street와 같은 대형 은행들은 소매 금융을 전혀 취급하지 않는다.

## 대기업이 금전적 이점을 활용하는 방법
―

그렇다면 대기업은 대출을 이용해 자신들의 이점을 어떻게 극대화할까?

첫째, 대기업은 규모의 경제라는 이점을 누릴 수 있다. 직원 수가 많은 것은 관리의 비효율성으로 인해 단점이 될 수 있지만, 원자재와 생산 측면에서는 규모가 크면 비용이 절감된다. 단위당 원가를 낮춰 원자재를 조달할 수 있고, 고정비 역시 더 많은 제품에 분산할 수 있기 때문이다. 건전한 화폐 체제에서는 오로지 수익으로 자금을 조달해야 하므로 규모를 키우는 데 시간이 걸리지만, 법정화폐 체제에서는 대출을 통해 훨씬 더 빠르게 규모를 확장할 수 있다. 법정화폐 체제에서는 상대적으로 저렴한 자본 덕분에 더 쉽고 빠르게 규모를 키울 수 있으며, 심지어 신생 기업들조차도 빠르게 확장할 수 있다.

둘째, 대기업은 경쟁사보다 제품의 가격을 낮출 수 있다. 대출을 통해 규모를 확장하고 단위당 비용을 낮출 수 있으며, 더 냉정하게 말하면 소규모 경쟁사가 파산하거나 완전히 떠날 때까지 손해를 감수하고 낮은 가격에 제품을 팔며 버틸 수 있다. 월마트Walmart나 아마존Amazon과 같은 기업은 이 전략을 효과적으로 사용하여 전 세계의 소규모 기업을 압박하고 있다.

셋째, 대기업은 연금, 실업보험, 생명보험, 건강보험, 보육비 지원, 교육비 지원, 심지어 무료 식사 및 미용 서비스 같은 다양한 혜택을 제공하여 뛰어난 인재를 유치할 수 있다. 대기업 울타리 밖에서는 이러한 혜택을 직접 관리해야 하기 때문에 이를 부담스러워하는 유능한 인재들이 기업가가 되는 것을 꺼리는 경우가 많으며, 소규모 기업은 이와 관련한 고정비용 때문에 이러한 혜택을 제공하는 데 어려움을 겪는다.

대기업은 또한 중소기업이 따라올 수 없는 연봉을 제시하여 경쟁사로부터 최고의 인재를 영입하는 데 자원을 사용한다. 비록 이러한 인재들이 대기업 내에서 지대 추구자가 되더라도, 최소한 그들이 소규모 경쟁사의 혁신에 기여하지 못하게 할 수 있다. 페이스북과 구글Google 같은 기업들은 이 전략을 사용해 최고의 인재들을 독점하고, 창업과 혁신을 위해 떠나는 인재를 붙잡고 있다.

넷째, 대기업은 막대한 자금을 활용해 정부에 로비를 하고, 이를 통해 자사의 사업을 보호하는 규제 장벽을 쌓는다. 규제 감독이 심할 수도 있지만, 이는 경쟁사를 막기 위해 지불해야 하는 작은 대가일 뿐이다. 소규모 기업은 로비 비용이 전체 매출에서 많은 부분을 차지하기 때문에 이를 감당하기 어렵다. 반면에 대기업의 경우 규제 대응에 드는 비용이 매출의 극히 일부에 불과하다. 또, 규제 준수 비용도 일반적으로 고정비용이어서 기업이 일정 규모에 도달해야만 감당할 수 있기 때문에 상당한 진입장벽으로 작용한다. 따라서 로비 및 규제 준수 측면에서 대기업은 소규모 경쟁사에 비해 유리하다.

대기업은 또한 광범위한 특허 포트폴리오를 갖추고 소송을 통해 시장을 지킬 수 있다. 이는 규제 장벽은 아니지만 비슷한 결과를 가져오며, 소규모 경쟁사의 진입장벽을 높이는 결과를 가져온다. 연구 개발에 대해서는 이후에 자세히 설명하겠다.

만약 위의 방법으로 소규모 경쟁사들을 제거하는 데 실패한다면, 대기업은 언제든 이들을 인수할 수 있다. "이길 수 없다면 인수하라"라는 전략은 소규모 기업의 혁신을 자사로 흡수하는 부수적인 효과를 낳는다. 하지만 실제로, 인수된 회사의 제품들은 흡수된 후 사라지는 경우가 많다. 기업 인수의 상당수가 경쟁을 줄이고 가격 책정 권한을 높이기 위해 이루어진다.

## 대기업의 좀비화

대규모 대출은 대기업이 경제에서 부가가치를 창출하는 단계를 훨씬 넘어서도 생존할 수 있게 해준다. 시간이 지나며 생산성이 떨어져도, 대출은 기업의 수익성을 악화시키는 한편으로 기업이 더 이상 수익을 내지 못하게 되면 버팀목 역할을 한다.

자유경쟁 시장에서는 주가를 통해 상장 기업의 건전성을 측정하지만, 법정화폐 경제에서는 자사주 매입을 통해 이 지표를 조작할 수 있다. 실제로 대기업들은 종종 대출을 받아 자사주를 매입함으로써 수익 감소를 감추고 성장이라는 환상을 만들어낸다. 자사주 매입은 혁신을 대체하며, 주가에 따라 급여가 결정되는 CEO들에게 이 전략은 시장에 더 나은 상품과 서비스를 제공하는 것보다 훨씬 덜 위험하고 훨씬 빠르게 부를 축적하는 방법이 된다.

이 전략은 대기업에 특히 매력적이다. 예를 들어, IBM은 1995년부터 2019년까지 자사주 매입에 2,010억 달러를 지출했지만, 2023년 시가총액은 1,240억 달러에 불과했다.[111] 이는 '좀비기업'으로, 법정화폐를 통해 존속하고 있는 셈이다.

법정화폐 경제에서는 기업들이 빠르게 수익성을 잃는다. 그 이유는 '레버리지 바이아웃Leveraged Buyout, LBO' 때문이다. 예를 들어, 어떤 회사의 이익률이 20%일 때 그 이익률의 절반을 부채 상환에 사용하는 레버리지 바이아웃은 여전히 이익을 남길 수 있는 전략이다. 만약 이 과정에서 경쟁이 줄어들어 가격 결정력을 높일 수 있다면 더할 나위 없이 좋다. 법정화폐 세계에서는 레버리지 바이아웃을 통해 더 작은 이익을 감수하고도 기업을 인수할 의향이 있는 사람들이 존재하기 때문에 이익은 지속적으로 낮아진다.

많은 대기업은 사실 수익을 낼 필요조차 없다. 이들은 신용카드 회사에 항공사 마일리지를 판매하거나-15장에서 자세히 설명하겠다-, 구제금융을 받고 파산을 신청해 부채를 탕감하는 등 법정화폐 게임으로 존속한다. 이들은 경제의 살아있는 시체, 즉 좀비기업들이다.

경제의 좀비화는 자원이 생산적인 활동에 사용되지 않고 기업가 정신과 혁신이 외면받는 것을 의미한다. 그런 점에서 소규모 기업이나 개인 창업자가 성공하는 것은 매우 인상적인 일이다.

## 법정화폐 물결을 타고 정상에 오르다

법정화폐는 대기업들의 판도를 바꾸어 놓았다. 예전에는 기업이 건전한 화폐 체제 아래에서 시장에 의해 순수하게 평가받았고, 시장 수요를 충족하는 제품을 제공하는 기업이 그러지 못하는 기업들을 이겼다. 상품과 서비스는 더 편리하거나, 더 품질이 좋거나, 더 저렴하거나, 더 많은 기능을 제공해야 했다.

하지만 이제는 법정화폐 덕분에 대기업들이 본질적인 이점을 갖게 되었다. 이들은 저금리로 대출을 이용할 수 있기 때문에 달러가 약세를 보이는 동안 사업을 확장하고, 그에 대한 비용 지불을 뒤로 미룰 수 있다. 대기업들은 규제를 위해 로비하여 업계를 과점하고 새로운 스타트업들이 경쟁하는 것을 막는 등 파괴적인 게임을 벌인다. 결국 이를 통해 서비스나 제품의 가치를 창출하는 대신, 시장 규모가 줄어드는 상황에서도 더 많은 점유율을 차지함으로써 성장한다.

이제 이러한 대기업들은 경제에서 상당한 우위를 점하고 있으며, 소규모 경쟁자들에 비해 불공정한 이점을 누리고 있다. 이는 마치 고질라가 개미 도시를 짓밟으며 한 발 한 발 내디딜 때마다 작은 개미들을 짓이기는 모습과도 같다.

## 막대한 인력을 통한 정치적 혜택

민주주의 국가에서 많은 수의 근로자를 고용하는 것은 중요한 정치적 이점이 된다. 기업이 더 많은 사람들을 고용할수록 정부가 그 기업을 구제할 가능성이 높아진다. 2008년의 GM과 크라이슬러Chrysler 구제가 좋은 예다.[112] 당시 이들은 그다지 경쟁력 있는 기업이 아니었고, 좀비처럼 생존하고 있었으며, 사실상 파산을 면하기 어려운 상황이었다. 하지만 수많은 직원들의 일자리가 위기에 처하자, 두 기업은 세금 납부자들의 돈으로 구제되었다. 한때 혁신적이었던 기업들이 혁신을 멈추더라도 여전히 살아남는 이유다.

이때부터 좀비기업의 상태는 또 다른 차원에 도달하는데, 대기업들은 자신의 규모를 이용해 감당할 수 없는 대출을 받고 계속 비틀거리며 존속한다. 이들 기업 중 상당수가 제품 생산에서 기업용 서비스 제공으로 사업 분야를 전환하고 있는데, 내부분이 무슨 가치를 제공하는지 의심스러운 서비스들이다. 그럼에도 불구하고 이들은 여전히 이러한 서비스를 팔고 있으며, 종종 정부 기관에 이를 납품한다.

제조업이 다른 나라로 이전하고, 이들의 기여가 더욱 명백하게 지대 추구적 성격을 띠면서 이들 기업이 창출하는 부가가치는 더욱 줄어들고 점점 더 좀비화된다. 다시 말해, 대기업들은 법정화폐 체제의 두뇌를 갉아먹는 좀비가 되어가는 운명을 맞이한다. 이들의 막대한 인력과 정치적 인맥은 생존을 보장하지만, 그 대가로 전 세계 경제를 희생시킨다. 마치 연준FED과 마찬가지로 이들의 이득은 곧 경제 전체의 손실로 이어진다.

## 고착화하는 승자독식 현상

대기업이 가진 이러한 모든 이점들 때문에 소규모 기업들은 모두 대기업이 되려고 노력한다. 하지만 안타깝게도 업계 1위 자리는 한정되어 있고, 시장이 구매할 수 있는 상품의 양도 한정되어 있다. 이러한 대기업들의 엄청난 규모로 인해 우리는 승자독식 구조를 경험하게 된다. 만약 당신이 어떤 분야에서 유일한 승자가 아니라면 결국 무너질 가능성이 높다. 승자는 항상 당신보다 더 많은 대출을 받을 수 있고 이를 이용해 경쟁자들을 충분히 짓밟을 수 있기 때문이다. 대출은 승자에게 집중되며 경쟁을 무력화하는 무기로 사용될 수 있다. 부채에 대한 접근은 산업의 고착화를 초래하고, 법정화폐 경제에서 대기업들은 현재의 위치를 유지하기 위해 막대한 비용과 노력을 기울인다.

이들 기업도 새로운 수익원을 창출하고 싶어 하지만, 그것이 그리 쉬운 일은 아니다. 혁신은 마음먹는다고 해서 쉽게 일어나지 않는다. 그 이유 중 하나는 앞서 언급했듯이, 던바의 숫자를 넘어서면 기업을 관리하기가 매우 어렵기 때문이다. 그리고 연구개발은 실제로 지대 추구 행위와 구별하기가 매우 어렵다.

안타까운 현실은 대기업에서 연구개발비를 낭비하는 경향이 있다는 것이다. 비록 유용한 무언가가 만들어지더라도 나머지 조직이 이것을 제품화할 거라는 보장은 없다. 예를 들어, 코닥Kodak은 최초의 디지털카메라를 만들었지만 필름 사업에 타격을 줄 수 있다고 여겨 이 사업을 추진하지 않았다.[113] 제록스Xerox는 최초의 그래픽 사용자 인터페이스를 만들었지만 핵심 사업이 복사기였기 때문에 이를 추진하지 않았다.[114] 구글은 그들의 '핵심 역량'이 아니라는 이유로 얼마나 많은 유용한 제품을 폐기했을까?

반면에 많은 대기업 연구개발 부서는 성공 가능성이 전혀 없는 비현실적인 기술 개발에 매달리기도 한다. 나노기술, 양자 컴퓨팅, 냉핵융합과 같은 프로젝트는 지대 추구자에게 좋은 선택지다. 아직 충분하지는 않지만 진전을 보이고 있다고 끊임없이 주장할 수 있기 때문이다. 그들은 항상 "완성까지 20년이 남았다"라며 시간을 끈다.

소소한 수준의 발전과 약간 더 나은 정도의 효율성만으로 캉티용 효과의 경쟁에서 승리한 대기업은 법정화폐의 이점을 이용해 산업을 고착화한다. 심지어 그들이 추진하려는 진전조차도 오히려 법정화폐가 제공하는 이점으로 인해 방해를 받는다.

## 정체된 발전

그 결과, 대기업에서 실제로 나오는 혁신은 거의 없고 대신 기술의 업그레이드만 조금씩 이루어지고 있다.

왜 우리는 더 나은 원자력 기술을 보유하지 못할까? 왜 태양열과 풍력처럼 손실이 큰 에너지 방식을 고집할까? 1970년대 이후로 이동 시간이 개선되지 않은 비행기보다 더 나은 장거리 운송 수단을 개발하지 못하는 이유는 무엇일까? 심지어 지난 50년 동안 최고의 혁신으로 불리는 인터넷조차도 전보를 점진적으로 개선한 것에 불과하다.

법정화폐는 기업의 고착화를 통해 사회 발전을 지연시켰다. 대기업들은 좀비처럼 살아남고, 혁신적인 소규모 기업들은 벤처캐피털 자금을 통해 빠르게 성장하지만 상업은행 대출을 통해 좀비화되어 버린다.

그 결과, 우리는 고착화된 산업 속에서 거의 진전을 이루지 못하고 있다. 규제 장벽 때문에 혁신이 어려워지고, 기업들은 연구개발에 매우 소극적이며, 법정화폐는 비효율성을 축소하고 숨기기에 급급하다.

이로 인해 대기업들은 아무 일도 하지 않는 많은 사람들을 고용하며 인재와 자원을 낭비하고 있다. 좀비기업들의 지대 추구는 문명의 발전을 대가로 자금을 지원받는다.

이런 곳에서 일하는 많은 사람들이 우울증에 걸리는 것은 당연하다! 법정화폐는 표면적인 변화만으로는 치료할 수 없는 깊은 감염과도 같다. 산업 전체가 좀비화되어 가치를 창출해 번영하기보다는 생존을 위해 파괴에 집중한다. 이들은 수년 전에 이미 사라졌어야 하지만, 정부의 개입으로 소멸이 뒤로 연기된 기업들이다.

기업의 타락은 심각한 문제다. 문명의 발전을 주도하는 것은 시장이라서, 시장이 좀비화될수록 문명은 더 쇠퇴한다. 법정화폐가 너무 많은 부정적인 인센티브를 도입하고 막대한 낭비를 초래했기 때문에 우리는 여러 방면에서 퇴보하고 있다.

## 좀비기업의 치료법

이 체제는 전면적인 개편이 필요하며, 비트코인이야말로 좀비기업에 맞설 수 있는 희망이다. 좀비기업들은 멸망해야 하고, 비효율적이고 자원을 낭비하며 정치적 연줄에 기대는 기업에 대한 보조금 지급은 중단되어야 한다. 그러나 법정화폐가 존재하는 한, 이러한 기업들은 죽었다가 다시 살아나기를 계속 반복할 것이다.

비트코인은 이들 기업의 금전적 생명줄을 끊어버림으로써 해독제 역할을 한다. IBM과 같은 기업들을 보조하기 위해 세금을 인상하는 것은 어떤 정부도 환영하지 않을 것이다. 돈에 대한 기회비용이 발생하면 구제금융과 보조금 지급은 중단될 것이다. 모든 지출을 세금으로 충당해야 하는 상황에서는 정부의 잘못된 투자도 현저히 둔화할 것이며, 마침내 우리는 더 합리적인 시장을 경험하게 될 것이다.

사람들이 돈을 버는 기본 방식이 대기업인 문화도 사라질 것이다. 정부가 돈을 찍어내 보장하지 않으므로 보험, 연금 등이 다시 시장 기반으로 돌아갈 것이다. 자원은 이러한 좀비기업들로부터 해방되어 혁신가와 기업가에게 재분배될 것이다. 결국, 우리는 사람들이 다시 가족과 지역사회에 의지하는 모습을 볼 수 있을 것이다.

현 체제에서 기업들은 지나치게 중요한 존재가 되었다. 사람들은 이제 대기업들로부터 자유로워질 것이다. 비트코인이 그들의 족쇄를 벗겨줄 것이기 때문이다. 속이 후련한 일이다. 이러한 좀비들이 사라지면서 풀려날 자원들은 엄청날 것이다. 하지만 더 중요한 것은 현대의 삶이 이제 좀비 무리가 움직이는 것처럼 느껴지는 것이 아니라, 훨씬 더 인간적으로 느껴질 것이라는 점이다.

| 12장 |

# 돈을 빨아들이는 새로운 자석, 스타트업

**스타트업은 거대한 법정화폐** 전쟁터다.

스타트업은 경제의 엔진, 혁신의 원동력 그리고 부를 창출하는 존재로 인식된다. 하지만 실제로는 캉티용 효과를 감추며, 부자를 더 부유하게 만들고 가난한 사람을 더 가난하게 만든다. 그들은 돈을 낭비하고 마치 캘리포니아 산불처럼 자본을 태워버린다. 스타트업은 불안정한 할리우드 유망주들에게 흔히 나타나는 '부자가 되거나 죽거나 둘 중 하나'라는 사고방식을 그대로 구현한다.

심지어 성공하는 소수의 스타트업조차도 성장 가능성을 위해 이익을 배제하고, 새로 찍은 돈을 대규모로 투입해 제품이나 서비스를 보조한다. 고객을 늘리기 위해 손실을 감수하는 것은 항상 선택의 문제이며, 결국 경쟁자를 가격으로 밀어내고 독점기업이 되는 것을 목표로 한다. 이들은 모두 테슬라$^{Tesla}$, 아마존, 알파벳$^{Alphabet}$과 같이 주식 시장의 주인공이 되기를 꿈꾼다. 그러나 정부의 대규모 개입이 예상되는 가운데, 이러한 인기 기업들은 결국 법정화폐로 얻은 독점적 우위가 사라지면서 IBM, GE, GM과 같은 좀비기업으로 추락한다. 이것이 바로 법정화폐 기업의 생애 주기이며, 이는 공장식으로 사육된 닭들의 생애 주기처럼 우울하고 불쾌하다.

20년 이상 스타트업에 몸담은 나에게 이 장을 쓰는 것은 쉽지 않은 일이었다. 하지만 법정화폐와 그것이 경제 전반에서 인센티브를 어떻게 변화시키는지 연구하면서, 나는 스타트업도 투자은행만큼이나 캉티용 효과의 수혜를 받는 사기꾼이라는 결론을 내렸다. 스타트업은 과장된 광고와 그 안에 있는 사람들의 분주함 때문에 더 생산적인 것처럼 보일 뿐이다.

## 기업의 가치평가 또는 투기

스타트업의 고평가 현상은 일반적으로 주식의 가치를 평가하는 방식에 기인하므로, 여기서 잠시 벗어나 법정화폐가 기업가치에 미치는 영향을 분석해 보자.

기업의 가치를 높이는 방식에는 두 가지가 있다. 첫 번째는 전통적인 방식으로, 더 많은 수익을 창출하는 것이다. 이익이 많으면 배당금도 많아져서 기업의 주식 가치가 높아진다. 이익 기반의 가치 상승은 합리적이며 '기본적인 근거'를 갖추고 있다. 이는 공부를 열심히 해서 좋은 성적을 받는 것에 비유할 수 있다.

기업가치를 높이는 두 번째 방식은 투자자 수요를 늘리는 것이다. 전통적인 투자에서는 투자자 수요가 첫 번째 지표인 수익 증가와 직접적으로 연관된다. 그러나 10장에서 다룬 것처럼, 법정화폐가 존재하는 현대의 투자자들에게는 그렇지 않다. 새로 만들어진 화폐에는 기회비용이 없기 때문에, 현대의 투자자들은 단지 뭔가가 유명해지기 전에 사는 데만 관심이 있다. 우리는 이를 '투기'라고 부른다. 학교에서 쉬운 과목을 선택하고 똑똑한 실습 파트너를 선택해 좋은 성적을 받는 것에 비유할 수 있다.

투기는 자산의 인기에 따라 가치가 상승하는 심리 게임이다. 이 인기의 근거가 산업용 기계든 강아지 사진이든 상관없다. 투기가 목적이라면 중요한 것은 그게 아니다. 어떤 내러티브에 기반하든 주식에 대한 수요가 가격을 결정한다.

전통적으로 투자는 건전한 펀더멘털에 기반해 왔다. 투자자들은 자산 가격 상승이 아니라 합리적인 수익률을 위해 돈을 투자했고, 배당금과 같은 실제 수익이 자금의 유입 여부를 결정했다. 이것이 주식 가격 산정 방식의 원래 모습이었다.

하지만 지난 40년간 주식의 가치 평가 방식은 분명히 달라졌다. 예를 들어, 아마존은 한 번도 배당금을 지급한 적이 없지만 여전히 투자자들의 자금을 끌어모으고 있다.[115] 아마존이 투자금을 끌어들이는 이유는 주식을 둘러싼 내러티브와 투기 수요 덕분이다. 이를 우리는 '케인스식 미인 대회 Keynesian beauty contest'라고 부른다. 돈은 쿠폰 지급이나 배당금과 같은 실제 수익이 아니라, 주가 상승에 대한 기대를 평가해 투자된다.

현재의 주식 매수는 지나치게 낙관적으로 이야기하다가 후회로 끝나는 텔레비전 광고와 같다. 우리는 이런 이야기가 너무 좋게 들린다는 것을 알면서도, 다른 사람들이 어쨌든 이를 살 거라고 여기고 그들보다 앞서고 싶어 한다. 이러한 투자에는 펀더멘털이 거의 또는 전혀 없지만, 그 내러티브가 충분히 매력적이라면 돈을 끌어들일 수 있다. 투자 수익이라는 개념이 사라지고 가격 상승만이 유일하게 남은 오늘날에는 이러한 투자 방식이 지배적이다.

### 기회비용 없는 주식의 가치 평가

주식의 가치는 수익률을 계산하는 것에서 멀어지는 추세이며, 그 원인은 예상한 대로 법정화폐다. 건전한 화폐 체제에서는 투자를 유치하려면 수익이 필요하다. 왜냐하면 돈이 희소하기 때문이다. 돈이 희소하면 주식을 사는 데 기회비용이 발생한다.

건전한 화폐 체제 아래에서는 주식을 사기 위한 자본이 기존 자산에서 나온다. 새로운 돈을 찍어낼 수 없기 때문이다. 따라서 저축이 있는 사람들이 투자할 수 있는 다른 선택지가 많아지기 때문에 투자를 유치하기가 더 어렵다. 다시 말해, 투자 수익은 돈의 희소성을 보상해 주어야 한다. 그런 이유로 주식의 가치는 본질적으로 기업의 펀더멘털에 기반하게 된다.

반면에 법정화폐 체제에서는 대출을 통해 필요할 때마다 돈을 만들 수 있어서 돈이 훨씬 더 풍부하다. 그래서 돈에 대한 기회비용이 거의 없다. 투자는 실제로 투자라기보다는 한 금리를 다른 금리로 바꾸는 차익거래에 가깝다. 현명한 투자자는 은행에서 낮은 금리로 대출을 받고, 그 돈을 주식에 투자하여 더 높은 수익을 얻는다. 그 차액이 바로 그들의 투자 수익이며, 이것이 바로 모든 법정화폐 투자 방식이다. 모든 헤지펀드, 투자은행, 벤처캐피털 펀드는 기본적으로 이 레버리지와 차익거래라는 게임을 어떤 형태로든 수행하고 있다. 캉티용 효과의 수혜자들은 돈의 수도꼭지에 호스를 연결하고, 이를 자신이 선호하는 다양한 자산과 주식에 연결한다. 이러한 펀드의 자금은 대출의 형태로 무에서 창조된 후 레버리지를 통해 자산으로 흘러들어간 환상에 불과하다.

돈이 풍부하다는 것은 시간이 지남에 따라 투자 기회를 쫓을 수 있는 자금이 항상 더 많아진다는 것을 의미한다. 이렇게 기회비용이 없는 투자 자금을 유치하는 것이 수익을 내는 것보다 훨씬 더 빠르고 쉽게 주식의 가치를 높이는 방법이 되었다. 이것이 바로 통화 팽창기에 주가가 급등하는 이유다.

기업은 이익을 남기기 어렵고, 시장에 필요한 상품과 서비스를 제공해야만 한다. 반면에 법정화폐 체제에서는 대출에 대한 기회비용이 없기 때문에 새로운 투자금을 유치하는 것이 훨씬 더 쉽다. 전략은 간단하다. 적절한 사람들에게 주식의 가치를 과대광고하여 새로 발행된 돈이 줄줄이 들어오게 하는 것이다. 억만장자에게 지분을 판매할 수 있는데 시장에서 공정하게 판매할 필요가 있을까? 과대광고와 가격을 부풀리는 게 가능한데 뭐 하러 제품을 만들까?

그 결과, 스타트업의 초점은 지속 가능하고 수익성 있는 기업을 만드는 것에서 과대광고를 통해 투자금을 유치하는 것으로 바뀌었다. 이러한 변화는 시장 신호를 왜곡하고 투기가 번성하는 환경을 조성하며, 진정한 가치 창출은 그 뒤로 밀려나게 된다.

## 돈을 끌어들이는 자석

―

돈의 풍부함은 투자금을 끌어들이는 게임을 상대적으로 쉽게 만든다. 새로 찍어낸 돈은 항상 차익거래의 기회를 찾고 있으며, 법정화폐가 남발되는 상황에서는 약한 기업조차 자금을 끌어들일 수 있다. 앞으로 투자자가 더 많아질 것이라는 인식이 있는 한 투기의 거품은 계속해서 부풀어 오른다.

이익은 내러티브나 가격 상승에 대한 기대감에 비해 부수적인 것이 된다. 인기 있는 자산은 수익성 있는 자산보다 새로 찍어져 나온 돈을 더 많이 끌어들이기 때문이다. 수익률은 가격 상승에 비하면 크게 중요하지 않다. 그래서 주식의 가치 평가는 수익성보다는 인기나 관심에 의해 결정된다. 수익성은 어떤 기업을 더 인기 있게 만들 수 있지만, 어쨌든 수익을 내는 것은 훨씬 더 어렵다. 지난 20년 동안 많은 스타트업이 소매 시장에 집중한 이유도 바로 이 때문이다. 캉티용 효과의 수혜자들에게 주식을 팔 때는 수익보다 성장에 대한 기대감이 더 중요하다. 그리고 결정적으로 소매 시장을 기반으로 한 성장은 조작하고 과대 포장하기가 훨씬 쉽다. 고객을 유치하기 위해 기업은 보조금을 지급하는 상품과 서비스를 제공하고, 그 할인을 결국 달러 확장으로 충당한다.

이 게임의 목적은 좋은 상품이나 서비스를 제공하는 것이 아니라 새로 발행된 돈을 더 많이 유치하는 것이다. 그렇다면 투자자들은 왜 돈을 투자할까? 그들의 돈에 기회비용이 없기 때문이다. 모든 기업은 좋은 제품과 서비스를 만들기 위해 경쟁하는 것이 아니라 괜찮은 가치저장 수단이 되기 위해 경쟁하고 있다.

## 터무니없는 스타트업 가치 평가의 도덕적 딜레마

스타트업들은 법정화폐의 논리에 따라 주식 가치를 평가하며, 이익을 배제하고 나중에 추가 투자를 유치할 가능성에 집중해 왔다. 이들은 종종 기업 가치를 과도하게 달성하는 한편 여전히 손실 상태인 경우가 많은데, 그 이유는 그들을 둘러싼 내러티브가 매우 매력적이기 때문이다. 이런 가치 평가는 통화 팽창에 의해 촉진된다.

우리가 보고 있는 자산 인플레이션이 달러 팽창에 의한 것이라면, 우리는 지금 목격하는 이 터무니없는 가치 평가가 어디서 왔는지에 대해 몇 가지 어려운 질문을 던져야 한다. 궁극적으로, 모든 달러 팽창은 현재 달러를 보유한 사람들에게서 훔친 것이다. 달러 보유자들 중 상당수는 초인플레이션으로 고통받는 전 세계의 남반구 사람들처럼 세계에서 가장 가난하고 취약한 사람들이다. 달러는 이들에게 피난처 역할을 하는 화폐인데, 달러가 팽창하면 이들은 손해를 본다.

다시 말해, 주식의 높은 가치 평가는 가장 가난한 사람들의 희생으로 이루어진다. 부유한 실리콘밸리 기업들의 내부자, 월스트리트 금융가들 그리고 스타트업들은 이득을 보는 반면에 가장 가난한 사람들은 손해를 본다. 실패하는 모든 스타트업은 물가 상승 때문에 지갑에 든 달러로 쌀조차 살 수 없는 북한 주민들에게서 보조를 받는다.

스타트업도 월스트리트의 투자은행가들만큼이나 캉티용 효과의 수혜자다. 원가 이하의 상품과 서비스, 달콤한 혜택, 고액 연봉 등 스타트업의 모든 것이 궁극적으로 달러 보유자들의 보조로 이루어지며, 그중에서도 끔찍한 고통을 겪는 이들의 부담으로 보호받는 셈이다.

## 스타트업 정치

―

앞서 언급했듯이, 지난 20년간 가장 큰 성공을 거둔 기업들은 모두 소매 시장에서 인기가 높다. 이제는 B2B(기업 간 거래) 기업이 크게 성공하는 것을 보기 어려운데, 그 이유는 소매 시장에서 큰 성공을 거두기에 충분한 인지도를 확보하지 못하기 때문이다. 따라서 테슬라, 아마존, 애플Apple, 구글, 페이스북과 같은 세계 최대 기업들이 가정용 브랜드로 잘 알려진 것은 우연이 아니다. 이들은 가치저장 수단이 되기 위해 경쟁하기 때문에, 이들에게는 실제 이익보다 기업을 둘러싼 내러티브가 더 중요하다.

우버Uber, 넷플릭스Netflix, 줌을 생각해 보라. 이 기업들은 모두 개인 투자자들의 마음속에 어느 정도 인지도가 있는 기업들이다. 이러한 인지도는 해당 기업에 대한 더 많은 투자 수요로 이어져 더 높은 주식 가격을 만들어 낸다. 주식 가격 상승은 이익보다 훨씬 빠른 방법으로 더 높은 시장 가치를 만들어낸다.

관심도는 이러한 기업들이 지닌 DNA의 일부다. 이들의 시가총액은 이들이 얼마나 많은 자금을 유치할 거라고 사람들이 생각하는지를 반영할 뿐, 이들이 실제로 얼마나 많은 가치를 창출하는지는 반영하지 않는다. 주가가 대중의 인식에 의해 크게 좌우되기 때문에 기업들은 훨씬 더 정치적인 색채를 띠며 홍보에 많은 돈을 지출한다.

이는 별로 놀라운 일이 아니다. 왜냐하면 이 기업들은 전통적인 수익 지표에 의존하기보다는 대중을 향한 과대광고와 관심도를 타고 성장했기 때문이다.

요즘 스타트업들은 이익을 저축하여 자금을 조달하는 것이 아니라 벤처캐피털을 통해 자금을 조달한다. 처음부터 대부분의 스타트업은 이익을 추구하기보다는 돈을 끌어들이는 방식으로 운영된다. 투자를 유치하려면 정치적인 게임을 해야만 한다.

벤처캐피털 업계의 불편한 진실은 대부분 실사가 거의 이루어지지 않는다는 것이다. 그들은 모두가 몰리는 투자처에 무작정 뛰어든다. 나는 이들을 '금융 귀족'이라고 부르는데, 그 이유는 그들의 역할이 매우 정치적이기 때문이다. 이들은 경제를 바꿀 혁신적이고 새로운 아이디어를 찾는 것이 아니라, '인기 있는' 거래에 참여하는 것에서 주로 두각을 나타낸다.

벤처캐피털 회사들이 이렇게 하는 이유는 인기 있는 거래에 참여하는 것이, 미래에 무엇이 인기를 얻고 자금을 유치할 수 있을지를 가늠하는 좋은 지표가 되기 때문이다. 만약 지금 캉티용 효과의 수혜자들로부터 자금을 유치할 수 있다면 미래에도 새로운 자금을 유치할 가능성이 높다. 인기 있는 것이 중요한 이유는 돈을 찍어내는 수도꼭지 끝에 도달하는 것이 좋은 사업 모델이나 수익보다 훨씬 더 중요하기 때문이다.

그렇다면 벤처캐피털은 무엇을 기준으로 스타트업을 선택할까? 그들에게는 이제 돈을 버는 것이 중요한 것이 아니라, 누가 더 많은 투자를 유치할 수 있는지가 더 중요하다. 따라서 현금 흐름과 같은 사업의 펀더멘털보다 기업을 둘러싼 스토리, 즉 내러티브가 더 중요해졌다. 비록 신기루와 허상에 기반한 것이라 할지라도 관심도가 기본적인 사업보다 더 중요하다. 스타트업 사업은 이미지 게임이 되어버렸다.

물론 이런 스타트업들 중 대부분은 실패하고, 이 과정에서 전체 체제의 낭비가 여실히 드러난다. 새로 인쇄된 화폐의 대부분이 이러한 기업을 수십억 달러 규모의 유니콘 기업으로 만들기 위해 낭비된다. 시간이 지나면서 달러의 가치가 지속적으로 떨어짐에 따라, 심지어 유니콘 기업들조차도 가치저장 수단으로 대체되어 그 가치가 부풀려진 상태다.

이런 이야기가 익숙하게 들린다면 이유가 있다. 이것이 바로 알트코인이 운영되는 방식이다. 이에 대해선 6부에서 더 자세히 살펴보겠다. 알트코인이 스타트업의 공식을 그대로 따르는 것은 우연이 아니다. 그들은 과대광고와 편의상 '유용성'을 내세우며 가치저장 수단이 되기를 바란다. 어떤 의미에서 알트코인은 스타트업이 지금까지 해온 게임의 더 순수한 버전이라고 할 수 있다.

알트코인은 새로 인쇄된 돈을 많이 확보하려는 시도에 불과하다.

## 기회비용이 있는 돈

좋은 소식은 비트코인 덕분에 다시 건전한 화폐를 갖게 되었다는 것이다. 돈이 희소해지면 이러한 투기성 게임은 훨씬 더 위험한 선택이 된다. 현재 주식은 가치저장 수단이 되기 위해 경쟁하고 있지만, 비트코인이 훨씬 더 나은 가치저장 수단이다. 훨씬 더 희소하고 덜 위험한 비트코인이 있는데, 자산가치가 부풀려진 주식에 가치를 저장할 이유가 있을까?

투자 경쟁이 다시 치열해질 것이고, 기회비용이 전혀 없는 사금이 지원되지 않는다면 현재처럼 높은 스타트업 실패율은 용납되지 않을 것이다. 투자를 유치하는 스타트업은 이익과 수익률을 기반으로 해야지, 캉티용 효과에 의해 나온 달러를 유치하는 능력에 의존해서는 안 된다. 비트코인 기준에서는 스타트업들이 즉시 돈을 벌고, 배당금을 지급해야만 투자를 정당화할 수 있다.

많은 스타트업이 외부 투자자를 두지 않고, 창업자가 100% 소유하는 형태가 될 것이다. 자본은 기회비용이 없는 법정화폐 대출이 아니라 기회비용이 있는 저축을 통해 조달될 것이다. 즉, 스타트업들은 오늘날 많은 스타트업에서 흔히 볼 수 있는 '지금은 확장하고 나중에 수익을 낸다'는 사고방식 대신, 처음부터 긍정적인 현금 흐름을 가진 훨씬 더 건강한 기업이 될 것이다.

그러는 와중에 우리는 많은 비트코인 스타트업들이 법정화폐 방식으로 운영되는 이상한 과도기에 놓여 있다. 이들은 비트코인과 직접 경쟁하기 때문에 더 긍정적인 현금 흐름을 가진, 보다 합리적인 모델로 전환해야 하는 첫 번째 기업들이 될 것이다.

이것이 바로 비트코인이 한 기업씩 바꾸며 경제를 바로잡는 방법이다.

| Fiat Ruins Everything |

## 스타트업이 자금 부족에 시달리는 이유 10가지

01. 창업자들의 엄마들조차 투자를 거절했을 정도로 발표 실력이 너무 형편없어서.

02. 저명한 벤처캐피털이 당신의 스타트업을 지나치며 사실상 '스타트업 죽음의 키스'를 날려서.

03. 영업팀이 기술자들이 만들 수 없는 영구 동작 기계를 판매하기로 약속해서.

04. 연봉 25만 달러에 고용한 프로그래머가 코딩보다 특전을 요구하는 데 더 능숙해서.

05. 직원이 30명인 회사에 어찌 된 일인지 인사 담당자가 5명이나 있어서.

06. 성장을 가속화하기 위해 고용한 컨설턴트가 돈만 챙기고, 오히려 파산으로 가는 길만 앞당겨서.

07. 벤처캐피털이 성공 사례를 보여주길 원하는 탓에 임대료가 비싼 사무실을 계약해서.

08. 고객 확보 비용이 사용자당 1,000달러였지만, 적어도 고객 기반이 증가하고 있다고 말할 수 있어서.

09. 전통적인 기업에서 마케팅 담당 부사장을 데려왔는데, 여전히 팩스기를 마케팅 채널로 생각해서.

10. FAANG(페이스북, 애플, 아마존, 넷플릭스, 구글의 첫 글자로 만든 약자)이 당신의 엔지니어들을 계속 빼앗아가서.

| 13장 |

# 일의 가치를 훼손하는 법정화폐

**우리에게는 일이 필요하고** 일은 우리를 필요로 한다.

노동은 가혹하고 잔인하며, 힘든 세상을 살기 좋고 즐거우며 의미 있는 곳으로 변화시킨다. 일은 우리가 가족, 지역사회, 세상에 기여하는 방법이다. 정상적으로 작동하는 시장에서는 일이 가치를 제공한다.

현실적인 의미에서 일은 우리가 문명에 기여하는 방법이고 노동의 결과물은 우리가 남기는 유산이다. 우리가 살고 있는 건물, 이동하는 도로, 타자를 치는 컴퓨터, 사용하는 전기 등 그 외의 많은 것들이 모두 우리의 집단적인 노동의 산물이다.

그럼에도 불구하고, 이 기본적인 공식인 '생산적인 노동과 돈의 교환'이 제대로 작동하지 않고 있다. 경제 전반, 특히 기술 분야에서 정기적으로 발생하는 대규모 해고에서 이를 확인할 수 있다.[116] 대체 무슨 일이 일어나고 있는 걸까? 여러 회사에서 수만 명이 해고돼도 어떻게 여전히 운영이 가능할까? 그들은 도대체 무슨 일을 했던 걸까?

이 장에서는 이러한 질문에 답하고, 그 책임이 어디에 있는지 밝혀낼 것이다. 항상 그렇듯, 그 원인은 법정화폐다.

## 일은 전문성을 길러준다

시장은 사람들이 가치 있는 상품과 서비스에 기꺼이 돈을 지불하기 때문에 작동한다. 누군가가 비용을 지불하는 이유는 편리함, 품질, 가격, 또는 기타 여러 요소들 때문이며 그러지 않으면 더 많은 비용이 들기 때문이다. 우리 모두가 일반적으로 사용하는 교환 수단인 돈은 각자 잘하는 일에 집중하도록 돕는다.

어부는 자신이 먹을 수 있는 것보다 더 많은 물고기를 잡을 수 있고, 구두 수선공은 자신이 신을 수 있는 것보다 더 많은 신발을 만들 수 있다. 이들은 무역을 통해 자신의 기술을 활용하여 원하는 것과 필요한 것을 얻을 수 있다. 이것이 어부가 직접 신발을 만들지 않고, 구두 수선공이 직접 물고기를 잡지 않는 이유다.

문명은 이러한 노동 분업 위에 세워졌다. 본질적으로, 모든 사람은 시간당 작업의 수고는 최소화하고 제공하는 가치는 극대화하는 것을 목표로 한다. 좀 더 쉽게 말하면, 우리는 최대한 많은 돈을 벌면서 가장 하기 싫은 일을 적게 하려고 노력한다.

이 마지막 요점이 중요한 이유는 작업마다 보수가 다르기 때문이다. 쓰레기 수거나 트럭 운전과 같이 보수는 좋지만 혐오감을 주는 업무도 있다. 이러한 작업은 다른 작업보다 시간당 급여가 더 높을 수 있다. 그 일의 불쾌감을 보상하는 차원에서 임금이 올라가기 때문이다.

마찬가지로, 희귀한 기술을 가진 사람일수록 더 좋은 대우를 받는다. 노동도 시장의 다른 재화와 마찬가지로 수요와 공급의 원칙에 영향을 받는다. 당신이 생산하는 것의 유용성(수요)과 상대적인 희소성(공급)이 가격을 결정한다. 따라서 가장 높은 수입을 올리는 사람은 가장 어렵거나 혹은 가장 꺼리는 일을 하면서 가장 큰 가치를 제공하는 사람이어야 한다.

하지만 분명히 뭔가 잘못되었다. 싱크탱크나 행정직처럼 많은 고임금 직업의 일이 그렇게 힘들지 않거나 이사회 멤버, 벤처캐피털리스트, 투자은행가 같은 직업이 굉장한 선망의 대상인 반면, 각종 관료들처럼 이들 중 상당수의 직업이 거의 아무런 가치를 제공하지 않는다. 우리 경제 체제에는 어딘가가 잘못된 보상 체제가 있다.

## 법정화폐가 만들어낸 의미 없는 노동

―

법정화폐는 또 다른 구매자를 끌어들임으로써 원래는 효율적인 시장을 혼란에 빠뜨린다. 돈이 무無에서 나올 수 있기 때문에, 법정화폐는 가치를 더하지 않는 온갖 노동을 가능하게 만든다. 이것을 우리는 지대 추구형 일자리라고 부른다.

정상적인 시장에서는 제공된 가치에 대한 대가를 돈으로 지불한다. 비효율성은 수익 감소 또는 손실이라는 불이익을 받는다. 따라서 노동은 반드시 가치를 창출해야 한다. 하지만 법정화폐 경제에서는 가격에 크게 민감하지 않은 또 다른 구매자가 있다. 바로 돈을 찍어내는 화폐 발행자다. 일반적으로 이들은 과시적 소비, 국가적 위신, 겉핥기식 일자리, 충성파에게 줄 뇌물 등을 구매한다. 이 모든 것이 돈을 찍어내는 기계에 대한 지속적인 접근을 보장할 수는 있지만, 실제로 가치를 더하지는 않는다.

이들에게 노동은 더 이상 가치 창출이 아니라 자신들의 욕망, 특히 권력 유지 욕구를 충족시키는 데 사용되는 도구에 불과하다. 민주주의 국가에서 화폐 발행자는 도랑을 파고 다시 메우는 것과 같이 가치 없는 일자리를 만들어낼 수 있다. 군사 독재 정권에서는 표(투표권)를 사거나 무기를 구입하거나 심지어 사회 프로그램을 만드는 데 더 많은 돈을 쓸 수 있다. 그런 정부에서 일자리는 뇌물과 연고주의를 가리는 얇은 막에 불과하다. 돈은 가치 창출이 아니라 권력을 유지하기 위해 인쇄되고 사용된다.

법정화폐 경제에서는 화폐 발행자가 경제 전반의 주요 고객이 되면서 거의 모든 노동이 지대 추구와 얽혀버린다. 가치가 있는 일과 가치가 없는 일이 뒤섞이게 된다. 돈을 더 많이, 더 자주 찍어낼수록 무엇이 가치를 제공하고 무엇이 제공하지 않는지, 문명에 유익한 일과 그렇지 않은 일을 구분하기가 더 어려워진다. 지대 추구는 썩은 샌드위치에 곰팡이가 퍼지듯 퍼져나간다.

예를 들어, 많은 대기업에는 고용 규정 준수만을 전문으로 다루는 인사 부서가 있다. 전형적인 관료주의적 방식으로 모든 직원은 성희롱, 인종 차별, 허용되는 면접 질문 등에 관한 지루한 교육을 이수해야 한다. 이런 교육은 사업과는 거의 무관하지만, 모든 신입 직원이 여기에 귀중한 시간을 낭비해야 한다. 이러한 규정 준수 요구는 금전적인 세금은 아니지만, 시간과 노력이라는 세금이다. 그 결과, 우리의 노동은 생산적인 일과 비생산적인 일로 나뉜다. 지난 50년 동안 비생산적인 부분이 너무 커져서, 수익성이 매우 좋은 기업에서조차 아예 비생산적인 직책이 생겨났다.[117]

트위터, 구글, 페이스북, 마이크로소프트Microsoft 등 많은 수익성 있는 기업들이 그렇게 많은 직원들을 해고하고도 모든 것이 잘 돌아가는 것이 놀랍지 않은가? 정리해고는 항암 치료와 마찬가지로 해고하는 기업에 분명 타격을 주지만, 그 밑에 있는 지대 추구라는 암을 제거한다.

## 법정화폐가 일으키는 마찰

지대 추구는 자동차 바퀴에 공기가 빠지는 것처럼 경제를 둔화시킨다. 법정화폐와 정치의 유착은 생산적인 일을 방해하는 여러 가지 방식 중 하나이며, 상당한 마찰을 불러온다. 지대 추구자들이 원하는 일은 가치를 제공하는 것이 아니라 가치 있는 거래의 중개자가 되는 것이다. 이들은 교통 체증을 불러오든 말든 크게 신경 쓰지 않고 톨게이트를 추가로 지어 통행료를 걷는 자들이다.

그 결과, 법정화폐 경제에서는 가치를 제공하기가 어렵다. 극복해야 할 지대 추구형 마찰이 너무 많고, 이러한 장벽 때문에 사람들은 생산적인 일에 참여하지 못한다. 대부분의 지역에서 사업을 시작하기가 얼마나 어려운가? 은행 계좌를 개설하고, 적절한 허가를 받고, 지대 추구자를 풍요롭게 하는 수많은 규정을 준수하는 것은 또 얼마나 복잡한가? 이 모든 것은 기업가뿐만 아니라 문명 자체에 부과되는 세금이다.

그렇다면 지대 추구를 없애기가 왜 이렇게 어려울까? 문제는 지대 추구가 대부분의 사람들에게 매우 매력적이라는 것이다. 시장보다 변동성이 훨씬 적고, 어떤 식으로든 정부를 통해 수입이 보장되기 때문이다. 까다로운 고객, 변화하는 시장 상황 또는 야심 찬 경쟁자를 상대할 일이 훨씬 적다. 대부분의 사람들은 이러한 장기적인 안정성을 확보하기 위해 적은 수입을 감수한다. 그 결과, 사회에 가치를 제공하던 사람들도 매우 빠르게 지대 추구 쪽으로 기울게 된다.

## 파국으로 치닫는 지대 추구

모든 지대 추구자가 처음부터 그런 것은 아니다. 많은 사람들이 거의 눈에 띄지 않을 정도로 서서히 지대 추구의 길로 빠져든다.

지난 20년간 가장 '성공한' 기술 기업들에서 이를 확인할 수 있다. 아마존, 페이스북, 구글은 본래 매우 훌륭한 서비스였다. 물론 그들이 그렇게 인식된 이유 중 하나는 상품과 서비스를 손해 보면서 팔았기 때문이다. 아마존의 경우 초기에 많은 판매에서 손해를 봤다.[118] 페이스북과 구글은 서비스를 무료로 제공했다. 덧붙여 말하자면, 이는 법정화폐의 인플레이션으로 인한 부작용인 막대한 투자 자금이 있었기 때문에 가능했다. 따라서 고객 입장에서는 지불한 비용에 비해 굉장히 훌륭한 서비스를 이용할 수 있었다.

하지만 이는 기업들의 장기적인 전략의 일환이었다. 마약상이 첫 번째 마약을 공짜로 주는 것처럼, 이들이 제공하는 편리함은 사용자들을 중독시켰다. 그런 다음 이들은 '수익 창출'을 위해 사용자들에게 광고를 판매하기 시작했다. 수익 창출이란 사용자가 참여하고자 하는 거래의 중개자가 되는 것을 완곡하게 표현한 것이다. 이렇게 아마존, 구글, 페이스북은 광고를 통해 또는 독점 플랫폼이 되어 제3자 상인들의 중개자로 변모했다.

이들은 사용자들이 중독되자마자 거래의 반대편에 있는 판매자들에게도 유리한 조건을 제시했다. 잠재 고객 확보를 돕는 페이스북이나 구글의 리드 생성은 다른 플랫폼의 광고보다 훨씬 저렴했고, 타깃을 더 정확하게 특정할 수 있었다.[119] 곧 판매지들은 이 플랫폼들에 중독되었고 더 많은 수익을 창출하기 위해 착취당했다. 광고 경매는 조작되었고 상품 등록 수수료도 점점 더 비싸졌다. 이 기업들은 시장을 완전히 장악한 상태에서 법정화폐를 이용해 중개자로 군림했다. 이들은 각 단계에서 제공되는 가치에 깊숙이 개입하여 이익을 가로챘다. 마치 기생충이 생산적인 주체에 기생하듯, 이들은 결국 지대 추구자가 되었다.

더 나쁜 것은 이 모두가 처음부터 그들의 계획이었다는 것이다! 많은 사용자와 많은 판매자를 확보하고 중개자가 되는 것은 거의 모든 스타트업들의 계획이며, 수년 동안 지속되어 왔다. 모든 벤처캐피털리스트들은 이것을 바람직한 성과, 즉 거대한 가치를 장악하고 독점적 지위를 방어할 수 있는 방법이라고 이야기한다. 이것이 바로 스타트업들이 추구하는 수익화의 경로이며, 그들이 성장에 그토록 집착하는 이유이기도 하다.

이는 1971년 이후로 단지 하나의 사례가 아니다. 닉슨이 금본위제를 폐지하고, 모든 통화가 달러에 연동되어 법정화폐가 되자 시장의 인센티브가 크게 바뀌었다. 지대 추구가 훨씬 더 수익성이 높은 일이 되었고, 그 결과로 지대 추구자가 대폭 늘어났다. 오늘날 실제로 중요한 가치를 창출하는 기업은 거의 없다. 많은 대기업들이 어떤 형태로든 정부 지출이나 법정화폐 대출 또는 두 가지 모두에 의존한다. 또한 많은 기술 기업들이 본질적으로 법정화폐 대출에 해당하는 대규모 벤처캐피털 자금에 의존하여 지대 추구자가 되었다. 이런 경제의 좀비화는 지난 50년 동안 끊임없이 존재하며 성장해 왔다. 심지어 가장 생산적인 기업들조차 이에 감염되었다.

더 큰 문제는 사회의 사고방식과 존경받는 가치가 바뀌었다는 것이다. 이제 우리는 그 문제를 살펴보려 한다.

## 지대 추구 미화하기

왜 많은 경영대학 졸업생들이 자산 전문가가 되고 싶어 할까? 그 답은 워런 버핏과 같은 상징적인 인물을 모방하려는 데 있다. 버핏은 아무것도 창조하지 않았지만 다른 사람의 돈을 관리하여 엄청난 부자가 되었다. 이는 돈의 지배력을 이용해 높은 지위를 갖게 된 지대 추구의 본질을 반영한다. 버핏이나 레이 달리오와 같은 금융가들은 토머스 에디슨이나 니콜라 테슬라 같은 창조자를 대신해 이 시대의 영웅으로 떠올랐다.

법정화폐 경제에서 가장 큰 지대 추구자는 대규모의 대출을 이용할 수 있는 사람들이다. 헤지펀드 매니저와 투자은행가들은 막대한 자금을 레버리지하여 자신들을 위해 가치를 추출한다. 2005년 베인캐피털Bain Capital's이 토이저러스Toys'R Us를 레버리지로 인수한 악명 높은 사례는 이러한 추세를 극명하게 보여준다.[120] 이 회사는 65억 달러에 인수되었는데 그중 50억 달러가 부채였다. 한때 수익성이 좋았던 이 회사는 부채라는 골칫덩이에 완전히 발목이 잡혔다. 부채 상환에 회사 수익의 97%가 소모되면서, 2008년 경기침체와 경쟁업체의 공세에 취약해질 수밖에 없었다. 그 결과 한 상징적인 기업이 비극적인 몰락을 맞이했다.

안타깝게도 이는 비단 어제오늘의 일이 아니다. 라디오섀크Radio Shack, 보더스Borders[121] 그리고 베드배스앤비욘드Bed, Bath & Beyond와 같은 기업들도 모두 레버리지 바이아웃의 희생양이 되었다.[122] 이러한 관행은 수익성 높은 사업을 운영하던 사업자를 수익성 낮은 사업을 운영하는 은행가와 바꿔치기한다. 이런 금융가들은 마치 좀비처럼 건실한 기업을 먹어 치우고, 상황이 바뀌면 버리고 떠나버린다.

레버리지 바이아웃만이 펀드 매니저들의 유일한 전략은 아니다. 내부자 거래도 성행하고 있으며, 이는 내부 정보를 가진 사람들에게 부당한 이익을 제공하고 소액 투자자들에게는 손해를 입힌다. 더욱 충격적인 것은 이런 정보의 대부분이 정치인들에게서 나온다는 것이며,[123] 그들 또한 엄청나게 부유해진다. 지대 추구자들은 정말로 하나의 무리처럼 몰려다니는 것 같다.

생산성에 기여하지 않고 소득만을 추구하는 지대 추구는 법정 화폐 발행이 낳은 부작용이다. 이는 실질적인 노동을 거의 또는 전혀 하지 않고 돈을 벌고자 하는 사람들을 끌어들인다. 일반 대중은 아무것도 하지 않고 돈을 버는 것에 본능적으로 불편함을 느낀다. 그렇다면 그 가치는 어디에서 비롯된 것일까? 사실 그 가치는 문명이 여러 세대에 걸쳐 축적해 온 자본에서 비롯된다.

그러나 지대 추구를 통한 부의 편취는 서구 문명의 핵심이었던 '신뢰'의 문화를 침식하고 있다. 신뢰는 여러 세대에 걸쳐 형성되는 자본재다. 제2차 세계대전 이후 일본과 독일의 경제 기적을 이끌어낸 요소였으나, 소련 연방에는 부재했던 것이기도 하다. 금전적 이득을 위해 이러한 신뢰를 악용하는 지대 추구 행위는 공동체의 신뢰를 점점 더 파괴한다. 본질적으로 이러한 금융 조작은 우리 모두의 공동 자원을 잠식하고 사회의 기반을 무너뜨린다.

## 가치 창출하기

―

다행히도 비트코인에는 지대 추구가 존재하지 않는다. 중앙화된 주체가 없기 때문에 누군가가 임의로 지대 추구 지위를 부여할 수 없다. 비트코인은 가치를 창출하는 사람들에게 보상을 제공하기 때문에 자본을 다시 쌓아가고 있다. 사람들이 흔히 불평하는 독성 비트코인 맥시멀리즘은 사실 지대 추구와 가치를 잠식하는 행위에 대한 반작용이다. 벤처캐피털리스트들은 지대 추구를 중개하는 전문가다. 인플루언서 역시 마찬가지다. 이들은 비트코인 사용자들로부터 가치를 뽑아내려고 비트코인 생태계에 들어왔다가 호되게 당한다.

비트코인 관련 기업은 지대 추구의 여지가 거의 없기 때문에 다른 어떤 기업보다도 설립하기가 어렵다. 이더리움 재단이 보조금을 주지도 않고, 당신에게 뻥튀기할 토큰이 없으니 '암호화폐' 벤처캐피털이 돈을 대주지도 않는다. 그래서 더 건전하고 정직한 기업이 만들어지며, 비트코인 사용자들은 이러한 기업들을 지지한다. 비트코인 관련 기업은 사기를 칠 수 없으므로 제공하는 가치가 분명해야 한다. 비트코인은 가치를 추가하는 일에 집중함으로써 자본을 축적한다. 더 이상 시기적인 요소에 기대지 않기 때문에 이는 더 어려운 일이다. 다시 말해, 우리는 이제 지대 추구자가 되는 대신 정직한 일을 할 수 있다.

지대 추구를 거부하고, 가치를 제공하라.

| 14장 |

# 기술 독과점 체제를 만들어낸 법정화폐

**구글, 페이스북, 트위터,** 아마존과 같은 빅테크 기업은 현대 사회에서 필수적인 존재로 자리 잡았다. 편리하고 표준화되어 있으며 사용자 친화적인 서비스로 칭찬받는 이 거대 기업들은 우리 삶의 거의 모든 측면에 스며들었다. 하지만 이들이 우리의 디지털 환경 속에서 어디에나 존재하는 데는 대가가 따른다. 이들은 우리의 콘텐츠를 불안할 정도로 장악하고 있으며, 심지어 가장 까다로운 TSA(미국 교통안전국)의 보안 검색조차도 온순해 보이게 할 정도로 강한 영향력과 범위로 중앙집권적인 권력을 휘두르고 있다.

우리 사회는 거부할 수 없는 힘으로 우리 대다수를 옭아매는 기술 독과점 체제의 손아귀에 놓여 있다. 성인의 약 98%가 애플이나 구글이 개발한 모바일 운영체제에 종속되어 있다.[124] 이러한 디지털 생태계는 사용자의 모든 움직임을 추적하는 섬뜩한 능력을 지니고 있으며, 이미 우리의 일상생활에서 떼어낼 수 없는 일부가 되었다. 소수 빅테크 기업에 대한 이러한 광범위한 의존은 단순한 우연이 아니다. 이는 우리 사회 구조에 깊숙이 뿌리내린 시스템적인 문제의 부산물이다. 표면적으로는 빅테크 기업의 매력과 편리함이 이러한 지배력의 주요 원인처럼 보일 수 있지만, 그 뿌리는 훨씬 더 깊숙이 자리 잡고 있다. 이러한 현상을 진정으로 이해하려면, 기술 기업 그 자체를 넘어 법정화폐 체제라는 예상치 못한 원인으로 시선을 돌려야 한다.

언뜻 보면, 이들 빅테크 기업과 법정화폐 체제 간의 연관성이 미약해 보인다. 하지만 자세히 들여다보면 이 둘의 연결고리를 무시할 수 없다는 것을 알게 된다. 현재의 화폐 체계는 의도치 않게 이러한 빅테크 기업들이 등장해 지배할 수 있는 토대를 마련해 주었다. 이 기업들이 전례 없는 규모로 힘과 영향력을 축적할 수 있는 환경을 조성한 것이다.

이 장에서는 법정화폐 체제와 기술 독과점 체제의 등장 사이의 복잡한 관계를 살펴본다. 법정화폐 체제에 내재된 한계와 결함이 어떻게 오늘날 우리가 아는 디지털 환경을 형성하는 데 핵심적인 역할을 했는지 살펴보고, 이것이 어떻게 기술 독과점들이 사회 전반에 걸쳐 그들의 지배력을 공고히 하는 길을 닦아 주는지 알아본다. 이 연결고리를 밝히는 것은 빅테크 기업들의 지배력을 이해하고, 더 나아가 탈중앙화되고 자주적인 디지털 미래로 나아가기 위한 잠재적 경로를 모색하는 첫걸음이다.

## 기술 독과점 체제의 진화를 추적하다

―

지난 40년은 그야말로 전례 없는 기술적 변혁의 시기였다. 애플 II 와 IBM PC와 같은 원시적인 기계에서 시작된 이 변화의 여정은 이제 고도화된 디지털 커뮤니케이션의 정점에 이르렀다. 이러한 여정은 급속한 기술 발전과 인터넷의 탄생을 특징으로 하며, 우리는 모바일의 보편화 시대로 접어들었다.

그러나 이 여정에는 흥미로운 역설이 존재한다. 인터넷은 초기 단계에 탈중앙화의 요새로 구상되었다.[125] 그 기반이 되는 구조는 단일 실패 지점SPOF(실패하면 전체 시스템이 중단되는 취약점)을 제거하기 위해 설계되었으며, 각 노드가 다른 노드들과 효율적으로 서비스를 제공할 수 있는 네트워크를 만드는 것을 목표로 했다. 이는 외부의 충격과 침입 시도를 견딜 수 있도록 설계된 실패 없는 시스템, 비트코인과 유사한 시스템이었다. 그러나 오늘날의 인터넷 인프라는 초기 설계에 담긴 의도와는 거리가 멀다. 소수의 강력한 빅테크 기업이 탈중앙화의 원래 취지와는 거리가 먼 현대의 인터넷을 장악하고 있다.

애플과 구글의 전방위적인 영향력을 생각해 보자. 두 회사의 모바일 운영체제인 아이오에스iOS와 안드로이드Android는 우리 디지털 생활의 근간을 이루고 있다. 우리가 사용하는 이메일은 구글이나 마이크로소프트의 벽으로 보호되고, 우리의 일정은 구글 캘린더나 아이캘린더iCal의 테두리 안에서 관리된다. 우리의 사회적 교류는 페이스북, 트위터, 인스타그램 등의 플랫폼을 통해 이루어진다. 우리의 일상적인 온라인 활동의 대부분이 이러한 중앙집중식 서비스, 즉 단일 실패 지점들 위에서 이루어진다.

이렇게 탈중앙화된 네트워크에서 중앙집중식 디지털 요새로 전환된 것은 매우 흥미로운 현상이다. 탈중앙화를 표방하던 인터넷이 어떻게 소수의 빅테크 기업이 주도권을 쥐고 있는 생태계로 전환되었을까? 어떤 힘이 이러한 변화를 가져왔고, 오늘날의 기술 독과점 체제에 이르게 만들었을까?

우리는 점점 더 중앙집중화되는 디지털 세계를 항해하고 있다. 소수의 전능한 기업이 지배하는 이러한 중앙집중화는 인터넷의 설립 이념과는 극명한 대조를 이루며, 다음과 같은 중요한 의문을 제기한다.

이 변화는 시장의 힘과 소비자 행동으로 촉발된 불가피한 전환이었을까? 아니면 신흥 빅테크 기업들이 의도적으로 전략적 움직임을 취한 결과였을까? 아니면 우리의 포괄적인 경제 시스템, 특히 법정화폐 체제의 여파일 수도 있을까?

기술 독과점 체제의 부상을 이해하려면 기술 발전, 시장 역학, 시스템 구조의 복잡한 그물망을 풀고 과거를 되짚어봐야 한다. 과거를 분석해야만 현재를 이해할 수 있고, 더 나아가 보다 균형 잡히고 탈중앙화된 미래를 위한 항로를 제시할 수 있다.

## 법정화폐를 활용하여 부상한 빅테크 기업

인터넷 시대가 시작될 무렵, 온라인 영역이 수익성 높은 금광이 될 것으로 예견한 선각자는 거의 없었다. 탈중앙화에 뿌리를 둔 인터넷의 기본 구조에서 수익화는 거의 해결 불가능한 과제였다. 또한, 디지털 세상 전반을 아우르는 효과적인 결제 메커니즘이 없다는 점도 수익 창출의 가능성을 가로막는 장애물이었다.

그래서 초창기 인터넷 기업들은 주로 인터넷 서비스 제공업체 ISP와 신생 디지털 환경과 호환되는 소프트웨어를 판매하는 공급업체들이었다. 본질적으로 이들은 소비자와 직접 상품이나 서비스를 거래하는 전통적인 사업체였다. 오늘날에도 수많은 ISP와 서비스형 소프트웨어 서비스 SaaS 회사들이 이러한 전통적인 비즈니스 원칙에 따라 운영되고 있다.

1990년대 중반만 해도 미래 인터넷 사업의 전망은 그리 복잡하지 않았다. 다들 소비자에게 직접 제품이나 서비스를 판매하는 기업이 디지털 세상을 지배할 것으로 예상했다. 하지만 현실은 전혀 다른 방향으로 전개되었다.

그 결정적인 계기는 새로운 비즈니스 모델, 즉 서비스를 무료로 제공하는 전략이었다.[126] 건전한 화폐 경제에서 이러한 접근 방식은 재정적으로 지속 불가능하다. 오직 법정화폐가 막대한 부채를 제공하는 체제에서만 이러한 장기적인 수익 창출 전략이 가능하다. 사용자 기반의 수익화 모델로의 전환은 전례 없는 사업 모델을 탄생시켰다.

넘쳐흐르는 법정화폐의 흐름 속에서 기업들은 사용자를 기반으로 하여 새로운 방식으로 수익을 창출할 수 있었다. 소비자에게 가치 있는 상품이나 서비스를 제공하는 것에서 사용자 자체가 상품이 되는 모델로 패러다임이 바뀌었다. 이제 광고가 새로운 화폐가 되었고 사용자는 거래되는 상품이 되었다.

구글, 페이스북 그리고 그보다는 덜하지만 애플, 마이크로소프트, 아마존 모두가 이 모델을 활용하고 있다. 이들은 겉으로는 최첨단 혁신가로 가장하지만, 실제로는 온라인 광고 산업의 중개자 역할을 하며 주요 수입을 얻는다. 이들은 기술 혁신가인 것처럼 행세하지만, 실제 역할은 전통적인 환치기꾼과 다를 바 없다.

벤처캐피털로부터 자금을 지원받은 스타트업들은 이 모델을 기꺼이 채택했다. 그들은 끊임없이 유입되는 법정화폐를 이용해 사용자들을 확보하고, 이들을 광고 시장에서 가장 높은 입찰자에게 팔아넘긴다. 건전한 화폐 체제 아래에서라면 이러한 접근 방식은 오래갈 수 없다. 이러한 회사들에 대한 재정적 투자는 더 빠르고 더 실질적인 수익을 요구하므로, 무료 서비스 모델은 지속이 불가능하다. 그러나 법정화폐 체제 아래에서는 이러한 모델이 주식시장의 사랑을 받는다.

이런 운영 방식은 당연히 사용자들의 의심을 불러일으킨다. 무료 서비스의 유혹은 필연적으로 의문을 낳는다. 숨겨진 비용은 언제 수면 위로 드러날까? 이러한 서비스를 보조하기 위해 사용자들은 어떤 광고 세례를 겪게 될까?

현재의 사업 모델은 근본적으로 불성실한 분위기를 자아낸다.

사용자는 서비스를 무료로 이용하려고 하고, 기업은 서비스를 무료로 제공한다고 주장하며 광고를 통해 사용자들을 교묘하게 수익화한다. 이 시나리오는 전체적으로 법정화폐의 원리와 놀라울 만큼 유사하다. 겉보기엔 모든 것이 무료 같지만 숨겨진 비용이 상품이나 서비스의 가치를 서서히 떨어뜨린다. 결국, 모두가 서로를 속이려 드는 게임이다.

기술 독과점 체제의 부상은 우리 사회에 만연한 법정화폐 체제가 만들어낸 직접적인 결과다. 이 연결고리를 이해함으로써 우리는 이 상황을 더 잘 헤쳐 나가고, 그 부정적인 영향을 완화할 수 있을 것이다.

## 무료와 자유라는 환상
—

'무료' 서비스의 등장은 사용자가 자신도 모르게 상품이 되는 은밀한 거래의 시대를 열었다. 사용자들은 무료 서비스라는 환상에 이끌려 이 디지털 시대의 춤판에 뛰어들지만, 그 대가는 과연 무엇일까? 이러한 빅테크 기업들은 사용자 데이터, 선호도, 행동 패턴을 수집하여 가장 높은 광고 입찰자에게 판매함으로써 엄청난 수익을 창출한다. 그 결과 개인 프라이버시가 심각하게 침해되고, 사용자들은 이 빅테크 기업들의 변덕스러운 행태에 노출되어 디지털 자율성을 몸값으로 지불해야 하는 상황에 놓인다.

현대의 법정화폐 체제는 중앙집권화로 이끄는 강력한 촉매 역할을 한다. 빅테크 기업들은 넘쳐나는 법정화폐로 금고를 가득 채운 채 사용자 데이터와 콘텐츠에 대해 우려할 만한 수준의 통제력을 행사한다. 더 이상 재정적 제약에 얽매이지 않는 이들은 디지털 영역에서 독재자 지위를 차지했다. 이들은 콘텐츠 규제, 데이터 프라이버시, 플랫폼 사용에 관해 일방적으로 결정하며, 사용자는 무력하게 순응할 수밖에 없는 상황에 놓이게 된다.

한편, 법정화폐의 수호자들은 이 새로운 영향력에 취해 있다. 법정화폐의 통제와 본질적으로 얽혀 있는 정부 규제는 기술 기업, 사용자, 규제 당국 간의 복잡한 관계에 또 다른 복잡성을 추가한다. 공공 영역에서 활동하는 존재로서 기술 기업은 이러한 규제 의무에 얽매여 있으며, 이는 그들이 법정화폐 체제에 크게 의존하기 때문에 마지못해 짊어지는 짐이다.

이러한 규제 준수는 디지털 생태계 전반에 걸쳐 일련의 복잡한 문제를 일으킨다. 권력의 고삐를 단단히 틀어쥔 정부는 규제력을 행사하며 침략에 가까운 감시를 일삼는다. 디지털 영역의 생명줄인 사용자들은 족쇄에 묶인 채 이러한 제약의 무게에 눌려 표현, 참여, 탐색의 자유를 억압당한다.

이와 같은 중앙집중화와 통제가 지배하는 디지털 세계에서는 '무료Free와 자유Freedom라는 환상'과 제약이라는 현실 사이의 경계가 모호해진다. 이는 법정화폐와 기술 독과점 체제의 변덕에 의해 만들어진 위태로운 춤사위와도 같으며, 사용자들은 자율과 순응 사이에서 아슬아슬한 경계를 끊임없이 넘나들어야 한다.

## 법정화폐를 먹고 자라는 기술 괴물을 굶겨라

—

법정화폐와 뚜렷하게 대비되는 비트코인은 새로운 환경을 위한 씨앗을 심고, 이를 통해 판을 뒤집으며 완전히 다른 인센티브를 장려한다. 사용자를 사로잡아 장기간에 걸쳐 수익을 창출하는 기존의 사업 모델은 비트코인의 강력한 화폐 모델 앞에서 빛을 잃는다. 법정화폐가 지원하는 무료 서비스는 사용자들을 복잡한 데이터 거래 및 프라이버시 침해의 네트워크로 끌어들이는 미끼인데, 비트코인 기반 생태계에서는 이를 시작하기도, 유지하기도 어렵다.

대신, 비트코인은 전통적인 사업 모델이 본래의 중요성을 되찾을 수 있는 환경을 조성한다. 사용자는 불투명한 지대 추구 중개자 없이 기업과 직접 소통하며 필요한 것을 얻을 수 있다. 사람들이 더 이상 돈을 마구 쓸 수 없게 되면서 자극적인 광고로 그들의 주목을 끄는 행위의 경제적 가치도 떨어지고, 이자율은 중앙은행이 아닌 시장에 의해 결정된다.

부채의 문이 굳게 닫히면서 소비 습관에 대한 철저한 재검토가 요구될 것이다. 비트코인 세계는 소비의 즉각적인 만족감보다 저축의 미덕에 더 크게 보상하며, 불필요한 유혹에서 벗어나게 만든다.

비트코인은 가치와 품질의 시대를 연다. 저축의 힘에 기반한 개인은 현재의 법정화폐 체제에서 종종 왜곡되는 원칙인 가격과 품질 간의 상관관계를 이해하게 될 것이다. 비트코인 본위제 아래에서는 시장의 역동성이 법정화폐 경제를 지탱해 온 보조금 지급 모델을 무너뜨린다.

비트코인이 법정화폐를 기반으로 하는 기술 독과점 체제를 무너뜨릴 잠재력은 실로 거대하다. 전 세계가 건전한 화폐를 수용할 때 기술, 경제, 사회의 뿌리 깊은 규범들은 큰 변화를 맞이할 것이다. 우리는 개인의 디지털 주권이 최고로 군림하는 미래를 누릴 수 있으며, 이는 기술 거인들의 중앙집중식 통제를 넘어설 것이다. 한때 절대로 무너뜨릴 수 없을 것만 같았던 기술 독과점 체제의 사슬은 새로운 인센티브 체계의 무게에 의해 무너질 것이고, 시장은 자연스럽게 탈중앙화될 것이다. 이 희망적인 전망은 암울하고 중앙집중화된 디지털 세상을 비추는 한 줄기 희망이다.

우리가 늘 원하던 탈중앙화된 인터넷이 다가오고 있다.

| 15장 |

# 최초의 알트코인, 항공사 마일리지

**1999년에 데이비드 필립스라는** 토목 엔지니어가 식품 기업인 헬시 초이스Healthy Choice의 프로모션을 활용해 120만 마일을 적립했다.[127] 그는 엄청난 양의 푸딩 포장용기의 바코드를 우편으로 보내 마일리지를 얻었고 '푸딩 가이'라는 별명을 얻었다. 이 이야기는 초기 인터넷 밈이 되어 '너의 모든 기지는 우리의 것All your base are belong to us', '햄스터 댄스Hampster Dance(일본 게임의 서툰 영어 번역과 흥미로운 햄스터 GIF 이미지에서 기인한 밈들)'와 같은 고전적인 밈과 함께 입소문을 탔다.

항공사 마일리지는 미국 문화에서 다소 독특한 위치를 차지한다. 마일리지의 사용처가 매우 제한적이고 양도할 수 없으며 종종 소멸된다는 것은 누구나 아는 사실이다. 하지만 문화적으로 사람들은 마일리지를 교묘히 제도를 이용하여 공짜로 무언가를 얻거나, 돈을 조금이라도 절약할 수 있는 수단으로 여긴다. 우리는 부러움과 감탄이 섞인 시선으로 푸딩 가이를 바라본다. 그가 시스템의 허점을 발견하고 이를 항공 여행에 이용했기 때문이다! 그는 자신의 의지에 따라 시스템을 악용하여 일반적으로 부유층에게만 주어지는 혜택을 누렸다!

마일리지로 특가 항공권을 구매하는 여행 비법을 공개하는 웹사이트와 포럼은 수없이 많다. 마일리지 중독자로 불리는 이들은 저렴한 비용으로 항공사 마일리지를 적립한다. 이들은 마일리지 프로그램을 여러 개 신청하고, 리워드를 주는 신용카드 사용을 인위적으로 늘리고, 더 높은 등급을 얻기 위해 일부러 멀리 여행을 다닌다. 그러나 그들이 깨닫지 못하는 것은 자신들이 본질적으로 지대 추구에 전적으로 초점을 맞춘, 그것도 그다지 흥미롭지도 않은 일거리를 스스로에게 제공했다는 사실이다.

## 전직 마일리지 중독자의 고백

나도 원래는 마일리지 중독자 중 한 명이었다. 약 8달러에 해당하는 마일리지를 적립할 방법을 한 시간씩 검색하곤 했다. 그러나 안타깝게도 이것이 나 자신에게 시급 8달러짜리 일을 주는 셈이라는 사실을 전혀 깨닫지 못했다. 더 슬픈 점은 그 일이 누구에게도 도움이 되지 않았고 어떤 가치도 만들어내지 못했다는 것이다.

마일리지 중독은 페이스북 화면을 끝없이 스크롤하는 것만큼이나 생산적이지 않았다.

불행히도 마일리지 중독은 끊기 힘든 습관이다. 특히 법정화폐 경제에서 흔히 볼 수 있는 희소성에 입각한 사고방식 때문에 더욱 그렇다. 우리는 감정적으로 부는 제로섬이며, 다른 모든 사람이 내가 가진 빈약한 재산을 차지하려 한다고 믿는다. 실제로 법정화폐 경제의 많은 측면이 이와 비슷하다. 대학에 합격하는 인원은 한정되어 있고, 명문 로펌의 자리 또한 한정되어 있으며, 스포츠 리그에 참가할 수 있는 사람도 한정되어 있다. 바로 이 희소성에 입각한 사고방식이 마일리지에 대한 탐욕을 불러일으킨다. 내가 죽어 없어지지 않는 한 내 마일리지를 빼앗아갈 수 없다.

마일리지는 공짜로 무언가를 얻을 수 있다는 착각을 불러일으킨다. 나는 푸딩 가이가 그랬던 것처럼 시스템을 무너뜨리고 내 마음대로 이용하고 싶었다. 그래서 수많은 신용카드에 가입하고, 마일리지를 긁어모으고, 아내와 나의 가입 보너스를 받기 위해 필요한 지출을 부지런히 기록했다. 나중에야 나는 내가 단지 지대 추구를 위한 일만 했고, 푸딩 가이의 전설은 실용적인 삶의 요령이라기보다는 그저 하나의 재미있는 이야기에 불과했다는 것을 깨달았다.

## 마일리지의 복잡한 구조

―

언뜻 보기에 마일리지는 전형적인 로열티 프로그램처럼 보인다. 예를 들어, 써브웨이에서 샌드위치를 5개 구매하면 6번째 샌드위치를 무료로 제공하는 것과 같다. 사실 마일리지는 1981년 아메리칸 항공과 유나이티드 항공이 마일리지 프로그램을 도입하면서 시작되었다.[128] 두 항공사는 비즈니스 여행이 주요 수익원이라는 사실을 깨닫고, 수익성이 높은 시장을 더 많이 확보하기 위해 비즈니스 좌석 고객에게 특별한 혜택을 제공하기로 결정했다. 이 고객들은 회사에서 여행 비용을 지불하기 때문에 항공권 가격에는 민감하지 않았지만, 혜택에는 관심이 많았다. 그래서 항공사에서는 항공 마일리지를 만들어냈다. 본질적으로 마일리지는 회사 비용으로 여행하는 고객들에게 주는 리베이트가 되었다.

곧 다른 항공사, 호텔, 렌터카 회사들도 이 대열에 합류했다. 이 업체들은 회사가 비용을 지불하는 비즈니스 출장 고객을 상당수 보유하고 있었는데, 이런 수익성 높은 고객들이 자사 서비스를 선택하도록 인센티브를 제공하고자 했다. 여러 로열티 프로그램을 관리하는 것은 당연히 번거로운 일이었고, 단일 프로그램으로 통합하는 것이 고객들에게도 더 매력적일 뿐만 아니라 충성도 높은 고객층을 위주로 프로그램을 확대할 수 있는 방법이었다. 그 결과, 많은 호텔과 렌터카 회사들이 기존 항공사 마일리지 프로그램과 제휴를 맺었다. 곧 마일리지는 출장이 잦은 직원들이 어디서나 사용할 수 있는 대표적인 보상 화폐가 되었다.

그런데 문제는 호텔이나 렌터카 회사가 어떻게 항공사가 관리하는 마일리지를 보상으로 제공할 수 있느냐는 점이었다. 이 딜레마는 항공사가 돈을 받고 제휴사에 마일리지를 판매하기 시작하면서 마일리지가 화폐로 전환되는 계기가 되었다. 마일리지가 달러 가치를 가지게 되면, 항공사들은 언제든 손댈 수 있는 현금이든 통을 갖게 되는 셈이었다.

오늘날 항공사들은 파트너사에 마일당 0.01~0.02달러 수준으로 마일리지를 판매한다.[129] 로열티 프로그램을 통합하기 위한 수단으로 시작된 마일리지 정책은 이제 항공사의 막대한 수익원으로 발전했다. 호텔, 렌터카 회사, 신용카드 회사, 설문조사 회사, 심지어 일반 소비자들도 마일리지를 구매한다. 특히 신용카드는 마일리지의 최대 구매자 중 하나로, 2~3%의 가맹점 수수료를 활용하여 사용자에게 돌려주는 마일 보상 시스템을 운영한다.[130] 마일리지는 일종의 부채 역할을 하며 향후 항공권 구매에 사용할 수 있다. 항공사는 아직 발생하지 않은 항공편에 대한 수익을 지금 확보할 수 있는 셈이다! 그러나 기존 부채와 달리 마일리지는 보상 항공권의 필요 마일 수를 재조정하거나, 좌석 공급 자체를 제한하거나, 일정 기간이 지나면 소멸시키는 등의 방법으로 가치가 떨어질 수 있다.

앞으로 살펴보겠지만, 이 독특한 형태의 부채는 항공 산업의 본질을 근본적으로 바꿔 놓았다. 항공사들의 주요 사업이 여행 서비스 제공에서 부채 발행으로 전환된 것이다. 결국, 부채를 직접 발행할 수 있는 권한은 양날의 검이 될 수 있다.

## 격동하는 항공 산업 환경

―

항공사를 운영하는 것은 쉽지 않은 일이다. 막대한 자본 지출, 연료비나 인건비처럼 지속적으로 발생하는 고정비용, 복잡한 물류 인프라 등으로 인해 항공 산업은 매우 까다로운 산업이다. 여기에 규제, 경쟁, 날씨 변수까지 더해지면 항공사들이 종종 재정적으로 어려움을 겪는 것은 놀라운 일이 아니다.

각국 정부는 항공사를 국가 위상의 상징으로 간주하는 경향이 있다. 이 때문에 항공사가 어려움에 직면하면 구제금융을 제공하는 패턴이 반복된다. 아메리칸 항공은 2011년과 1992년에, 델타 항공은 2005년과 1979년에, 유나이티드 항공은 2002년과 1990년에 파산 신청을 했다.[131] 파산 절차는 종종 합병이나 정부 자금이 투입된 새로운 회사의 설립으로 이어진다. 팬데믹으로 인한 여행 중단 사태에서 볼 수 있듯이 파산 위기에 처한 항공사는 종종 정부의 지원을 받는다. 그 결과, 항공사들은 정부의 개입으로 되살아나기를 반복하는 사실상 좀비기업이 되어 버렸다.

좀비기업들은 일반적으로 시장에서 제대로 경쟁하지 못하며, 항공 여행 시간이 1970년대보다 느려진 것은 결코 우연이 아니다.[132] 과거 대비 비행기의 연비는 높아졌지만 실제로 더 빨라지거나 편리해지지는 않았다. 이 항공 좀비들은 정부 지원 외에도 자사 마일리지 프로그램의 금융 상품화를 통해 생존한다.

항공사는 재정적으로 궁지에 몰리면 마일리지를 제휴사에 현금으로 팔며 마치 중앙은행처럼 행동한다. 다만, 이때 달러 대신 새로운 마일리지를 발행한다. 그러면서 이들은 마일리지를 사용할 때의 조건을 통제한다. 마일리지 사용 비율을 줄이고 싶으면 항공편 이용 조건에 더 많은 제한을 두며, 그 반대라면 조건을 완화한다. 좌석 재고와 비행 비용에 따라 항공사는 자신들에게 가장 비용이 적게 드는 시점에 미사용 마일리지가 소멸되도록 최적화할 수 있다. 이는 마치 이웃이 10월에 당신의 제설기를 빌려서 5월에 반납하는 것과 같다.

마일리지는 항공사의 대차대조표에서 부채로 기록되지만 항공사가 상환 방식을 전적으로 통제하는 독특한 형태의 부채다. 마일리지의 초기 발행과 사용 과정의 통제는 알트코인과 놀랍도록 닮았다. 알트코인은 발행비용이 거의 없고, 오직 특정 목적을 위해서만 사용할 수 있다. ICO Initial Coin Offering 역시 같은 개념에 기반한다. 예를 들어 '코인 X'를 사면 특정 서비스를 이용할 권리가 주어지지만, 그 서비스가 실제로 제공될지는 운영 주체의 판단에 달려 있다. 어떤 의미로 항공 마일리지는 미래의 항공권으로 지금 수익을 챙긴다는 점에서 원조 알트코인이었던 셈이다.

항공사의 마일리지 프로그램은 생성 및 사용 과정을 완벽하게 통제할 수 있기 때문에 그 가치가 매우 높다. 팬데믹 기간에 항공사들이 마일리지 프로그램을 담보로 대출을 받는 모습에서 우리는 그 가치를 엿볼 수 있었다. 예를 들어, 유나이티드 항공 United Airlines의 마일리지 프로그램인 '마일플러스'는 2020년에 220억 달러의 가치를 인정받았다.[133] 당시 이 기업의 시가총액은 150억 달러였다.[134] 유나이티드 항공이 전적으로 소유한 마일플러스의 가치를 생각해 보면, 이는 마치 50만 달러짜리 집에 80만 달러 상당의 주방이 있는 것과 같다. 마일플러스를 빼면 유나이티드 항공의 잔존가치는 마이너스 70억 달러다! 즉, 유나이티드 항공은 고객의 충성도를 높이기 위해 마일리지 프로그램을 사용하는 항공사라기보다는 누적된 마일리지 부채를 탕감하기 위해 항공편을 운영하는 은행에 가깝다. 실제로는 유나이티드 항공이 마일플러스를 소유한다기보다, 마일플러스가 적자 부문인 유나이티드 항공을 소유하고 있다고 보는 편이 정확하다.

미국의 다른 두 주요 항공사인 아메리칸 항공American Airlines과 델타 항공Delta Airlines도 마일리지 프로그램 평가 가치는 비슷하며 실제 항공편 운영 평가 가치도 비슷하게 마이너스 수준이다.[135] 다시 말해, 이들 항공사는 새로운 마일리지 발행 능력과 미래에 발생할 수익에 대한 차입금으로만 생명을 유지하는 좀비기업에 가깝다. 이들은 사업 모델이 대부분 마일리지 판매에 집중되어 있을 정도로 금융화되었다. 이들은 원조 알트코인과 다르지 않다.

## 도처에 퍼진 좀비들

항공사들은 본질적으로 빌린 수익으로 생존하고 있다. 항공사는 수익을 목적으로 항공편을 운영하는 것이 아니라, 항공편을 통해 자사가 발행한 마일리지를 방출한다. 마일리지를 판매함으로써 언젠가 상환해야 할 부채를 담보로 현재의 수익을 창출하는 셈이다. 결국 항공사의 사업에서 항공편은 손실을 감수하는 상품에 불과하며, 단지 마일리지 사용처이기 때문에 유지되는 일종의 미끼상품이다. 항공사는 빌린 시간 속에 살아가는 좀비가 되었다.

마일리지는 사람들에게 공짜 혜택이라는 인상을 준다. 실제로 마일리지 프로그램은 돈을 찍어내는 시스템에서 생기는 지대 추구형의 일환이다. 항공사 마일리지의 '캉티용 효과 수혜자'는 프리미엄 등급을 가진 고객들로, 이들은 다른 고객의 희생을 통해 혜택을 누린다. 이코노미 좌석이 가격이 비싸지는 이유는 프리미엄 등급 고객에게 지급되는 보조금 때문이다. 프리미엄 등급을 가진 사람들이야말로 마일리지를 쫓는 좀비들이다.

이 모든 것은 알트코인이 그다지 새로운 것이 아니라는 것을 의미한다. 알트코인과 항공사 마일리지의 가장 큰 차이점은 항공사는 그래도 유용한 서비스를 유지해야 하지만 알트코인은 그렇지 않다는 점이다. 어떤 의미에서 알트코인은 쓸모 있는 상환 수단도 없는 새로운 차원의 좀비화라고 할 수 있다. 언젠가 항공사들이 마일리지 프로그램만 유지하고 항공편 운항을 중단한다면, 그들은 사실상 알트코인과 같아질 것이다.

항공사만 특별히 이런 문제를 갖고 있다고 생각할 수도 있지만, 안타깝게도 그렇지 않다. 크게 눈에 띄지 않을 뿐 많은 대기업들 역시 좀비화되어 있다.[136] 채권 발행, 차입 매수, 자사주 매입 등 여러 방식으로 많은 기업들이 너무나 광범위하게 금융화되어, 그들이 생산하는 실제 상품은 부차적인 것이 되어버렸다. 어떤 산업을 들여다보더라도, 비효율적인 기업들이 각종 형태의 부채를 통해 억지로 살아남는 좀비화 현상을 쉽게 발견할 수 있다.

## 지대 추구 멈추기

―

알트코인 보유자들은 본질적으로 마일리지 중독자와 같다. 이들은 최상의 거래를 찾아 헤매기 위해 스스로 일자리를 만든 셈이다. 이들은 유용성이 아닌 할인율을 기준으로 아무 코인이나 구매한다. 이런 거래들만 찾아다니다 보면 벼룩시장에서나 구할 법한 쓰레기를 많이 얻게 되는데, 이 쓰레기들은 아이러니하게도 그들의 포트폴리오와 비슷하다.

이것이 진짜 문제다. 이런 생활 방식에 휩쓸리면 지대 추구 활동에 인생을 낭비하기 쉽다. 푸딩 가이는 아마도 마일리지 추격에 1만 시간 이상을 투자했을 것이고, 알트코인 지지자들도 비슷한 시간 동안 알트코인 특가 할인 상품을 찾으러 다녔을 것이다. 이렇듯 '무료'를 향한 집착은 우스운 동시에 슬프다.

평범한 사람들은 자신의 강점, 시장 수요 그리고 자신이 좋아하는 일을 통해 얻은 대가로 비트코인을 매수하고 축적해 나간다. 반면에 알트코인 투자자들은 푸딩 가이처럼 지대 추구에 몰두하며 스스로 만든 일자리에서 영혼을 팔고 있다.

우리는 그들과 다르다.

| 16장 |

# 자선단체의
# 위상을 추락시킨
# 법정화폐

**누구나 자선활동을 좋아한다.** 자선이 가난한 사람들을 돕고, 도움이 필요한 사람들을 돌보며, 고통을 덜어주고, 더 나은 사회를 만드는 데 기여한다고 여긴다. 그런데 정말 그럴까? 매년 수십억 달러가 다양한 자선단체에 기부되며, 대부분의 사람들은 자선활동이 사회에 확실히 기여한다고 생각한다. 하지만 유전자를 분석하듯 조금만 더 깊이 파고들면 불쾌한 진실이 드러날 수도 있다.

자선은 이웃에 대한 사랑과 어려움에 처한 이들을 돕는 것에 뿌리를 둔 기독교적 개념이다. 예를 들어, 최초의 병원들 중 일부는 기독교 자선기관이었다. 가난하고 궁핍한 사람들을 사랑과 존엄으로 대해야 한다는 원칙은, 로마인들이 발전시킨 철학부터 니체의 철학에 이르기까지 많은 비기독교 철학에서는 생소한 개념

이다. 자선은 서구 문명의 상징이었다.[137]

안타깝게도 자선의 의미는 나날이 변질되고 있다. 기독교의 미덕인 자선은 단순히 자선을 베푸는 것보다 더 심오한 사랑의 개념을 지니고 있었다. 그러나 오늘날 '자선'이라는 용어는 법정화폐로 인해 주로 금전적 도움을 주는 것을 의미하게 되었다. 이제 자선은 가난하고 도움이 필요한 이웃을 직접 돕는 대신, 중앙화된 조직에 돈을 기부하여 그들을 대신 도와주는 형태가 되었다. 마치 자녀를 돌보는 데 소홀한 부모가 이를 만회하려고 자녀에게 장난감을 사주는 것처럼, 자선활동은 실질적인 행동에서 중앙 단체에 돈을 기부하는 형태로 바뀌었다.

그리고 법정화폐가 이러한 가치의 변질에 중요한 역할을 했다.

## 과거의 자선활동

과거에 자선은 이웃과의 관계와 지역사회 경험의 일부를 차지하는 지역 행사였다. 인간관계의 그물망이 기부자와 수혜자를 연결해 주었고, 수혜자들은 자선을 감사하게 받아들였다. 양쪽 모두 이 도움이 당연한 것이 아니며 자신을 남용하면 심각한 결과를 초래한다는 것을 잘 알고 있었다. 이웃의 자선을 악용하는 것은 실제적인 관계를 깨뜨리고 더 나아가 공동체에 피해를 입히는 것을 의미했다. 이웃의 도움을 악용하는 것은 자신을 먹여 살리는 손을 물어뜯는 것과 비슷했으며, 그렇게 할 만큼 어리석은 사람은 많지 않았다.

하지만 9장에서 살펴본 바와 같이 오늘날 관계는 종종 일회용으로 취급된다. 나쁜 평판을 얻는 것이 자신의 삶에 실질적인 영향을 미치지 않기 때문에, 사람들에게는 좋은 행동을 할 동기가 부족하다. 대부분의 개인이 고용주나 정부에 의존하므로, 이들과의 관계가 원만하면 그 외의 관계는 신경 쓰지 않는다.

그 결과, 인간관계는 단기적이고 즉각적인 방식으로 변화했다. 개인 간의 관계는 조직 내의 관계와는 본질적으로 다르다. 솔직히 말해, 조직은 관료적 절차에 의존해 당신의 필요성을 판별하기 때문에 속이기가 훨씬 쉽다. 대규모 조직을 중심으로 관계망이 중앙집중화되면서 자선을 악용하는 것도 더 쉬워졌다.

그 결과, 자선활동의 효과는 점점 떨어졌고 주로 경제적인 부분에만 치중하게 되었다.[138] 과거에는 다양한 인간적 필요를 충족시켜주던 자선활동이 이제는 금전적 지원으로 축소되었으며, 법정화폐적 사고방식은 돈으로 모든 문제를 해결할 수 있다고 가정한다. 이는 보편적 기본소득 UBI: Universal Basic Income에 대한 주장에서도 볼 수 있듯, 자선활동 전반에 깊이 배어 있다.

진정한 자선을 실천하는 것은 기부자의 자원뿐만 아니라 시간, 관계 자본, 개인적인 능력과 같은 다양한 노력을 요구하기 때문에 쉽지 않다. 자선단체들은 사실상 이 모든 것들을 돈으로 대체하고 그들 스스로를 중앙에 두는 아웃소싱 기업으로 변모했다.

결국, 돈이 모든 것을 해결할 수 있다는 믿음으로 인해 이런 대규모 조직들이 중개자 역할을 맡게 되었고, 그 자금은 종종 효율적으로 사용되지 않거나 실제로 도움이 되는 방식으로 활용되지 않는 경우가 많아졌다.

## 법정화폐가 자선적 기부에 미치는 영향

법정화폐는 자선활동을 비인격적으로 만들어 버렸다. 거대한 단체들이 기부 과정에서 중개자 역할을 한다. 이 단체들은 이타주의자가 되고자 하는 사람들에게 편의를 제공하고, 미덕을 실천하는 힘든 일은 아웃소싱한다. 이제 이웃에 대한 사랑도 돈으로 살 수 있게 되었다.

더 최악인 것이 있다. 건전한 화폐로 이루어진 경제에서는 기부자의 돈이 상품과 서비스를 생산한 대가로 얻은 것일 가능성이 높지만, 법정화폐 경제에서는 도둑질이나 마찬가지인 캉티용 효과를 통해 돈을 얻었을 가능성이 있다는 것이다. 캉티용 효과의 수혜자들은 전형적인 투자은행가나 펀드매니저처럼 평판이 좋지 않은 경우가 많다. 이들은 인기 있는 직업임에는 분명하나 사랑받는 직업은 아니다. 이런 지대 추구자들은 사회에 별다른 가치를 제공하지 않기 때문에 평판이 나쁘다. 그들은 나빠진 평판을 회복하고 싶어 하며, 자선단체는 이를 달성하는 편리한 방법을 제공한다. 그들은 거액을 기부함으로써 좋은 평판을 살 수 있다.

많은 억만장자들이 이 전략을 사용한다.[139] '자선'에 집중함으로써 그들의 평판은 매우 좋아지는 반면, 그들이 남용한 법정화폐는 최소화되거나 무시되곤 한다. 법정화폐 인센티브는 특히 이러한 돈의 남용을 은폐하는 수단으로 자선적 기부를 장려한다.

이쯤 되면 기부가 정말 좋은 일인지 의문이 들 수도 있다. 그래도 좋은 일이 아닌가? 우리는 자선단체에 충분한 자금이 지원되기를 바라지 않나? 자선단체가 제공하는 긍정적인 결과를 원하지 않나? 지금부터 이에 대한 몇 가지 오해를 바로잡겠다.

## 자선단체의 낮은 인센티브

대부분의 자선단체는 전 세계적 기아 퇴치, 환경오염 감소, 질병 치료, 예술 진흥 등과 같은 숭고한 목표를 내세우지만, 그들의 의도가 반드시 성과로 이어지지는 않는다.

자선단체들은 자신들이 성공했다고 믿게 만들고 싶어 하지만, 그들의 인센티브는 실패를 감추고 성과만을 강조하도록 유도한다. 만약 그들이 비효율적인 프로젝트에 수백만 달러를 낭비하고, 이로 인해 도와야 할 사람들에게 되레 피해를 주었다고 인정한다면, 당신은 그 자선단체에 기부할 것인가? 당연히 누구도 항상 100% 성공이란 법은 없으니 실패는 있을 수밖에 없다. 하지만 만약 자선단체들이 정말 그토록 성공적이었다면, 그동안 막대한 자금을 지원받아 온 것을 감안할 때 그들이 내세운 숭고한 목표는 이미 실현되었어야 마땅하지 않을까? 세계 평화가 이루어지고, 수십억 명이 빈곤에서 벗어나고, 수많은 질병이 치료되었어야 한다. 그러나 실상은 그렇지 않았다. 그렇기 때문에 우리는 뭔가 크게 잘못되었다는 결론을 내릴 수밖에 없다.

성공만을 강조하고 실패는 축소하는 인센티브는 전혀 다른 영역인 '정부'에도 존재한다. 정부는 자신들의 성공은 홍보하고 실패는 축소하려는 경향이 있다. 그러나 우리는 정부가 시장 인센티브가 없고 정치 후원금에 의존하기 때문에 막대한 자금을 낭비하고 있으며, 그 결과 지대 추구 행위가 발생한다는 것을 알고 있다.

이와 마찬가지로, 자선단체들 역시 종종 지대 추구적 행태를 보인다. 버락 오바마는 자서전 《내 아버지의 꿈》에서 지역사회 활동가로서 자신의 경험과 이러한 지역사회를 도와야 하는 자선단체들에 대한 불만을 토로했다. 그에 의하면, 많은 자선 단체들이 아무것도 하지 않는 사람들로 가득 차 있었다. 이러한 행태가 너무나 만연해서, 그가 어떤 자선단체와 관계를 맺으면 사람들은 자선단체에 도움을 요청하기보다는 그곳에 일자리를 구하러 오는 경우가 많았다.[140] 다시 말해, 자선단체들은 지역사회를 더 좋게 개선하는 곳이 아니라 지대 추구로 쉽게 돈을 벌 수 있는 곳으로 더 잘 알려져 있었다.

자선은 구조적인 문제를 안고 있으며, 안타깝게도 좋은 의도나 고귀한 목표만으로는 충분하지 않다. 지나치게 많은 사람들이 자선을 맹목적으로 신뢰하는데, 이런 신뢰는 종종 악용된다.

## 불충분한 검증 절차

자선은 원래 도덕성을 과시하는 행위다. 자선단체에 기부하면 기부자는 이타적인 사람으로 보인다. 그러나 우리는 대개 기부자들에게 별로 진정성이 없다는 것을 알 수 있다. 자선단체에 기부하는 사람들 대부분이 기부금이 효과적으로 쓰였는지 검증하지 않기 때문이다. 만약 그들이 진정으로 자신들의 기부 결과에 관심이 있었다면 자선활동을 검증하는 데 더 주의를 기울였을 것이다.

안타깝게도, 유일한 검증 절차는 일반적으로 자선단체가 자체적으로 진행하는 것밖에 없으며, 그들에게는 자신들이 좋은 일을 많이 한다고 홍보하려는 강한 인센티브가 있다. 불행히도 대부분의 자선단체가 책임감이 부족하다. 만약 우리가 자선단체들이 미치는 영향력에 진정으로 관심이 있다면, 각 자선단체는 훨씬 더 면밀한 검증 절차를 거쳐야 마땅하다.

법정화폐 체제에서는 돈이 풍부하기 때문에 일반적으로 검증이 줄어든다. 위워크WeWork, 테라노스Theranos 또는 FTX와 같은 사례에서 알 수 있듯이 벤처캐피털의 실사는 종종 부실하다. 돈의 기회비용이 거의 없으니 벤처캐피털의 주요 업무는 인기 있는 투자에 참여하고, 소매 시장에서 인기를 얻은 후 빠져나오는 것뿐이다. 그들은 말로는 검증을 강조하지만, 손익과 같은 본질적인 측면에는 관심이 없다. 반면, 건전한 화폐 체제에서는 돈에 대한 기회비용이 있기 때문에 더 면밀한 검증이 뒤따른다.

이런 검증 빈도 패턴은 자선단체에도 적용된다. 건전한 화폐 경제에서는 돈이 희소하고 자금을 잘못 배분하면 기회비용이 발생하기 때문에 자선단체가 실제로 어떤 공익을 실현하는지 철저히 검증한다. 건전한 화폐 시스템에서는 검증이 많고 신뢰는 적다. 하지만 법정화폐 경제에서는 돈이 풍부하고 기회비용이 적기 때문에 신뢰가 검증보다 우선시된다.

자선은 개인의 이익이 아닌 문명의 이익을 위한 투자로 볼 수 있다. 이러한 투자에는 적어도 일반적인 투자만큼 책임감이 필요하다. 하지만 대부분의 사람들은 검증을 다른 사람, 심지어 종종 자선단체 자체에 맡겨 버린다. 당신이 기부한 돈을 받는 사람이 자신이 돈을 잘못 쓴 사실을 솔직히 인정할 것이라고 정말 기대할 수 있을까?

## 자선의 정치화

자선이 이처럼 정치화되고 지대 추구에 빠지기 쉬운 이유 중 하나는 법정화폐 경제에 화폐 발행자인 정부가 개입하기 때문이다. 오늘날 자선단체는 부유한 개인으로부터만 돈을 받는 것이 아니라 정부의 금고에서 자금을 타내는 경우가 많다.

샌프란시스코는 2018년부터 노숙자 문제를 해결하기 위해 비영리 단체에 10억 달러 이상의 보조금을 지원했다. 이는 단지 한 도시에서 발생한 문제 중 하나에 투입된 금액이다. 그러나 샌프란시스코의 노숙자 문제가 2018년 이후 개선되기는커녕 오히려 악화되었다는 점에 주목할 필요가 있다.[141] 만약 운동 프로그램이 당신의 몸을 더 약하게 만들거나 체중 감량 프로그램이 체중을 더 늘린다면, 그 프로그램을 계속할까? 하지만 샌프란시스코는 문제가 악화되고 있다는 명백한 증거에도 불구하고 프로그램을 계속 이어나가고 있다. 대체 이 모든 비영리 단체들은 실제로 무엇을 하고 있을까?

예상할 수 있듯이, 법정화폐 체제에서 살아남는 자선단체들은 정치적인 연줄을 가진 곳들이다. 성과는 정부 자금을 얻는 데 필요한 부차적인 문제일 뿐이다. 또한, 이러한 자선단체에 대한 정부의 자금 지원은 직접 면밀히 조사할 생각이 없는 기부자에게 비공식적인 검증 시스템 역할을 한다. 결과적으로 이 자선단체들은 정부의 돈만 낭비하는 것이 아니라, 정부의 관대함에 편승하려는 도덕성 과시자들의 돈도 낭비한다.

자선단체는 흔히 돈과 같은 물질적인 것보다 더 높은 이상에 의해 움직이는 것으로 인식된다. 하지만 자선단체의 조직 구조를 조금만 살펴봐도 돈을 중심으로 운영된다는 것을 알 수 있다. 이들은 시장에 유용한 상품과 서비스를 제공하여 돈을 버는 대신, 시 정부 같은 기부자에게 자금을 지원받는다. 이들은 자본주의의 '더러운 게임'을 포기한 것처럼 보이지만, 그 대신 운영에 필요한 자금을 확보하기 위해 정치를 하는 더 더러운 게임을 하고 있다.

게다가 이러한 자선단체는 성과나 시장에 의존하지 않기 때문에 직원들의 재정적 감각이 부족한 경우가 많다. 즉, 일반적으로 자선단체의 목표를 달성하거나 효율성을 개선하는 데 능숙하지 않다. 이들의 전문 분야는 정치, 마케팅, 홍보다. 많은 자선단체들이 호화로운 모금 행사를 기획하는 데는 탁월하지만, 자선단체의 사명을 실행하는 데는 어려움을 겪는다. 따라서 자선단체로 유입되는 자금의 상당 부분은 낭비된다.

결국, 자선단체는 법정화폐의 영향으로 인해 경제적 역량보다는 정치적 기술에 의존하게 된다. 그들은 높은 평가를 받고 특정한 이미지를 구축하는 데 탁월하며, 어떤 의미에서는 하나의 시장 상품으로 변모했다. 기부자들은 기부에 대한 대가로 사회적 지위 상승을 얻는다. 이렇게 자선단체는 비효율적임에도 불구하고 기부하는 사람들에게 정치적, 이미지적으로 이득을 제공하기 때문에 존속할 수 있다.

요약하자면, 자선 부문에서 법정화폐의 존재는 비인격적인 자선활동, 잘못된 인센티브, 불충분한 검증 그리고 정치화 등을 초래했다. 그 결과, 자선단체는 의미 있는 성과를 달성하는 데 초점을 맞추기보다 외형 유지와 자금 확보에 치중하게 되었다. 이러한 상황은 숭고한 의도가 실질적이고 긍정적인 영향력으로 이어지도록 자선 부문에 대한 철저한 검증, 책임, 투명성을 강화해야 할 필요성을 시사한다.

### 이제, 어떻게 해야 할까?
—
자선에 대한 나의 관점이 다소 우울하게 들릴 수도 있다. 나는 이미 많은 자선단체가 칸티용 효과의 수혜로 억만장자가 된 이들, 그중에서도 도덕성을 과시하려는 이들에게 의존하고 있으며 대체로 효과적이지 않음을 지적했다. 어떻게 하면 이런 상황을 바꿀 수 있을까? 자선은 과연 존재해야 할까? 나쁜 단체가 도덕성을 과시하려는 우리의 욕구를 이용하지 못하게 막을 수 있을까?

희망은 있다. 올바른 방식으로 자선을 실천하는 방법이 분명히 존재한다. 이 책을 읽는 많은 독자들이 미래에 큰돈을 기부할 위치에 올라설 수도 있으므로, 도움이 될 만한 몇 가지 원칙을 제시하고자 한다.

첫째, 검증하라. 오늘날 자선 기부의 슬픈 현실은 검증은 너무 부족하고 신뢰는 너무 많다는 것이다. 대의를 위해 돈을 기부하는 것은 쉽지 않다. 오히려 돈을 버는 것보다 더 어려울 때가 많다. 법정화폐는 돈의 기회비용이 거의 없기 때문에, 직접 검증하지 않고 능숙한 판매자의 말을 곧이곧대로 믿는 문화를 만들어냈다. 그러나 돈처럼, 우리가 기부하는 자선단체도 검증해야 한다. 효과적인 기부를 위해서는 돈만으로는 충분하지 않으며, 당신의 노력이 필요하다.

가장 쉽게 검증하는 방법은 기부 대상과 친밀한 관계를 맺는 것이다. 비영리 단체의 회장과 같은 컨트리클럽에 다니라는 뜻이 아니라, 자선단체가 실제로 돕는 사람과 교류하라는 말이다. 인간은 본래 관계 위주로 살아가며, 자선의 중심에는 돈이 아니라 관계가 있어야 한다. 자선에서 돈은 부차적인 존재여야 하며, 진정한 미덕은 다른 사람을 사랑하는 데 있다.

또 다른 검증 방법은 중개자를 없애고 자선 기부의 정치화를 줄이는 것이다. 거대 자선단체들은 금전적 기부를 쉽게 만들어내지만, 다른 여러 측면에서 많은 마찰을 야기한다. 중개자를 없애면 지대 추구가 개입할 여지를 줄일 수 있다.

지금은 중개인이 그 어느 때보다 불필요한 시대다. 비트코인 덕분에 필요한 사람에게 직접 기부하는 것이 훨씬 쉬워졌다. 다시 말하지만, 검증은 실제 관계가 없이는 여전히 어렵다. 따라서 자선에 진정으로 관심이 있다면 돕고 싶은 사람들과 관계를 맺자. 어디선가 억압받는 집단에 대해 시적으로 읊조리는 대신, 그 집단의 구성원과 친구가 되어 그들을 돕는 것이 옳다.

이렇게 하는 게 쉽다고 말하는 것이 아니다. 그러나 실제로 도움을 받는 사람들과 관계를 맺는 것은 검증을 훨씬 더 쉽게 만든다. 덧붙여서, 이것이 바로 오슬로 자유 포럼에 참석해야 하는 많은 이유 중 하나다. 그곳에서는 실제로 도움을 필요로 하고 원하는 사람들을 직접 만나고 교류할 수 있다.

둘째, 인센티브를 살펴보라. 자선단체는 자신들이 경제적 인센티브와는 무관한 차원에 있다고 생각하지만 사실은 그렇지 않다. 누가 책임을 지는지, 기부금이 적재적소에 효율적으로 사용되는지 어떻게 확인할 수 있을까? 만약 어떤 자선단체가 시장 가격보다 비싸게 물품을 구매하면 그로 인해 2차적, 3차적 파급 효과가 발생한다. 예를 들어, 개발도상국의 많은 현지 의류 제조업체는 자선단체가 무료로 옷을 나눠주면 결국 폐업하게 된다. 물론 사람들에게 옷을 나눠주는 것은 좋은 일이지만, 그와 동시에 그 지역의 기업가 정신을 억압하고, 장기적으로는 득보다 실이 더 클 수 있다. 그러므로 이런 계산을 자선단체에 맡기지 말고 직접 해라.

셋째, 자신의 동기를 조심하라. 자선단체를 이용해 사기 행각을 감추는 알트코인 지지자들이 많다. 이들이 자선단체를 이용해 도덕성을 과시하는 이유는 자신들이 하는 일이 명백히 사기이기 때문이다. 이는 매우 흔한 현상이며 사기라는 것을 나타내는 확실한 신호다. 만약 자신이 취한 이득을 자선을 통해 은폐할 필요성을 느낀다면, 그 이득은 부당하게 얻은 것일 가능성이 높다. 마찬가지로, 우리는 사회적 지위를 높이거나 양심의 가책을 덜기 위해, 또는 스스로 기분이 좋아지기 위해 기부한다. 우리의 동기는 매우 중요하다. 우리가 얼마나 철저히 검증하는지에 영향을 미치기 때문이다. 다른 사람들에게 자선 활동을 한다고 말하지 말고 기부하라. 이미 알고 지내는 사람들에게 기부하라. 도움이 필요한 사람을 잘 모르겠다면 밖으로 나가 더 많은 친구를 사귀어라. 올바른 동기를 갖는 것이 만병통치약은 아니지만, 최소한 당신의 기부금이 올바른 곳에 쓰이도록 하는 데 도움이 되는 것은 분명하다.

## 진정한 자선 실천하기

다행히도 비트코인은 자선을 강화한다. 법정화폐는 다른 사람이 옳은 일을 할 것이라고 믿고 맡기는 것을 정상으로 만들었고, 그 신뢰는 늘 악용되었다. 그러나 비트코인을 사용하면 중개인을 배제하고, 우리가 도우려는 사람들과 직접 관계를 맺고 직접 검증할 수 있다.

법정화폐는 자선을 한층 더 피상적이고 얄팍하게 만들어 버렸다. 자선은 단순히 기부로 끝나서는 안 된다. 실제로 도움이 필요한 사람들이 진정으로 도움을 받을 때까지 계속 이어져야 한다. 그렇기 때문에 가난하고 취약한 사람들을 돕는 것이 무엇을 의미하는지에 대해 훨씬 더 깊은 이해가 필요하다. 그런 의미에서 자선은 돈뿐만 아니라 우리의 시간, 노력, 에너지까지 요구한다.

자선은 법정화폐로 인해 변질되었다. 진정한 자선을 실천하는 것은 거대한 조직에 미덕을 아웃소싱하는 현재의 법정화폐 방식보다 훨씬 더 어렵다.

효과적인 방법으로 돈을 기부하는 것은 매우 어려운 일이다. 시장에서 돈을 버는 것만큼 어렵거나 혹은 그보다 더 어렵다. 따라서 기부에도 돈을 버는 것과 같은 수준의 엄격함을 적용해야 하며, 그렇지 않으면 그저 수많은 지대 추구자를 양산할 뿐이다.

믿지 말고 검증하라. 조직과 스스로를 검증하고, 당신이 돕고자 하는 사람을 직접 검증하라. 자선은 단순히 돈을 기부하는 것 이상을 요구하며, 당신의 자원, 시간, 노력을 모두 포함한 보다 적극적인 참여를 요구한다. 만약 그만큼 노력을 기울이지 않는다면, 결국 지옥으로 가는 길을 포장하는 행위에 불과할지도 모른다.

| 17장 |

# 대학의 가치를 떨어뜨리는 법정화폐

**대학은 사기다.**

　대학은 교육을 판매하는 것이 아니라 4~6년 동안의 상류층 라이프스타일을 판매한다. 법정화폐 경제의 다른 소비재 대부분과 마찬가지로, 대학도 대출을 통해 소비를 앞당긴다. 마치 무이자 할부로 자동차를 구매하거나 최신 휴대전화를 살 수 있는 것과 같다. 먼저 돈을 벌고 그다음에 대가를 지불하는 대신, 대학은 수년간의 쾌락적 방종(대학을 통해 상류층이 될 수 있을 거란 환상)을 제공하고 그 뒤에 막대한 청구서(학자금 대출 청구서 등)를 보낸다. 한때 대학 교육의 핵심이었던 지적 성장이라는 고귀한 추구는 이제 즉각적인 만족을 위해 소비되는 값비싼 상품으로 전락했다.

　대학은 기껏해야 기업이라는 기계의 톱니바퀴가 될 가능성을 제공할 뿐이다. 그들은 정치적 수사, 주류로 받아들여지는 내러티브를 되뇌는 능력 그리고 경영학을 전공할 경우 마키아벨리식 뒤통수치기 같은 지대 추구 기술을 가르친다. 운 좋게도 사회적 지위 사다리를 오를 수 있는 사람들의 최종 목표는 중앙은행의 젖을 빨아 먹는 억만장자가 되는 것이다. 그들은 그 대가로 영혼을 빨아들이는 지대 추구 지위 게임을 한다.[142]

결국 대학 졸업생들은 본질적으로 매력, 화려함과는 거리가 먼 유명인의 들러리를 서는 삶을 살기 위한 오디션을 보는 셈이나 마찬가지다.

## 대학이 하는 거짓말

대학은 흔히 자신의 정체성과 성숙하고 생산적인 시민이 되는 길을 찾는 곳이라는 고상한 허구로 포장된다. 그러나 모든 증거들은 대학이 상류층이 아닌 일반 사람들이 상류층처럼 되기를 바라며, 그렇게 될 때까지 버티도록 만드는 무대에 불과하다는 걸 보여준다. 일반 학생들은 그나마 대학이 가장 적게 서비스를 제공하는 계층이며, 대학은 대부분의 법정화폐 기관들과 마찬가지로 부자들의 이익을 위해 빈곤층과 중산층을 착취한다. 단지 이번에는 지대 추구를 일삼는 곳이 고등 교육 기관이라는 점만 다를 뿐이다.

상류층이 아닌 사람들이 바랄 수 있는 최선은 대학을 졸업하고 지대 추구 계급으로 편입하는 것이다. 그들 역시 중산층 가정을 대상으로 수십만 달러를 빼앗아가며, 대학이 부의 열쇠라는 거짓말을 퍼뜨려 행정직 자리를 얻을 수 있을 텐데 이는 결국 여러 세대에 걸쳐 운영되는 다단계 마케팅 수법과 다름없다.

최악의 결과는 좀비처럼 주체성 없는 게임 속 비플레이어 캐릭터NPC가 되어 평생 빚의 노예가 되는 것이다. 학자금 대출은 은행이 파산해도 탕감되지 않기 때문에 특히 고통스럽다. 이는 180kg의 쇠고랑을 달고 사는 것과 맞먹는 경제적 압박을 의미한다. 이렇게 상당한 부채를 지는 상태는 정치적으로 끔찍한 인센티브를 만들어낸다. 사회주의와 그에 따르는 폭압이 영구적인 부채를 감당하는 것보다 훨씬 더 매력적으로 보이기 때문이다. 안타까운 것은, 과중한 경제적 부담에서 벗어날 수만 있다면 그게 무엇이든 표를 몰아주는 '돈의 좀비' 같은 유권자들이 있다는 것이다.

그러나 실패한 수많은 사람들의 비참한 결말은 대학의 마케팅 홍보물에는 결코 드러나지 않는다. 대학은 좋은 삶, 즉 상류층의 라이프스타일에 접근할 수 있다는 환상을 판매한다. 법정화폐 경제에서 상류층은 곧 캉티용 효과의 수혜자들이다. 알트코인과 마찬가지로 대학은 지대 추구를 원하는 사람들에게 희망을 팔고 있다.

"지금 20만 달러를 투자하면 불로소득을 얻을 수 있다고요? 당장 등록해 주세요!"

알트코인들과 마찬가지로, 대학 역시 희망을 팔지만 약속은 지키지 않으며 통계가 이를 증명한다. 4년 만에 졸업하는 학생은 45%, 6년 만에 졸업하는 학생조차 겨우 65%에 불과하다.[143]

## 전통적 교육

어쩌다 여기까지 왔을까? 고등 교육은 대체 어디에서부터 잘못된 것일까? 당신도 이미 짐작했겠지만 그 답은 역시 법정화폐. 법정화폐가 교육에 영향을 미치는 방식에는 여러 가지가 있지만, 일단 보편적 교육과 학자금 대출 두 가지를 살펴보자.

보편적 교육은 소득세, 금주법, 연준Fed과 같은 훌륭한(저자의 반어법이다) 정책들이 생겨난 진보주의 시대의 또 다른 결과물이다. 보편적 교육은 모든 어린이가 배울 기회를 가져야 한다는 이상에서 출발했다. 이는 분명 훌륭한 이상이며 문명사회가 지향해야 할 가치다. 하지만 문제는 의도 자체가 아니었다. 대부분의 정부 정책들과 마찬가지로 의도는 고귀했다. 문제는 실행, 특히 누가 그것을 운영하고 어떻게 구현하는가에 있었다.

정부는 교육에 대한 독점권을 스스로에게 부여했고, 경쟁이 없는 대부분의 영역에서 그렇듯이 결국 교육을 망쳐 버렸다. 마치 할리우드가 도덕적 기준을 망치듯 말이다. 막대한 예산이 투입되었음에도 교육의 질은 더 나빠졌다. 믿기 어렵다면 1912년 당시의 8학년(우리나라의 중학교 2학년) 시험에 나온 다음 문제들을 보라.[144]

- 간의 크기는 인체의 다른 장기와 어떻게 비교될까? 간은 어디에 위치하며, 무엇을 분비할까?
- 오하이오강과 접한 주들의 주도를 나열하라.
- 한 남성이 시계를 180달러에 팔고 16과 2/3%의 손실을 입었다. 시계의 가

격은 얼마였을까?

 이 세 가지 질문에 제대로 답할 수 있는 대학 졸업생이 1%도 되지 않을 것이라고 나는 확신한다. 교육의 질은 분명히 저하되었고 그 원인은 정부의 독점 때문이다. 그리고 정부의 교육 독점은 돈을 찍어내는 중앙은행의 예산으로 지원되는 관료주의의 관성 덕분에 계속 유지되고 있다.

## 인과관계와 상관관계의 혼동
—

교육을 추구하는 사람들이 많아지면서, 경제적 기회에 대한 불만이 대학 진학에 대한 관심으로 옮겨 갔다. 오랫동안 대학은 주로 상류층의 전유물이었고, 예상대로 대학에 진학한 사람들은 일반적으로 소득이 더 높았다.
 소득과 대학 진학 간의 상관관계는 대학에 다니는 사람의 가족적 배경과 언제나 얽혀 있었다(즉 대학 진학이 아닌 대학을 갈 만큼 부유한 가정 환경이 소득을 높인 요인이 될 수도 있다). 그러나 교육을 옹호하는 사람들은 대학이 불우한 계층이 부를 성취하는 수단이라는 더 그럴싸하고 매력적인 이야기에 편승하여 이 점을 종종 간과했다. 소득 창출에 기여하는 다양한 요인을 교육이라는 단일 변수로 축소한 것이다. 이는 인내, 가치관, 사회 계층, 가족 배경, 외모, 성격 등 소득에 영향을 미치는 다른 영향력 있는 요인들을 무시한 것이다. 이러한 요소들은 모두 개인의 소득에 영향을 미친다는 충분한 증거를 갖고 있다.

계급에 대한 시기심과 평등을 추구하는 민주주의의 경향 속에서, 학자금 대출을 통해 대학 교육을 지원하는 공적 자금이 등장했다. 교육이 경제적 실패의 주요 원인으로 지목되면서 진짜 문제인 캉티용 효과가 아닌, 교육이 그저 편리한 희생양이 된 것이다.

이 과정에서 법정화폐의 도덕적 함의가 다시 한번 수면 위로 떠올랐다. 대중에게 세금을 징수하여 대학 교육에 자금을 지원하면, 이것이 가난한 사람들에게서 대학에 진학할 가능성이 높은 부유층에게로 부를 재분배하는 것임이 명확히 드러난다. 그러나 법정화폐를 발행하거나 학자금 대출을 실행하면 이러한 재분배 측면이 가려진다. 가난한 사람들의 실패 가능성이 높아지거나 더 많은 빚을 지게 되는 등의 부정적인 결과보다는 균등한 기회라는 목표로 초점이 이동한다. 대부분의 법정화폐 기반 프로그램들과 마찬가지로, 불우이웃을 도우려는 의도는 이러한 대출 상품을 대중에게 판매하는 근거가 되며, 참담한 결과는 무시된다.

## 소비재가 되어버린 대학

학자금 대출은 시간이 지남에 따라 대학 등록금 상승에 크게 기여했다. 돈의 공급이 증가하고, 대학교 진학에 대한 수요가 증가하는 반면에 상대적으로 고정된 대학의 수는 급격한 등록금 상승으로 이어졌다. 놀라운 것은 대학이 추가로 벌어들인 수입이 교수를 채용하거나 연구비를 지원하는 데 사용되지 않고, 오히려 행정직을 채용하는 데 투입되었다는 것이다.

대학을 졸업한 지 약 15년 만에 모교를 방문했을 때 새로 지어진 아름다운 고딕 양식의 대학교 건물을 보았던 기억이 난다. 돈이 많이 들어갔을 것 같다고 생각했는데 놀랍게도 그 건물은 로스쿨 행정동이었다. 이 건물은 수업을 진행하거나 학생들 기숙사로 쓰이는 것도 아니었고, 심지어 식당이 있는 것도 아니었다. 오로지 지대 추구를 노리는 관료들만을 위한 건물이었다.

관료 계층의 성장은 대학 등록금과 대학 행정직원 수의 변화를 보여주는 그래프에서 분명하게 드러난다.[145] 관료들은 마치 흰개미와 같다. 그들은 끊임없이 소비하고 파괴한다.

지대 추구 계층의 확대로 인해 대학교는 양질의 교육을 제공하는 것보다 학생 모집을 우선시하게 되었다. 당연히, 이를 달성하는 가장 쉬운 방법은 대학 경험을 더 즐겁고 매력적으로 포장하는 것이다. 그 결과, 대학교는 사실상 4~6년간의 휴가처럼 변해 버렸다.

## 비트코인 본위제의 교육

학자금 대출로 풀리는 돈이 늘어나면서 대학 비용이 치솟았다. 이 자금줄이 비트코인 본위제에서 고갈된다면 교육은 어떻게 변할까?

먼저, 대학이 비교적 최근에 생겨난 개념이라는 점에 주목할 필요가 있다. 대학이나 공립학교 교육이 대중의 목표가 된 것은 지난 100년 동안 일어난 현상에 불과하다. 그 이전에는 주로 가정에서 가정교사를 고용하거나 자녀를 사립학교에 보내는 등 교육은 사적인 영역이었다.

비트코인 본위제로 과거 그대로 회귀하지는 않겠지만, 자기 주도적 교육의 일부 요소는 부활할 가능성이 높다. 경쟁이 치열해지고 교육 방법이 다양해짐에 따라 가장 효과적이고 투자 대비 수익률이 높은 교육 시스템들이 활성화될 것이다.

이미 스파르타식 코딩 교육기관과 자율형 공립학교에서는 이런 현상이 어느 정도 나타나고 있다. 비트코인 본위제에서는 정부가 아닌 시장이 교육 방식을 선택하게 된다. 사회적 지위는 더 이상 교육과 밀접하게 연관되지 않을 것이며, 특정 직업의 명성 또한 지대 추구 행위와 분리될 것이다. 예를 들어, 용접이나 배관공과 같이 보수는 높지만 교육 수준이 '낮아서' 높은 평가를 받지 못하는 직업들이 더 높은 사회적 지위를 얻게 될 가능성도 있다.

둘째, 대학 시장은 여전히 존재하겠지만 수요는 크게 줄어들 것이다. 학자금 대출 자금 없이는 대규모 관료 조직을 유지할 수 없으므로 많은 대학교가 문을 닫을 것이다. 살아남는 학교는 명확한 투자 대비 수익성을 이뤄내고 시대 추구를 최소화해야 한다. 즉, 이제 학자금 대출이라는 주요 수단을 사용할 수 없기 때문에 중산층과 서민층 학생을 착취하는 대신 가치를 제공해야 한다.

비트코인은 경제에서 건강에 해로운 정크 푸드와 같은 비정상적 요소를 제거하여 부정적인 경제적 결과를 줄인다. 대출 없이 자녀를 대학에 보내려는 가정은 비트코인을 저축하여 학비를 마련할 것이다. 그들은 소비를 미루는 대신 힘들게 돈을 벌어 저축한 만큼 더 까다롭게 가치와 효율을 따질 가능성이 크다. 본질적으로 비트코인은 경제적 인센티브를 교정하여, 지대 추구형 대학이 중산층과 서민층 가정을 착취하는 것을 방지한다.

## 새로운 가치관

현행 법정화폐 교육 시스템은 권력을 가진 사람들을 위해 작동한다. 법정화폐가 뒷받침하는 이 시스템은 지대 추구, 빚의 노예화, 선전·선동을 수용하는 것 등의 가치를 장려한다. 아이들은 최소 12년 동안 세뇌를 받아 이러한 체제를 지지하게 되며, 대학은 이와 같은 세뇌를 더욱 강화하여 케인스 경제학의 거짓말과 캉티용 지위 게임을 지속시킨다.

이런 상황에서 제로섬 지위 게임에 강제로 참여해야 하고 불리한 결과에 빠질 확률이 높은, 전반적으로 불안한 사회가 형성된 것은 놀라운 일이 아니다. 그럼에도 불구하고 많은 사람들이 법정화폐 지위 게임에서 벗어나 가치 있는 상품과 서비스를 생산하는 데 성공하고 있다는 사실은 인상적이다.

비트코인은 법정화폐를 통해 교육을 제공해야 하는 정부의 의무를 줄임으로써 교육을 변화시킬 것이다. 그 결과 교육은 중앙집권적인 정부의 통제 대신 자유 시장의 가치를 채택할 것이고,

이는 문명을 훼손하는 것이 아니라 자립성, 개인적 책임감, 문명에 기여하는 기업가 정신을 육성할 것이다.

우리는 법정화폐 기준의 교육 제도 속에서 너무 오래 살아왔기 때문에 다른 시스템을 상상하기 어렵다. 하지만 비트코인을 사용하면 대안적인 시스템이 가능할 뿐만 아니라 필연적으로 실현 가능하다. 현재의 교육산업 생태계는 지속 가능하지 않으며, 관료계급은 마치 암처럼 계속 자라고 있다. 그들은 이미 여러모로 병들어 있지만, 자금 지원이 끊기면 많은 이들이 사라질 것이다. 그때가 되면 사회가 대학을 바라보는 시각에 급격한 변화가 일어날 것이다.

알트코인과 마찬가지로, 나는 사기와 같은 교육 시스템이 마침내 무너지는 날을 기다리고 있다.

| Fiat Ruins Everything |

## 당신이 대학에 진학한 진짜 이유 10가지

01. 아무 의미도 없는 20쪽짜리 에세이를 작성하는 기술을 익히기 위해(지금은 ChatGPT가 그 자리를 완전히 대체했다).

02. 스포츠팀의 열렬한 팬들을 남몰래 부러워했기 때문에(단, 아이비리그나 공대 출신이면 예외).

03. 비슷한 SAT 점수를 자랑하는 같은 인종의 사람들과 어울리기 위해.

04. 현실 세계에서 가치 있는 상품이나 서비스를 제공하는 일이 너무 두려워서.

05. 법적 성인으로서 음주 기술을 완벽하게 익히기 위해.

06. 순진하게도, 학자금 대출을 대수롭지 않게 생각하거나 갚을 필요가 없다고 생각했기 때문에.

07. 규율에서 벗어나 실컷 자유를 만끽하고 싶었기 때문에.

08. 사실은 무의미한 인터넷 서핑이 되어버린 설레고 로맨틱한 만남을 기대했기 때문에.

09. 4년간의 휴가를 영혼을 갉아먹는 40년간의 기업 노예 생활과 맞바꾸는 것이 좋은 거래처럼 보였기 때문에.

10. 야망 있고 동기 부여가 잘 된 사람들과 친구가 되어 그들의 성공에 편승하기 위해.

4부

# 국가의 인센티브를 파괴하는 법정화폐

Fiat
Ruins
Every
thing

Fiat Ruins Everything

| 18장 |

# 법정화폐는 국가 부패를 조장한다

**2부와 3부에서 우리는** 법정화폐가 개인 및 기업 차원에서 제공하는 인센티브에 대해 살펴보았다. 개인 차원의 인센티브는 만연한 빚과 적절한 저축 수단의 부재로 인해 사람들의 생활에서 높은 시간 선호도를 낳았으며 결혼, 자녀, 일 등 우리 삶에서 의미 있는 모든 것을 무너뜨렸다. 기업 차원의 인센티브는 공동체의 삶을 좀비 같은 경험으로 바꾸어 시스템 전반에 취약성을 야기하고 콘텐츠, 혁신, 기업가 정신을 약화시켰다. 법정화폐는 좀비화된 경제에서 승자와 패자를 가리는 일을 금융 귀족들에게 맡겼고, 그로 인해 우리는 모두 TV 시리즈 〈워킹데드〉의 끝없는 에피소드에 갇힌 듯한 느낌을 받게 되었다.

4부에서는 법정화폐가 가장 중요하고 파괴적인 영향을 미치는 국가 차원의 인센티브에 대해 살펴본다. 바로 이 영역에서 법정화폐는 가장 중대하고 파괴적인 영향을 끼친다. 법정화폐의 권력은 정부에 더욱 권위주의적인 성향을 띠게 하는 힘을 부여한다. 이로 인해 복지 국가나 전쟁 국가뿐만 아니라 감시국가, 경찰국가, 군사주의적이고 부패한 독재 체제가 나타난다. 마르크스주의의 유혹, 실증주의 법 그리고 권위주의적 비전은 이 부패한 나무에서 자란 썩은 열매들이다. 지난 100년 동안 정부가 갖게 된 전례 없는 파괴력은 바로 법정화폐의 힘에서 찾을 수 있다. 정부의 권한과 권력은 미국인의 평균 허리둘레보다 더 불어났고, 그 결과는 훨씬 더 치명적이었다.

## 거대한 힘에는 커다란 무책임이 따른다?

─

화폐 발행을 중앙에서 통제하는 것은 마블 영화 속 인피니티 건틀릿(우주를 통제할 힘이 담긴 무기)처럼, 권력자들에게 국가의 부를 마음대로 훔칠 수 있는 막대한 권한을 부여한다. 중앙은행의 작동 원리는 건강보험 약관보다 더 혼란스럽기 때문에 처음에는 이해하기 어렵다. 따라서 화폐 발행을 은폐해 주는 중앙은행 제도는 정부에 매우 매력적이다. 그 결과, 오늘날 경제에서 사용되는 거의 모든 법정화폐가 이러한 방식으로 생성된다.[146]

이렇게 은폐된 화폐 발행 능력의 주요 수혜자는 정부다. 정부는 이를 통해 막대한 적자 예산을 운영할 수 있다. 건전한 화폐 체제에서는 빚을 내려면 매우 비용이 많이 들기 때문에 역사적으로 이는 사실상 일반적인 방식이 아니었다. 자유 시장 금리는 일반적으로 연 5~6% 이상이었고, 경제 상황과 신용도에 따라 달라진다.[147] 정부 대출과 같이 큰 금액의 경우, 건전한 화폐 체제에서는 그 어떤 금리로도 빚을 낼 수 없다. 건전한 화폐는 항상 희소하기 때문이다.

건전한 화폐 체제에서 빚을 내는 것은 일반적으로 예산을 긴축하거나 세금을 인상해야 한다는 것을 의미하며, 이는 인터넷 창에 뜨는 팝업 광고만큼이나 반갑지 않은 일이다. 건전한 화폐에는 법정화폐에는 없는 기회비용이 있다. 과거의 예산 싸움은 다양한 예산 항목의 절충안을 두고 벌어졌지만, 법정화폐 아래에서 벌어지는 예산 싸움은 누가 유권자들에게 더 많은 혜택을 줄 것인가에 관한 것으로 바뀌었다.

적자로 국가를 운영한다는 것은 어려운 선택을 할 필요가 없다는 것을 의미한다.[148] 정부는 고금리 부채, 세금 인상 또는 예산 삭감 중 하나를 선택할 필요가 없다. 법정화폐는 정부에 저금리와 쉽게 갱신되는 부채의 형태로, 인플레이션이라는 암묵적 과세를 도입할 자유를 추가로 제공한다!

적자로 국가를 운영할 수 있는 능력은 모든 재징직 규율을 무너뜨릴 뿐만 아니라, 권력자들이 가장 중요하게 생각하는 권력 유지를 위해 그 돈을 사용할 수 있게 해준다. 따라서 특정 선거구에 유리한 정책이 급증하며, 정부의 반대 세력을 억압하는 각종 프로그램들이 확산된다. 돈을 통제하는 권력은 막강하지만 스파이

더맨과는 달리 정부는 이 힘을 책임감 있게 사용하지 않으며, 그들의 재정 관리 실패 기록에서 이를 엿볼 수 있다.

## 권력 유지하기
—

정부는 어떤 형태로든 권력을 유지하는 것을 우선시한다. 이는 독재 정권뿐만 아니라 대의 민주주의에도 해당한다. 목표는 동일하다. 다만 사용하는 수단이 다를 뿐이다. 독재정권은 정치적 반대파를 체포하고 투옥하며, 심지어 살해할 수도 있다. 반면에 대의 민주주의에서는 정치적 동맹에게 새로운 혜택을 제공할 수 있다. 두 경우 모두 목표는 통치 위협을 무력화하고 정부에 대한 지지를 강화하는 것이다. 물론 대부분 정당한 방법을 선호하지만, 정당한 방법이 통하지 않을 때는 부당한 수단이 언제나 더 유혹적인 법이다.

법정화폐는 권력자들에게 권력을 유지하기 위한 강력하지만 부당한 도구를 제공한다. 건전한 화폐 체제에서는 예산이 균형을 이루어야 했다. 즉, 돈을 쓰는 모든 사업에 대해 세금 인상이나 다른 사업 예산의 삭감 등 어느 정도 상쇄가 필요했다. 하지만 일반적으로 세금은 인기가 없으며, 세금이 많아지면 대중의 반란을 유발해 정권을 잃을 위험이 있다.[149] 또한, 사람들은 세금을 피하기 위해 언제나 사력을 다하므로 정부가 예상하는 세수는 종종 지나치게 낙관적이다. 따라서 법정화폐는 정부가 명시적으로 세금을 부과하여 인기를 잃는 것을 피하고, 화폐 발행의 세뇨리지(화폐주조차익)를 통해 더 확실한 수입을 거둘 수 있게 해주므로, 정부 정책 입안자들에게는 신이 내린 선물과도 같다.

돈을 찍어낼 수 있는 능력을 가진 권력자들은 이제 다양한 수단을 동원하여 권력을 유지할 가능성을 높일 수 있다. 지금부터 이에 대해 알아보고자 한다.

## 복지 혜택

정부는 다양한 유권자의 지지를 얻기 위해 여러 혜택을 제공할 수 있다. 여기에는 의료 서비스부터 식량, 연금에 이르기까지 모든 것이 포함된다. 실제로 법정화폐가 등장한 이후 전 세계적으로 복지 혜택이 보편화되었다. 복지는 일반적으로 동정심의 한 형태로 대중에게 '판매'되며, '무료'라는 인식 덕분에 인기가 높다. 하지만 인플레이션이라는 숨겨진 '세금'은 문제점으로 꼽히기는커녕 거의 인식조차 되지 않는다.

복지의 문제는 비용 지출이 곧 블랙홀처럼 통제할 수 없을 정도로 커진다는 것이다. 과거 금본위제 같은 건전한 화폐 체제에서는 정부이 예산이 한정되어 있었기 때문에 복지 지출도 그 안에서 조정해야 했다. 복지는 다른 많은 예산 항목과 절충하고 절제하며 운영되어야 했다. 그러나 법정화폐 체제에서는 복지 혜택에 사실상 기회비용이 없기 때문에 혜택이 계속 늘어난다. 법정화폐가 복지 혜택을 위한 자금을 투입하면 새로 발행된 돈이 경제에 유입되어 상품과 서비스 가격이 상승한다. 그러면 손실된 구매력을 보전하기 위해 혜택이 더욱 증가해야 하며, 이는 더 많은 화폐 발행을 낳는다. 이로 인해 물가가 더 오르고 혜택이 다시 증가하는 식으로 악순환이 반복된다. 복지로 인한 인플레이션과 인플레이션으로 인한 복지가 서로를 자극하는 악순환에 빠지게 된다.

예를 들어, 사회보장 제도는 미국 예산에서 비교적 작은 비중으로 시작되었다. 그러나 2021년 기준으로 연간 예산의 21%를 차지하게 되었다.[150] 점점 더 많은 세대가 혜택을 받으며 이 특권을 누리는 사람의 수는 엄청나게 늘어났다. 메디케어, 메디케이드 등 유사한 복지 정책들도 계속해서 성장하고 있다. 식품 쿠폰의 경우 1969년에는 300만 명이 혜택을 받았고 1974년에는 1,500만 명, 2021년 기준으로는 약 4,200만 명이 혜택을 받았다.[151] 자신의 이익만을 생각하는 이기적인 투표는 복지 혜택을 받는 계층을 늘리고 화폐 발행량의 확대를 보장하는 도구로 이미 예전에 전락해 버렸다.

복지의 문제는 이를 막을 정치적 의지가 없다는 것이다. 그 이유는 복지가 대중을 의존적인 존재로 만들기 때문이다. 의존적인 사람들은 충성심이 강하며 정부가 계속 권력을 유지하도록 투표한다. 부의 재분배에 드는 비용은 다른 사람들이 지불하는데, 그로 인한 이익은 정부와 그 지지자들에게 돌아간다.

이렇듯 불합리한 복지 정책들을 끝내는 방법은 두 가지뿐이다. 하나는 초인플레이션이고, 외부에서 가하는 예산 압박이다. 후자는 IMF, 국제결제은행BIS, 세계은행(5부의 주제)과 같은 준국제기구에 의해 이루어진다. 외부에서 가하는 예산 제약이 없다면, 모든 것이 혼란에 빠지는 초인플레이션만이 유일한 해법이다. 이는 전 세계의 많은 국가, 특히 미국과 좋은 관계가 아닌 국가들에서 너무나 흔하게 발생하는 경제적 결과다.

## 경찰국가

정치권력을 위한 법정화폐의 또 다른 용도는 경찰국가를 만들고 강화하는 것이다. 권력을 유지하려면 정치적 반대 세력이나 잠재적 혁명 세력을 경계해야 하므로, 감시는 모든 정부의 주요 의제 중 하나였다. 법정화폐는 이러한 메커니즘에 여러 가지 방법으로 자금을 지원한다.

첫째, 법정화폐가 점점 더 디지털화됨에 따라 정부는 반대 세력의 자금 이동을 직접적으로 제한할 수 있게 되었다. 은행 계좌를 정지시키는 것은 정부가 반대파의 자금줄을 끊는 비교적 값싼 방법이다. 전 세계의 많은 인권 운동가들이 정부의 자금 통제로 인해 자금줄이 막혀 고통을 겪고 있다. 중앙은행 디지털 화폐CBDC를 통해 법정화폐가 더욱 디지털화되면, 국가의 금융 통제 능력이 크게 강화되고 억압은 더 심해질 것이다.

둘째, 법정화폐는 직접적인 감시에 필요한 자금을 조달한다. 정부는 개인을 추적하는 수많은 감시 프로그램을 운영하고 있으며, 그들에게 감시는 정권 교체를 막기 위해 작은 대가를 지불하는 것일 뿐이다. 감시는 많은 자본 유출과 복잡한 규제, 인력이 필요하므로 본질적으로 매우 어렵고 비용이 많이 든다. 하지만 권력을 유지하는 데 꼭 필요하기 때문에 정부는 자국 화폐를 희석시키면서까지 이를 감당한다. 이 전략은 미국 국가안보국NSA과 같이 자금력이 풍부한 정부 기관들만을 위한 것이 아니다. 더 작은 규모의 국가들도 고가의 휴대폰 추적 소프트웨어인 페가수스를 사용하는 등 반대파를 감시하는 데 돈을 지불하고 있다.[152]

셋째, 법정화폐는 경찰과 군대를 더 확충하는 데 사용될 수 있다. 마치 충성스러운 일꾼들에게 둘러싸인 여왕벌처럼, 충성스러운 집단을 거느려 폭력을 행사할 수 있는 능력을 확보하는 것은 권력을 유지하는 오래된 방법이다. 문제는 경찰과 군대 유지에 막대한 비용이 든다는 것이다. 그럼에도 폭력을 행사할 수 있는 능력은 매우 중요하기 때문에 권력자들은 이를 위해 적자 지출을 감수한다. 경찰과 군대는 모든 종류의 쿠데타에 대비하는 보험 역할을 한다. 적자 지출을 할 수 있다는 것은, 권력자들이 정상적인 자유 시장 체제에서는 불가능한 규모의 경찰과 군대를 운영할 수 있다는 뜻이다. 그리고 그 결과, 더 많은 인력을 동원해 전제적인 통치를 강요할 수 있게 된다.

시장 관점에서 볼 때 이는 끔찍한 자원 낭비다. 경찰력을 추가로 증강하는 것은 자유 무역을 할 수 있을 만큼 안전한 국가를 만드는 것 외에는 아무런 쓸모가 없다. 특히 가난한 국가에서는 군대 또는 경찰이 사용하는 자원이 나머지 경제가 생산한 가치를 빼앗아 간다. 또한, 사람을 추적하는 데 돈을 쓰는 것은 권력자 외에는 누구에게도 도움이 되지 않는다. 사람들을 금융에서 격리시키고, 은행을 동원해 억압하는 것도 마찬가지다. 하지만 그것이 바로 법정화폐가 부여하는 힘, 즉 지도자가 원하는 방식대로 국가 전체의 자원을 사용하게 하는 능력이다. 그리고 지도자들에게 가장 중요한 것은 국민을 재정적으로 억압하는 대가를 치르더라도 권력을 유지하는 것이다.

군대는 또한 국경 밖의 땅을 정복하는 데 사용될 수 있다. 지금부터는 이것에 관해 이야기하려고 한다.

## 전쟁

지금까지 우리는 정부가 내부 위협에 대응하기 위해 법정화폐를 사용하는 다양한 방법에 대해 논의했다. 그러나 권력 유지에서 또 다른 중대한 위협은 외부 세력, 즉 자국을 전복시키려는 다른 정부들로부터 비롯된다.

외부 위협에 대응하기 위해서는 군대를 증강해야 하며 특히 핵탄두와 같은 파괴력이 큰 무기를 개발해야 한다. 따라서 많은 국가들이 법정화폐를 사용해 국방력을 강화하고, 외부 위협으로부터 정권을 지키려 한다. 이러한 조치를 취할 여력이 부족한 국가들도 막대한 자원을 투입하여 경쟁적으로 군사력을 강화한다. 예를 들어, 파키스탄과 인도는 각각 핵 계획에 막대한 자금을 지출하여 핵보유국이 되었다.[153] 이러한 핵 계획은 1960년대와 1970년대에

두 나라가 경제적으로 어려움을 겪던 시기에 시작되었지만, 무기를 만들고 권력을 유지하기 위해 두 나라는 적자를 감수했다. 북한 또한 자국민이 굶주리는 상황에서도 핵무기 실험에 계속 자금을 투입하고 있다.[154]

그렇기는 하지만, 군사력을 증강하면 소규모 분쟁을 예방할 수 있다. 전쟁 게임 이론에서는 분쟁이 발발하기 전에 더 높은 문턱이 있다고 가정한다. 이 개념을 '팍스 아토미카 Pax Atomica', 즉 '핵전쟁의 평화'라고 하는데, 상호 간의 확실한 파괴 능력에 대한 공포가 전쟁 가능성을 낮춘다는 개념이다.

물론, 이는 분쟁이 발생했을 때 그 결과가 훨씬 더 치명적이라는 것을 의미한다. 핵무기 이전 시대에는 분쟁이 발생하면 곧바로 전면전으로 발전하는 경우가 많았다. 하지만 법정화폐 체제에서는 재정의 파산이라는 전형적인 제약 조건이 더 이상 존재하지 않기 때문에, 화폐 발행을 통한 전쟁 확대가 선택지가 될 수 있다. 법정화폐는 국가들이 일반적으로 가진 경제력의 한계를 무시하게 만든다. 따라서 전쟁은 종종 한 국가의 경제 전체를 총동원하는 총력전이 되며, 한쪽이 완전히 파괴될 때까지 계속된다. 이러한 현상은 두 차례의 세계대전에서 분명하게 드러났는데, 참전국들은 모든 가용 자원을 전쟁에 투입했고 이는 광범위한 파괴와 인명 손실로 이어졌다.[155]

팍스 아토미카는 지금까지 세계대전의 문턱을 상당히 끌어올렸지만, 이 문턱을 넘어선다면 그 결과는 이전의 어떤 전쟁보다 훨씬 더 파괴적일 것이다. 핵무기는 이전의 어떤 재앙보다 문명을 훨씬 더 퇴보시킬 것이다. 아인슈타인의 말을 빌리자면, 제4차 세계대전에서는 인류가 다시 막대기와 돌로 싸울 가능성이 높다. 법정화폐는 이러한 퇴보를 점진적으로 진행시키다가 갑자기 폭발시킬 수 있는 메커니즘을 제공한다.

결론적으로, 정부는 군사력을 강화하거나 첨단 무기에 투자하는 등 내부 및 외부의 위협에 대응하기 위해 법정화폐를 사용한다. 핵무기의 존재는 지금까지 세계대전을 막아 위태로운 균형을 유지해 왔다. 그러나 법정화폐가 지닌 특성상, 세계적으로 대규모 분쟁이 발생한다면 그 결과는 참혹할 정도로 파괴적일 것이다.

## 거대한 정부

―

3부에서는 법정화폐가 대기업의 성장을 어떻게 견인하는지 살펴보았다. 동일한 역학관계가 정부의 성장에도 적용된다. 유일한 차이점은 상업은행이 아닌 중앙은행이 정부에 대규모 융자를 제공한다는 점이다. 정부는 본질적으로 독점적 지위를 가지므로 이익을 추구하기 위해 입에 발린 말을 할 필요가 없고, 따라서 암세포 같은 성장 동력은 훨씬 더 강력해진다.

법정화폐 체제에서 정부는 본래 스스로에게 부여한 기능을 수행하는 데 필요한 수준 이상으로 규모를 키운다. 정부는 기업보다 훨씬 더 용이하게 화폐에 접근할 수 있기 때문에 다양한 방식을 통해 비약적으로 성장한다. 법정화폐는 정부라는 잡초가 침범한 밭에 비료를 뿌리는 것과 같다.

    정부가 성장하는 가장 확실한 첫 번째 방법은 더 많은 책임을 지는 것이다. 앞으로 살펴보겠지만, 정부는 모든 문제에 대한 해결책을 제시해야 하는 도덕적 의무를 진다. 그리하여 정부가 스스로에게 부여하는 책임은 점점 더 커진다. 예를 들어, 국가를 위해 충분한 에너지를 생산하거나 모두가 안전하게 의약품을 사용하도록 만드는 것과 같은 책임은 곧 하나의 복잡한 규제 체계로 발전한다. 시장에 맡기기에는 너무 위험하거나 비경제적이라고 판단되는 모든 것에 정부가 자연스럽게 개입한다. 이로 인해 국가 홍수보험이나 농촌 전력 보급과 프로그램 같은 것들이 생겨난다. 정부가 일을 잘 수행한다고 해도 이런 프로그램은 대개 많은 손실을 낸다. 만약 이익을 낼 수 있었다면 민간 기업이 이미 뛰어들었을 것이기 때문이다. 현실적으로는 정부가 많은 돈을 잃을 뿐만 아니라 일도 제대로 처리하지 못하는 경우가 더 흔하다.

    정부가 성장하는 두 번째 방법은 국유화를 통한 것이다. 법정화폐 경제에서는 대형 좀비기업에 보조금을 지급하는 것이 일상적인 일이지만, 특정 시점에 이르면 이들 기업의 재정이 너무 악화되어 상업은행에서 대출을 받을 수 없게 된다. 이때 막대한 자금이 필요해지면 정부가 종종 개입하여 구제금융을 제공한다.

    정부의 구제금융은 사실상 정부가 대출을 인수하는 것으로, 원래 대출을 제공한 상업은행은 책임에서 벗어나게 된다. 정부는 기업의 채권자가 되며 이는 본질적으로 정부의 직접적인 통제가 강화되는 것을 의미한다. 결국 그 기업은 정부의 명령에 따라 운영되며 완전히 국유화된다. 국유화는 법정화폐 기업들이 도달하는 자연스러운 결말이다. 기업의 시장 경쟁력이 완전히 소진된 좀비화의 종착역인 셈이다. 물론 구제금융이 국유화로 가는 유일한 길은 아니다. 어떤 산업이 불공정하다고 인식되거나, 특정 부문의 수익이 탐난다거나, 충분히 심각한 전시 상황이 발생하면 정부가 해당 산업을 무력으로 점령하기도 한다.

정부가 성장하는 세 번째 방법은 관료주의적 팽창을 통한 것이다. 특히 산업이 발달하지 않은 가난한 나라에서는 일자리 창출의 책임을 정부가 떠맡는 경향이 있다. 하지만 공무원들의 책임의식이 충분하지 않은 경우가 많기 때문에 쓸모없는 일자리만 양산되고, 자연히 지대 추구형 사업이 된다. 이것은 행정적 차원에서 보면 쓸데없이 도랑을 팠다가 다시 메우는 격이다. 이런 정책들은 충성심을 확보하기 위한 일종의 뇌물이며, 이제 우리는 이 마지막 방법으로 시선을 돌리려 한다.

## 지대 추구형 일자리

권력을 유지하기 위해 법정화폐를 사용하는 마지막 방식은 뇌물인데, 보통 뇌물을 직접 지급하기보다는 일자리를 창출하는 형태로 이루어진다. 우리는 보통 뇌물 수수라고 하면 기업이 정부 관료에게 뇌물을 주고 특혜를 받는 것을 떠올린다. 물론 그런 방식도 여전히 존재한다. 그러나 정부가 사용하는 방식은 여러 면에서 더 악랄하다. 그들은 법정화폐를 사용하여 표를 매수한다. 복지도 사실 표를 사는 한 형태이지만, 더 효과적인 방법은 더 많은 사람들을 정부 조직으로 끌어들이는 것이다.

특히 만성 실업률이 높은 국가일수록, 우호적인 유권자에게 정부 일자리를 제공하는 것은 충성심을 확보하는 확실한 방법이다. 더 많은 책임을 져야 한다는 도덕적 의무와 결합하면 정부는 인적 자원만으로도 거대해질 수 있다. 예를 들어, 레바논에서는 노동인구의 약 17.5%가 공공서비스 부문에 종사하고 있다.[156] 이들의 급여를 지급하기 위한 재정은 인플레이션을 일으켰고, 이는 다시 급여의 추가 인상으로 이어져 인플레이션을 악화시키는 악순환이 발생했다. 이러한 구조는 레바논이 초인플레이션을 겪게 된 주요 원인 중 하나다.

이들 대부분은 정부를 위해 어떤 업무를 수행하기보다는 그저 충성심에 대한 대가로 보수를 받는 경우가 많다. 따라서 지대 추구자라고 할 수 있다.

하지만 직접적인 일자리 제공 뇌물만이 지대 추구를 노리는 관료 계급을 양산하는 유일한 방법은 아니다. 덜 냉소적인 시각으로 보면, 정부 일자리는 사법 판결, 국방, 인프라 제공 등과 같은 국가의 기능을 수행하기 위한 것이다. 이러한 역할을 하기 위해서는 조직이 필요하며 정부의 재정 지원을 받기 때문에 인기가 높다. 일반적으로 정부 일자리는 해고되기 어렵기 때문이다. 3부에서 언급했듯이 '던바의 숫자'를 넘어서는 조직은 상당한 어려움에 직면하며, 기업보다 규모가 훨씬 큰 정부는 이 점에서 더욱 큰 어려움을 겪는다.

특히 이러한 조직에서는 관리자가 직원들의 실제 업무 성과를 모니터링하기가 매우 어렵고, 이로 인해 지대 추구가 더욱 확산되는 경향이 있다. 시장에서 받는 직접적인 피드백도 없기 때문에 관리자가 직원 성과에 신경 쓸 이유도 거의 없다. 정부가 제공하는 재화와 서비스는 시장의 수요 기반이 아니며, 사소한 조정이라도 시행하려면 선거나 정권 교체가 필요하다. 따라서 이러한 지대 추구자들이 일자리를 잃는 것은 어떤 형태의 정치적 격변을 통해서만 가능하다.

따라서 유능하고 숙련된 인재가 이러한 직책에 들어오더라도 시간이 지나면서 대부분 지대 추구자가 된다. 정치적 고려사항들에 밀려 업무 수행은 뒷전으로 밀려나고, 이것은 대체로 사회적 가치를 깎아내린다.

민간 부문 일자리만큼 급여가 높지 않더라도, 정부 업무에 내재된 고용 안정성은 매우 매력적이다. 3부에서 언급했듯이 기업은 급여 외에도 다양한 혜택을 제공하며, 이는 일반적으로 정부 직책에도 해당한다. 공무원에게도 건강보험, 실업보험, 연금 및 기타 혜택이 제공되는 경우가 많다. 특히 군인은 특별 할인을 받을 수 있으며, 부패가 심한 국가에서는 일반 국민에게 제공되지 않는 물품을 구매할 수 있는 혜택도 받을 수 있다. 최악의 성과를 내는 직원들조차 쉽게 해고되지 않는 고용 안정성이 제공된다는 점을 고려할 때, 특히 실업률이 높은 지역에서는 이러한 일자리에 대한 수요가 매우 높다.

이는 권력을 유지하려는 정부의 욕구와 결합하여 자연스럽게 관료 조직의 비대화로 이어진다. 법정화폐는 엄격한 재정 규율의 필요성을 없애기 때문에, 정치적으로 연줄이 있는 인물들에게 일자리를 나눠주는 경우가 많다. 이들은 정치적 지지자, 친인척, 심지어는 과거의 정치적 정적일 수도 있다. 정치적 문제는 종종 적당한 유권자들에게 뇌물을 주는 방식으로 쉽게 해결할 수 있으며, 이러한 뇌물은 정부 일자리의 형태를 띠기도 한다. 물론 이러한 뇌물은 법정화폐로 조달된다. 정부의 성장을 제한하는 유일한 제약은 초인플레이션이며, 이는 사실상 경제의 죽음을 뜻한다. 암세포가 숙주가 살아있는 동안에만 자랄 수 있는 것과 같다.

## 정부의 비효율이 낳은 고비용

—

정부의 비효율성으로 인해 진정으로 낭비되는 비용은 단순히 낭비되는 자원 그 자체에 국한되지 않는다. 자원을 더 효과적으로 배분했다면 창출할 수 있었던 기회비용도 포함된다. 자유 시장에서는 소비자의 수요와 선호도에 따라 자원이 배분되어 생산성, 혁신, 부의 창출이 증가한다.

하지만 정부가 자원을 잘못 배분하면 이러한 잠재적 혜택은 사라진다. 민간 부문은 새로운 일자리를 창출하고, 획기적인 기술을 개발하며, 전반적인 생활 수준을 높일 기회를 잃게 된다. 그 대신 자원은 비생산적이거나 심지어 역효과가 나는 사업에 투입된다.

정부의 낭비는 기업들에도 영향을 미친다. 특히 상품과 서비스 조달에서 부패가 발생하기 쉽다. 예를 들어, 정부는 일반적으로 컴퓨터나 휴대전화를 자체 생산하지 않기 때문에 이러한 제품을 구매하는 계약 시 부패의 유혹에 빠질 위험이 있다.

외부 조달의 근거는 분명하다. 정부가 만든 상품과 서비스는 민간 업계의 상품과 서비스에 비하면 수준이 형편없기 때문이다. 지역 차량관리국(한국의 차량등록사업소)에 방문해 보면 정부 서비스의 열악한 상태를 쉽게 확인할 수 있다. 결과적으로 정부는 직접 생산하지 않는 수많은 재화와 서비스를 외부 계약으로 조달한다. 이러한 계약은 매우 가치가 크고, 많은 지대 추구 기업들은 정부에만 독점적으로 자사 상품과 서비스를 판매한다.

이러한 기업들은 방산업체부터 이벤트 기획사, 하드웨어 공급업체, 식품 서비스업체까지 다양하다. 정부는 적자를 감수하며 지출할 수 있으며 가격에 크게 신경 쓰지 않는다. 물론 법이나 규정이 정부가 가격에 신경 쓰도록 설계되어 있기는 하지만, 실제로는 정부는 권력을 유지하기를 원하기 때문에 예산을 지나치게 부풀리는 경향이 있다.

예를 들어, '오바마 케어'로 불리는 법안의 핵심적인 요소였던 Hcalthcare.gov 웹사이트를 구축하는 프로젝트는 엄청난 IT 재앙이었다. 정부는 단순히 이 웹사이트를 구축하는 데만 무려 17억 달러를 쏟아부었다.[157]

말도 안 되는 얘기처럼 들리겠지만 사실이다. 조만간 예산 부풀리기에 관해 자세히 살펴보겠지만, 정부 프로젝트에서 대규모 예산 초과는 전혀 새로운 일이 아니다. 2011년 9월에 구축하기로 계약된 Healthcare.gov는 2013년 10월에 출시된 후, 동시 접속자 50명도 처리하지 못한다는 사실이 곧 드러났다. 사실상 웹사이트는 완전히 사용 불가능한 상태였다.[158]

오바마 백악관은 큰 혼란에 빠졌고 문제를 해결하기 위해 동분서주했다. 그들은 시스템이 조잡하게 구축되어 외부의 도움이 필요하다는 사실을 깨닫고 실리콘밸리에서 소프트웨어 엔지니어를 영입했다.[159] 미국에서 가장 숙련된 프로그래머들이 새로운 스타트업을 창업하는 수준으로 혹독한 노동 시간을 몇 달 동안 투자한 끝에 이 문제를 수습할 수 있었다. 이와 대조적으로, 이런 일반적인 웹사이트를 민간 기업이 구축하는 데는 300만에서 1,000만 달러 정도의 비용이 들며 훨씬 적은 시간이 소요된다.[160] 이는 정부가 얼마나 비효율적이며 비용에 얼마나 관심이 없는지 잘 보여준다. 정부는 돈을 찍어내는 힘을 믿고 지나치게 여유를 부려, 유능한 전문가 대비 10배의 시간과 100배의 예산을 들였는데도 10분의 1도 안 되는 결과물을 얻었다. 이 유명한 실패 사례를 일회성으로 치부하고 넘어가기 쉽지만, 정부의 다른 부문이 오바마케어 사태보다 5배 더 효율적이라고 해도 여전히 막대한 자원이 잘못 관리되고 낭비되고 있다는 사실은 변하지 않는다.

이 자원들이 자유 시장에 맡겨졌더라면 어떻게 활용되었을지 상상해 보라! 그것들이 어떤 번영을 불러왔을지 머릿속에 그려보라. 그러나 현실에선 관료주의, 지대 추구, 학연 또는 지연, 부패, 횡령 등에 자본이 낭비되고 있다.

## 법정화폐가 빠진 도덕적 수렁

—

화폐를 발행할 수 있는 능력은 정부에 기묘한 부작용을 일으킨다. 그것은 바로 정부의 책임 범위를 무한히 확장시킨다는 것이다. 결국, 정부는 화폐 발행이라는 강력한 수단을 통해 문제를 해결할 수 있는 잠재력을 갖게 된다. 실제로 정치인들은 다양한 문제를 해결하겠다고 약속하며 당선된다. 왜 안 되겠는가? 중앙은행이 뒷받침하는 법정화폐 경제에서 권력은 마치 무에서 유를 창조할 수 있는 마술 지팡이와도 같다.

도덕적으로 볼 때, 이 논리는 어느 정도 이해할 수 있다. 만약 당신이 돈을 발행할 수 있는 권한, 즉 기회비용이 명확하게 드러나지 않는 무한한 자원을 가지고 있다면, 그 힘은 당연히 모든 고통을 완화하는 데 사용되어야 한다. 따라서 법정화폐 체제는 모든 문제와 불공정을 해결해야 한다는 일종의 도덕적 의무를 만들어 낸다.

누군가 고통받고 있다면, 정부는 슈퍼히어로처럼 달려가야 할 도덕적 의무가 있다. 누군가가 가난하거나, 장애가 있거나, 아프거나, 억압받고 있다면 정부는 이를 해결하거나 최소한 완화해야 할 의무가 있다. 이제 정부에는 더 이상 실질적인 한계가 존재하지 않는다. 법정화폐 체제에서는 실질적인 예산 제약이 없기 때문이다. 충분히 긴급한 상황이라면 돈을 찍어내는 스위치를 켜서 모든 지출을 정당화할 수 있다.

경제적 현실은 마치 돈을 찍어내도 아무 부작용이 없다고 여기는 새로운 케인스주의적 환상 속에 살고 있는 것과 같다. 일반적으로 예산을 짤 때는 한 프로그램의 장점과 다른 프로그램의 장점을 비교하는 방식으로 결정하지만, 법정화폐 체제에서는 항상 더 많은 돈을 찍어내서 적자 지출을 통해 문제를 해결할 수 있다. 이로 인한 모든 부작용은 돈을 보유한 사람들에게 돌아간다. 게다가 이 부작용은 미묘하여 쉽게 알아챌 수 없고, 정치인들은 얼마든지 이를 부인할 수 있다.

그 결과, 개인적인 문제가 공공의 문제로 바뀐다. 더 많은 사람들이 개인적인 책임을 포기하고, 정부가 돈을 찍어낼 수 있는 능력을 가진 만큼 모두에게 좋은 삶을 제공할 권한과 책임이 정부에 있다고 생각하게 된다. 어떤가, 멋지게 들리지 않나?

하지만 잠깐, 여기엔 함정이 있다! '공짜'라는 말은 거짓말이다. 모든 것에는 교환해야 할 대가가 있다. 새로 찍어낸 돈으로 창출되는 가치는 결국 저축하는 사람들의 희생으로 이루어지며, 이는 개인을 무력화한다. 따라서 화폐를 찍어내는 권력을 유지하기 위해 정부는 신규 화폐 발행에 비용이 들지 않는다는 신화를 계속 유지해야 한다. 그리고 이러한 과정 속에서 우리는 정부가 지배하는 사회주의 경제를 향해 꾸준히 나아가고 있다.

## 법정화폐의 도덕적 당위성
—

돈을 찍어내는 기계의 존재는 정부에 축복이자 저주다. 이 힘을 이용해 다양한 목적에 자금을 할당할 수 있다는 점에서는 축복이지만 그와 동시에 저주이기도 하다. 이 권력이 정부가 모든 사회문제를 해결해야 한다는 도덕적 의무를 부여하기 때문이다. 정부는 경제적 차원에서 곧 슈퍼맨과 같은 존재가 된다.

정부가 불공정을 해결하기 위해 돈을 찍어낼 수 있는데도 그렇게 하지 않는다면, 특히 민주주의 국가에서는 이 사실을 정당화하기 어려워진다. 예를 들어, 교육은 평등한 기회를 제공하기 위한 수단으로 여겨지기 때문에 정부는 교육에 공들인 노력이 실패하더라도 계속해서 투자하게 된다. 이는 계속 손실을 보면서도 계속 두 배로 베팅하는 강박적인 도박꾼과도 같다.

이어한 자금을 조달하기 위해 정부는 중앙은행 기반의 법정화폐 체제에서 흔히 사용하는 대출에 의존한다. 그 결과, 대학교는 학자금 대출 보조금 제도를 통해 지대 추구 기관으로 변해 버렸다. 지대 추구를 하는 대규모 관료 계층이 이 자금을 이용해 마치 침입종처럼 확산되며, 경제의 다른 분야에서 성장을 억제하고 있다.

법정화폐는 교육산업 단지뿐만 아니라 의료 및 군사 산업 단지의 확장을 촉진한다. 이러한 체제는 생산적인 부문은 상대적으로 작게 유지하면서 행정적인 부문은 확장하는 경향이 있다. 교사, 의사, 군인은 완만하게 늘어나는 반면, 행정가와 관료는 기하급수적으로 늘어난다. 본질적으로 산업 단지는 한번 생겨나면 제거하기 어렵거나 불가능한 지대 추구 파생물의 대명사다.

## 폭정으로 향하는 지름길

―

전 세계의 많은 정부 당국은 풍부한 자금, 도덕적 책임감, 치안력을 무기로 자신들이 상상하는 이상향 건설에 착수한다. 모든 문제를 해결해야 한다는 도덕적 의무를 떠안은 이상, 그들이 모든 노력을 이상적인 사회로 이끌기 위한 방향으로 집중하는 것은 자연스러운 수순이다.

하지만 여기에는 함정이 있다. 그러한 이상을 실현하려면 막대한 사회 공학적 개입이 필요하고, 이는 곧 빠르게 전체주의로 변질된다. 나치 독일과 소련은 전체주의를 통해 이상향을 만들려고 시도했던 구체적인 사례였으며, 법정화폐를 기반으로 막대한 인명 피해를 초래했다.

모든 정부가 수백만 명을 죽이는 극단으로 치닫는 것은 아니지만, 많은 정부는 여전히 자신들의 이상향이나 공동체의 행복을 달성하기 위해 시민들의 행동을 통제하려 한다. 특정 비전을 향해 사회를 사회 공학적으로 설계하려는 일반적인 전략은, 그러한 사회가 현재의 모든 문제를 어떻게 해결할 수 있는지를 사람들에게 설득하는 것이다.

선전·선동은 이러한 통제 욕구에서 비롯되며 그 수단은 당연히 법정화폐다. 정부가 선전·선동에 능한 이유는 이것이 바로 권력을 얻는 원초적인 방식이기 때문이다. 선전·선동은 화폐 발행 권력과 결합하여 정부가 하고자 하는 모든 일을 정당화한다. 이 주제에 대해서는 22장에서 더 깊이 살펴보겠다.

더 나아가, 법정화폐는 정부가 노골적인 전체주의 법률 없이도 행동을 통제할 수 있는 힘을 부여한다. 원하는 결과를 얻기 위해 필요한 비용을 지불함으로써, 정부는 경제적 인센티브를 통해 국가를 사회 공학적으로 개조할 수 있다.

예를 들어, 의료 서비스를 정부가 직접 제공할 수도 있다. 그러나 그러려면 의사, 의료 장비 및 시설을 징발해야 하는데, 이러한 접근 방식은 대개 실패하는 경향이 있다. 정부의 관리하에서는 시스템이 제대로 작동하지 않기 때문이다. 반면에 정부가 법정화폐를 투입하고 겉보기에 정상적인 시장 세력을 통해 이러한 서비스에 비용을 지불하면, 사실상 다른 사람들의 자원을 빼앗아 쓰는 전제적인 행위를 숨길 수 있다.

이렇게 정부 의존도가 높아질수록, 우리는 미처 알아채지 못하는 사이에 점진적으로 전체주의 국가에 한 걸음 더 가까워지게 된다.

## 비트코인이 바꾸는 게임의 법칙

비트코인은 정부의 전능한 화폐 발행 권한을 박탈한다. 건전한 화폐 체제 아래에서는 적자 지출이 더 이상 불가능하며, 정부는 정상적인 예산의 제약에 맞게 지출을 줄여야 한다. 인플레이션, 즉 대중을 은밀히 털어가는 도둑은 추방되고, 무한한 능력을 지닌 인피니티 건틀릿은 산산조각 난다.

그 결과, 정부가 제공하는 각종 복지, 관료주의, 군사 산업 단지를 포함한 일반적이고 복잡한 조직은 금전적인 생명줄을 잃게 된다. 명시적인 세금 징수에 대한 불만은 공공 부문을 위축시키고, 지대 추구형 일자리를 없애 버린다. 정부는 더 이상 화폐를 찍어냄으로써 의존성을 만들어낼 수 없게 되고, 그 결과 전제정치의 유혹은 억제된다.

그렇게 세상은 덜 정치적으로 변한다. 더 이상 정부가 모든 사람의 문제를 마법처럼 해결해 주는 존재로 기대되지 않기 때문이다. 정부의 도덕적 당위성은 방향을 바꾸고, 더 이상 모든 시민의 삶을 지배할 수 없게 되며, 우리는 그들의 이상적인 사회를 위한 전체주의적인 꿈을 좇을 필요가 없다. 권위주의적 이상향의 족쇄에서 벗어나 우리는 마침내 꿈을 실현하고 스스로 목표를 설정할 수 있게 된다.

비트코인은 전제정치로부터의 자유다.

| 19장 |

# 기업을 착취하는 국가

**대기업은 국가의 연장선상이다.**

　법정화폐 덕분에 대기업은 앞서 설명한 대로 새로 발행된 자본에 더 빨리 접근할 수 있으므로, 소규모 경쟁사보다 상당한 이점을 누릴 수 있다. 이러한 우위를 바탕으로 이들은 몸집을 불리고, 보조금을 받거나 심지어 죽음 직전에서 부활하여 좀비기업이 되기도 한다. 대기업은 종종 고객의 요구보다 정부의 이익을 위해 봉사하는 것처럼 비쳐 대중의 동정을 얻지 못한다. 그러니 실상을 들여다보면 상황은 좀 더 복잡하다.

　정부의 관대함은 공짜가 아니며 조건이 따른다. 정부는 기업들에게 재정적 혜택을 제공하는 대가로 규제를 지키길 요구한다. 물론 대기업은 잠재적 경쟁자에게 강력한 진입장벽으로 작용하는 특정 규제를 오히려 환영하기도 한다.

그러나 다른 규제들은 기업들을 특정 방향으로 몰아가기 위해 설계된다. 이것이 바로 정부의 통제에 대한 암묵적인 항복인 법정화폐 보조금의 숨겨진 대가다. 기업의 규모가 커질수록 정부의 통제는 더욱 강화된다. 겉보기에는 거대한 기업들이 스스로 서 있는 것 같지만, 실제로는 국가라는 꼭두각시 조종자가 만든 음악에 맞춰 춤을 추고 있을 뿐이다.

정부는 법률이라는 무기를 통해 기업과 고객을 통제한다. 그 결과 발생하는 규제는 매우 광범위하고 임의적이어서, 정부는 마치 마피아가 보호를 명목으로 돈을 강요하는 것처럼 기업들을 괴롭혀 순응하게 만든다. 게다가 관료들의 지나치게 사소한 요구들은 종종 무의미한 규제로 이어지기도 한다.

대부분의 기업들은 정부 관료조직의 괴롭힘에 맞서 싸우는 대신 규정 준수를 위한 전담부서를 따로 두어 대응한다. 규정 준수 비용은 결코 적지 않지만, 이는 법정화폐 보조금을 받는 대가이며 아예 사업을 못 하는 것보다는 낫다. 이러한 부서들은 본질적으로 관료들을 달래기 위해 존재한다. 요구사항을 직설적으로 말하는 마피아와 달리, 규제 당국은 종종 자기 모순적이기 때문에 그들이 요구하는 규제 준수는 과학이라기보다 차라리 예술에 가깝다.

관료들을 거스르는 것은 위험하다. 그들은 기업 운영을 지독히 어렵게 만들 수 있기 때문이다. 예를 들어, 미국 평등고용기회위원회EEOC는 모든 기업에 대해 막강한 규제 권한을 행사한다.[161] 원래는 시민권 관련 법안을 집행하기 위해 만들어졌지만, 지금은 마음만 먹으면 어떤 기업이든 파괴할 수 있는 권력을 쥐게 되었다.

이들이 선택한 무기는 '차별적 영향' 법안이다. 이 법안의 취지는 고용주가 소수자를 차별하는 것을 방지하는 것으로, 충분히 납득할 만하고 심지어 고귀하기까지 하다. 그러나 이 규정은 모든 기업을 잠재적 범죄자로 만들며, 이것이 바로 이 규정이 무기화되는 이유다. 회사 내 어떤 직종에서 소수자 비율이 지역 인구와 정확히 일치하지 않는 경우, EEOC는 해당 기업이 규정을 준수하지 않았다고 간주할 수 있다. 모든 회사의 모든 직무에서 이 비율을 유지하는 것은 통계적으로 불가능하기 때문에, EEOC는 이 무기를 이용해 마음에 들지 않는 기업을 공격한다. 따라서 모든 규정 준수 전담부서는 가능한 한 EEOC의 요구를 최대한 충족시키려고 애쓴다.

## 입법은 폭정이다

기업이 모든 규정을 준수할 수 없다는 사실은 규제 당국이 마음에 들지 않는 기업을 상대로 언제든 소송을 제기할 수 있다는 것을 의미한다. 모든 기업이 항상 규정을 위반하는 상태이기 때문에 규정을 집행하는 것은 사실상 사형 선고와 같다. 이러한 자의적인 법 집행은 관료들에게 권한을 부여하여, 그들이 원하는 대로 승자와 패자를 가릴 수 있게 한다.

대부분의 기업은 관료주의에 도전하는 대신 관료들을 달래는 쪽을 선택한다. 이러한 역학 관계는 기업을 국가의 연장선으로 바꾸며, 그 결과 기업들은 고객이 아닌 정부를 섬기게 된다. 이들은 사회적 정의, ESG(환경, 사회, 지배구조), 코로나 백신 의무화 등을 열정적으로 수용한다.

트위터, 페이스북, 구글과 같은 기업들은 자신들이나 정부가 싫어하는 계정을 삭제한다.[162] 사실 대부분의 계정을 자세히 들여다보면 몇 가지 규정을 어기고 있기 마련이다. 이들 기업은 엄격한 규정과 선별적 집행의 힘을 잘 알고 있다. 그들은 규제 당국으로부터 배운 악랄한 수법을 자신들의 플랫폼 사용자들에게 그대로 적용한다.

이런 비정상적인 관계의 핵심은 바로 권력이다. 규정이 많을수록 권위자의 권한은 더 커진다. 규정을 집행하는 사람은 규정 자체보다 더 큰 힘을 갖게 되고, 권력이 한곳에 집중됨에 따라 폭정은 불가피해진다. 규정 제정은 권위자들이 자신의 통제 아래 있는 사람들을 억압하는 도구가 된다. 이는 마치 정서적으로 불안정하고 학대하는 친척 밑에서 살아가는 것과 같다. 그런 권위 아래에 있는 사람들은 불이익을 피하기 위해 조심스럽게 살아갈 수밖에 없다.

입법을 통한 폭정은 매우 광범위한 영향력을 발휘한다. 기업과 직원은 단순히 규칙만을 따르는 존재로 전락한다. 그들은 원칙에 따라 상황을 판단하는 대신 누가 권력을 쥐고 있는지에만 관심을 가진다. 사람들은 점점 더 비도덕적으로 변하며, 윗사람의 비위를 건드릴 때만 도덕성을 고려하게 된다. 결국 유용한 것을 만드는 것보다 권력자에게 잘 보이는 게 더 우선시된다. 고객이나 문명, 심지어 옳고 그름보다 권력자의 의지가 중요한 사회가 만들어지는 것이다.

권력자들은 이러한 행동 변화를 이용해 사회 규범을 재편한다. 그들은 사회가 자신들의 이상에 따르도록 강요하며, 이는 어쩌면 선의에서 비롯된 것일 수도 있다. 그들의 목표는 문제를 영구적으로 해결하고 이상향을 실현하는 것이다. 하지만 안타깝게도 이상향의 개념 자체가 필연적으로 결함을 내포하며, 그것을 실현하려는 시도는 재앙을 초래한다. 지난 세기에 있었던 수많은 마르크스주의 실험들은 이러한 사회 재편이 가져올 수 있는 치명적인 결과들을 잘 보여준다. 심지어 코로나19 봉쇄 조치조차도 권력자들의 해결책이 얼마나 잘못될 수 있는지를 드러냈다.

### 거만한 체제에 맞서는 겸손한 대안책

더 많은 입법과 규제는 권력을 중앙에 집중시키고 점점 더 폭압적인 시스템을 만들어낸다. 제한적인 정부를 원칙으로 설립된 미국에서조차 이제는 EEOC와 같은 조직이 존재하여, 마음만 먹으면 어떤 기업이든 불법으로 간주하고 부당하게 처벌할 수 있다. 이러한 권위주의적 경향은 입법의 무분별한 확산에서 비롯된다. 법제화는 마치 단 음식이 체질량 지수를 높이는 것처럼 권력을 중앙집중화한다.

그렇다면 대안은 무엇일까? 어떻게 하면 사회가 권력의 중앙집중화를 막을 수 있을까?

그 해답은 바로 사회적 규범 또는 자연법에 기반한 정의에 있다. 자연법이란 사람들이 직관적으로 공유하는 정의감이자 일반적으로 동의하는 법칙으로, 이를 통해 우리는 행동의 공정성을 판단할 수 있다. 자연법에 기반한 제도의 좋은 예로 영국의 관습법(영국 공법)을 들 수 있다. 영국의 관습법은 입법을 통해 제정된 것이 아니라 수많은 사례를 통해 점진적으로 정의되고 발견되었다. 판사들은 사회 규범에 따라 판결을 내렸고, 이것이 곧 관습법이었다. 오늘날에도 명확한 법률이 없는 곳에서는 판사들이 사회 규범을 기준으로 판결을 내린다. 자연법은 문자 그대로 상식이라고 할 수 있다. 즉, 대부분의 사람들이 공감할 수 있는 판단인 셈이다.

자연법은 지배 엘리트뿐만 아니라 모든 사람들의 참여로 형성된 규범을 기반으로 하므로 더 공정한 기준을 제공한다. 이는 중앙집중적 법률이 아니라 탈중앙화된 법률이다. 결국 사회 규범은 위에서 아래로 내려오는 것이 아니라 수많은 상호작용을 통해 아래로부터 생겨난다.

법률이 하는 일의 대부분은 그 법의 영향을 받는 사람들의 도덕적 직관을 형성하려는 것이다. 어떤 이들에게는 합법적인 것이 곧 도덕적인 것이기도 하다. 그러나 자연법, 즉 상식은 사람들의 마음과 머릿속에 계속 남아 있으며, 자연법을 위반하는 법률은 악으로 인식된다. 권위적인 법률이 실패하는 이유는 바로 자연법을 위반하기 때문이다.

## 안정성과 번영

—

사회적 규범은 권위에 의해 제정된 규칙보다 바꾸기가 훨씬 더 어렵다. 바로 그 점이 사회 규범의 힘이다. 이러한 안정성 덕분에 사람들은 더 확실하게 미래를 계획할 수 있다. 이 말이 익숙하게 들린다면, 당연하다. 안정적인 화폐가 문명에 좋은 영향을 미치고 불안정한 화폐가 해로운 영향을 미친다는 점에서 연결되기 때문이다.

사회적 규범과 사람들의 집단적 정의감에 기반한 규칙은 생산성에 기여하는 비옥한 토대를 만든다. 폭압적인 힘에 휘둘리지 않고, 사회적 규범에 따라 행동하면 갑작스럽고 부당한 몰락으로부터 보호받을 수 있다는 확신이 사람들에게 생긴다. 자연법에 기반한 사회에서는 사회적 규범의 변화가 느리게 일어난다. 이는 변화를 원하는 사람들이 이를 쟁취하기 위해 노력해야 한다는 것을 의미한다. 이것은 바람직한 일이다. 모든 잠재적인 변화는 규칙을 정하는 소수가 아닌 사회 전체의 마음을 얻어야 하기 때문이다.

사회적 규범의 불안정성은 전제주의의 특징이다. 팬데믹 전후로 달라진 사회적 규범의 변화를 보면 쉽게 알 수 있다.

관습법 아래에서는 사회적 규범이 안정되고, 이러한 안정성은 시간 선호도가 낮은 행동으로 이어져 문명을 구축한다. 장기적인 프로젝트를 완수할 수 있고, 자본을 낭비하는 대신 시간 선호도가 높은 활동에 투자할 수 있다. 또한, 위로부터 규칙을 강제하는 중앙 관료 조직이 없기 때문에 지대 추구 행위가 현저히 적다.

영국 관습법이 역사적으로 뿌리내린 지역들이 번영한 것은 우연이 아니다.[163] 홍콩, 두바이, 호주 등 많은 곳이 분권화된 법률 덕분에 번영했다. 폭정이 없고 판결을 예측 가능하다는 점에서 이들 국가에서는 장기적인 계획을 세우는 것이 가능했으며, 이는 큰 이점을 가져왔다.

## 입법은 곧 세금이다

우리는 입법에 대해 다시 생각해야 한다. 정치적으로 새로운 법안은 한 집단이 원하는 것을 얻기 위한 수단으로 여겨진다. 하지만 그로 인해 다른 모든 사람들이 치러야 할 대가는 무시된다. 입법이라는 제로섬 게임은 결국 사람들을 곤경에 빠뜨리고 규칙을 만드는 이들의 통제 아래 놓이게 한다. 자유 대신 당국의 지시를 따르는 데 집중하는 수많은 관료들만 남게 되며, 이는 실제로 사회를 건설하려는 사람들의 노력을 방해한다.

인류는 탈중앙화된 법 아래에서 번영할 수 있으며, 너무 자주 변하지 않는 체제 아래에서 더욱 성장할 수 있다. 안정성은 장기적인 계획의 핵심이고, 비트코인이 법정화폐나 알트코인보다 훨씬 더 나은 화폐인 이유이기도 하다. 법정화폐와 알트코인은 위로부터 법을 만들며 중앙 기관의 통제로 인해 자유가 제한된다. 더 많은 규칙은 더 많은 통제를 의미한다. 반면, 탈중앙화 시스템은 자연스럽게 더 많은 자유와 확실성을 제공하므로 더 나은 계획을 세울 수 있다. 향후 10년간 얼마나 많은 상장기업이 이더리움과 비트코인을 채굴할 계획인지 살펴보면 이 사실을 알 수 있다.

비트코인은 탈중앙화된 특성 덕분에 결국 승리할 것이다. 그리고 사회 또한 탈중앙화된 법을 받아들임으로써 함께 승리할 수 있을 것이다.

| 20장 |

# 세금은 정부의 수입을 위한 연극이다

**2021년, 재닛 옐런**(당시 미국의 재무부 장관)은 미실현 양도소득세 제안으로 큰 논란을 일으켰다.<sup>164</sup> 잘 모르는 사람들을 위해 설명하자면, 양도소득세는 자산을 팔아 취득가와 판매 가격의 차액을 얻을 때 납부하는 세금이다. 반면에 미실현 양도소득세는 자산을 팔지 않았더라도 부과되는 일종의 부유세다.

그렇다면 이 제안의 배경은 무엇일까?

중앙은행이 뒷받침하는 법정화폐 경제에서 대부분의 부는 가치가 하락하는 달러보다 자산에 묶여 있다. 옐런의 의도는 이런 상황을 뒤흔들고 사람들이 가치저장 자산을 팔도록 유도하여 경제에 절실히 필요한 활력을 불어넣는 것이었다. 그러나 이 논리는 케인스주의에 바탕을 두고 있다. 즉, 근본적으로 심각한 결함이 있다.

이 제안은 결국 실패할 수밖에 없다. 이 제안이 실행되면 자산 가격이 폭락하여 대규모 투매 사태가 일어나고 세계에서 가장 비싼 자산들이 시장에 넘쳐날 것이다. 그러면 해당 자산이 대출에 필요한 담보 가치를 잃어 화폐 공급이 위축될 것이다. 심지어 케인스주의자들의 불안정한 논리로 보더라도 이는 재앙으로 가는 지름길이며, 이 과세안은 태생부터 사망선고를 받은 것과 같다. 하지만 이 장의 핵심은 단순히 실패할 운명의 이 과세안을 비판하려는 것이 아니다.

진짜 질문은 이것이다. 우사인 볼트보다 더 빨리 돈을 찍어낼 수 있다는 것을 보여준 정치인들이 세수에 집착하는 이유는 무엇일까? 교묘하고도 암묵적인 세금인 인플레이션은 전쟁과 관료주의에서부터 사회 프로그램과 지역구의 선심성 지출에 이르기까지 모든 것에 자금을 지원해 왔다. 그러므로 노골적인 세금은 법정화폐 경제에서는 그저 보여주기식 행태이자 불필요한 곁가지일 뿐이다. 그런데도 굳이 노골적인 세금을 제안하는 이유는 무엇일까?

## 인플레이션 관리하기

정부가 세금을 부과하는 이유는 세 가지다. 첫째, 미국에는 정부 지출에 상한선을 두는 연방 부채 한도가 있다. 2021년 기준으로 이 한도는 28조 4,000억 달러였는데, 국가 부채가 이 한도에 가

까워지면서, 이후 예산을 균형 있게 조정할 필요가 있었다.[165]

물론 의회는 예산의 균형을 맞추는 것보다 적자 지출이 더 쉽기 때문에 부채 한도를 시계추처럼 규칙적으로 올리지만 국가 부채가 한도에 가까워질 때마다, 새로운 세금도 두더지 잡기 게임처럼 여기저기서 튀어나온다. 미국 국민은 국가 부채를 자녀들에게 떠넘기는 짐으로 여기지만, 사실 그 생각이 전적으로 정확한 것은 아니다. 그럼에도 불구하고 미국 유권자들은 부채가 너무 빨리, 너무 많이 증가하면 불안해한다.

그렇다면 왜 한도를 두는 것일까? 정부는 아슬아슬한 줄타기를 하고 있다. 사람들이 인플레이션을 예상하기 시작하면, 눈덩이처럼 불어나 결국 초인플레이션으로 이어질 수 있기 때문이다. 노골적인 세금은 국가 부채의 증가 속도를 늦추고, 통화 팽창과 소비재 가격 상승을 명목상 억제하는 과속 방지턱 역할을 한다. 이를 통해 통화 확장과 소비자 물가 상승을 명목상으로 제어하며, 국민의 신뢰를 유지하는 동시에 정치인들에게는 그들이 가지지 않은 돈을 쓸 수 있는 권한을 부여한다.

## 캉티용 효과 숨기기

—

정부가 노골적으로 세금을 부과하는 두 번째 이유는 돈을 찍어내는 승자와 패자를 가리는 일종의 숨바꼭질 게임을 하기 위해서다. 캉티용 효과의 승자(일명 '캔틸리오네어')는 호사를 누리는 반면, 다른 많은 사람들은 뒤처진다. 이러한 부의 격차는 자본주의의 결함이 아니라 법정화폐 팽창에 따른 필수적인 결과다.

정부가 통화 팽창이나 암묵적 과세에만 의존하는 것은 부의 불평등을 증폭시키는 장치를 최대치로 올리는 꼴이다. 아무도 달러로 저축할 수 없게 되고, 자산 가격은 급등하며, 부자는 더 부유해지고 가난한 사람은 더 가난해져, 결국 중산층이 사라져 버린다.

노골적인 세금은 부의 불평등을 쓸어내는 빗자루 역할을 하여 통화 팽창의 여파를 일부 흡수한다. 이는 캉티용 효과를 막지는 못하지만, 마치 한 번 짜낸 치약을 다시 튜브 안에 집어넣듯이 불평등의 빈 공간을 메우는 역할을 한다. 정치인들은 "보십시오, 우리가 부자들에게 세금을 부과하고 있습니다!"라고 말하며 실제로는 캉티용 효과를 통해 그들에게 더 많은 부를 몰래 안겨준다. 이는 마술사의 눈속임처럼, 부자들이 가난한 자들의 주머니를 몰래 털어가는 거꾸로 된 로빈 후드가 되는 걸 허용하는 셈이다.

## 인플레이션의 불공정성 숨기기

세 번째 이유는 노골적인 세금이 인플레이션이라는 실질적 세금을 가리는 투명 망토 역할을 하기 때문이다. 만약 정부가 단지 통화 팽창에만 의존한다면 대중은 투명성, 법률, 동의 없이 자신들의 부를 은밀히 빼앗기고 있다는 사실을 명확하게 알아차릴 것이다. 헨리 포드는 이렇게 말한 바 있다.

"사람들이 우리의 은행과 통화 체제를 이해한다면, 내일 아침이 오기 전에 혁명이 일어날 것이다."

즉, 현재 시스템의 불공정성이 만천하에 드러날 것이다. 다시 말해, 소득세, 판매세, 상속세, 양도소득세 등 노골적인 세금은 모두 실제 통화 체제의 작동 방식을 숨기기 위한 연막이다! 이는 겉으로는 캉티용 효과와 인플레이션으로 인한 도둑질을 억제하는 것처럼 속이면서, 우리가 화폐가치 하락이라는 진짜 세금을 알지 못하게 하는 교활한 방법이다. 세금은 커튼 뒤에 있는 마술사로부터 우리의 주의를 돌리기 위한 마술쇼와 같다. 권력자들의 거대한 환상을 영속시키기 위해 존재하는 부조리한 제도다.

어떤 의미에서 세금은 궁극적인 연막이다. 모든 세금을 없애고 국세청을 폐지하고, 수많은 불필요한 관료주의를 제거할 수 있다. 그러나 그렇게 하지 않는 이유는 사람들이 법정화폐의 환상에서 깨어날 수 있기 때문이다. 결국 세금은 우리가 현대 통화 시스템에 속고 있다는 것을 숨기기 위한 쇼, 즉 정부 수입을 위한 연극에 불과하다.

## 초인플레이션의 공포극

그렇다면 이 연극은 언제 끝날까? 바로 초인플레이션이 닥칠 때다. 초인플레이션은 통화 체제의 속임수가 폭로되는 순간으로, 재정적 환상과 그 뒤에 숨은 왜곡된 인센티브를 낱낱이 드러낸다.

바이마르 공화국이나 현대 베네수엘라처럼 초인플레이션에 시달리는 경제에서는 세금이 실제로 얼마나 무의미해지는지가 적나라하게 드러난다.

화폐 가치가 급속히 붕괴하면 세금 수입은 사실상 아무 의미가 없어진다. 결국 정부는 돈을 찍어내는 방식으로 수입을 만들 수밖에 없고, 인쇄된 돈이 주요 재원으로 사용된다. 과세 결정과 세금 징수 사이의 인플레이션 격차로 인해 납세자들은 납부를 미루게 되고, 이로 인해 세금을 징수할 때쯤이면 그 세금은 '루나Luna'나 '헥스Hex'처럼 가치가 없어져 버린다.

세금 징수원들의 급여 역시 인플레이션을 따라잡지 못하므로 그들은 존재의 위기에 직면한다. 세금을 걷으려는 그들의 노력은 사실상 시시포스의 형벌이 되어, 세입은 줄어들고 정부 입장에서는 의미가 없어지며, 관료주의적 조세 체계 전체가 마비된다. 정부는 돈을 찍어내는 것에 더욱 의존하게 되고, 이는 인플레이션 악순환을 가속화한다.

초인플레이션이 계속되면서 그동안 그림자 속에 있던 법정화폐의 진실이 수면 위로 드러난다. 세금이 수입 창출의 도구라는 정교한 거짓말은 폭로되고, 감춰져 있던 인플레이션 세금Inflation Tax의 부패한 영향이 명백해진다. 하지만 그 사회적 비용은 엄청나며, 이러한 금융 대재앙이 법정화폐의 종착역이라는 것은 비극 그 자체다.

비트코인은 이러한 암울한 경제 상황에 희망의 등불을 제공한다. 비트코인은 연극처럼 이어지는 격렬한 초인플레이션 사이클 대신, 정직하고 명확한 조세 체제 쪽으로 점진적인 전환을 가능하게 한다. 이러한 전환은 정부 지출에 현실적인 제약을 가하고 재정적 낭비를 억제하는 역할을 한다.

부디 이 전환 과정이 과거 역사에서 반복되었던 경제적 대재앙처럼 파괴적이고 참혹하지 않기를 바랄 뿐이다.

| 21장 |

# 부동산의
# 허황된 현실

**부동산은 법정화폐 기반**의 소유물이다.

엄청나게 비쌀 뿐만 아니라 관리하기도 어렵다. 본질적으로 부동산을 구입하는 것은 사실상 하나의 직업을 구하는 것이나 다름 없다. 이는 "당신이 소유한 물건이 결국 당신을 소유하게 된다"라는 영화 〈파이트 클럽〉의 명대사와 잘 어울린다. 더욱 문제가 되는 것은 부동산에 대한 권리가 제한적이라는 점이다.

정부는 사람들에게 부동산을 소유한다는 안정감을 주고 과세하기 쉽다는 이유로 부동산 가격을 인위적으로 올리는 것을 즐긴다. 주택담보대출과 세금우대 혜택을 통해 주택 소유는 정부가 자주 사용하는 '빵과 서커스(고대 로마에서 시행한 제도에서 유래한 단어로 복지를 통한 통제 전략을 지칭)' 게임의 도구가 되었다. 정부는 부동산을 이용해 사람들을 달래고 통제한다. 결과적으로 부동산은 중앙집권적이고 취약한 소유 형태를 나타내며, 정치인의 변덕에 좌우된다.

부동산은 이동성이 없어 과세가 용이하다. 이러한 과세의 편의성은 결국 정부가 소유자의 재산권을 침해할 수 있음을 의미한다. 이 장의 나머지 부분에서 설명하겠지만, 토지 소유권은 여러 면에서 약화되어 왔고 궁극적으로는 허상에 불과하다. 정부가 권한을 결정하며 그 권한은 극히 제한적이다.

## 누구도 토지를 진정으로 소유할 수 없다

정부는 무력을 앞세운 위협으로 과세 권력을 뒷받침한다. 이 위협에는 당신의 재산을 몰수하는 것도 포함된다. 당신은 땅을 소유하고 있다고 생각할 수 있지만, 실제로는 정부의 허가를 받아 독점적으로 사용할 뿐이다. 정부는 언제든 이를 빼앗을 수 있으며, 충분히 오랜 시간이 지나면 결국 그렇게 될 것이다.

토지 소유는 마치 회사의 법인 차량을 사용하는 것과 같다. 규칙을 준수하는 한 얼마든지 사용할 수 있지만, 소유권의 시기가 정해져 있고 실제 소유자를 만족시켜야만 유지된다. 모든 부동산의 진정한 소유자는 정부다.

그런 의미에서 부동산은 사실상 정부로부터 장기 임대를 받는 것과 같다. 정부가 실제 소유주이고, 우리는 부동산을 사용하기 위해 정부의 허가를 받아야 한다. 우리는 세금을 납부하고 승인된 방식만 토지를 사용할 수 있다. 하지만 정부가 마음에 들어하지 않는 방식으로 사용하면 토지를 빼앗길 수 있다. 또는 모든 규칙을 준수하고 정부가 원하는 모든 일을 했음에도 불구하고 정부가 그 토지가 필요하다고 판단하면, 언제든 가져갈 수 있다. 우리는 땅을 '소유'하고 있다는 착각에 빠져 있지만, 실제로는 '임차'한 것에 불과하다.

용도지역 지정 관련 법령Zoning Law은 정부가 부동산 사용을 제한하는 방법 중 하나다.[166] 토지가 특정 용도로 지정되면 해당 용도 이외의 다른 용도로는 사용할 수 없다. 예를 들어, 주거용으로 지정된 토지는 상업용으로 사용할 수 없으며 그 반대의 경우도 마찬가지다. 이는 특정 부동산에 다른 부동산보다 유리한 조건을 부여하기 때문에 토지의 가치를 변화시킨다. 용도지역 지정은 정부가 승자와 패자를 정하는 방식이다.

다른 정부 명령들과 마찬가지로 용도지역 지정도 강제력을 바탕으로 한다. 만약 실제 소유자인 정부의 심기를 건드리면, 당신은 회사 차를 빼앗기듯 당신의 토지를 빼앗길 수 있다.

더 나쁜 것은 정부가 '공정한 가격'에 토지를 빼앗을 수 있게 해주는 「강제수용법Eminent Domain Laws」이다. 정부는 거의 모든 이유로 당신의 토지를 빼앗을 수 있다.[167] 보통은 고속도로나 공항과 같은 '공공의 이익'을 명분으로 사용한다. 지난 20년 동안 특히 악명이 높았던 것은 '경제 개발'을 명목으로 한 토지 수용이다. 이는 한 집단으로부터 재산을 빼앗아 다른 집단에 넘겨주어 당국이 원하는 방식으로 재산을 '개발'하도록 하는 관행이다. 「강제수용법」 또한 승자와 패자를 나누는 행위이며, 정기적으로 남용된다.

토지 소유자의 재산권은 이러한 권력에 의해 심각하게 훼손된다. 안타깝게도, 중앙에서 재산을 통제하고 정치적 특혜로 분배하는 사회주의 국가에서는 토지 권리가 더욱 열악하다.

## 부동산의 희소성

이러한 모든 단점에도 불구하고 부동산 가격은 계속 상승하고 있다. 장기적으로 볼 때, 부동산은 통화 팽창이라는 정직한 척도에는 미치지 못하지만, 소비자물가지수$^{CPI}$를 능가하는 매우 좋은 투자처다.

그 이유는 부동산의 희소성 때문이다. 경제에 여유 자금이 유입될 때 그 돈은 희소한 자산으로 흘러가는 경향이 있다. 흔히 말하듯 '땅은 더 이상 만들어낼 수 없기' 때문에 부동산은 다른 덜 희소한 자산보다 가치가 더 빨리 상승한다.

또한, 부동산은 중앙은행이 지원하는 화폐 체제에서 특권적인 위치를 차지하고 있다. 부동산에 대해서는 특별한 대출이 가능하기 때문이다. 이는 내 집 마련이라는 '꿈'이 '성공'의 필수 요소로 포장된 결과물인데, 이 꿈은 수년간 빚의 노예 생활로만 이룰 수 있다. 그럼에도 불구하고 이는 합리적인 거래로 정당화된다. 주택 가격이 너무 높다 보니 저축만으로는 거의 살 수 없고, 그 공백을 메운 것이 바로 주택담보대출이며, 이것이 가격 상승을 더욱 부추겼다.

주택담보대출은 다른 소비자 대출과는 매우 다르게 취급되며 금리도 낮다. 주택담보대출 금리가 신용카드나 개인 대출에 비해 얼마나 낮은지 생각해 보자. 다른 대출에서는 받을 수 없는 대출 이자에 대한 세금 공제 혜택도 있다. 주택담보대출은 경제에 훨씬 더 많은 돈을 유입시키며, 이는 통화 팽창기에 집값이 급등하는 현상으로 나타난다. 부동산은 과거에 캉티용 효과의 중요한 수혜자였고 현재도 그렇다.

## 주택담보대출에 대한 착각

이 시점에 주택담보대출에 대한 오해를 바로잡을 필요가 있다. 대부분의 사람들은 주택담보대출이 누군가의 저축에서 나온다고 생각한다. 그들은 여러 사람이 당좌예금 계좌에 1% 이자율로 저축한 돈이 3% 이자율인 주택담보대출의 재원이 되고, 그 차액인 2%로 은행이 호화로운 은행 건물, 보안 시스템, 경비원, 금고, 현금인출기ATM를 운영한다고 생각한다. 그러나 사실은 그렇지 않다.

주택담보대출은 누군가의 저축에서 나오는 자금이 아니다. 대출자의 이익을 위해 은행이 새로 찍어낸 자금이다. 50만 달러짜리 주택을 구입하려면 보통 10만 달러의 자기 자본이 필요하다. 나머지 40만 달러는 누군가의 저축에서 나오는 것이 아니라 대출 시점에 은행이 새로운 화폐로 창출하는 것이다(일반적인 생각처럼 '예금'이 대출을 만드는 것이 아니라 대출이 되는 순간 차입자의 부채가 기록된 '예금'이 만들어진다는 개념으로, 주석의 참고문헌을 통해 대출과 지급준비금에 대한 상세한 내용을 확인할 수 있다).[168]

따라서 은행은 주택담보대출에 대해 기회비용을 고려할 필요가 없다. 은행은 예금이 얼마나 예치되어 있느냐와 상관없이 원하는 만큼 대출을 실행할 수 있다.

결국 은행이 부담하는 유일한 위험은 채무 불이행(디폴트)이며, 그마저도 주택담보대출 보험으로 보장된다. 특히 패니메이(Fannie Mae, 미국 연방저당권협회의 약칭)는 특정 기준에 부합하는 모든 주택담보대출을 매입해 준다.[169] 은행(또는 패니메이)은 새로 창출한 돈으로 해준 대출을 통해 이자를 받으므로 이익을 얻고, 패니매이에 대출을 매각할 경우 위험 부담조차 지지 않는다. 대출자는 계약금의 5배 이상 레버리지를 일으켜, 원래는 살 수 없었던 주택을 구입할 수 있다는 점에서 이득을 얻는다.

그렇다면 손해를 보는 건 누구일까? 바로 달러로 가치를 저장하고 있는 모든 사람이다. 외국의 중앙은행부터 침대 밑에 돈을 숨겨둔 사람, 심지어 북한의 고아에 이르기까지 누구든 달러를 보유하고 있다면 그 가치가 희석되어 손해를 입는다.

따라서 은행은 모든 적격 주택담보대출을 실행할 때마다 위험 없이 이익을 얻기 때문에, 가능한 한 많은 대출을 취급하려 한다. 2008년 서브프라임 모기지 사태가 발생한 이유도 은행이 대출을 감당할 수 없는 사람들에게까지 돈을 빌려주었기 때문이다. 은행은 지속적으로 통화 공급을 확장할 인센티브를 가지고 있으며, 새로 창출되는 화폐의 가치는 그들에게 전혀 신경 쓸 문제가 아니다.

주택담보대출은 새로 발행된 화폐에 대한 접근성을 제공하기 때문에, 개인 소비자들이 캉티용 효과의 혜택을 누릴 수 있는 몇 안 되는 방법 중 하나다. 부동산은 통화 확장에 의한 혜택을 가장 많이 받는 자산이다. 왜냐하면 주택담보대출은 다른 대출보다 더 쉽게 받을 수 있고, 새로운 대출은 반드시 부동산을 구매하는 데 쓰이기 때문이다. 주택담보대출이 많아지면 부동산에 대한 수요가 증가하고, 그 결과 부동산 가격은 경제 내 다른 재화들보다 더 많이 상승하는 경향이 있다. 부동산은 캉티용 효과의 혜택을 가장 먼저 받는 셈이다.

## 가치저장 수단으로서의 부동산

이 독특한 캉티용 효과로 인해 부동산이 장기적으로 가치를 저장하는 좋은 선택이라는 집단적 인식이 형성되었다. 여기에 부동산의 희소성까지 결합하면서, 주택 가치는 앞으로도 계속 상승할 것이라는 인식이 널리 퍼졌다.

그 결과 인플레이션을 감안하더라도 주택 가격은 훨씬 더 비싸졌다. 이를 측정하는 방법 중 하나가 소득 대비 주택 가격 비율이다. 1970년대에는 이 비율이 약 4배였다.[170] 즉, 평균적인 사람은 연간 소득의 4배에 해당하는 돈으로 주택을 구입할 수 있었다. 하지만 2022년에는 이 비율이 약 8배로 증가했다. 이렇게 큰 프리미엄은 가치저장 수단으로서의 효용성에서 비롯된다. 사람들은 단순히 거주하거나 생산에 사용하기 위해서가 아니라, 가치를 저장하기 위해 부동산을 원한다.

이 현상은 중국 시장에서 가장 분명하게 드러난다. 중국에서는 토지와 부의 연관성이 매우 강해서 첫 번째 주택을 구매하는 사람보다 두 번째 주택을 구입하는 사람이 더 많다.[171] 심지어 세 번째 주택을 구매하는 사람도 첫 번째 주택을 구매하는 사람만큼 흔하다. 이들의 주된 투자 동기는 휴가용 별장을 원해서가 아니다. 대부분은 두 번째와 세 번째 주택에 한 번도 거주한 적이 없다. 주된 투자 동기는 주택이 인플레이션으로 인한 자산 가치 하락을 방어하는 좋은 수단이기 때문이다.

그 결과, 필요 이상으로 많은 주택이 건설되었고, 그 과정에서 막대한 레버리지가 동원되었다. 따라서 중국에서는 미완성 건물뿐만 아니라 도시 전체가 빈 건물로 가득 찬 곳도 볼 수 있다.[172] 이는 자본을 파괴하는 왜곡된 투자이며 중국 전역에 만연해 있다. 특히 인구 증가세가 급격히 둔화된 나라에서 주택이 너무 많은 것은 위험 요인이 된다.

## 법정화폐가 만들어낸 건축물

아이러니하게도 이렇게 많은 돈이 부동산에 유입되고 있지만, 주택의 수명은 그 어느 때보다 더 일시적이다. 대부분의 주거용 주택은 약 40년마다 철거되고 재건축되며, 인기 있는 지역에서는 그 주기가 더 짧다.[173] 주택에 사용되는 재료들도 내구성이 부족하다. 이처럼 주택은 법정화폐 체제가 조장한 높은 시간 선호 성향을 반영한다.[174]

건물 자체의 품질도 화폐가치와 함께 하락했다. 그 이유 중 하나는 대부분의 경우 토지를 개발하는 사람들이 실제로 그 집에 사는 사람들과 분리되어 있기 때문이다. 개발업자들은 주택을 대량으로 생산하고 품질이 떨어지는 건물을 공급한다. 법정화폐로 인한 인위적인 수요가 넘치도록 많기 때문이다. 주택 소유자는 결국 빚을 지게 되고, 열악한 품질의 집을 떠안게 된다.

이는 건전한 화폐 체제에서 지어진 건물과 뚜렷이 대조된다. 유럽의 많은 마을에서는 돌로 지어진 집들이 수 세기 동안 버텨 왔다.[175] 지금 지어지는 대부분의 주택은 그만큼 오래 지속될 가능성이 거의 없다.

## 비트코인과 부동산

부동산의 가치저장 프리미엄은 법정화폐가 존재하는 한 지속될 가능성이 높다. 주택담보대출은 정치적으로 특혜를 받고 있으며, 법정화폐 체제가 지속되는 한 계속해서 보조금 혜택을 받을 것이다. 다른 자산에 비해 부동산이 지닌 여러 가지 장점이 법정화폐 체제 아래에서 사라질 가능성은 거의 없다.

그러나 비트코인 본위제 아래에서는 부동산이 더 저렴해지고 구입하기 쉬워질 가능성이 높다. 주택 마련을 위한 대출이 늘면서 수요가 증가했고, 그로 인해 주택 가격이 높아졌다. 하지만 주택담보대출에 대한 지원을 없애면 수요가 줄어들어 주택 가격이 낮아질 것이다. 또한, 주택 구매자들이 레버리지를 일으켜 집을 살 수 없게 된다. 이는 미래의 소비를 앞당기는 행동인데, 비트코인과 같은 시스템에서는 대출이 기회비용을 수반하므로 이런 행동이 불가능해진다. 3%의 이자율로 대출을 받는 대신, 현금 흐름이 긍정적인 기업에 투자하는 것이 더 유리해질 것이다. 건전한 화폐 체제에서는 금리가 훨씬 더 높아져 대출로 집을 구입하는 사람이 줄어들고 수요가 감소할 가능성이 높다.

따라서 주택을 구입하려면 실제로 저축을 먼저 해야 하고 구매에 대한 시간 선호도를 낮춰야 한다. 개발업자들이 무분별하게 집을 짓는 대신, 더 잘 지어 오래 사용할 수 있는 맞춤형 주택이 늘어날 가능성이 크다. 결국, 주택의 품질은 향상되면서 비용은 줄어들 것이다. 사람들이 부동산 대신 비트코인을 가치저장 수단으로 사용한다면, 더 많은 사람들이 더 적은 비용으로 주택을 소유할 수 있을 것이다.

이런 변화가 조만간 일어나기를 바란다.

| Fiat Ruins Everything |

## 부동산 시장에 등장하게 될 아이디어 10가지

01. 계약금 없이 콘도를 구매하고 현금으로 환급도 받는 제도.

02. 2% 수익률을 얻기 위해 수탁기관에 집을 빌려주고, 그들이 파산할 때 집을 잃는 상품.

03. 억압받는 집단이 점유할수록 더 빨리 성립되는 무단 점유권.

04. 백신 접종을 거부하는 사람들에게서 부동산 몰수하기.

05. 첫째 아이를 담보로 요구하는 민영 주택담보대출 보험.

06. 화석 연료 지지자들의 토지를 빼앗는 「강제수용법」.

07. 남성에게만 부과되는 부동산세.

08. 솔라나 네트워크가 다운되면 집에 접근할 수 없게 되는 스마트 계약 기반의 집.

09. "이 집에서 우리는 □□을 믿습니다"라는 정치적 현수막을 내걸면 부동산세 할인.

10. 앞으로 30년간 예상되는 탄소 배출량에 대해 사전에 과세되는 주택세.

| 22장 |

# 법정화폐는 모든 것을 정치화한다

**난 정치가 싫다.**

정치는 승자가 규칙을 정하는 기이한 제로섬 게임이다. 모든 것이 결과가 아닌 의도로 평가된다. 엔지니어인 나는 현실은 중요하지 않고 다수의 의견이 사실을 압도할 수 있다고 암묵적으로 주장하는 정치가 무척 불쾌하다. 현대 정치는 우리의 의견이 중요하다고 느끼는 집단적인 망상이다. 정치를 논할 때면 모두가 모든 것을 안다며 똑똑한 척하는 거만한 십 대로 변한다.

더 나쁜 것은 이 모든 가식과 그럴듯한 지적 논쟁이 판을 치고 있다는 점이다. 듣기에 그럴듯한 것이 실제로 효과 있는 것을 이기고, 이 게임에서 이길 수 있는 사람은 가장 반사회적인 성향을 가진 이들이다. 결국 선전이 현실을 압도하고, 그런 태도는 마치 해

변에서 놀고 난 뒤면 옷 구석구석에 모래가 묻는 것처럼 사회 전반에 침투한다.

문제는 법정화폐로 인해 과거보다 정치가 더욱 중요해졌다는 점이다. 이제 정치는 무에서 유를 창조하는 능력이라는 엄청나게 가치 있는 상을 갖게 되었다. 이러한 허세, 인식, 선전의 게임은 사람을 죽이고, 물건을 훔치고, 문명을 파괴한다. 정치는 문명을 갉아먹으며, 더 많은 좀비를 만들어 파괴를 증폭시키는 좀비 떼와 같다.

이 장에서는 오늘날 우리 사회가 얼마나 끔찍해졌는지, 그리고 현대 사회의 거의 모든 것이 어떻게 정치화되었는지 살펴본다. 어떤 의미에서 정치는 우리 삶에 침투한 하나의 악이며, 이것이 현대 사회가 분열되고 조종당하는 것처럼 느껴지는 이유다.

## 거대한 금융화

우리는 거의 모든 것이 금융화되는 것을 목격했다. 이 책의 다른 장에서 이미 살펴보았듯이 교육, 의료, 부동산, 기업, 심지어 개인 재산까지 모두 법정화폐에 오염되어있다. 이러한 것들이 금융화되고 있다는 것은 이들을 둘러싼 수많은 대출과 보험 상품을 통해 알 수 있다. 학자금 대출, 주택담보대출, 건강보험, 회사채, 자동차 할부, 실업보험, 심지어 생명보험까지, 이 모든 것이 금융화와 정부의 깊숙한 개입을 보여주는 증거다. 이제 거의 모든 자산이 단기적인 소비와 무분별한 투기에 활용될 수 있게 되었다. 이는 마치 모든 자산을 라스베이거스 도박장의 칩으로 바꾸는 것과 같다. 모든 것이 경제에 더 많은 돈을 끌어들이기 위한 지렛대로 전락했다.

대출과 보험은 법정화폐 체제의 톱니바퀴다. 대출은 새로운 돈을 창출하고, 보험은 이러한 대출에서 발생하는 모든 레버리지를 처리하는 통로다. 대출과 보험은 다양한 방식으로 강자에게 세금을 부과하고, 약자에게 보조금을 지급하며, 권력자의 이익을 보호한다. 각 산업이 금융화될수록 더 많은 지대 추구자를 만들어 내고, 더 많은 사람들이 가치를 제공하기보다는 단지 소비를 위해 레버리지를 사용하려 한다. 금융화된 세상에서는 모두가 "오늘 햄버거를 주면 화요일에 기꺼이 돈을 갚을게"라고 말하는 〈뽀빠이〉 만화의 윔피처럼 된다.

금융화는 사실 법정화폐가 지배권을 장악하고, 산업이 정부의 통제하에 놓이게 되는 과정이다. 기업들은 혁신하기보다 이를 따르는 것이 훨씬 쉽기 때문에 이에 동조한다. 고객을 만족시키기 위해 노력할 필요가 없다면, 왜 노력해야 할까? 기업 복지는 일반 복지와 본질적으로 다르지 않다. 단지 훨씬 더 비쌀 뿐이다. 두 가지 모두 사람들을 생산적으로 만들거나, 가치를 제공하도록 만드는 인센티브를 제거한다. 그 결과, 금융화된 모든 산업은 정부 보조금으로 살찌는 미국 차량관리국처럼 서서히 비효율적으로 변해간다.

금융화의 문제는 낮은 생산성에만 그치지 않는다. 더 큰 문제는 금융화된 기관과 그곳에서 일하는 모든 사람들이 국가의 지지자가 되고, 심지어 대리인이 된다는 것이다. 이는 일단 왕의 동전을 받으면 왕의 사람이 되는 것과 같다.

## 시장을 어지럽히는 금융화

금융화가 필요한 실질적인 이유는 원래라면 파산했어야 하는 기업을 지탱해 주기 위해서다. 기업에 돈을 빌려주거나 고객이 해당 산업의 제품을 구매하도록 돈을 빌려주면, 그 산업 전체가 보조금을 받게 된다. 이런 기업들은 계속 문제를 일으키며 매번 가족에게 구제받는 문제아와 다를 바 없다. 금융화는 평범함을 장려한다.

다시 말해, 법정화폐가 개입하면 실력은 뒷전으로 밀려나고 보조금과 관련된 정치적 고려가 앞서게 된다. 시장의 힘으로 더 나은 상품과 서비스를 만들기보다, 품질이 떨어지는 상품과 서비스가 살아남아 품질 부족을 보완하기 위해 더 저렴한 가격에 판매된다. 보조금은 상품과 서비스의 질을 저하시킨다. 팬데믹 기간에 왜 상품과 서비스의 질이 훨씬 더 나빠졌는지 궁금하다면, 바로 여기에 답이 있다. 인플레이션에 의해 보조금을 받은 평범한 제품과 서비스가 시장에 남았기 때문이다.

그 대신 정치적 고려사항이 우선시된다. 2022년 기준으로 미국에서는 경영진의 인종과 성별이 얼마나 다양한지, 제품이 얼마나 환경친화적인지, 우크라이나 전쟁을 얼마나 지지하는지 등이 이러한 고려사항에 포함된다. 이러한 정치적 고려사항들은 ESG(환경, 사회, 지배구조)로 불리며, 이는 수익을 내는 것과는 아무 관련이 없고 오로지 인식, 정치적 압박, 선전·선동과 관련이 있다.[176] 즉, 정부는 자신들의 권력을 더 강화하기 위해 업계에 자신들의 꼭두각시를 만들어냈다.

물론 이는 새로운 일이 아니다. 과거의 다른 정치 체제에서도 산업계는 전쟁 수행, 민족 차별, 인종 청소, 그보다 더 끔찍한 일에 동조해야 했다. 정부가 권위주의적일수록 더 많은 순응을 요구하며, 나치와 공산주의자는 19세기 황금만능주의 시대의 미국 정부보다 훨씬 더 높은 수준의 정치적 순응을 요구했다. 산업의 정치화는 정부가 얼마나 권위적으로 변해 가는지를 나타내는 지표다. 그리고 분명히, 미국 정부는 점점 더 권위적으로 변하고 있다. 코로나19 기간에 벌어진 봉쇄, 백신 의무화, '흑인의 생명도 소중하다BLM: Black Lives Matter' 운동, 우크라이나 전쟁만 봐도 알 수 있다.

정치적 동조를 얻기 위한 주요 도구는 돈이다. 금융화는 권력자와 산업 전체의 유착을 보장한다. 모든 산업이 돈을 찍어내는 권력자들에게 매수되고 노예가 된다. 말할 필요도 없이 이는 국민에게 이롭지 않다. 이 모든 것을 지탱하기 위해 자신들의 저축을 깎아가며 무거운 부담을 떠안아야 하기 때문이다.

## 권력자들

―

권력을 쥔 사람들의 인센티브 구조는 실제로 국민에게 이로운 것과는 심각하게 어긋나 있다. 선출직 공무원은 일반적으로 임기가 길지 않기 때문에 매우 단기적인 목표에 집중하는 경향이 있다. 즉, 그들은 대체로 시간 선호도가 높으며 정치의 구조도 이와 같다. 정부는 하루 벌어 하루 먹고사는 수많은 사람들과 마찬가지로, 내일을 생각하지 않고 오늘의 청구서만 처리한다.

나는 1988년에 처음으로 미국 대통령 선거에 관심을 가졌다. 내가 지켜본 모든 대통령 선거는 '우리 인생에서 가장 중요한 선거'로 불렸다. 그것도 어느 한쪽 진영만이 아니라 양쪽 모두 이렇게 말하며 사람들의 불안감을 조장했다. 정치인들은 수입의 대부분을 복권 사는 데 쓰는 바보보다 시간 선호도가 더 높다.

요즘 일주일 이상 지속되는 정치 스캔들이 몇 개나 될까? 이번 주에는 세상을 뒤흔드는 듯 보였던 사건도 3주 후면 사람들의 뇌리에서 사라진다. 권력을 쥔 자들은 다람쥐처럼 집중력이 짧다. 정치인들에게 중요한 것은 바로 지금이고, 내일 문명이 어떻게 될지에 대해서는 거의 관심이 없다.

## 권력에 대한 맹목적 복종

―

이렇듯 권위자들에게 신중함이나 지혜가 명백히 결여되어 있음에도 불구하고, 사람들은 여전히 그들의 의견을 놀라울 정도로 존중한다. 결국 대부분의 사람들 역시 매우 충동적이고 무분별하게 변해 간다. 일반적으로 충동적이고 무책임한 사람을 정치적 리더로서 신뢰하지는 않겠지만, 사람들은 정부가 가진 막강한 권력 때문에 그들에게 복종한다. 불복종하면 사회적으로 매장되거나 더 심각한 불이익을 겪을 수 있기 때문이다. 금융화는 모든 것을 잠식했고, 불복종은 경제적 죽음을 의미한다.

이런 측면에서 대기업의 모든 CEO는 사실상 정치인이다. 그들은 대출을 통해 새로 발행된 돈을 마음대로 쓸 수 있기 때문에 사람들에게 특혜를 베풀 권력을 가진다. 이 자리가 이렇게 정치화된 것은 놀라운 일이 아니다. 오늘날 CEO에게는 좋은 제품을 만드는 것보다, 돈을 찍어내는 권력자들에게 환심을 사기 위한 마케팅이 훨씬 더 중요하다.

이제 기업은 시장에서 경쟁하는 대신 권력에 의존한다. 많은 산업에서 수십 년 동안 혁신이 거의 또는 전혀 이루어지지 않았다. 규정을 준수하지 않는 것은 자살 행위이고 보조금은 정체를 의미한다. 이런 환경에서 기업이 성장하기는 어렵다.

그렇다면 결국 누가 피해를 볼까? 지역사회나 사회 전체가 기업의 상품을 통해 혜택을 받는 것이 아니라, 권력자들이 모든 혜택을 독차지하게 된다. CEO, 정치인, 투자은행가는 우리의 비용으로 그들의 뜻을 관철시키고 은행 계좌를 채운다.

권력자들은 대중의 희생으로 원하는 것을 얻는다. 정치와 같이 잘못 꼬여있는 시스템에서 이는 일반적으로 가치의 파괴를 의미한다. 지대 추구자들은 누구에게도 실질적 가치를 제공하지 않으며, 자신의 이익을 위해 다른 사람의 돈을 소비한다. 이 과정에서 종종 더 많은 지대 추구 일자리를 만들어내기도 한다! 그리하여 좀비 떼는 점점 불어난다.

새로운 혁신 대신, 규제가 기존 업체들을 위해 경쟁을 차단하는 장치로 쓰인다. 원자력 발전은 1970년대 이후로 발전하지 못했고,[177] 항공산업들도 마찬가지다. 1971년 이후 정치적 게임이 번성한 것은 바로 법정화폐 때문이다.

안타깝게도, 금융화는 화폐 발행의 권한을 정치적으로 연결된 이들에게 넘겨주었다. 유용한 재화나 서비스를 만드는 것보다 정치권과 친해지는 것이 더 큰 보상을 가져온다. 이는 마치 미식축구에서 구단주와 친하다는 이유만으로 쿼터백을 뽑는 것과 같다. 이렇게 해서 성공, 발전, 번영이 이뤄질 리가 있겠는가?

## 비트코인과 정치

이 모든 이야기가 다소 우울하게 들린다면, 그것이 사실이기 때문이다. 금융화가 너 심해지고, 보조금이 너 풍부해지고, 정치가 사회전반을 잠식했다는 것에는 의심의 여지가 없다. 하지만 이 모든 가치 파괴의 흐름에 역행하는 단 한 가지가 있다. 바로 비트코인이다.

우리는 2017년 블록 크기 전쟁에서 비트코인이 다르다는 것을 확인했다.[178] 한쪽은 강력한 인맥을 가진 CEO 그룹으로, 이들은 비트코인이 어떤 모습이어야 하는지 합의를 이끌어내고, 프로토콜을 변경하여 비트코인을 재정의하고 통제하려 했다.

반대편에는 사용자들이 있었다. 이들은 정치에서는 무시당해도 되는 존재였다. 정치의 영역에서 이들은 기껏해야 선전에 쉽게 조종되는 대중일 뿐이었고, 최악의 경우에는 매장될 수도 있는 사람들에 지나지 않았다.

외부 관찰자라면 당연히 권력을 쥔 기업들이 승리할 것으로 예측했을 것이다. 그들은 단연 뛰어난 정치꾼들이었고, 어떤 지배구조에서든 권력을 장악하는 방법을 잘 알았기 때문이다. 이는 마치 프로 미식축구팀이 지역 고등학교의 2군팀과 맞붙는 경기와 같았다. 정치적 권력 게임을 잘하는 쪽이 원하는 바를 쉽게 얻을 것처럼 보였다. 규제를 통해서든, 보조금을 통해서든, 매장을 통해서든, CEO들은 원하는 것을 얻을 수 있는 온갖 수단을 가지고 있었다.

하지만 이상한 일이 일어났다. 2군팀이 승리하기 시작한 것이다. 그 이유는 비트코인에는 중앙 권력이 없었기 때문이다. 뇌물을 줄 집단도 없었고, 호소할 운영위원회도 없었다. 그들은 시장, 대중, 사용자들을 직접 상대해야 했다. 비트코인에는 자신들에게 유리한 규칙을 바꿀 수 있는 권력을 가진 중앙 권위나 조직이 없었기 때문에, 그들만의 방식으로 게임을 유리하게 만들 수 없었다. 그 결과, 우리는 그들이 프로 축구팀이라기보다는 심판을 자신들의 편으로 만드는 자들에 불과했다는 사실을 알게 되었다. 비트코인은 마침내 이러한 사기꾼들을 공정한 경기장에 세웠다.

그리고 사용자들, 대중, 시장이 이에 반응했다. 그들은 "아니요"라고 말했고, 결국 승리했다.

## 비트코인은 반정치적이다

많은 사람들이 기업과 권력자들의 편에 베팅했다. 이들은 선전과 정치에 관해서는 노련한 전문가들이었기에, 트위터의 평범한 사람들을 이길 방법을 분명히 찾아낼 거라고 생각되었다. 하지만 그들은 실패했다. 기업들은 비트코인을 바꿀 수 없었다. 비트코인은 달랐기 때문이다. 비트코인의 규칙은 사용자들이 결정했으며, 게임의 규칙은 너무나도 공정하고 평등했다. 이는 심판을 조종하는 데 익숙한 사람들에게는 불리하게 작용했다.

비트코인 사용자들은 프로토콜 변경뿐만 아니라, 대리인을 통해 자신들을 대표하려는 모든 시도에 저항했다. 2017년 당시 대형 거래소의 CEO들은 자신들이 많은 사용자를 보유하고 있기 때문에 비트코인의 향방을 결정할 수 있다고 생각했다. 하지만 시장, 특히 선물 시장은 명확하고 강력하게 "그렇지 않다"라고 말했다. 모든 돈과 정치적 영향력이 한쪽에 쏠려 있었음에도 불구하고, 결국 평범한 사람들이 이겼다. 사용자들은 중개자나 신뢰할 수 있는 제3자를 통하지 않고 시장을 통해 직접 목소리를 냈다. 결국 사용자들이 진정한 프로 미식축구팀이었으며, 기업들은 심판을 매수하는 데 특화된 2군팀이었다는 사실이 드러났다. 평범한 사람들이 이겼고 그다지 접전도 아니었다.

비트코인은 반정치적이다. 비트코인은 규칙을 변경하려면 모든 사용자의 합의가 필요하기 때문에 정치적 과정에 저항한다. 소수의 의견으로도 규칙 변경에 반대할 수 있다. 심판이나 운영 위원회를 매수할 여지가 없다. 비트코인은 정치적인 영향을 받지 않는다.

이를 알트코인과 대조해 보면 그 차이가 명확하게 드러난다. 알트코인은 완전히 정치적 차원에서 운영되며, 대규모 선전 캠페인을 통해 대중의 인식을 통제한다. 그들은 자신의 코인을 좋아 보이게 하는 것에는 무조건 보조금을 지급하는 반면, 자신의 코인을 나쁘게 보이게 하는 것에 대해서는 공포, 불확실성, 의심을 퍼뜨린다.

알트코인은 창시자나 재단과 같은 권력자에게 전적으로 의존한다. 그들은 인플루언서들에게 뇌물을 주고 지대 추구 자리를 제공하며.[179] 사람들에게 좋은 일이라고 속이며 그들의 돈을 빼앗는다.

내 말이 의심스럽다면 직접 사고 실험을 해보자. 알트코인이 2017년의 세그위트SegWit2x 합의에 저항할 수 있었을까? 답은 "아니요"다. 알트코인의 책임자들이 결정했을 것이고, 그게 끝이었을 것이다. 실제로 세그위트와 유사한 합의는 알트코인 세계에서 항상 일어나고 있다. 이를 하드포크라고 하며, 이는 이러한 코인들이 얼마나 중앙화되고 정치적인지를 보여준다.

## 비트코인은 미국 헌법이 지향했던 이상이다

―

흥미롭게도, 합의에 기반한 의사결정은 원래 미국 헌법의 설계 원리였다. 법안 하나조차 통과되기가 매우 어렵게 설계되었고, 한때는 상원의원 단 한 명이 입법안을 무산시킬 수도 있었다. 이는 모든 변화와 모든 법이 이에 영향받을 모든 사람을 고려해야 한다는 것을 의미했다. 모든 사람의 만족을 얻지 못하면 법안은 통과되지 못했다. 그러나 견제와 균형이 계속 약화되면서 이런 상황은 바뀌었다. 경제, 혁신, 발전이 점점 더 정체되는 와중에도 규칙 변경은 점점 더 쉬워졌다.

미국 정부와 달리, 비트코인은 모든 사람이 발언권을 가진다는 이상을 실현한다. 비트코인에서는 당사자의 동의 없이 재산을 빼앗을 수는 없다. 냉소적으로 말하면, 정치는 다수의 합의로 소수의 것을 빼앗는 체제화라고 할 수 있다. 하지만 비트코인에서는 그것이 불가능하다. 바로 이러한 이유로 비트코인은 반정치적이다.

만약 당신이 정치를 싫어한다면, 비트코인을 사랑하게 될 것이다.

5부

# 세계화의 인센티브를 파괴하는 법정화폐

Fiat
Ruins
Every
thing

Fiat Ruins Everything

| 23장 |

# 세계화를 망가뜨린 법정화폐

**2부, 3부, 4부에서** 법정화폐가 개인, 기업, 국가 차원에서 해로운 인센티브를 만들어내는 다양한 방식을 살펴보았다. 법정화폐 체제로 인해 우리는 그 어느 때보다 고립되고, 직장과 지역사회에 대한 만족도가 떨어지며, 점점 더 권위주의적인 정부 아래에서 좀비처럼 운명론적인 삶을 살아가고 있다. 5부에서는 법정화폐가 어떻게 전 세계적으로 끔찍한 인센티브를 만들어내는지에 대해 탐구할 것이나.

2부, 3부, 4부에서는 개인, 기업, 국가가 법정화폐의 영향을 받는 방식에 대해 일반적으로 논의했다. 여기에서는 우리가 사는 세상은 하나뿐이고, 일반론을 펼칠 필요가 없기 때문에 훨씬 더 구체적으로 다룰 것이다. 따라서 세계의 금융 인센티브가 현재와 같은 방식으로 형성된 이유를 이해하기 위해 몇 가지 역사적 맥락부터 살펴볼 것이다.

## 브레턴우즈 체제

전 세계 법정화폐 체제의 인센티브 분석은 오늘날 우리가 살고 있는 세계를 형성한 주요 역사적 사건 중 하나인 1944년 브레턴우즈 협정에서 시작된다.[180] 그 중요성에도 불구하고 이 협정에 대해 아는 사람은 거의 없으며, 이 협정이 세계 경제를 어떻게 변화시켰는지 이해하는 사람은 더욱 드물다.

브레턴우즈는 1944년 전 세계 각국의 정부 관료들이 '새로운 통화 세계 질서'를 수립하기 위해 모인 미국 뉴햄프셔주의 작은 마을이다. 이 말이 불길하고 음산하게 들린다면, 실제로 그렇기 대문이다. 이 회의는 단순한 경제적 논의가 아니라 전 세계적으로 경제와 금융 체계를 근본적으로 변화시키고, 여러 나라의 주권과 권력을 중앙화하려는 시도였다.

이 회의는 제1차 세계대전에서 발생한 문제들을 해결하기 위해 열렸다. 전쟁 배상금 지급과 제1차 세계대전 이후 다시 도입된 금본위제의 결함은 많은 국가의 경제에 엄청난 피해를 입혔고, 결국 제2차 세계대전으로 이어졌다. 제1차 세계대전 이전의 금본위제로 돌아가는 것은 모든 국가가 이미 익숙해진 중앙은행의 화폐 통제와 조화를 이루기 어려웠기 때문에, 이 회의에서는 이를 대체할 수 있는 화폐 체제를 구축하기 위해 노력했다.

주요 문제는 모든 국가가 금의 신뢰성을 원하면서도, 중앙은행이 유발하는 인플레이션을 통한 은밀한 과세를 원했다는 것이다. 그들은 금의 신뢰성을 유지하면서 법정화폐의 힘을 갖기를 원했다. 그들이 고안한 해결책은 바로 금 상환 방식에 간접적인 단계를 추가하여 그 두 가지를 동시에 해결하려는 것이었다.

제1차 세계대전 이전에는 은행에서 금을 직접 교환할 수 있었다. 예를 들어, 미국에서는 20.67달러를 금 1온스로 교환할 수 있었고,[181] 영국에서는 4.25파운드를 금 1온스로 교환할 수 있었다.[182] 각국의 통화는 금으로 뒷받침되었고, 금본위제는 화폐를 희소하게 유지하는 역할을 했다. 대부분의 통화는 금으로 뒷받침되었고, 금이 표준이었기 때문에 외환 거래는 간단하고 안정적이었다.

하지만 중앙은행이 출현하며 이 상황을 바꿔 놓았다. 일부 중앙은행들은 보유한 준비금보다 훨씬 많이 돈을 써버렸고 결국 금과의 태환convertibility을 중단해야 했다. 특히 제1차 세계대전 중에 중앙은행들이 금본위제를 지키려 많은 화폐를 발행했지만, 결국 금과의 태환을 약속한 미래의 신뢰성은 불확실해졌다. 중앙은행들은 너무 많은 돈을 발행해 파산했고, 금으로 태환할 수 없는 통화는 할인된 가격에 거래되었으며, 결국 초인플레이션이 뒤따랐다.

국제무역에서는 금본위제를 유지하는 것이 바람직했다. 일례로 유럽의 황금기인 벨 에포크 시대는 크게 번영했었다. 금은 외환 거래를 훨씬 쉽게 만들었고, 그 희소성으로 인해 어느 한 국가가 부정행위를 하기 어려웠다.

그러나 브레턴우즈 협정 당시, 전 세계 금의 약 4분의 3이 미국에 있었다. 이는 미국이 다른 나라들과 무역에서 대규모 흑자를 기록했기 때문이다. 미국은 전쟁 중인 국가들에 물자를 공급해 주고, 그 대가로 금을 받아 무역 균형을 맞추었다. 결국 그 국가들에 금이 바닥나자 미국은 대신 이들에게 돈을 빌려주었다. 제2차 세계대전에 참전 중이었던 유럽 국가들은 전쟁을 치르느라 대규모로 지출을 거듭해 순 소비 상태였다. 따라서 미국은 금을 독점할 수 있었고,[183] 마치 커다란 차이로 칩 보유량에서 앞서 나가는 포커 플레이어처럼 협정 진행에 막대한 영향력을 행사할 수 있었다.

브레턴우즈 회담에서 미국 대표들은 영리한 해법을 택했다. 엄격한 금본위제로 돌아가는 대신, 미국은 다른 모든 국가에 달러를 금 대체물로 제공하는 금환본위제를 도입했다. 이제 달러는 국제 무역의 결제 통화가 되었다. 미국은 온스당 35달러로 달러와 금의 교환을 보장했지만, 이는 다른 국가의 중앙은행들에 한해서만 적용되었다. 브레턴우즈 협정 11년 전, 미국 시민들은 프랭클린 D. 루스벨트 대통령의 행정명령 6102호에 의해 달러의 금 태환이 이미 금지되어 있었다.[184]

브레턴우즈 협정은 금 대신 달러를 국제 무역의 기축 통화로 확립했고, 그 결과 미국은 경제적 패권을 쥐게 되었다.

## 달러 패권

—

금본위제가 잘 작동한 이유는 어느 정부도 부정행위를 할 수 없었기 때문이다. 국제 무역 수지의 균형을 이루기 위해서는 실제 금의 이동이 필요했기 때문에, 화폐를 과도하게 발행하면 금이 국외로 유출되어 결국 국가 파산으로 이어질 수 있었다.

금환본위제는 달러의 금 전환성이 미국의 과도한 화폐 발행에 대한 안전장치 역할을 하며 비슷한 이점을 제공할 것으로 예상되었다. 그러나 이 안전장치는 1960년대 후반이 되어서야 실제로 시험대에 올랐다. 금환본위제는 미국에 달러를 찍어낼 수 있는 특별한 능력을 부여했으며, 실물 금으로 뒷받침되지 않더라도 다른 모든 나라가 이를 받아들여야 했다. 금은 국제 무역 수지 결제에서 더 이상 실제로 운송되지 않았고 달러가 대신 사용되었다.

모든 국가가 무역 결제에 달러를 사용하게 되면서 미국은 전 세계를 지배하게 되었다. 미국은 달러 공급을 확대할 수 있는 유일한 국가로서 달러를 기준으로 하는 국가들에 대한 통화 지배력을 가졌다. 사실상 경기장의 선수이자 심판이었으니, 그 공정성을 짐작할 수 있을 것이다.

어떤 의미에서 제2차 세계대전 이후 두 초강대국은 각각의 영향권을 통제하기 위해 서로 다른 전략을 사용했다. 소련은 전쟁, 스파이 활동, 음모를 통해 자신의 영향력 범위를 확장했고, 미국은 화폐 제국주의를 통해 영향력 범위를 확장했다. 결과적으로 달러를 이용한 미국의 소프트 파워가 소련의 강압적인 전쟁과 스파이 활동이라는 전술보다 훨씬 더 효과적이었다. 실제로 미국의 통화 지배력이 너무나도 철저해서 소련은 국제 무역 결제를 처리하기 위해 유로달러에 의존해야 했다.

## 유로달러

유로달러라는 이름은 연준Fed에 가입하지 않았음에도 불구하고 달러 대출을 시작한 유럽의 은행들에서 유래했다.[185] 오늘날 전 세계의 많은 은행이 부분 지급 준비금 방식으로 달러 대출을 실행하고 있다. 냉전이 진행 중이던 당시 소련은 미국 은행에서 달러 대출을 받을 수 없었지만, 유럽 은행에서 대출을 받아 국제 무역 대금을 결제할 수 있었다. 당시 유럽 전역의 공산당들은 모스크바에 직접 보고했고, 이들 중 일부는 소련이 사용하는 은행을 설립했다. 국제 결제 통화로서 달러의 위력이 워낙 막강했기 때문에 심지어 소련조차도 달러를 확보할 방법을 찾아야 했고, 이러한 은행들을 통해 달러를 확보했다.

달러 패권은 국제 무역에서 미국에 명확하고 막대한 이점을 가져다 주었으며, 그 결과 미국은 말 그대로 모든 중앙은행의 중앙은행이 되었다. 예상할 수 있듯이, 중앙은행이 일반 경제에서 하는 역할을 미국은 전 세계적인 차원에서 수행했다. 미국은 국제 사회에서 승자와 패자를 선택할 수 있었으며, 국제적 차원에서 지대 추구자가 되었다. 그와 동시에 미국은 전 세계를 대상으로 일종의 도덕적 의무까지 지게 되었다. 자세한 내용은 뒤에서 더 자세히 설명하겠다.

유로달러 시스템은 오늘날에도 계속되고 있으며, 비非미국 은행들이 유럽뿐만 아니라 전 세계 여러 지역에서 달러로 대출을 제공하고 있다. 그 결과 다른 국가의 중앙은행들은 달러를 준비금으로 보유하고 있으며, 이를 부분 지급 준비금 방식으로 활용하여 더 많은 달러성 대출을 만들어낸다. 그러나 이 방식에는 한계가 있다. 왜냐하면 자국 통화의 약세에 대응하기 위해서는 달러가 반드시 필요하기 때문이다. 너무 많은 달러를 대출해 주면 보유한 준비금이 빠르게 고갈되어 초인플레이션에 취약해질 수 있다.

## 페트로달러 체제

예상대로, 미국은 화폐 발행 권한을 남용했고 방만한 지출을 통해 전 세계로 인플레이션을 확산시켰다. 1960년대에는 메디케어와 메디케이드 같은 사회 복지 프로그램이 시작되었고, 빈곤과의 전쟁이라는 명목으로 사회보장 제도도 크게 확장되었다. 다양한 냉전 작전들이 법정화폐를 통해 자금을 조달했으며, 그중 가장 비용이 많이 든 전쟁은 베트남 전쟁이었다. 미국이 금으로 뒷받침되지 않은 달러를 찍어내어 이러한 모든 프로그램에 비용을 지불했기 때문에, 다른 중앙은행들은 불안감을 느끼기 시작했다.

1970년대 초 이미 많은 금이 상환되었고, 보유한 준비금에 비해 달러 공급량이 너무 많아지면서 연준이 파산할 가능성이 높아졌다. 더 많은 국가들이 달러를 금으로 태환하겠다고 위협하기 시작하자, 리처드 닉슨 대통령은 1971년 8월 달러와 금의 태환을 중단했다. 처음에는 일시적이었던 이 금 태환 중단은 결국 영구적인 조치로 이어졌다.

닉슨은 달러가 다시 강세를 보이면 금 태환 중단을 해제할 수 있을 것으로 생각했을 것이다. 실제로 영국 은행은 300년이 넘는 역사 동안 여러 차례 금 태환을 중단했다. 그러나 달러를 다시 강세로 되돌리려면 미국이 더 엄격한 재정 규율을 지켜야 했고, 그것은 불가능했다. 결국 1970년대의 인플레이션으로 인해 심각한 경제 침체가 발생하면서 일시적 중단은 곧 영구화되었다.

금 태환 중단이 달러 패권을 위협하자, 닉슨 행정부는 미국 경제를 석유 기반으로 전환했다.[186] 이러한 전환은 1970년대에 상당한 달러 인플레이션을 초래했다. 어떤 의미에서 이는 1960년대에 과잉 지출한 것에 대한 대가였다. 그러나 사우디아라비아의 지원 덕분에 미국은 달러를 세계 석유 결제 통화로 확립할 수 있었다. 달러의 기축통화 지위는 다시 한번 확립되었고, 이로 인해 특히 중동 지역에서 미국이 국제적 개입을 하는 새로운 시대를 맞이하게 되었다.

따라서 달러 패권은 1970년대에 잠시 주춤했지만, 석유달러(페트로달러)가 확립된 후 다시 그 지배력을 이어갔다.

## 세계적 캉티용 효과

―

미국은 여전히 전 세계에서 결제에 사용되는 화폐를 발행하는 엄청난 특권을 누리고 있다. 이는 곧 미국이 단순히 달러를 인쇄해 다른 나라의 상품과 서비스를 가져올 수 있다는 것을 의미한다. 이로 인한 영향은 미묘하지만 심오하며, 어떤 의미에서 미국은 전 세계를 상대로 한 지대 추구자 지위를 획득했다고 볼 수 있다.

첫째, 새로 발행된 달러는 일반적으로 미국에서 가장 먼저 소비된다. 따라서 미국에 거주하는 모든 사람이 캉티용 효과의 혜택을 받는다. 반면에 중국 사람들은 미국에서 판매한 상품의 대금을 받을 때까지 기다려야 달러를 손에 넣을 수 있다. 그 결과, 미국 사람들은 상대적으로 더 빨리 달러를 받아 소비하거나 저축할 수 있기 때문에 경제적으로 더 유리한 위치에 있으며, 평균적으로 더 높은 임금을 받는 경향이 있다.

이것은 좋게 들릴 수 있지만, 제조업은 이동이 가능하기 때문에 세계적 차원의 캉티용 효과로 인해 제조업이 해외로 밀려나고 있다. 캉티용 효과를 얻지 못해 손해를 보는 국가들의 인건비가 더 저렴하기 때문에 자연히 제조업은 그곳으로 이전하게 된다. 제조업 일자리는 1970년대 이후 미국을 벗어나 노동력이 훨씬 더 저렴한 국가로 이동했다. 이로 인해 좋은 중산층 일자리가 많이 사라졌을 뿐만 아니라, 해외 제조업에 대한 의존도가 높아져 미국은 특정한 분쟁이 발생할 경우 취약해지는 상태에 놓이게 되었다.

둘째, 최고의 기회와 가장 큰 이익이 미국에 집중된다. 많은 미국인들이 미국 예외주의Exceptionalism(미국이 다른 나라보다 특별하다는 사상)를 믿지만, 이는 일종의 자기도취에 불과하다. 미국에 부자가 많은 이유는 미국이 세계 기축통화를 보유하고 있기 때문이다. 미국에서 사업이 성공하면 다른 나라보다 훨씬 더 많은 금전적 보상을 받게 되는데 이는 순전히 캉티용 효과 때문이다. 미국에는 더 많은 돈이 돌고 있기 때문에 성공하면 더 큰 보상을 받을 수 있다. 그 결과, 더 많은 사람들이 미국으로 이주하기를 원하고, 미국은 들어올 사람을 골라서 선택할 수 있으며 이는 다음과 같은 효과로 이어진다.

셋째, 전 세계 인재들이 대규모로 미국으로 유출된다. 다른 나라의 가장 야심 찬 사람들은 미국으로 건너와 고국에서보다 훨씬 더 나은 생활을 하고 있다. 이른바 '두뇌 유출' 현상으로, 이로 인해 다른 나라들은 어려움을 겪는다. 개발도상국의 가장 똑똑하고 유능한 인재들이 '발로 투표하는foot voting (어떤 지역이나 서비스를 좋아하거나 싫어하는지에 대해 이주나 가입, 탈퇴를 통해 의사를 표현하는 방식)' 셈이다. 그리고 이를 통해 미국만이 혜택을 보는 것이 아니라, 전 세계적으로 캉티용 계층에서 상위에 있는 국가들도 혜택을 받는다. 사람들은 일반적으로 캉티용 계층에서 더 높은 위치에 있는 국가, 즉 미국이 선호하고 승자로 뽑은 국가로 이주하려고 한다. 그 결과, 부유한 국가는 인적 자본이 더 풍부해지고 가난한 국가는 인적 자본이 빠져나가 더 빈곤해진다. 많은 가난한 나라들이 황폐화되는 이유는 그들이 단순히 캉티용 효과의 패자이기 때문이다.

## 이름이 세 글자인 기관들

가난한 나라들에서 벌어지는 더욱 심각한 문제는 부유한 나라들의 권위주의적 통치다. 식민주의는 제2차 세계대전 이후 대부분 사라졌지만, 달러 패권을 통한 경제적 지배는 여전히 존재한다. 이는 정확히 말하면 통화 제국주의라고 할 수 있다. 미국의 통화 제국주의 방식은 이름이 세 글자인 기관들을 이용하는 것이다. IMF, BIS, WEF, 세계은행the World Bank 등은 이러한 지배에 사용되는 대표적 기관들이다.[187] 이러한 기관들의 내부 작동 방식을 상세히 다루는 것은 이 책의 범위를 벗어나지만, 본질적으로 이들 기관은 캉티용 효과에서 패배한 국가들에 대출을 제공하고, 이를 통해 그들을 지배한다.

이러한 지배는 다음과 같은 방식으로 이루어진다. 먼저, 캉티용 효과로 이득을 본 국가의 은행들이 캉티용 효과에서 배제되어 손해를 본 국가에 대출을 해준다. 이 대출은 법정화폐 체제에서 창출되기 때문에 실질적으로 무에서 창조된다. 대출금을 갚지 못하면 이름이 세 글자인 조직들이 이 은행들을 '구제'하기 위해 개입한다. 본질적으로 이들은 대출을 인수하고 그 대가로 해당 국가의 예산에 대한 제도적 통제권을 얻는다. 이는 종종 국가 예산 중 인프라에 지출할 수 있는 금액을 제한하는 식으로 나타난다. 부채를 진 정부는 독립적인 중앙은행을 설립하도록 강요받는데, 이는 실질적으로 정부의 승인을 거치지 않고도 국가의 통화를 통제할 수 있는 장치다. 또한, 해당 국가는 광물권이나 토지 등 국가

자산의 일부를 외국 기업에 매각하여 부채를 상환하는데, 이로써 해당 국가 경제에 대한 지배가 완성된다. 이런 식으로 법정화폐 체제는 개발도상국의 실물 자산을 빼앗는 수단으로 사용된다.

흥미로운 점은 중국이 '일대일로-帶-路' 구상을 통해 매우 유사한 방식으로 움직이고 있다는 것이다. 중국은 다른 나라에 대출을 해주고, 그 자금이 잘못 관리되면 해당 국가의 자원을 인수한다. 미국이 오랫동안 해온 통화 제국주의 게임에 뛰어든 것이다.

## 전 세계를 상대로 한 도덕적 의무

4부에서 살펴보았듯이, 국가 차원에서 화폐를 발행하는 권력은 정부에 국가의 모든 문제를 해결해야 하는 도덕적 의무를 부여한다. 이는 법정화폐가 마치 공짜 돈처럼 보이기 때문이다. 따라서 어떤 문제를 해결할 수 있는 돈이 있는데도 정부가 그것을 사용하지 않으면, 냉혈한처럼 보이게 된다.

전 세계적인 차원에서는 이 같은 역학이 훨씬 더 증폭되는데, 차이점은 복지와 구제금융 프로그램의 혜택을 받는 주체가 개인이나 기업이 아니라 국가라는 점이다. 미국은 세계의 기축통화를 관리하는 나라로서 글로벌 차원의 모든 문제를 해결해야 하는 도덕적 의무를 지닌다.

미국이 도덕적 의무를 다하는 첫 번째 방법이자 가장 확실한 방법은 다른 중앙은행을 구제하는 것이다. 통화 스와프나 임시 유

5부 세계화의 인센티브를 파괴하는 법정화폐　　　　　　　　　　　335

동성 공급 프로그램을 설치하는 것은 사실상 다른 나라를 대신해 많은 돈을 찍어내는 일을 꾸며주는 미사여구일 뿐이다. 우리는 코로나19 위기 동안 연준이 여러 중앙은행을 위해 이러한 일을 하는 것을 확인했다.[188] 따라서 특정 국가가 환율에 대응하기 위한 달러가 부족해지면, 미국은 이 국가의 중앙은행에 더 많은 자금을 추가로 제공한다.

여기서 주목할 점은 베네수엘라, 짐바브웨, 레바논의 초인플레이션 사례에서 볼 수 있듯이, 미국의 비위를 거스른 국가들은 이러한 구제금융을 받지 못한다는 것이다. 이러한 사례들을 통해 국제 사회가 받는 메시지는 분명하다. 미국을 화나게 하면 정말로 필요할 때 구제금융을 받을 수 없다는 것이다. 그 결과, 모든 국가가 미국의 정책을 따르도록 유도된다. 중국 역시 자국 영향권에서 비슷한 지배 방식을 쓰며, 통화 제국주의를 통해 정치적 순응을 얻어낸다.

미국은 또한 국제적으로 많은 책임을 떠맡고 있다. 주로 치안 유지 업무를 담당하며, 전 세계에서 군사적 책임을 지고 수많은 전쟁에 개입한다. 과거 기축통화국이었던 영국도 마찬가지였다. 역사를 살펴보면 영국 해군과 육군은 평화 유지라는 도덕적 의무의 일환으로 남아프리카, 인도, 중동 등 먼 곳에 파병되었다.[189] 미국도 오늘날 전 세계에서 벌어지는 수많은 분쟁에 군대를 파견한다. 영국과 미국의 가장 큰 차이점은 영국은 식민지를 물리적으로 소유한 반면, 미국은 금전적으로 지배한다는 점이다.

미국은 실제로 전 세계 여러 지역에 막대한 돈을 쏟아붓는다.

다른 국가를 지원하는 프로그램은 마셜 플랜(제2차 세계대전 이후 미국의 유럽 원조)으로 시작되어 곧이어 한국전쟁까지 이어졌다. 당시 미국은 냉전 속에서 동맹국을 찾고 있었고, 이 두 가지는 미국이 동맹국을 지원하는 방법이었다. 미국은 이들 국가에 자금을 지원하기 위해 돈을 발행했다. 그 대가로 누가 패자가 되었을까? 패자가 된 것은 본질적으로 이 '공짜' 돈을 받지 못한 다른 모든 국가들이었다. 기축통화인 달러는 미국에 전 세계적인 차원에서 승자와 패자를 가를 권리를 부여했다.

따라서 미국의 가장 큰 동맹국들은 달러 패권하에서 예외적으로 좋은 성과를 거두었다. 한국, 일본, 서유럽, 이스라엘, 싱가포르, 대만은 모두 번영을 누렸는데, 이는 부분적으로 글로벌 캉티용 계층에서 높은 위치에 있었기 때문이다. 이들은 미국이 선택한 승자들이다. 표면적으로, 동맹국에 대한 지원금은 세계 평화를 위한 도덕적 의무로 포장되었다.

그 결과, 미국은 모든 분쟁에서 '암묵적인 제3자'가 되었다. 달러는 전 세계의 기축통화이기 때문에 모든 것이 곧 미국의 이해관계로 바뀐다. 따라서 미국은 분쟁이 어디에서 발생하든 평화 회담을 주도하게 된다.

이러한 글로벌 도덕적 의무와 승자와 패자를 선택할 수 있는 권력은 국제 관계에서 독특한 역학 관계를 만들어낸다. 각국은 재정적 지원과 보호를 확보하기 위해 미국에 동조하는 경향이 있으며, 이는 세계 기축통화로서 달러의 지위를 더욱 강화한다. 이러한 순환은 미국이 통화 지배력을 유지하는 한 계속되고, 그 과정에서 세계 정치와 경제에 영향을 미친다.

미국은 세계 기축통화 발행국으로서 상당한 영향력과 통제력을 행사할 수 있는 반면, 책임도 함께 진다. 이러한 책임에는 글로벌 금융 안정성을 유지하는 것뿐만 아니라 전 세계의 분쟁 해결 및 평화 유지를 위한 노력에 적극적으로 참여하는 것도 포함된다.

## 글로벌 표준화

국가 차원에서 법정화폐는 일종의 표준화 경향을 낳는다. 대기업은 다양한 부품을 필요로 하며, 이 부품을 공급하는 일은 국가가 교육과 자격 인증 형태로 떠맡는 책임이 된다.

글로벌 차원에서는 훨씬 더 높은 수준의 표준화가 이루어지며, 예상대로 이 역시 미국이 주도한다. 특히 미국의 명문 대학 교육은 미국 내에서 고임금 일자리를 얻는 데 중요한 역할을 하기 때문에 전 세계적으로 선망의 대상이다. 그래서 대기업들의 요구에 따라 다른 국가들도 비슷한 교육 시스템을 도입하게 된다. 자격 인증 제도도 비슷하게 이루어지며 미국의 방식을 따르게 된다. 특히 특허와 저작권과 관련된 규제도 종종 미국의 기준을 따르며, 미국의 기업들이 지식 재산권을 보호받을 수 있도록 만들어진다.

그러나 이렇게 '강력한' 기준 너머에는 보다 '부드러운' 문화적 표준이 존재한다. 미국은 달러 패권과 마찬가지로 문화 패권도 확립했다. 이는 캉티용 효과 덕분에 취업하고 싶은 양질의 일자리가 미국에 집중되었기 때문이다. 각국의 성공한 사람들은 종종 미국으로 이민을 가며 때로는 고국으로 돌아오기도 한다. 이들은 성공한 인물들이기 때문에 모방의 대상이 된다. 그 결과로 미국의 가치관, 특히 대학과 기업의 가치관이 다른 나라로 수출된다.

게다가 가장 제작비가 많이 든 영화, 가장 인기 있는 음악과 TV 프로그램은 대부분 미국에서 제작되었거나 미국의 영향을 많이 받는다. 왜냐하면 미국이 가장 많은 자금을 보유하고 있어 이러한 문화 창출 산업에 보조금을 지급할 여력이 있기 때문이다. 실질적으로 이는 모든 국가가 영어를 제2 언어로 사용하게 하고, 국제 비즈니스 환경에서는 대부분 미국식 매너를 채택하게 한다.

## 폭정으로 향하는 경향

국가 차원에서 폭정으로 향하는 경향은 돈을 찍어내는 기관이 막대한 책임을 떠맡게 되고, 그로 인해 사회 전체의 의존성이 커지는 데서 출발한다. 글로벌 차원에서 이러한 의존성은 동맹의 형태로 나타나며, 미국의 폭정은 다른 국가들을 정치적으로 지배하는 방식으로 나타난다.

이는 우크라이나 전쟁에서 분명히 드러났는데, 미국은 대부분의 동맹국들에 무기와 자금을 지원하도록 함으로써 그들을 전쟁에 개입시켰다. 하지만 그게 전부가 아니다. 미국에서 사회적으로 용인되지 않는 행동들은 다른 나라에서도 곧 용인되지 않게 된다.

미국이 전 세계의 문화를 주도하기 때문이다. 실제로 세계경제포럼WEF[190]과 같은 회의에서 엘리트들이 모여 미래를 위한 의제를 설정하는 것도 바로 이런 이유 때문이다.

'친환경' 에너지가 보편적으로 인기를 끌고, 지난 30년 동안 전 세계적으로 원자력 에너지가 축소된 데는 이유가 있다. 엘리트층이 형성한 미국의 문화가 전 세계로 수출되기 때문이다. 트랜스젠더 문제와 같은 이슈가 갑자기 전 세계 여러 곳에서 동시다발적으로 주요 시위 대상이 된 이유와 '흑인의 생명도 소중하다Black Lives Matter' 운동이 미국에서 주목받은 후에야 전 세계 여러 곳에서 이슈가 된 이유도 마찬가지다. 돈을 지배하는 엘리트들의 비전은 전 세계에 큰 영향을 미친다.

다시 말해, 법정화폐가 전 세계에 미치는 영향은 단순한 경제적 요인을 훨씬 뛰어넘는다. 법정화폐는 문화, 정치, 국가 간 권력 역학 관계에 영향을 미치며, 궁극적으로 화폐 공급을 통제하는 자들의 결정과 가치관에 의해 크게 좌우되는 세계로 이어진다. 이 책에서 살펴본 바와 같이 법정화폐는 국가 경제뿐만 아니라 전 세계의 지형을 변화시켰으며, 이는 우리 모두에게 광범위한 영향을 미치고 있다.

## 글로벌 취약성

달러 패권이 나쁘기만 한 것은 아니다. 팍스 아메리카나Pax Americana

즉 미국의 지배에 기반한 평화도 하나의 혜택이다. 미국과 동맹 관계인 세계 대부분의 국가들에겐 전쟁보다 평화 속에서 무역과 개발이 훨씬 더 수월했고, 그 덕분에 글로벌 경제 기준은 전반적으로 상승해 왔다.

현재 시스템의 주요 특징 중 하나는 많은 부분이 중앙집중화되어 있다는 것이다. 중앙집중화는 효율성을 높이고 가격을 낮추는 데는 이점이 있다. 하지만 그 대가는 무엇일까? 우리는 효율성과 더 낮은 가격을 추구하는 과정에서 혁신을 희생했고, 공급망을 취약하게 만들었으며, 결국 취약성 위에 세워진 제국을 구축하게 되었다.

효율성을 향한 이러한 압박의 원동력은 법정화폐다. 법정화폐는 가격을 붙잡아두는 특성 때문에 가격 인하 압력을 끊임없이 가한다. 사람들은 같은 상품에 더 많은 돈을 지불하는 것을 싫어하는데, 인플레이션이 발생하더라도 이 경향은 변하지 않는다. 따라서 제조업체는 울며 겨자 먹기로 가격을 동결할 수밖에 없다. 많은 제조업체들이 제품의 질을 낮추어, 사실상 상품이나 서비스의 가치를 화폐가치처럼 떨어뜨리는 방법을 선택한다. 또 다른 선택지는 생산을 중앙집중화하고 규모의 경제를 활용해 인플레이션으로 인한 손실을 상쇄하는 것이다. 하지만 이러한 효율성을 얻기 위해서는 큰 비용이 든다. 각국 정부의 보조금을 받는 대기업 간의 고도로 연결된 무역에 의존하게 되기 때문이다. 그 결과 오늘날 우리가 소비하는 상품은 전 세계에서 모인 부품으로 만들어지므로, 공급망에 어떤 종류든 문제가 생기면 쉽게 취약해진다.

이러한 중앙집중화 추세는 몇몇 기업이 전체 산업을 지배하는 거대 다국적 기업의 등장으로 이어졌다. 이는 안타깝게도 제품 혁신이 희생된다는 것을 의미할 뿐만 아니라, 더 나아가 이러한 제품들의 생산을 매우 취약하게 만든다. 이러한 현상은 특히 반도체 산업에서 더욱 뚜렷하게 나타난다.

반도체 업계 종사자들은 최고 수준의 반도체 생산업체가 사실상 한 곳뿐이라는 것을 알고 있다. 바로 TSMC(타이완 반도체 기업)다.[191] 반도체 산업은 고도의 기술력과 대규모 생산이 필요한 산업이기 때문에, TSMC는 전 세계 거의 모든 기업에 칩을 공급하는 주요 업체가 되었다. 2021~2022년의 신차 부족 현상도 자동차의 핵심 부품인 TSMC 제조 칩의 부족에서 기인했다.

놀라운 점은 TSMC가 그렇게 큰 기업이 아니라는 것이다. 2020년 그들의 자본 투자는 약 180억 달러로, 그해에 넷플릭스가 콘텐츠에 지출한 금액보다 겨우 10억 달러가 더 많았을 뿐이다.[192] 그럼에도 불구하고 자동차를 비롯한 전 세계 주요 산업 전체가 사실상 TSMC가 생산하는 반도체에 의존하고 있다. 반도체 제조 업계의 끊임없는 비용 절감 노력은 소수의 업체만 살아남게 했고, 선택의 폭이 줄어들면서 공급망은 무척 취약해졌다.

2021년부터 TSMC는 급증하는 칩 수요를 따라잡기 위해 확장을 시작했으며, 2021년에 발생한 글로벌 물류 문제를 완화하기 위해 일본과 미국을 비롯한 여러 지역에 새로운 공장을 건설했다. 하지만 세계 경제가 매우 취약하다는 사실에는 변함이 없다. 3부와 4부에서 논의한 바와 같이 규모에 초점을 맞추면 상품 가격이 저렴해지고 인플레이션에 대처할 수 있지만, 그 결과 공급망이 극도로 취약해진다.

우리는 코로나19 기간에 이러한 취약성이 산업 전반에 걸쳐 큰 혼란을 일으킨 것을 목격했다. 그때 제조업이 쉽게 흔들릴 수 있다는 사실이 드러났지만, 그게 전부가 아니다. 2012년 독일의 한 특수 수지 공급업체에서 폭발 사고가 발생하여 자동차 제조업체들이 큰 혼란을 겪은 사례도 있다.

이러한 취약성은 공급망을 넘어 글로벌 경제에도 영향을 미친다. 2008년 글로벌 금융위기에서 입증되었듯이, 미국에서 발생한 일련의 모기지 담보부 증권 부실은 전 세계 경제에 큰 충격을 주었다. 오늘날 세계 경제는 레버리지가 너무 높아서, 작은 문제가 발생해도 연쇄적인 파산을 초래할 수 있는 구조다.

취약성은 기업뿐만 아니라 국가 전체에 영향을 미치며, 국가 파산은 초인플레이션으로 이어질 수 있다. 구제금융을 받은 국가는 국제 통화 질서로부터 더 많은 압박을 받게 된다. 이런 국가들은 사실상 좀비 국가가 되어 IMF나 세계은행에 복종하며, 독립적인 결정을 내릴 수 없게 된다. 이런 나라는 대부분 소수의 엘리트가 모든 것을 통제하고, 권력을 유지하기 위해 사람들의 자유를 제한하는 방식으로 운영된다. 이 좀비 국가들은 이름이 세 글자인 국제기구들의 지원을 받으며 간신히 연명한다.

## 무역을 파괴하는 인플레이션

―

이러한 중앙집중식 글로벌 공급망이 붕괴되는 가장 명백한 이유 중 하나는 인플레이션이다. 달러가 폭락하고 TSMC가 더 이상 달러를 받지 않게 된다면, 미국 내의 거의 모든 제품은 훨씬 더 비싸질 것이다. 컴퓨터 칩이 필요한 모든 제조업이 마비될 가능성이 크다. 현대 경제에서 칩을 사용하는 상품들이 너무 많기 때문이다. 자동차, 휴대전화, 컴퓨터 같은 산업들은 모두 큰 혼란을 겪을 것이다. 글로벌 기축통화가 제대로 작동하지 않으면 무역은 거의 멈출 것이다. 우리는 코로나 봉쇄 기간에 이런 상황을 일부 경험했다. 인플레이션은 본질적으로 화폐가 망가지는 과정이기 때문이다.

공급망 중단은 사실 공급망 전반에 걸쳐 사람들이 새로운 가격에 적응하는 과정이다. 예를 들어, 필요한 물건에 일정한 금액을 지불할 계획이었는데 가격이 갑자기 50% 오른다면 어떨까? 가격을 낮추려고 협상을 시도하거나, 아니면 다른 공급업체를 찾아보거나, 더 저렴한 대체 부품이 있는지 알아보지 않을까? 또는 공급업체로서 상품이나 서비스에 대한 계약을 맺었는데, 그 비용이 자신이 받는 대가보다 더 많이 든다면 거래 조건을 바꾸거나 아예 공급을 거부하지 않을까? 이러한 조정에는 시간이 걸리며, 이런 일이 발생하는 이유는 화폐가 망가지고 있기 때문이다.

인플레이션은 사회적 기반을 조금씩 무너뜨리고 사회적 혼란을 증폭시키고 있다. 전 세계적으로 권위주의와 폭동이 크게 증가하고 있다. 여러 나라가 초인플레이션적 붕괴나 전쟁, 또는 두 가지 모두가 발생할 위기에 처해 있다. 사람들은 그 어느 때보다 정치적으로 분열되어 있고, 서로 헐뜯으며, 대화도 하지 않은 채 각자 상대방이 제정신이라고 인정하려 하지 않는다. 다시 말해, 인플레이션에는 비용이 따르며 이것은 대체로 우리가 예상하지 못한 곳에서 나타난다.

## 달러 패권의 종식

오늘날 전 세계가 달러 패권 아래에 놓인 것은 미국에는 역사적인 행운이었다. 미국은 자신의 지위를 십분 활용해 세계를 지배해 왔다. 그 결과 세계 질서는 미국이 결정한 캉티용 계층에 따라 불공정하게 형성되었으며, 미국은 최고의 인재들을 끌어들이고 달러를 해외로 수출했다. 자원이 고갈된 국가들은 좀비 국가가 되어, IMF 같은 이름이 세 글자인 기관들의 지배를 받으며 자원을 착취당하고 있다.

비트코인은 미국의 막대한 특권을 빼앗아 달러 패권을 종식시킨다. 그러나 이전의 기축통화 전환과 달리 중앙의 통제를 받지 않는다. 중앙의 통제가 없다는 것은 마침내 전 세계적인 차원에서 공정한 경쟁의 장이 마련될 수 있음을 의미한다. 좀비화된 국가들은 지배자의 통제 아래에 있지 않고 부활하여 발전할 기회를 얻을 수 있다. 우리는 엘살바도르에서 이런 변화가 일어나는 것을 실시간으로 보고 있다. 앞으로는 미국이 제3자로서 개입하는 대신, 각국이 스스로 문제를 해결할 수 있을 것이다. 문화적으로도 미국의 일방적인 지배 대신 더 많은 다양성을 회복할 수 있을 것이다.

많은 사람들이 자신의 재능을 최대한 활용하기 위해 미국으로 이주할 필요가 없기 때문에 인적 자본이 더 잘 활용될 것이다. 전 세계를 위해 돈을 찍어내는 한 국가가 아니라, 가장 많은 자유를 제공하는 국가들이 가장 성공할 것이다.

비트코인은 취약성으로 가득한 세상을 비추는 희망의 등불이다. 이것은 견고한 기반 위에 발전할 수 있는 기회를 제공하지만, 아직 많은 나라들이 그 단계에 도달하지 못했다는 사실을 직시해야 한다. 탈중앙화되고 더 회복 탄력적인 미래로의 전환은 어려울 것이며, 정치적으로 중립적인 화폐가 국제 무역 결제에 사용되기까지는 많은 격변이 뒤따를 것이다.

기업, 경제, 사회가 승자독식 구조에서 벗어난 세상은 훨씬 더 견고하고 안정적일 것이다. 하나의 거대 기업이 중요한 공급을 맡는 대신 전 세계에 분포한 수많은 소규모 기업들이 이를 담당하게 될 것이다. 이렇게 되면 공급망이 더 강해지고, 단일 실패 지점이 불러오는 위험이 크게 줄어들 것이다.

우리는 중앙집중화된 효율성에만 집중하지 말아야 한다. 소규모 기업들이 단기적으로는 더 비쌀 수 있지만, 장기적으로는 훨씬 더 안정적이고 혁신적이며 신뢰할 수 있다. 법정화폐 체제에서 벗어나면, 장기적으로 더 효율적이고 더 회복 탄력적이며 다양하고 역동적인 세상을 만들 수 있다.

지금까지 우리의 문명은 법정화폐 체제를 통해 '값싼 것'을 추구해 왔다. 비트코인은 우리가 잃어버린 혁신, 신뢰성, 강건함을 되찾아줄 것이다.

이 장을 마무리하며 비트코인이 곧 세상을 지배할 것이고, 이러한 변화가 머지않았다고 말하고 싶지만, 아쉽게도 아직 갈 길이 멀다. 달러는 여전히 모든 국가, 특히 초인플레이션을 겪고 있는 나라들의 안전망 역할을 하고 있으며, 달러의 인플레이션을 확실히 체감하려면 시간이 걸릴 것이다. 초인플레이션을 겪고 있는 나라들의 경우 연간 7%의 인플레이션조차 안정적인 삶을 위해 감수할 만한 비용이다.

진정한 변화는 달러의 공급이 너무 많아져서 달러 자체가 초인플레이션을 겪을 때 일어날 것이다. 안타깝게도 이런 변화가 생기기까지는 오랜 시간이 걸릴 것이다. 다만 한쪽에는 브릭스BRICS가 있고 다른 한쪽에는 미국의 동맹국이 있는 양극화 세계처럼, 기축통화가 두 개인 세계에서는 이런 변화가 더 빨리 일어날 수도 있다. 다행히도, 결국 달러에서 다른 화폐로 전환이 일어날 때는 매우 빠르게 진행될 것이다. 초인플레이션은 처음 시작되기까지는 시간이 걸리지만 일단 시작되면 되돌릴 수 없다. 한 번 초인플레이션이 시작되면, 사람들이 그 화폐에 대한 신뢰를 잃게 되고 이를 다시 회복하는 것은 거의 불가능하다. 신뢰를 잃은 화폐는 더 이상 안정적인 가치저장 수단으로 기능할 수 없으며, 그 결과 빠르게 대체 화폐로 이동하게 된다.

그때까지 비트코인 사용자로서 우리가 해야 할 일은 준비하는 것이다. 이는 단순히 사토시를 축적하는 것뿐만 아니라, 물론 그것도 반드시 필요하지만, 다가올 엄청난 수요를 처리할 수 있는 인프라를 구축하는 일 또한 포함한다. 보유하고, 만들어라. 더 나은 미래가 다가오고 있다는 것을 기억하라. 비트코인 사용자로서 우리의 역할은 현재 시스템에서 건전한 화폐 원칙에 기반한 시스템으로 최대한 원활하게 전환할 수 있도록 보장하는 것이다. 그러니 계속해서 사토시를 모으고, 인프라를 구축하며, 비트코인을 널리 알려라. 우리는 세계 경제 지형을 재편하여 모두에게 더 밝고 자주적인 미래를 가져올 글로벌 운동의 일원이다.

다가오는 기회를 놓치지 말고 최대한 활용하자.

| 24장 |

# 과학을 망치는
# 법정화폐

**나노 기술, 양자** 컴퓨팅, 상온핵융합 등에 대한 과대광고를 들어본 적이 있을 것이다. 이들 광고는 이러한 획기적인 기술은 곧 현실이 되어 세상을 바꿀 것이라고 주장한다. 흙으로 고층 빌딩을 짓는 작은 기계, 일반 인공지능을 위한 충분한 연산 능력을 갖춘 컴퓨터, 무한한 청정에너지를 제공한다는 상온핵융합의 이야기는 수십 년 동안 대중의 상상력을 사로잡아왔다.

이러한 기술은 과학자나 엔지니어를 자처하지만, 사실은 3류 공상과학 작가에 가까운 사람들이 쓴 인기 잡지 기사를 통해 대중에게 알려졌다. 이들은 블록체인이라는 단어만 넣어도 미래지향적이고 멋져 보일 것이라고 생각하는 부류다. 이들의 전문 분야는 현실적인 미래 전망을 제시하기보다는, 이미 사라진 경제학자의 비전을 홍보하는 공상적인 이야기를 쓰는 것이다.

'어떤 기술이 왜 어려운가'에 대한 이야기는 사람들의 관심을 끌기 어렵고, 더 많은 기술적 지식을 요구한다. 그래서 이들, 또는 더 정확히 말하면 과대 선전꾼들은 기술이 곧 획기적인 발전을 이룰 것처럼 이야기한다. 여기에는 보통 어떤 행동을 촉구하는 내용도 포함된다. 예를 들어, 어떤 기관에 자금을 지원하라거나, 회사에 투자하라거나, 비평적인 사람들을 침묵시키라는 식이다. 이런 방식은 많은 것을 약속하지만 실제로는 거의 제공하지 않는 알트코인 마케팅과 매우 비슷하다.

## 약속, 예측 그리고 신용

알트코인과 이러한 과장된 기술 사이의 유사성은 우연이 아니다. 둘 다 같은 원리로 작동한다. 자금을 조달하기 위해 과대광고를 하고, 실체가 없다는 것을 투자자가 알아차리지 못하도록 모호하게 표현한다. 그들은 지금 당장 돈을 끌어내기 위해 존재하지도 않는 수익을 약속한다.

약속만 하고 실행하지 않으며 변명만 늘어놓는 이런 방식은 전형적인 사기 수법이다. 이 수법은 법정화폐 제제에서 흔히 볼 수 있다. 중앙 당국으로부터 돈을 빼내는 매우 효과적인 방법이기 때문이다. 그들이 의도했든 그렇지 않았든 결과는 같다. 투자자들은 돈을 잃고 아무런 소득도 얻지 못한다.

법정화폐 체제에서 사기가 번성하는 이유는 은행이 무상으로 신용을 확대하고, 그렇게 만들어진 돈이 어딘가로 흘러가야 하기 때문이다. 이 돈에 가장 먼저 접근하는 사람들을 우리는 캉티용 효과의 수혜자, 즉 '캔틸리어네어'라고 부른다. 성공한 캔틸리어네어들은 받은 돈을 축적하고, 인플레이션이 그들의 부를 갉아먹기 전에 더 많은 돈을 끌어들이기 위해 자신의 영향력을 사용한다. 이 체제에서는 빚을 통해 돈을 자유롭게 창출할 수 있기 때문에 사실상 기회비용이 거의 없다. 그래서 그럴듯한 투자기회가 연예인의 최신 가십거리보다 더 많이 생긴다. 새로 창출된 돈이 많은 기회들이 넘쳐나게 만들기 때문에, 좋은 투자처를 찾는 일 자체가 전업이 되어버린다.

전업 투자자들조차도 기술적이고 공학적인 내용을 모두 익히는 것은 불가능하기 때문에 그들은 대중적인 글이나 기사를 통해 방향을 잡으려 한다. 많은 벤처캐피털리스트들이 공상과학 소설을 많이 읽었다고 자랑하며 그것이 미래를 예측하는 데 유용하다고 생각하는데, 이는 마치 영화 〈꿈의 구장 Field of Dreams〉을 보고 훌륭한 야구 선수를 스카우트하는 방법을 배웠다고 믿는 것과 같다.

불행히도 그 결과는 자본이 잘못 배분되는 상황을 초래한다. 돈은 과장된 프로젝트들에 몰리게 된다. 이러한 과대 포장된 과학 프로젝트는 그 성격상 매우 불확실성이 크고 장기간 진행되기 때문에 결코 사기라는 딱지가 붙지 않는다. 사람들을 속이기에 충분할 만큼 장기적인 프로젝트는 사기와 구별하기 어렵다. 혁신적인 성과는 언제나 '조만간' 나올 예정이며, 만약 실패하면 일시적인 장애물과 나쁜 타이밍 탓으로 돌린다.

    자본 배분이 최악으로 치닫는 곳은 예상대로 대학이다. 앞서 살펴본 바와 같이, 법정화폐 교육은 결국 지대 추구에 엄청난 규모의 자원을 할당한다. 심지어 가장 어려운 분야인 과학에서조차 이런 풍토를 피하지 못한다.

## 과거의 명성에 기대어 사는 것

과학은 지난 수십 년간 항공 여행, 원자폭탄, 마이크로칩과 같은 거대한 업적을 이뤄내며 대중에게 좋은 평판을 얻었다. 물론 이러한 업적은 모두 공학적 성과이지만, 마치 워런 버핏이 40년 전의 투자 감각으로 명성을 유지하는 것처럼 과학도 여전히 대중 사이에서 건전한 평판을 유지하고 있다.

    하지만 지난 50년 동안 '과학'이 이룩한 성과를 살펴보면, 이전의 획기적인 발전을 기반으로 한 점진적인 발전에 불과하다. 예를 들어, 마이크로칩은 1950년대와 거의 같은 방식으로 작동하지만 더 작고, 더 빠르고, 더 효율적일 뿐이다. 양자 컴퓨팅에 대한 수많은 주장들에도 불구하고, 실제로 제대로 작동하면서 오류 수정이 가능한 큐비트[퀀텀 비트quantum bit의 줄임말이다. 현대 정보시스템, 특히 컴퓨터에서 사용되는 정보의 단위는 비트bit다. 이와 유사하게 양자 정보시스템에서 사용되는 최소 정보 단위를 퀀텀 비트quantum bit, 줄여서 큐비트qubit라고 한다]는 아직 개발되지 않았다.[193] 결국 성과라고 할 만한 것은 완전히 이론적인 것이며, 실제로 작동하는 것을 만든 사람은 아무도 없다.

양자 컴퓨팅을 둘러싼 과장은 부분적으로는 과학이 다른 분야에서 쌓아온 과거의 명성에 기반하며, 자금 조달을 정당화하려는 각 연구소가 내놓은 거짓 주장에 근거한다. 이러한 정당화가 필요한 이유는 명백히 경제적인 이유 때문이다. 그러한 주장이 없으면 더 이상 연구비를 받을 수 없기 때문이다. "이 분야는 막다른 길이다"라는 결과가 나오면 모든 자금 지원이 끊어지므로, 모두가 계속 가짜로라도 진행하는 척한다. 왜냐하면 그들의 생계가 지대 추구 행위에 달려 있기 때문이다.

## 과학과 캉티용 효과

과학 연구는 대부분 대학에서 이루어지기 때문에 매우 비효율적이다.[194] 비효율의 수준은 대부분의 사람들이 알고 있는 것보다 훨씬 더 높다. 별다른 기여를 하지 않는 관리자들과 관료들이 많을 뿐만 아니라, 심지어 가장 뛰어난 과학자 중 상당수가 지대 추구 활동에 몰두하고 있다. 그들은 반박할 방법이 없는 주제를 다룬 난해한 분야의 논문을 쏟아낸다.

무언가가 불가능하다는 것을 증명하는 것은 매우 어렵고, 설사 가능하다고 하더라도 세상에 알려지지 않을 가능성이 크기 때문에 연구와 투자는 계속된다. 생각해 보자. 사람들이 과대 포장된 기술을 완전히 포기한 적이 있었나? 그런 기술들은 알트코인처럼 천천히 사라지며, 인기가 서서히 떨어지다가 여러 차례 급락을 겪은 후 사라지는 경우가 많다.

이러한 많은 이론적 개념들은 우리가 어떻게 만드는지 전혀 알 수 없는 다양한 장치들을 전제로 한다. 다시 말해, 이들은 그저 서로를 보완하는 고도의 사기극일 뿐이다. 학술 논문은 논문 작성자와 이를 게재하는 저널을 부유하게 만들 뿐, 인류를 위한 어떤 상품이나 서비스도 창출하지 않는다. 엔지니어들이 마침내 '획기적인' 것을 이용해 무언가를 만들어낼 때, 그 가치를 인정받을 것이라는 주장은 늘 있어 왔다. 그러나 이러한 '돌파구'가 얼마나 실현 가능성이 낮고 비실용적인지를 고려할 때, 이는 시간 낭비에 불과하다. 다시 말하지만, 이들은 알트코인과 놀라울 만큼 닮아 있다.

게다가 기존 과학을 뒤흔드는 새로운 이론은 대개 무시당하거나, 조금이라도 대중적인 인기를 얻으면 그때부터 공격의 대상이 된다. 그 이유는 분명하다. 새로운 이론은 권력을 가진 자들, 즉 권위 있는 학술지에서 부서장과 심사위원을 맡고 있는 수구 세력을 위협하기 때문이다. 그들이 손을 내저으며 "내가 지난 20년 동안 해온 일은 완전히 틀렸습니다"라고 말할 것 같은가? 법정화폐가 영향을 미치는 대부분의 분야가 그렇듯 과학계도 화석처럼 경직되어 있으며, 기존 질서를 뒤흔드는 아이디어는 환영받지 못한다.

그 결과, 대학에는 지대 추구에 몰두하는 학문 분야가 생겨났다. 이는 아마도 인문학 전공자들에게 더 쉽게 와 닿을 것이다. 인문학은 사실상 무엇을 제대로 연구하는 것이라기보다는 정치적인 성격이 강하기 때문이다. 안타깝게도, 이제는 자연과학 분야조차 진리를 탐구하기보다는 정치적 입장에 따라 움직이고 있다.

## 법정화폐의 망상

그렇다면 성과가 거의 없는데도 왜 이렇게 많은 돈을 과학에 쏟아붓는 걸까? 양자 컴퓨팅이나 20년만 지나면 완성할 수 있다는 상온핵융합 같은 기술에 왜 계속 돈을 투자하는 걸까? 그 이유는 권력을 가진 자들이 과학이 어떻게 작동하는지에 대해 망상에 빠져 있기 때문이다. 이러한 프로젝트들에 자금을 지원하는 사람들은 돈으로 모든 것을 해결할 수 있다는 망상에 빠져 있다. 이는 마치 망치를 든 사람이 모든 것을 못이라고 생각하는 것과 같다. 그러나 돈으로 세상의 모든 것을 해결할 수 있는 것은 아니며, 발명만큼 이 사실을 잘 보여주는 예는 없다. 법정화폐는 자금을 지원함으로써 어떤 방향으로든 진전을 이룰 수 있다는 망상을 불러일으킨다. 이는 마치 2+2=5를 증명하려 하거나, 사람들이 가장 소중히 여기는 신념을 돈으로 바꾸려는 것과 같다. 세상에는 단순히 돈으로 해결할 수 없는 문제들도 있다.

이 말이 믿기지 않는가? 서방을 단숨에 쓸어버릴 무기를 원했던 소련을 생각해 보자. 소련은 국내총생산GDP의 상당 부분을 연구개발에 투자했지만, 기존에 이미 있었던 공학적 업적을 뛰어넘는 그 무엇도 만들어내지 못했다.[195] 그들은 원자폭탄과 수소폭탄을 만들었고, 사람을 우주로 보내기도 했지만, 이는 모두 새롭고 획기적인 기술이 아니라 (아마도 훔친) 기존 기술을 확장한 것에 불과했다. 나노 기술, 양자 컴퓨팅, 상온핵융합 같은 주제가 등장하기 몇 년 전부터 소련은 동일한 패러다임, 즉 자금을 지원하고 발명을 촉진하는 공식을 따랐지만, 제아무리 똑똑한 과학자들이 있었음에도 성공하지 못했다.

발명과 혁신은 이런 식으로 이루어지지 않는다. 만약 돈으로 발명이 가능했다면 우리는 지금쯤 서로를 '동지'라고 부르며 수용소에 갇힌 친척들을 걱정하고 있을 것이다. 기술에 돈을 쏟아붓는다고 해서 완전히 새로운 공학적 혁신이 나오지는 않는다. 돈으로 이미 알고 있는 기술을 확장할 수는 있지만, 정말로 혁신적인 것을 만들어내는 것은 돈이 아니라 천재성의 문제다. 돈을 더 준다고 해서 평범한 과학자가 갑자기 역사적인 천재 발명가들, 예를 들어 테슬라, 에디슨, 다빈치처럼 되는 것은 아니다.

오늘날 우리는 과대 광고된 기술에 돈을 쏟아 부으며 혁신적인 돌파구를 기대하지만, 그 자금은 낭비되고 만다. 왜냐하면 자금이 지대 추구를 부추기기 때문이다. 자금을 제공하는 자들은 혁신이 임박했다는 맹목적 낙관론에 빠져 있거나, 수많은 지대 추구자들이 존재하는 사실을 보지 못한다. 예를 들어, 증명할 수 없는 끈이론(우주를 구성하고 있는 최소 단위가 점같이 생긴 입자가 아니라 끊임없이 진동하는, 매우 가느다란 끈이라는 이론)에 수백 명의 물리학자가 종사하고 있다. 그러나 이것은 증명할 수 없는 이론이다. 그것도 매우 어려운 과학, 즉 물리학 분야에서 말이다. 그렇다면 좀 더 덜 엄격한 과학 분야에서는 지대 추구가 얼마나 심할지 상상해 보라.

인정하고 싶지는 않지만, 안타깝게도 현재 과학의 상태는 공산주의 체제와 훨씬 더 비슷하다. 소련에서는 리센코주의(과학적 근거 없이 환경적 요인이 유전적 특성에 영향을 미친다고 주장하며 유전학을 거부한 소련의 잘못된 과학 이론)가 만연했고, 이 사이비 과학에 막대한 자금이 투입되었다.[196] 그들은 씨앗이 저온에서 습도에 의해 더 나은 형질을 획득할 수 있다고 생각했다. 또한 3,000명의 생물학자를 투옥할 정도로 유전학을 배척했다. 우리 과학계에도 삶과 돈을 낭비하는 리센코주의가 있는지 생각해 볼 필요가 있다.

지대 추구를 노리는 사기꾼들은 계속 20년만 더 있으면 된다고 주장하며, 그들의 사기행각이 발각되기 전에 은퇴해 버린다. 그 사이에 그들은 실체가 없는 논문을 계속 발표하고 사실이 아닐 가능성이 높은 이론을 확산시킨다. 알트코인 사기꾼들은 꿈조차 꿀 수 없는 좋은 기회가 아닐 수 없다.

## 엔지니어링 > 과학

—

진정한 혁신은 거의 항상 이론이 아닌 실험을 통해 이루어진다. 반면에 학자들은 이론을 통해 성공 가능성이 거의 없는 쓸데없는 것들을 논의한다. 그들의 이론에서는 실용적인 공학적 성과가 나오지 않으며, 그들은 상아탑 속에 머물며 급여를 받는 데만 몰두한다.

역사적으로 보면 엔지니어가 어떤 현상을 먼저 실용적으로 사용하고, 그다음에야 이론이 등장해 그것이 왜 작동하는지 설명해왔다.[197] 대부분의 경우 발명가는 무언가가 작동하는 이유를 이해하지 못하고 단지 그것이 작동한다는 사실만 안다. 그리고 공학적 성과가 입증된 후에야 그 원리를 더 잘 이해할 수 있는 이론이 등장한다. 그 좋은 예가 바로 ChatGPT다. 이 기술은 다양한 작업들을 수행할 때 매우 잘 작동하는 것은 분명하지만, 심지어 개발자들조차도 이것이 어떻게, 왜 작동하는지 모르고 단지 작동한다는 사실만 알 뿐이다.

오늘날 과학 산업계는 거꾸로 이론을 먼저 만들려고 한다. 그러나 이런 접근법은 이론가들이 공학적 현실과 마주할 때 좋지 않은 결과를 낳는다.

라이트 형제가 비행기를 발명했다는 건 많은 사람들이 알고 있는 사실이다. 하지만 그들이 자전거 정비공이었으며 끊임없이 실험했다는 사실은 잘 모른다. 그들은 책상머리에 앉아 학문적으로 이론만 앞세우던 과학자들이 아니었다. 그들은 엄청난 실험을 반복하며 하늘을 날았다. 라이트 형제가 실험할 당시, 비행 이론을 세우고 자금을 지원받은 이론가들이 있었지만, 그들은 비행기를 만드는 데 실패했다.[198] 라이트 형제는 외부의 자금 지원 없이 자신들의 돈으로 실험을 거듭했다. 결국 비행기를 만든 건 실무자이자 엔지니어들이었다. 공학적 성취는 유용한 이론의 토양이지 그 반대가 아니다.

그런데도 원하는 공학적 성과를 얻으려고 이론을 먼저 세우는 법정화폐 체제의 자금 지원 방식은 여전히 계속되고 있다. 이는 이 방식이 효과적이어서가 아니라, 캉티용 계층에서 자신의 지위를 유지하려는 거대한 지대 추구 계층이 존재하기 때문이다.

## 법정화폐 과학

법정화폐 과학은 앞서 언급한 미래학자들처럼 과장에 기대어 번성한다. 그들은 현실, 즉 실험과는 거리가 먼 미래를 상상한다. 내 분야인 소프트웨어 공학에서는 이를 '베이퍼웨어Vaporware'라고 부른다. 베이퍼웨어는 실체 없는 소프트웨어이며 결과 없는 약속으로 구성된다. 베이퍼웨어는 항상 6개월 후에 나온다고 말하며 늘 X를 고치거나, 새롭고 멋진 기능 Y를 구현하거나, Z라는 이유로 구조를 다시 짜야 한다고 변명한다. 하지만 결국 아무것도 출시되지 않는다.

우리가 이것을 베이퍼웨어라고 부르는 이유는 그것이 실제로 작동한다는 증거를 결코 못 보기 때문이다. 법정화폐 과학도 마찬가지다. 혁신은 항상 코앞에 있는 것 같다. 아니면 혁신했다고 주장하지만, 실제 제품이나 실질적인 증거는 먼 미래의 일이다. 법정화폐 과학은 결코 실체화되지 않는다.

누군가 이 글을 읽고 어떤 연구소에서 유용한 걸 만들었다며, 양자 컴퓨팅계의 '혁신적인 성과'를 보내올 수도 있다. 하지만 베이퍼웨어는 데모demo로 유명하다. 소프트웨어 세계에서는 출시되지 앉으면 존재하지 않는 것과 마찬가지이고, 데모나 부분적인 결과, 혹은 어떤 변명 같은 건 의미가 없다. 베이퍼웨어는 사실상 사기와 구분할 수 없다.

## 신뢰할 수 있는 제3자

과학은 이제 신뢰할 수 있는 제3자가 되어버렸다. 그들은 독점적으로 운영되기 때문에 어떤 결과물도 내놓을 필요가 없다. 더 심각한 것은 과학이 해결하지 못하는 부분은 단순한 공학 문제로 치부해 버리고 이론 수준에만 머문다는 것이다. 그들은 실험이 자신들의 지대 추구 이론을 방해하게 놔두지 않는다! 그래서 이론은 현실과 점점 더 멀어지고, 지금 우리는 이 같은 지대 추구의 혼란 속에 놓이게 되었다.

성과 부족에 대한 비판이나 불만은 종종 올바른 '자격'이 없다는 이유로 무시된다. 정작 그 자격 제도가 비판받는 이론들을 전면적으로 받아들여야만 통과할 수 있는데도 말이다! 진정한 지대 추구자답게 그들은 자신들의 지위를 공격하지 못하게 만들어 놓았다. 이론들은 반증 불가능해지고 끝없이 수정되며 결국 잊힌다. 과학자들의 경력을 떠받치는 이론이 고착화되다 보니 실제로 진전은 없다. 결국, 진실보다 지대 추구가 우선한다!

법정화폐 과학은 50년 전의 명성으로 연명하고 있으며, 마치 대학의 종신 교수처럼 지대 추구에 빠져 나태해졌다. 이런 환경에서는 평판이 떨어지는 데 오랜 시간이 걸린다. 평판이 떨어지고 있다는 사실을 쉽게 숨길 수 있기 때문이다.

## 과학은 이제 정치가 되었다

과학이 대부분 지대 추구 활동으로 변질된 탓에 그 목적이 바뀐 것은 놀라운 일이 아니다. 진리를 추구하는 대신 과학은 이제 자신들에게 자금을 지원하는 자들, 즉 정부의 필요를 충족시키는 도구가 되었다. 다시 말해, 과학은 정치화되었다.

'기후 변화'라는 말만 꺼내도 많은 사람들이 격분한다. 어느 편을 들든, 과학이 이 정치적 싸움에서 무기로 쓰였다는 사실은 부인할 수 없다. 하지만 기후 변화뿐만이 아니라 줄기세포 같은 '유망한 기술'도 마찬가지다. 이 분야는 종교적 보수파들만 물러나면 세상의 판도를 바꿀 거라는 기대를 받았다. 그게 2006년의 이야기다.

그 이후로 우리는 배아 줄기세포가 사회에 그다지 큰 도움이 되지 못하는 것을 목격했다.[199] 배아 줄기세포는 실제로 유익한 연구 성과라기보다는 보수적인 사람들을 비판하는 무기로 사용되었을 뿐이다. 법정화폐 교육이나 의료와 마찬가지로, 법정화폐 과학의 연구결과들은 본래의 의도와 달리 정치적 목적을 위해 사용된다.

법정화폐 과학은 법정화폐 경제학, 즉 케인스주의에서 출발했다. 케인스주의는 자신들이 원하는 것을 정당화하기 위해 경제학 법칙을 다시 쓰려 했다. 법정화폐 과학도 같은 길을 걷고 있으며, 지난 200년 동안 실험을 수행해 온 엔지니어들의 명성을 빌려 쓰고 있다.

## 과대선전을 주의하라

과대선전은 선전의 한 형태이므로 매우 경계해야 한다. 선전은 과학이 아닌 정치의 언어다. 케인스주의 경제학처럼, 과대선전은 현실을 왜곡해 도둑질과 권위주의적 지배를 정당화하려는 시도다. 과대선전이 붙는 것은 과학이라기보다는 기껏해야 희망사항에 불과하다.

과대선전은 실제 중요성과 반비례한다. 진정으로 혁명적인 아이디어라면 과장된 홍보가 필요없다. 기업가들이 그것을 사용해 이익을 얻고 경쟁자들을 압도할 것이기 때문이다. 법정화폐 경제에서는 기존 기득권 세력이 자신들의 업계를 보호하기 위해 공포, 불확실성, 의구심을 조장한다. 경쟁에서 밀려나면 기득권을 지키고자 정치로 눈을 돌린다. 항공사, 대학, 은행은 규제라는 거대한 해자로 사신늘의 기득권을 지키는 대표적 예다. 법정화폐 경제의 권력자들은 높은 지위와 수입, 권력을 유지하기 위해 현상 유지를 원한다.

문제는 세부 사항을 모르면, 어떤 것이 혁명적이고 어떤 것이 사기인지 구별하기 어렵다는 것이다. 그래서 우리는 기술 전문가들의 선전에 의존하지 말고 스스로 더 깊이 파고들어야 한다. 결국 유일한 판단 기준은 현실 그 자체여야 한다. 권위자나 신뢰할 수 있는 제3자, 다수의 사람, 또는 많은 돈이 아니다.

이론을 말하지 말고, 실제로 결과물을 내라.

| Fiat Ruins Everything |

## 법정화폐 과학이 곧 알려줄 사실 10가지

01. 벌레를 먹으면 몸에도 좋을 뿐 아니라 환경에도 훨씬 좋다.

02. 물건을 소유하는 것은 정신 건강에 해롭다.

03. 우리는 항공기 여행의 정점에 빠르게 다가가고 있다.

04. 러시아(또는 중국)가 모든 사람을 순식간에 죽일 수 있는 나노 기술로 무기를 만들고 있으므로, 우리가 먼저 핵무기로 공격해야 한다.

05. 멀쩡한 팔을 방위 산업체에서 만든 로봇 팔로 교체하는 것은 전혀 위험하지 않다.

06. 양자 컴퓨팅의 위협에서 국민을 보호하도록 모든 데이터를 정부에 넘겨야 한다.

07. 기후변화로 인해 2005년에 해수면이 상승하여 대부분의 다중 우주(멀티버스)에서 맨해튼이 침몰했다.

08. 물은 오염 물질이다.

09. 암흑 중력에 대한 새로운 이론이 특정 종류의 은하계 회전 속도를 설명한다.

10. 보수적인 기독교인의 신장을 이용해 모든 질병을 치료할 수 있는 유망한 치료법이 곧 등장할 것이다.

| 25장 |

# 풍력과 태양광은 에너지의 알트코인이다

**풍력과 태양광은 알트코인과** 같다.

이것들은 신뢰할 수 없고, 비용이 많이 들며, 루나LUNA만큼 쓸모가 없다. '친환경' 에너지는 제공하는 에너지에 비해 터무니없이 많은 부지를 차지하지만, 링크드인LinkedIn에서 선호하는 성별 대명사를 고르는 것처럼 선전과 보조금으로 성장한다. 재활용이 가능하다고 주장하지만, 실제로는 다른 모든 것들처럼 지구의 자원을 필요로 하며 수명도 유한하다. 이것들은 엄청나게 비효율적이어서 정부 보조금이 끊기면 살아남을 수 없다. 하지만 법정화폐 덕분에 이런 쓸데없는 것들이 중견 대학의 젠더학 교수처럼 지대 추구를 일삼으며 존속하고 있다.

당신은 이미 친환경 에너지의 현주소에 의구심을 품고 있을지도 모른다. 어쩌면 이 정책이 도입된 곳에서 일어난 정전 사태를 보았을 수도 있다.[200] 전기차, 풍력 터빈, 태양 전지판 생산에 필요한 광물들이 석유 생산보다 여러 면에서 더 해롭다는 것을 알게 되었을 수도 있다.[201] 하지만 할리우드의 퇴폐와 마찬가지로, 풍력과 태양광 발전이 지닌 문제는 당신의 생각보다 훨씬 더 심각하다.

## 에너지를 이해하는 사람은 거의 없다

에너지는 돈과 같다. 사람들은 자기가 에너지를 잘 이해한다고 생각하지만 실제로는 그렇지 않다. 평범한 사람들은 컴퓨터를 켜든, 휘발유로 자동차에 전력을 공급하든, 천연가스로 집을 데우든 날마다 많은 에너지를 사용한다. 마치 돈처럼 직접 사용하기 때문에 사람들은 에너지를 이해한다고 착각할 뿐이다. 하지만 이는 스마트폰을 쓴다고 해서 반도체 제조를 이해한다고 착각하는 것과 같다.

 더욱이 정부는 돈과 에너지의 작동 방식에 대해 대중을 적극적으로 속이고 있다. 그들은 태양광과 풍력이 석탄과 석유와 같지만 더 깨끗하다고 주장하는 것처럼, 미국 달러는 과거의 달러와 똑같고 영원히 그럴 거라고 주장한다.[202] 그러나 무분별한 화폐 발행으로 인한 인플레이션이나 친환경 에너지의 불안정성 등 그들이 선호하는 정책의 단점에 대해서는 거의 논의하지 않는다. 이러한 태도는 알트코인 투자자들과 똑같다. 당신이 그들의 알트코인 창시자가 연쇄 사기꾼이라는 사실을 지적하거나, 그들의 시스템이 결국 죽음의 나선으로 이어져 실패할 것이라고 말하면, 그들은 대답을 피하려고 화제를 바꾼다. 마치 미루기 좋아하는 십 대가 문제를 생각하지 않으면 사라질 거라고 믿는 것처럼 말이다.

친환경 에너지의 단점은 매우 크다.[203] 풍력과 태양광은 안정적이지 않고, 너무 많은 부지를 차지하며, 오직 전기 생산에만 유용하다. 그 지지자들은 난방과 운송에서 화석 연료의 역할을 무시하는데, 이 분야에서 전기는 훨씬 비효율적이다. 친환경의 장점이라곤 그나마 이산화탄소 배출량 감소 정도다. 대중은 친환경 에너지는 좋은 것이고, 초기에는 비싸지만 장기적으로 보상이 돌아온다고 생각한다. 하지만 이는 사실과 거리가 멀다. 이런 인식이 생기는 것은 정부의 효과적인 선전 덕분이다. 저녁 뉴스는 마치 홈쇼핑 광고와 같다. 이 모든 혜택을 보라! 지금 구매하라! 그러나 시간이 지나면서 이 쓸데없는 사업들의 단점이 계속 드러나면, 우리는 돈 절약도 안 되고 공간만 잡아먹는 이런 것들에 돈을 낭비한 것을 후회하게 될 것이다.

화석 연료의 단점은 과장되고[204] 장점은 철저히 무시된다.[205] 환경주의자들의 주장이 꼭 거짓말은 아니지만, 중요한 사실들을 누락하고 있다. 법정화폐를 통해 지난 수십 년간 보조금을 지원했음에도 불구하고, 풍력과 태양광은 전 세계 에너지의 5% 미만을 공급하는 데 그치고 있으며 그 대부분이 전기다.[206] 게다가 날씨가 맑거나 바람이 불 때만 전기를 생산하기 때문에 오히려 더 많은 정전을 유발한다.

우리는 아직 화석 연료의 다른 장점들은 언급조차 하지 않았다. 석유를 제거하면 플라스틱 같은 중요한 원자재가 사라지며,[207] 이는 사실상 거의 모든 상품과 서비스에 영향을 미친다. 엘리트들의 선전은 알트코인 백서가 치명적인 리스크를 빠뜨리는 것보다도 더 집요하게 단점들을 무시한다.

## 에너지의 제1 원리

에너지를 제대로 이해하려면 제1 원리로 돌아가야 한다. 에너지란 무엇인가? 어디에 쓰이는가?

물리학에서 배운 정의를 기억할 것이다. 에너지는 일할 수 있는 능력이다. 일이란 우리가 사용하는 것들을 만들고 작동시키는 것이다. 일은 모든 것을 만든다. 일이 없으면 문명도 없다. 에너지가 없으면 일도 없다. 따라서 문명에는 많은 에너지가 필요하다.

인간은 음식을 통해 에너지를 얻고, 그 에너지를 사용하여 걷거나 땅을 파거나 키보드를 치는 등의 일을 할 수 있다. 인류 역사의 대부분을 차지하는 기간에 우리는 주로 우리 자신의 노동이나 가축의 노동을 통해 음식에서 에너지를 얻었다.

우리는 특히 난방과 요리를 위해 불을 에너지원으로 사용할 수 있다는 것을 발견했다. 또한, 풍차와 댐을 통해 바람과 물에서도 에너지를 얻었다. 에너지를 얻는 것은 생산성을 배가하는 힘이었다. 곡괭이와 삽으로 땅을 일구는 것은 말로 밭을 가는 것보다 훨씬 더 어렵다. 농기구를 사용하면 더욱 효율적으로 작업할 수 있다. 손으로 맷돌을 돌려 밀을 가는 건 비효율적이다. 동물을 이용하는 게 더 효율적이고, 물레방아를 쓰면 더 좋다. 효율적인 에너지는 이런 생산성 향상을 가능하게 하는 투입물이다. 음식은 땅을 갈거나 밀을 가는 데는 그리 효율적인 에너지가 아니지만, 휘발유는 훨씬 효율적이다.

풍부한 에너지가 가져오는 생산성 향상은 매우 극적이다. 100년 전 미국에서는 노동력의 26%가 농업에 종사했다.[208] 지금은 1.65%에 불과하다.[209] 생산성 향상은 새로운 기술에서 비롯되며 그 기술은 에너지를 필요로 한다. 삶의 모든 측면에서 기술은 에너지를 사용하여 노동의 효율성을 배가시킨다. 어떤 의미에서 우리 모두가 아이언맨이 된 셈이다. 100년 전에 한 사람이 할 수 있었던 것보다 훨씬 더 많은 일을 할 수 있게 되었다.

다시 말해, 에너지는 우리의 시간을 몇 배로 늘려주는 방법이다. 에너지를 더 많이 사용할수록 과거에는 노동 집약적이었던 작업에 필요한 인력이 줄어든다. 일에서 해방된 사람들은 다른 일을 할 수 있게 되어, 더 많은 상품과 서비스를 시장에 공급한다. 문명은 더 많은 일을 할 때 성장하고, 새로운 에너지원은 가능한 총 노동량을 늘려준다. 지난 200년 동안 문명은 에너지를 사용한 덕분에 극적으로 성장했다. 새로운 에너지원 덕분에 한 사람이 100년 전 수백 명이 했던 것만큼 많은 일을 할 수 있게 되었다. 에너지는 우리 모두를 100배 더 많은 일을 할 수 있는 노동자로 만들어 주었다.

## 화석 연료

우리는 주로 석탄, 석유, 천연가스의 채굴을 통해 풍부한 에너지를 얻는다. 이런 화석 연료는 에너지 밀도가 매우 높으며, 이 에너지를 활용해 엄청난 생산성 향상을 이룰 수 있다. 화석 연료는 풍부하고 휴대가 쉬우며 효율성이 매우 높다. 화석 연료는 우리가 당연하게 여기는 항공 여행, 제조, 난방 등 많은 분야에 크게 기여해 왔다. 그러나 이들은 이산화탄소 배출 때문에 종종 악마화된다.

물론 이해한다. 이산화탄소는 나쁘다. 이산화탄소가 대기를 따뜻하게 만든다는 것을 나는 부정하지 않는다. 하지만 화석 연료로 인해 가능해진 모든 다른 문명적 성취와 비교했을 때, 온난화가 얼마나 나쁜 것일까?

이산화탄소 배출량 같은 부정적인 측면만 볼 게 아니라, 앞서 언급한 노동 생산성 배수 효과처럼 화석 연료가 문명을 위해 가능하게 한 모든 것을 종합적으로 살펴봐야 한다.

화석 연료의 가장 중요한 두 가지 용도는 운송과 일상 제품이다. 저렴한 운송수단이나 석유 기반 제품을 만들고 운영하는 것은 풍력이나 태양광만으로는 불가능하다.

예를 들어, 비행기는 너무 무거워서 전기 에너지만으로는 멀리 날 수 없다.[210] 48km 이상 비행할 수 있는 전기 비행기는 현재로서는 불가능하다. 필요한 배터리가 너무 무거워서 뜰 수 없기 때문이다. 이는 체중이 180kg인 사람이 4분 안에 1.6km를 달리는 것과 같으며, 물리학적으로 불가능하다. 비행기를 날리려면 제트 연료 같은 훨씬 더 가벼운 에너지원이 필요하다.

또한, 많은 사람들이 석유로 만들어지는 다양한 제품들에 대해 잘 모른다.[211] 우리가 소유한 거의 모든 물건에 석유가 들어 있다. 옷, 냉장고, 컴퓨터, 이 모두에 석유를 원료로 하는 부품이 들어 있다. 따라서 탄소 중립Net Zero, 즉 화석연료 사용 전면 중단이라는 발상은 완전히 미친 짓이다. 화석 연료 사용을 중단하면 노동 효율성이 떨어지고, 에너지 가격이 올라가며, 일상용품 생산에 훨씬 더 많은 노동력이 필요해져 우리가 아는 문명은 붕괴할 것이다.

## 1971년 이후의 세계

이는 1971년에 금본위제를 떠난 이후 전 세계에 만연한 문제를 보여준다. 그것은 바로 인간 노동의 가치가 계속해서 낮아지는 경향이다. 우리는 화폐 측면에서 어떤 일이 벌어졌는지 알고 있다. 인플레이션을 통해 화폐가치가 하락하면 우리 노동의 가치도 하락한다. 통화 팽창은 사실상 세금처럼 작용하며, 사람들의 시간을 빼앗고 경제적으로 노예 상태를 만든다.

마찬가지로, 화석 연료 사용을 줄이면 우리의 노동 가치는 또다시 떨어진다. 에너지를 통해 노동의 효율성이 배가되기 때문에 우리의 시간은 엄청난 가치를 지닌다. 에너지 배수 효과를 줄이면 노동 생산량은 크게 줄어든다. 농부들에게 다시 말을 부려 밭을 갈게 하지는 않겠지만, 화석 연료를 없애면 훨씬 더 많은 농부와 육체 노동자가 필요해진다. 즉, 값싼 에너지를 없애면 결국 우리의 노동에 세금이 부과되는 셈이다.

그럼에도 불구하고 미국의 노동 생산성은 지난 10년 동안 10% 이상 증가했다.[212] 어떻게 그럴 수 있었을까? 그 이유는 각종 규제에도 불구하고 화석 연료 공급업체들이 값싼 에너지를 생산하는 기술을 향상시켰기 때문이다. 결과적으로 더 저렴한 에너지가 우리의 노동을 더 효율적으로 만들어 주었고, 그 덕분에 생산성도 향상되었다. 생산성 향상은 바로 이 에너지 배수 효과를 통해 이루어졌다. 에너지가 증가하면 생산성이 늘어나고, 이는 문명의 발전에 기여한다.

그러나 1971년 이후 오늘날까지 통화 정책과 에너지 규제는 지속적으로 인간의 노동력을 약화시켰다. 그 결과는 무엇이었을까?

## 성장을 짓누르는 족쇄
―

에너지가 더 저렴하고 풍부해지면 생산성이 높아진다. 화석 연료는 지난 200년 동안 가장 안정적이고 풍부한 에너지원이었다. 그러나 화석 연료에 대한 규제와 태양광 및 풍력에 대한 명백한 선호도는 문명의 발전에 큰 비용을 초래했다. 달러 패권과 마찬가지로 화석 연료의 독점은 개발도상국을 억압해 왔다.

개발도상국들은 화석 연료 에너지를 통해 노동 생산성을 높일 기회를 얻지 못했다.[213] 선진국들이 이를 허용하지 않았기 때문이다. 선진국들은 개발도상국에 석탄 발전소를 통한 안정적인 전기 공급이나 정유공장을 통한 운송 연료를 공급하는 대신, 더 비싸고 신뢰할 수 없는 에너지원인 태양광과 풍력 사용을 강요하고 있다. 이는 마치 구식 핸드폰을 정가에 사도록 강요하는 것과 같다.

그 결과, 이 국가들은 인프라를 구축하고 발전하는 대신 열악한 도구로 일하며, 서방 국가들의 에너지 제국주의로 인해 성장을 방해받고 있다. 신환경주의는 겉으로는 도움이 되는 것처럼 보이지만, 실제로는 개발도상국을 통제하고 착취하는 IMF와 비슷하다. 다른 지대 추구자들처럼, 그들은 자신들의 이익을 위한 규제가 당신들을 위한 것이라고 말한다.

그러니 개발도상국의 뛰어난 인재들이 선진국으로 이민을 가는 것은 당연한 일이다. 선진국에서는 풍부한 에너지를 이용할 수 있어서 몇 배나 더 높은 생산성을 발휘할 수 있기 때문이다!

## 에너지 정의를 실현하는 비트코인

언제나 그렇듯, 화석 연료를 둘러싼 이 광기는 결국 법정화폐로 연결된다. 1971년 브레턴우즈 체제가 종료되면서 미국은 달러를 유지할 새로운 시스템이 필요해졌다. 그 해결책은 석유 달러화였고, 1970년대에 오일 쇼크가 발생하면서 화석 연료에 대한 대중의 반감이 커졌다. 당신 선전Propaganda은 기름값이 비싼 이유를 중동의 탐욕스러운 나라들 탓으로 돌렸지만, 실제로는 석유 달러Petrodollar(페트로달러) 체제의 탄생과 미국의 '빈곤과의 전쟁War on Poverty' 정책 및 베트남 전쟁으로 인한 1960년대의 과도한 지출이 원인이었다. 이로 인해 화석 연료는 비난의 대상이 되었고, 신재생 에너지는 구원의 희망으로 떠오르게 되었다.

그 결과로 이루어진 석유, 가스, 석탄의 악마화는 개발도상국에 큰 피해를 끼쳤다. 선진국에서도 가끔 정전이 발생하지만, 개발도상국에서 일관되게 벌어지는 전력 공급 부족은 훨씬 더 치명적인 타격을 주었다. 태양광과 풍력에 대한 보조금은 이러한 낭비성 사업에 자원을 끌어들였고, 화석 연료의 효율성과 가용성을 높이는 데는 쓰이지 못했다. 환경 엘리트들은 블루칼라 노동자들을 희생하여 혜택을 누렸다. 그동안 환경 엘리트의 영향력만 커지고, 노동자들의 상황은 점점 더 나빠진 것이 과연 놀라운 일일까?

비트코인 본위제로 나아갈수록 에너지에 대한 인센티브도 개선된다. 첫째, 작업증명proof-of-work을 통해 더 많은 에너지가 탐사되고 상용화된다. 비트코인 채굴은 이동이 가능한 소비자Portable Customer이기 때문에, 전 세계 어디서나 에너지 개발이 더 경제적으로 이루어질 수 있다. 전통적으로 에너지 생산자는 발전소를 짓기 전에 충분한 수요(소비자)가 있는지를 먼저 확인해야 했다. 하지만 이제는 그럴 필요가 없다. 에너지가 충분히 저렴하기만 하다면 비트코인 채굴이 '최후의 수요자Customer of Last Resort' 역할을 하기 때문이다. 즉, 경제적인 인센티브의 중심이 더 이상 인구 밀집 지역이나 정부의 승인 여부가 아니라, 에너지 생산 그 자체로 재정렬되고 있는 것이다.

둘째, 더 이상 화폐 발행을 통한 보조금으로 태양광과 풍력 같은 잘못된 아이디어를 지원하지 않는다. 이제 정부가 아닌 시장이 승자를 선택한다. 이는 최고의 에너지원이 살아남고, 결국 원자력 같은 에너지 개발이 시작될 수 있다는 뜻이다. 사실 원자력 잠수함은 1950년대에 발명되었는데, 놀라운 점은 20년에 한 번씩만 연료를 보충하면 된다는 것이다![214] 만약 이 기술이 억눌리지 않고 발전했다면 우리의 운송 수단은 지금보다 얼마나 더 효율적이었을까?

원자력 발전은 환경적인 우려로 인해 현재 발전이 멈춘 상태다. 개발도상국에 대한 제한과 마찬가지로, 선진국에서도 원자력 발전에 대한 제약이 진전에 큰 걸림돌이 되고 있다. 오늘날 자동차나 비행기가 원자력으로 구동되지 않는 것은 전적으로 정부의 규제 때문이다.

비트코인은 위로부터 강제되는 비효율적 사업Top-Down Boondoggles을 제거하고, 그 자리를 효율적인 에너지 생산을 유도하는 인센티브 구조로 대체할 것이다. 그 결과, 에너지 활용의 배가 효과Multiplicative Effects를 통해 노동력의 생산성이 크게 향상될 수 있다. 곳곳에 퍼진 풍력과 태양광의 허위 신화Charlatanism도 끝날 것이다. 그것들은 법정화폐 체제의 에너지Fiat Energy에 불과하며, 법정화폐가 사라질 때 함께 사라질 것이다. 에너지를 다시 생각하는 일은 더 번영한 문명으로 가는 길을 열어줄 것이다.

| 26장 |

# 예술을 타락시키는 법정화폐

**저자 주:** 당부의 말을 먼저 하겠다. 이 장에서는 현대 미술을 날카롭게 비판한다. 만약 열렬한 현대미술 애호가라면 이 내용이 상당히 불쾌할 수도 있다. 내 조언은 간단하다. 그렇다면 이 장은 건너뛰어도 좋다.

이 장에서는 예술세계와 법정화폐 세계 사이의 여러 유사점을 다룬다. 일부 독자들에게는 공감을 불러일으킬 수 있지만, 경험상 이러한 견해는 예술 애호가들에게 강한 반발을 불러일으킨다. 그래서 미리 경고하는 바다. 부디 넓은 마음으로 이해해 주기 바란다.

**나는 파블로 피카소의** 작품이 싫다.

그의 작품은 기괴하고 추악하며, 몸값을 요구하는 인질범의 협박 편지를 연상시킨다. 나는 그의 작품이 혼란스럽고 의도적으로 불투명하게 느껴져서 싫어한다. 마치 작가가 내 얼굴을 후려치는 것 같은 느낌이다. 하지만 가장 싫은 점은 그의 예술에 허세가 가득하다는 것이다. 아무 의미도 없고 허영심만 가득하면서 마치 뭔가 깊은 의미가 있는 것처럼 가장하는 것이 싫다. 팔꿈치에 패치를 댄 스포츠 재킷을 입은 엘리트주의 인문학 교수의 전형적인 모습 같다.

나는 이런 감정을 여러 차례 표현했다. 그때마다 피카소 옹호론자들은 피카소가 사실적으로 그림을 그릴 수 있었지만, 새로운 형태의 예술을 탐구하기 위해 그의 작품을 일부러 역겹고 충격적인 방식으로 만들었다고 말했다. 말도 안 되는 소리다! 이는 마치 뉴턴이 미적분을 개발했기 때문에 그의 연금술 연구가 정당하다고 주장하는 것과 같다. 또는 월트 디즈니가 미키 마우스를 만들었기 때문에 그가 나치에 동조한 것이 정당하다고 말하는 것과 다를 바 없다.

피카소의 예술은 역겹다. 내가 무엇보다도 분개하는 것은 그의 그림이 좋은 예술이라며 내 눈을 의심하라는 말을 듣는 것이다. 그의 작품에는 아무런 깊이가 없다. 그 가치를 설명하려는 시도는 중앙은행이 왜 좋은지에 관한 케인스주의-마르크스주의적 설명이나, ICO가 어떠한 이론이 이뤄진 미래에는 유용할 것이라는 변명과 똑같이 공허하다.

## 예술의 타락

—

포스트모던 예술의 가장 두드러진 특징은 현실과의 단절이다. 이 예술은 현실 세계와 전혀 관련이 없어 보여서 그 의미를 해석하기가 매우 어렵다. 이것은 의도적으로 혼란스럽게 만들어져 있으며, 혹시 있을지도 모를 의미는 난해한 설명 아래에 고의적으로 가려져 있다. 예를 들어, 포스트모던 예술에서는 벽에 테이프로 붙인 바나나가 인생의 무의미함을 상징한다고 설명한다. 사람들이 그것에 돈을 지불하는 이유는 사실상 사기꾼인 예술 평론가들이 그것을 훌륭한 예술이라고 주장하기 때문이다. 이는 중앙은행이 지원하는 법정화폐를 떠올리게 한다. 법정화폐는 실제로 가치 있는 자산으로 뒷받침되지 않지만, 돈으로 규정되기만 하면 통용된다. 마찬가지로, 법정화폐 예술도 그 자체로 인정받는 근거나 증거가 없지만, 누군가가 좋다고 정해 버리면 사람들은 이것을 예술로 받아들인다.

법정화폐는 처음에는 금의 대체물로 시작되었다. 1933년까지만 해도 은행에서나 20.67달러를 금 1온스로 교환할 수 있었다.[215] 실물 금을 운반하는 것이 어려웠기 때문에 지폐는 편리한 수단이었다. 하지만 그 후 금의 대체물인 지폐의 가치가 떨어지기 시작했다. 먼저, 금을 몰수하고 금과의 태환을 허용하지 않는 루스벨트의 행정명령 6102호가 발표되었다. 그로부터 1년 후 금은 온스당 35달러로 재평가되었다. 그 후 브레턴우즈 체제에서는 미국 달러를 세계 기축통화로 지정하여 오직 중앙은행만이 달러를 금으로 교환할 수 있도록 했다. 금의 가치를 대변했던 달러는 다시 점점 더 현실과 멀어지고 가짜처럼 변해 갔다. 마침내 1971년, 모든 태환이 완전히 중단되면서 달러는 가짜 화폐로 전락하고 말았다.

법정화폐가 현실을 점점 더 반영하지 않게 되는 과정은 예술의 진화 과정과 유사하다. 예술은 한때 현실을 묘사하는 것이었고 르네상스 시대에 그 절정에 달했다. 그 후 인상주의, 초현실주의, 입체파가 등장하며 예술을 점차 비재현적으로 변모시켰다. 마침내 예술은 퇴화하여 더 이상 아무것도 재현하지 않게 되었다. 이제는 기묘한 선이 그어진 직사각형조차 깊이 있는 예술로 간주된다.[216] 둘 다 결국 아무것도 나타내지 않게 되어 가치가 떨어졌다. 이제 그들의 가치는 정부와 기관의 결정에 따라 인위적으로 정해진다. 연방준비제도와 박물관 큐레이터 같은 권위 기관들이 그 가치를 정한다.

## 작업증명 대 지분증명

—

이깃이 바로 내가 포스트모던 예술을 '법정화폐 예술'이라고 부르는 이유다. 이 예술은 더 이상 현실에 뿌리를 두고 있지 않으며, 완전히 가짜이고 자신만의 영역에 존재한다. 예전에는 예술이 현실 세계를 들여다볼 수 있는 창을 제공했다. 시스티나 성당을 볼 때 우리는 인식하고 성찰할 수 있는 현실의 재현을 본다. 그것을 사실적으로 보이게 만드는 뛰어난 기술력을 통해 우리는 그 아름다움을 감상하고 그 노력을 인정한다.

포스트모던 예술에는 이러한 '작업증명proof-of-work'이 부족하다. 현실을 재현하지 않기 때문에 예술가들은 의미 없는 작품을 빠른 속도로 만들어낼 수 있다. 예를 들어, 피카소는 하루에 여러 작품을 그렸다.[217] 반면에 고전적인 화가들은 하나의 작품을 완성하는 데 몇 달씩 걸렸다. 만약 서명만이 중요한 '지분증명proof-of-stake' 예술가를 찾는다면, 바로 피카소다. 현실을 재현할 필요가 없었기 때문에 엘리트들에게 인정받은 이 예술가는 무엇이든 만들 수 있었고, 그의 서명만 있으면 그 작품은 가치가 있었다. 법정화폐가 생산하기 쉬운 돈인 것처럼, 법정화폐 예술은 서명만 있으면 되는 쉬운 예술이다. 그래서 그런 추악하고 기괴한 작품들이 큰돈을 받을 수 있는 것이다. 미술품 수집가들은 실제 그림이 아니라 서명에 돈을 지불한다.

따라서 초점은 예술 작품이나 그것이 재현하는 것이 아니라 발행자의 신뢰성에 맞춰진다. 이런 점에서 법정화폐 예술과 법정화폐는 비슷하다. 다섯 살짜리 아이도 하루 종일 포스트모던 예술 작품을 만들어낼 수 있지만, 그것을 수백만 달러에 판매할 수는 없다. 엘리트로 인정받은 유명한 예술가가 아니고, 무엇보다도 그 예술가의 서명이 없기 때문이다.

엘리트가 인정하는 예술가가 되기 위해, 모든 예술가는 반드시 지위의 사다리에 올라야 한다. 즉, 정상에 오르기 위해 정치적이고 마케팅적인 게임을 해야 한다.[218] '좋은 예술'은 이제 자질에 관한 것이 아니라 엘리트들의 승인에 관한 것이 되어 버렸다. 예술은 중앙집권화되어 있으며, 예술 자체보다 예술가가 더 중요해졌다. 이는 발행자에게 전적으로 의존하는 법정화폐와 매우 비슷하다. 미술계의 엘리트들인 박물관 큐레이터와 미술 평론가들은 자신들이 인정하는 예술가에게 일종의 '라이센스'를 주어, 이들이 '합법적인' 예술을 생산하도록 허가한다.

실제로 우리의 금융 생태계는 신뢰할 수 있는 가치저장 수단의 희소성에 의해 형성되어 왔다. 이러한 맥락에서 법정화폐는 의도치 않게 예술 작품, 특히 현대 미술 작품의 가치 인플레이션을 초래했다.

이것을 좀 더 자세히 살펴보자. 유명한 예술가, 특히 이미 오래전에 세상을 떠난 예술가들의 작품은 매우 희소하다. 이런 작품들은 거의 매물로 나오지 않으며, 팔릴 때도 극도의 희소성과 역사적 가치로 인해 천문학적인 가격에 거래된다.

그러나 이러한 오래된 예술 작품의 희소성은 현대 미술 작품이 비싼 값을 받는 데 간접적으로 기여한다. 가치저장 수단으로서 미술품에 투자하려는 수집가와 투자자가 몰리면서 현대 미술 작품들은 점점 더 매력적이고 가치 있는 것으로 간주되고 있다. 오래된 미술품들 중에서 판매 가능한 것이 줄어들면서, 미술 애호가와 투자자들은 자연스럽게 현대 작품들로 눈을 돌리고 관심과 자금을 집중하고 있다. 바로 이 지점에서 미술 평론가와 큐레이터가 가장 큰 영향력을 행사하며, 다른 사람들을 대신해 무엇이 '좋은 예술'인지 결정하게 되었다.

본질적으로, 현대 미술 시장은 판매 가능한 오래된 예술 작품의 부족과 좋은 가치저장 수단에 대한 열망이 결합하면서 번창했다. 현대 미술 작품들이 높은 가격에 거래되는 것은 전통적으로 가치 있는 오래된 작품의 희소성에서 비롯된 부산물이며, 이는 결국 법정화폐와 그것이 가치저장 수단으로서 가진 한계에 의해 영향을 받는 더 큰 시스템의 결과다. 달리 말하면, 법정화폐는 현대 미술의 계층을 형성하는 데 중요한 역할을 했고, 여기에 막대한 돈을 주입했다.

## 가치의 혼란

포스트모던 법정화폐 예술의 가장 큰 폐해는 그것이 만들어낸 예술적 가치를 둘러싸고 혼란의 소용돌이를 일으킨 것이다. 법정화폐 예술은 본질적으로 아름답지 않으며, 마크 로스코의 그림은 일반인이 만들 수 있는 작품과 구별되지 않는다. 우리는 끊임없이 문화 엘리트와 트렌드를 주도하는 사람들Tastemakers에게 무엇이 좋은 예술이고 무엇이 그렇지 않은지를 판단받으며 의존한다. 예술계는 이제 암웨이 같은 다단계 마케팅보다 훨씬 더 허세 가득한 하나의 사기극처럼 변해 버렸다.

 예술계의 엘리트들은 우리가 더 이상 좋은 예술과 나쁜 예술을 독립적으로 판단할 수 없으므로, 그들이 대신 그 가치를 판단하도록 신뢰해야 한다고 주장한다. 법정화폐 예술은 특정한 것이 가치 있다고 선언함으로써 이득을 추구하는 지대 추구자 계층을 만들어냈다. 우리는 그들에 비해 문화를 알지 못하는 평범한 사람들이기 때문에 스스로 판단할 수 없고, 소위 더 나은 사람들이 우리 대신 판단하도록 내버려두어야 한다. 우리는 앤서니 파우치 박사와 같은 권위자의 덜 괴짜스러운 버전인 전문가들, 미술계 엘리트들 그리고 사실상 취향을 결정하는 권위자들을 신뢰해야 한다고 강요받는다.

이런 종류의 엘리트주의는 너무나도 쉽게 악용될 수 있기 때문에 매우 불공평하고 부당하다. 예술은 더 이상 기술과 자질의 문제가 아니며, 무엇이 가치 있는지 아닌지를 남이 알려 줘야만 알 수 있는 것이 되었다. 나는 앤디 워홀의 작품이 쓰레기라고 생각하지만, 문화계를 좌우하는 사람들이 좋은 작품이라고 말하면 그 작품에는 가치가 생긴다. 예술은 그 자체의 아름다움이 아니라 권위자들의 선언에 의해 평가된다. 말 그대로 법정화폐 예술인 셈이다.

그 결과는 심각하다. 사람들은 이제 예술에 대해 자신의 의견을 표현하는 데 주저하게 되었고, 예술가에 대해 더 많은 정보를 알기 전까지는 자기가 느낀 바를 감히 표현하지 않게 되었다. 자신의 의견이 승인된 것이라고 확신할 때만 의견을 공유한다. 예술계는 이제 마치 중학교 교실처럼 변해 버렸다. 임금님의 새로운 옷이 환상적이고 놀랍다며 모두가 찬사를 보내는데, 그렇지 않다고 정직하게 말하는 사람은 문화적인 촌뜨기로 조롱받는다.

## 법정화폐 예술과 법정화폐

법정화폐에서도 마찬가지로 가치에 대한 혼란이 존재한다. 엘리트들은 우리에게 돈을 소중히 여기고 돈을 둘러싼 헛소리는 무시하라고 한다. 심지어 일부 정부는 가격을 통제하기 위해 특정 상품에 얼마를 지불해야 하는지 직접 지시하기도 한다. 가치는 끊임없이 변화하며 매우 불안정해진다. 사람들은 오늘 가치 있는 것이 내일은 가치가 없을 수도 있기에 불안해한다. 돈에는 안정성이 사라졌다.

법정화폐처럼 법정화폐 예술도 중앙에서 통제하기 때문에 가치라는 근본적인 요소가 사라졌다. 예술이 점점 더 현실적이지 않거나 더 이상 무엇을 나타내지 않게 된다는 것은 예술 자체가 더 가짜가 되어간다는 것을 의미한다. 우리는 엘리트들의 가치 판단에 따라야 하기 때문에 이제 무엇이 좋은 예술이고 무엇이 나쁜 예술인지 확신하지 못하게 되었다. 그리고 엘리트들의 승인이 예술이 전달하는 내용보다 더 중요해졌다.

예술가들은 아름다움을 표현하기보다 예술계의 지위 사다리를 오르거나, 이러한 허상에 속은 부유한 개인들로부터 지대 추구를 일삼는 것에 더 관심을 둔다. 이 시스템은 예술가들이 영혼을 팔도록 만들어졌다. 현재의 법정화폐 체제도 크게 다르지 않다. 대부분의 사람들은 시장이 요구하는 상품과 서비스를 창출하기보다는 지위 사다리를 오른다. 이 둘은 마치 허울뿐인 데이팅 앱이 연애 관계에 해를 끼치는 것처럼 퇴폐적이고 문명에 해롭다.

법정화폐 예술과 법정화폐는 모두 오래전에 아무것도 실질적으로 나타내지 않게 되었다. 이 둘은 오랫동안 상관관계를 맺어왔으며, 그 사이에는 어떤 연결고리가 있을 가능성이 높다. 법정화폐가 가져온 가치의 혼란은 예술에도 영향을 미쳤고, 그 반대의 경우도 마찬가지다. 또한, 법정화폐의 중앙집권화가 예술 분야까지 확장된 측면도 있다. 두 영역에서 가짜와 지대 추구가 동시에 증가한 것은 오늘날 삶 전반에 걸쳐 인위적인 요소가 광범위하게 확산되고 있음을 보여준다. 엘리트들은 우리를 통제하고 싶어 하며, 예술과 화폐는 그들이 휘두르는 양날의 검인 셈이다.

## 비트코인의 등장

더 나은 화폐에 대한 희망은 비트코인에 있다. 비트코인은 중앙에서 통제되지 않고, 가상화폐가 아닌 실제 디지털 상품이며, 명확한 작업증명이 있다. 비트코인은 가치를 평가하기가 더 쉽기 때문에 많은 사람들의 삶을 변화시키고 있다. 비트코인을 소유하는 것은 고전적이고 대표적인 회화를 소유하는 것과 같고, 반면에 법정화폐나 알트코인을 소유하는 것은 벽에 테이프로 붙여 놓은 바나나를 예술이라며 들고 있는 것과 같다.

포스트모던 법정화폐 예술은 앞으로도 지대 추구와 중앙집권화, 가치 혼란을 일으키는 방식으로 지속될 가능성이 높다. 그러나 적어도 일부 예술은 실제로 존재한다. 예를 들어 블록 시계는 명확하고 분명한 가치가 있는 아름다움과 유용성, 매력을 가지고 있다. 크립토그래피티(암호화폐를 주제로 활동하는 예술가) 작품 중 상당수는 법정화폐의 찌꺼기로 만들어져 비트코인 세계를 더 잘 대변한다. 물론 내가 보기에 매력적이지 않고 심지어 역겹기까지 한 포스트모던 비트코인 예술도 많이 있다.

하지만 그게 바로 요점이다. 내가 좋아하는 것과 싫어하는 것을 스스로 선택하는 것. 나는 피카소 애호가로부터 피카소의 작품이 실제로 왜 아름다운지에 대한 강의를 듣고 싶지는 않다. 예술은 예술이고, 그것을 감상하기 위해 예술가나 그들의 뒷이야기, 이상한 성적 취향을 알 필요는 없다.

예술조차도 믿지 말고 검증하라. 자신의 눈으로 직접 확인하라.

| 27장 |

# 지식을 타락시키는 법정화폐

**어느 누구도 검증이라는** 힘든 작업을 하고 싶어 하지 않는다.

대신, 대부분의 사람들은 누군가를 그냥 믿고, 진리를 직접 탐구하는 수고는 하지 않으려 한다. 이해할 만하다. 검증은 실제로 어렵다. 시간이 많이 걸리고 노력이 필요하며 뇌를 피로하게 만들기도 한다. 진실은 쉽게 드러나지 않으며 특히 악행을 숨기려는 자들에 의해 고의적으로 왜곡될 때는 더욱 그렇다. 검증에 필요한 비판적 사고, 연구 역량, 분석 능력은 쉽게 얻을 수 있는 것들이 아니다.

안타깝게도, 검증하는 사람이 적을수록 신뢰할 수 있는 제3자가 문제를 일으킬 가능성이 커진다. 이것은 비트코인 보관에만 해당하는 일이 아니다. 우리는 쓰리 애로 캐피털3 Arrows Capital, 보이저 Voyager, 블록파이BlockFi의 사례를 통해 이 사실을 잘 알고 있다. 다른 많은 분야에서도 마찬가지다. 비유적으로 말하자면, 제3자가 맡고 있는 쿠키 항아리는 늘 깊고도 달콤한 유혹이 되어, 신뢰받는 제3자들을 범죄로 이끈다.

## 법정화폐 지식

지식에는 두 가지 종류가 있다. '이 침대는 편안하다'처럼 스스로 검증한 지식과 'E=mc$^2$'와 같이(실험 물리학자가 아니라면) 누군가에게 들어서 아는 지식이 그것이다. 스스로 검증한 지식일수록 더 자신 있게 주장할 수 있어야 하지만, 안타깝게도 현실은 그렇지 않다.

통념, 정치적 올바름 그리고 일반적인 사회에 잘 어울려야 한다는 욕구가 '이 문제로 인해 죽을 각오를 하겠다'는 우리의 의지를 방해한다. 검증한 지식을 창밖으로 던져버리는 사회적 압력이 작용하는 것이다.

이 효과를 입증하는 유명한 심리학 실험이 있는데, 바로 솔로몬 애쉬의 동조성 실험이다.[219] 실험 참가자들은 명백히 참인 답을 할 것인지 아니면 다른 사람들의 답과 일치하는 거짓 답을 할 것인지에 대해 테스트를 받았다. 이 실험은 단순히 두 선의 길이를 비교하는 것이었다. 그 결과 약 3분의 2에 해당하는 사람이 명백히 거짓인 답을 선택하여 다수에 동조했다.

권위자들은 바로 이러한 경향을 악용한다. 많은 사람들은 자신이 진실이라고 믿는 것을 말하기보다는 대중의 의견에 동조하려 한다. 그래서 신뢰할 수 있는 제3자는 거짓을 퍼트리고도 빠져나갈 수 있다. 대부분의 사람들이 대중적인 의견에 동조할 것이라는 사실을 알기 때문이다. 권위자들은 본질적으로 우리가 무엇을 믿어야 하는지 일방적으로 주입할 수 있다. 이것을 나는 '법정화폐 지식'이라고 부르며, 이는 조작과 통제의 주요한 수단이다.

### 신뢰하고, 검증하지 마라

이성적으로 볼 때, 다른 사람이 알려 주는 지식은 우리가 직접 얻은 지식보다 더 많은 의심을 품고 대해야 마땅하다. 하지만 동료나 권위자와 마주하게 되면, 우리는 갑자기 자신이 가진 지식에 대한 확신을 잃는다. 그것이 다른 사람들이 믿는 것과 일치하지 않으면 자신감을 잃기 쉽다.

특히 전문적이거나 기술적인 지식에 대해서는 더욱 그렇다. 스스로 탐구하여 결론을 내리는 것보다 권위자의 결론에 의존하는 것이 훨씬 쉽다. 혼자 맞는 것보다 군중과 함께 틀리는 것이 더 편하게 느껴진다. 또한 시간, 비용, 노력의 양도 고려해야 한다. 수백 페이지에 달하는 문서를 직접 뒤져서 모든 결함을 찾아내고, 그렇지 않다고 주장하는 사람들과 끝없이 논쟁하고 싶은가? 대부분의 기술적인 사항에 대한 검증은 그 정도로 수고를 들일 가치가 없다.

결과적으로, 신뢰할 수 있는 제3자는 그들에게 의존하는 모든 사람을 쉽게 조종할 수 있다. 이들은 단순히 지식의 원천일 뿐만 아니라, 그 지식을 바탕으로 취해야 할 행동까지 지시하는 위치에 있기 때문이다. 결국 소수의 신뢰받는 자들은 사람들에게 해를 끼치는 악의적 행동을 해도 문제가 되지 않는다.

가장 분명한 사례는 코로나19 기간에 보건 당국이 했던 일이다. 신뢰받는 제3자는 특정 조치를 요구했고, 그 요구는 빠르게 규제로 굳어졌다.[220] 주요 내러티브에 의문을 제기하는 사람은 누구든 매도되고 극단주의자로 낙인찍혔다. 대부분의 사람들은 진실을 추구하고 옹호하기보다는 권위자들의 말을 그대로 받아들이는, 지적으로 게으른 길을 택했다. 진실이 희생되더라도 말이다.

검증은 비용이 너무 많이 든다. 이러한 비용에는 심각한 괴롭힘, 수많은 적들, 기회 박탈 등이 포함된다. 권력자들과 잘 지내려면 일반적으로 '신뢰'해야 하며, '검증'은 그저 번거로울 뿐이다. 그러나 권위자들을 믿는 것은 파우스트적 거래다. 진실을 희생하는 것은 심각한 결과를 초래한다.

첫째, 신뢰한다는 것은 권위를 가진 자들에게 조종당할 수 있다는 것을 의미한다. 신뢰를 요구하는 것은 곧 권력 게임이다. 이를 받아들인다는 것은 이의를 제기하거나 스스로 생각하는 것과 같은 일부 권력을 포기한다는 뜻이다. 권위자들은 당신이 순응하는지 시험하기 위해 점점 더 터무니없는 행동을 요구하게 된다. 예를 들어, 스탈린은 새벽 4시에 회의를 열고 음악을 튼 채 자신을 제외한 모든 사람에게 춤을 추라고 요구했다.[221] 이는 우스꽝스럽게 들릴 수 있다. 하지만 여름철 야외에서도 마스크 착용을 의무화하면서, 불과 두 블록 떨어진 곳에서 시위자들은 마스크 없이 다니도록 허용하는 것보다 정말 더 우스꽝스러운 일일까?

둘째, 신뢰한다는 것은 당신의 현실 감각이 심각하게 왜곡될 수 있음을 의미한다. 어떤 사안에 대해 의견이 일치하지 않을 때는 항상 양측의 주장이 있기 마련이다. 검증을 포기하면, 진실을 탐구하기보다 자신이 진실이라고 믿고 싶은 것을 먼저 선택한 다음, 그쪽의 주장을 받아들이고 싶은 유혹에 빠지게 된다. 이는 매우 게으른 행동일 뿐만 아니라 수많은 거짓말을 믿게 만들어 당신을 매우 취약하게 만든다. 이는 현실과 단절되고, 자신이 원하는 믿음이 거짓으로 밝혀졌을 때 정신적으로 붕괴되는 지름길이다. 폰지 사기로 막대한 돈을 잃은 사람들을 생각해 보자. 그들 대부분은 믿고 싶어 했기에 진실을 찾지 않았고, 스스로를 속여 잘못된 결정을 내린 결과로 고통을 겪었다.

셋째, 신뢰한다는 것은 책임감을 배우지 못한다는 뜻이다. 대중을 따라가는 것이 인기 없는 것을 옹호하는 것보다 늘 훨씬 쉽다. 하지만 그러면 다른 사람들에게 의존하게 된다. 진실을 우선시했다면 배웠을 논리를 배우지 못한다. 많은 사람들이 자신의 비트코인 암호 키를 보관하는 법을 배우지 않는 것처럼, 검증하는 법을 배우지 않는다. 그들은 책임감이 따르는 골치 아픈 일을 피하고 싶어 한다. 다른 사람이 대신 그 일을 해주기를 바라며 살아간다. 이것은 어린아이의 태도이지, 성인의 태도가 아니다. 하지만 안타깝게도 오늘날에는 미성숙하고 무책임한 행동이 오히려 정상처럼 보인다.

## 법정화폐 지식 경제

어떤 의미에서 법정화폐는 법정화폐 지식의 하위 집합이라고 할 수 있다. 중앙은행 시스템 전체가 사람들의 검증 능력 부족을 악용하기 위해 만들어졌기 때문이다. 그 덕분에 권위자들은 비도덕적인 행동을 마음대로 할 수 있게 되었다.

현재 중앙은행이 지원하는 법정화폐 체제는 복잡하고 이해하기 어려워서, 그 속에서 일어나는 도둑질의 메커니즘을 발견하기 힘들다. 이 체제를 둘러싼 사고방식은 "신뢰하고, 검증하지 마라"라는 것이다.

예를 들어, 연준Fed에 대한 감사는 왜 그렇게 어려울까? 론 폴은 저서 《우리는 왜 매번 경제위기를 겪어야 하는가?End of Fed》에서 연준 의장들로부터 명확한 답변을 얻지 못했다고 기록했다.[222] 현 체제에서 이득을 취하고 있는 자들이 사기를 계속하고 싶어 하기 때문이 아닐까?

핵심은 바로 '신뢰하고, 검증하지 않는' 사고방식이 권력자들의 비윤리적 행동을 허용한다는 것이다. 신뢰는 무너졌고, 권력자는 밝은 대낮에는 절대 하지 않을 행동을 은밀하게 저지른다.

현재 화폐 체제를 통해 막대한 양의 화폐가 발행되면서 권력의 역학 관계가 더욱 중요해졌다. 권력자들의 의견에 동조하는 사람들에게는 금전적 보상과 지대 추구 기회가 주어지며, 이는 진실을 더욱 모호하게 만든다. 신뢰는 특정 전문가들의 몫이 되었고, 검증 비용은 한층 높아졌다.

그 결과, 법정 지식은 법정화폐와 함께 번성하게 되었다. 지정된 전문가들에게 더 많은 돈이 흘러 들어갈수록 그들은 자신들의 연구 결과를 은폐하고 검증을 더 어렵게 할 수단을 갖게 되며, 이를 통해 지대 추구의 입지를 더욱 공고히 한다.

불행하게도, 사람들의 지식은 대부분 검증이 아닌 신뢰에 기반한다. 전문가들에게 주어지는 인센티브를 고려하면, 이러한 지식은 실제 현실보다는 선전을 더 많이 반영할 가능성이 높다. 독립적인 검증자들의 합리적인 분석에 기반해 움직이는 시장 대신, 소수의 전문가 집단에 대한 신뢰가 표준이 되는 중앙집중화가 심화하는 것을 목격하고 있다. 그리고 24장에서 언급했듯이 이 전문가들은 결코 독립적이지 않다. 그들이 같은 목소리로 노래하는 이유는 그것이 진실이어서가 아니라, 그렇게 해야 지대 추구를 계속할 수 있기 때문이다. 법정화폐 지식은 결국 진실을 왜곡하고 은폐하며, 그 수혜자는 바로 전문가라는 엘리트 집단이다.

## 법정화폐 지식인

이로 인해 우리가 '법정화폐 지식인'이라고 부르는 현상이 나타난다. 이들은 지식이 많은 척하려고 전문용어를 사용하지만 실제로는 자신들이 말하는 걸 제대로 이해하지 못한다. 이런 사기꾼들은 사람들이 자신들의 주장을 검증하지 않을 것을 알고 있으며, 검증하는 소수에게조차 의혹을 제기하여 그들을 곤란하게 할 수 있다고 자신한다.

비트코인 분야에서 이들은 주로 경영대학원 출신이며, 블록체인을 마치 마법의 장치인 것처럼 이야기한다. 양자 컴퓨팅이나 지분증명을 언급하는 사람들도 마찬가지다. 그들의 말이 지적으로 들릴지 모르지만 실제로 검증된 것은 아무것도 없다. 그들은 그저 어떤 권위를 신뢰할 뿐이고, 그 권위에 조작당해 자신이 지식을 가지고 있다고 믿을 뿐이다. 이들이 진짜 전문성을 가진 분야는 자신의 주장을 그럴듯하게 들리게 하는 것, 즉 진실이 아닌 선전 분야이다.

이들이 자주 내뱉는 진부한 말로 이들을 식별할 수 있다.

- "진실은 아마도 양쪽의 중간 어딘가에 있을 거야."
- "이렇게 많은 사람들이 이걸 붙잡고 있다면 뭔가 쓸모 있는 게 있겠지."

법정화폐 지식인들은 게으르며 진실을 파악하기 위해 다른 사람들에게 의존한다. 최고경영진, 벤처캐피털리스트, 정치인 등 많은 권력자들이 법정화폐 지식인이다. 그래서 불행히도 이들은 이러한 조작에 취약하다.

이것이 바로 많은 알트코인들이 높은 평가를 받는 이유다. 대형 투자자들을 포함한 거의 모든 투자자들이 검증을 거부하고 신뢰에 의존한다. 루나 사태에 갤럭시Galaxy, 3AC, 셀시우스Celsius 같은 대형 기업들이 연루된 사건을 생각해 보자. 그들은 검증하지 않았고 자신이 믿고 싶은 것을 골라 믿었다. 그들은 자신의 투자가 사기가 아니기를 원했지만, 결국 큰 손해를 보았다.

우리는 '암호화폐' 시장에서 볼 수 있는 패턴은 무슨 일이 일어나고 있는지 의도적으로 은폐한다는 점에서 중앙은행의 패턴과 유사하다. 이더리움 2.0 플랫폼이 지나치게 복잡한 것도 이 때문이며, 수백 페이지에 달하는 백서들도 마찬가지다. 이들은 중앙은행의 복잡성을 모방한다. 왜냐하면 그들도 민간 중앙은행이라서 비윤리적인 행동을 숨기려면 진실을 가려야 하고, 그러려면 복잡성을 만들어내야 하기 때문이다.

## 수준 높이기

―

비트코인은 근본적으로 다른 "신뢰하지 말고, 검증하라"라는 윤리를 따른다. 이러한 정신에 따라 많은 평범한 사람조차 직접 자신의 노드를 운영하고, 자신의 키를 직접 관리하며, 심지어 코딩을 배워 직접 검증한다. 이렇게 철저한 검증은 모두를 정직하게 만든다. 비트코인 커뮤니티가 검증을 장려하는 이유가 바로 여기에 있다. 비트코인에는 중앙 기관이 없으므로 권위자의 비윤리적인 행위에 휘말리지 않는다.

이는 **법정화폐** 체제 및 알트코인 산업 **복합체**와 극명한 대조를 이룬다. 이들은 개인의 검증보다는 지정된 전문가에게 의존할 것을 강조한다. 또한, 사용자가 검증하는 것을 원하지 않기 때문에 '직접 자신의 노드를 운영하는 것'을 권장하지 않는다. 이러한 시스템의 복잡성은 검증을 어렵고 비현실적으로 만들어, 사람들이 스스로 진실에 다가서지 않도록 의도적으로 설계되었다.

그렇기 때문에 많은 알트코인 지지자들의 언행은 법정화폐 지식인과 흡사해 보인다. 그들은 많은 전문용어를 알고 있지만 자신들이 주장하는 시스템을 검증하지 않는다. 결과적으로 많은 알트코인들은 결코 발전하지 못한다. 그 보유자들조차 자신이 이해한다고 주장하는 시스템을 실제로는 제대로 이해하지 못하기 때문이다. 그들은 자신이 믿고 싶은 것만 믿고 현실과 단절되어 있다. 그렇다면 개발자들이 실제로 일을 해야 할 이유가 있을까? 망상은 법정화폐 지식인들의 피할 수 없는 운명이다.

사실 법정화폐 지식인들은 권력자들의 지적인 노예일 뿐이다. 그들은 자기 주권과는 거리가 멀고, 자기 주권이 너무 많은 책임과 일과 노력을 수반한다고 스스로를 설득한다.

그러나 진정한 자기 주권으로 가는 유일한 길은 모든 면에서 열심히 검증하는 것뿐이다. 우리는 우리를 묶고 있는 지적 사슬의 족쇄에서 벗어나지 않는 한 자유로울 수 없다. 그리고 그 자유는 오직 검증을 통해서만 얻을 수 있다. 우리는 진실을 추구하기 위해 끈질기게 노력해야 한다.

자유는 공짜가 아니다.

| Fiat Ruins Everything |

## 비트코인 맥시멀리스트가 되어가는 신호 10가지

01. 비트코인을 사라고 더 이상 친구나 가족을 설득할 수 없다는 사실을 받아들인다.

02. 하루에 딱 한 번만 가격을 확인한다.

03. bitcoinerjobs.com 사이트를 즐겨찾기해 놓았다.

04. 숨겨둔 비트코인을 '투자'가 아닌 '저축'이라고 표현한다.

05. 지분증명(proof-of-stake)이라는 말을 들으면, 소를 키우는 농장주들이 사용하는 프로토콜을 떠올린다.

06. 자신의 대명사를 '겸손함/사토시를 축적함'으로 설정한다.

07. 여유 시간이 생기면 자기계발에 투자한다.

08. 더 싸게 비트코인을 모을 수 있기 때문에 약세장에서 행복감을 느낀다.

09. 비트코인에 대해 처음 들었을 때 사지 않은 것을 후회하지 않고, 자신이 들어간 가격이 결국 자신이 감당할 만한 가격이었다는 것을 깨닫는다.

10. 알트코인에 투자하던 시절을 회상하며 부끄러움을 느낀다.

# 6부
# 법정화폐 체제의 종식

Fiat
Ruins
Every
thing

**Fiat Ruins Everything**

| 28장 |

# 법정화폐는 반드시 파괴되어야 한다

**이 책의 앞부분은** 여러모로 우울했다. 현대 사회는 사기, 불공정, 지위 경쟁, 전반적인 나태함으로 가득 차 있다. 우리는 개인, 기업, 국가 그리고 글로벌 차원에 이르기까지 모든 수준에서 인센티브가 어떻게 문명을 퇴보시켰는지 살펴보았다. 어떤 의미에서는 법정화폐의 폐해와 그로 인한 2차, 3차 효과가 마침내 현실로 나타난 셈이다.

다행히도 비트코인은 완전히 다른 인센티브를 제공하며 시난 50년간 이어진 문명 쇠퇴를 역전시키고 있다. 우리는 개인 차원에서 삶의 의미를 찾고, 가치를 더하며, 관계를 쌓고, 유산을 남길 수 있다. 차갑고 비인간적인 다국적 기업 대신, 함께 물건을 만들고 서로를 지지하는 가족 중심의 공동체를 만들 수도 있다. 정부는 더 이상 우리를 털을 깎이는 양처럼 취급하지 않고 우리의 자유를 보호하는 데 집중할 것이다. 더 나아가 전 세계에는 가장 생산적인 시민들을 위해 경쟁하는 다양한 형태의 사회가 나타날 것이다. 우리는 더 이상 법정화폐 기반의 지식인, 정치인, 전문가의 말에 휘둘리지 않고 스스로 모든 것을 검증할 것이다. 세계는 더 이상 경직과 정체 속에 머무르지 않고 다시 한번 기업가 정신과 혁신의 역동성을 되찾을 것이다.

그러나 비트코인은 양쪽에서 공격받고 있다. 한쪽에서는 정부 당국이 사회, 정치, 학문 등 다양한 측면에서 우리를 통제하기 위해 법정화폐를 무기로 삼고 있다. 다른 한쪽에서는 알트코인들이 혼란을 일으키며 비트코인을 사기로 만들어, 화폐의 혁명적 발전을 한낱 새로운 투기 수단으로 오인하게 한다.

비트코인이 성공하려면 이 두 가지 도전을 모두 이겨내야 한다.

6부에서는 비트코인과 알트코인의 차이를 명확히 하고, 법정화폐를 대체하는 과정이 실제로 어떻게 진행될지 살펴본다. 앞으로 펼쳐질 여정은 쉽지 않을 것이므로 우리는 준비된 자세로 임해야 한다. 그 준비가 무엇인지 함께 알아보자.

우리가 해야 할 일은 이 한 문장으로 요약된다.

*법정화폐는 반드시 파괴되어야 한다*(Fiat delenda est).

나는 2019년부터 팟캐스트, 뉴스레터, 연설을 마무리하는 데 이 문구를 사용해 왔다. 이는 법정화폐의 해악을 인식하는 우리 모두의 집결 구호이며, 이제 이 구호에 주목하려 한다.

## 카르타고는 반드시 파괴되어야 한다 Carthago Delenda Est
―

*Fiat delenda est*(법정화폐는 반드시 파괴되어야 한다)라는 문구는 "카르타고는 반드시 멸망해야(파괴되어야) 한다"라는 뜻의 라틴어 *Carthago delenda est*에서 유래했다. 로마의 정치인 카토가 이 문구의 창시자로 알려져 있다.[223] 그는 로마 원로원에서 연설할 때 주제와 상관없이 이 말로 모든 연설을 끝냈다. 로마는 카토의 말을 무시하다가 결국 카르타고인들에게 막대한 손실을 입었다.[224]

카르타고는 로마의 라이벌이었다. 두 나라는 지중해를 따라 경쟁하며 세력을 확장하는 과정에서 포에니 전쟁으로 알려진 세 차례의 큰 전쟁에서 충돌했다. 카르타고의 두 장군인 하밀카르와 그의 아들 한니발은 전설적인 여러 전투에서 로마에 막대한 손실을 입혔다.

카르타고인들에 대한 정보는 많지 않다. 왜냐하면 로마가 결국 카토의 말을 들었기 때문이다. 로마는 단순히 카르타고를 약탈한 것이 아니라 도시를 완전히 파괴하고 한 세기가 넘도록 폐허로 방치했다. 전설에 따르면, 카르타고를 먹여 살리던 밭에 소금까지 뿌렸다고 한다. 카토는 로마의 멸망을 막기 위해 카르타고를 파괴하려 했고, 이 승리는 로마가 역사상 전설적인 지위에 오르는 상징적인 사건이 되었다.

## 법정화폐의 의미

―

라틴어에서 fiat는 영어와 달리 형용사가 아닌 동사다. 라틴어로 된 성경의 창세기 1장 3절에는 다음과 같은 문구가 나온다. *Dixitque Deus fiat lux et facta est lux.* 이는 "하나님이 말씀하시되 빛이 있으라 하시니 빛이 있었다"로 번역된다. 여기서 *Fiat lux*는 '빛이 있으라'는 뜻이다. 따라서 'fiat money(법정화폐)'라는 말은 '돈이 있으라'는 의미다. 법정화폐는 존재하기 위해 어떤 일을 하지 않아도 단순한 선언으로 존재하게 된다. 그래서 영어에서는 'fiat'가 '명령이나 선언에 의해'라는 의미의 형용사로 쓰이게 된 것이다.

Fiat는 무언가를 존재하게 하려면 그것을 선언함으로써 만들 수 있다는 개념이다. 다시 말하면, 그저 말로만 무언가를 현실로 만들 수 있다는 환상이다.

정부는 단순한 선언만으로 번영과 성취, 진보를 불러일으킬 수 있는 권력을 갈망한다. 그들은 마치 납을 금으로 바꾸려 했던 오래전 연금술사들과 비슷하다. 사실, 그들보다 더 나쁘다! 정부는 간절히 소원을 빌면 하늘을 날 수 있다고 믿는 다섯 살짜리 아이와 같다.

망상에 사로잡혀 권력에 굶주린 엘리트들은 무언가를 법령으로 '있다'고 선언하면, 현실에서 자동으로 이루어진다고 믿는다. 하지만 세상은 창세기의 말씀처럼 작동하지 않는다. 예를 들어, 건물을 짓고 싶을 때 단순히 "건물이 있으라"라고 말한다고 해서 건물이 세워지는 건 아니다. 누군가는 땅을 파고, 기초를 다지고, 골조를 세우는 등의 노동과 자본이 반드시 필요하다.

## 일은 누가 하는가?

―

다시 말해, 우리는 이렇게 질문해야 한다. 누가 혹은 무엇이 그 선언을 실제로 이행하는가? 누가 그것을 실현하는가? 원하는 결과를 만들어내기 위해서는 누군가 시간과 에너지를 투입해야 한다. 수요와 공급 같은 시장 원리가 작동하지 않는 상황에서, 선언은 사람과 자원을 동원해야만 성립한다. 정부의 바람과는 달리 선언만으로는 아무것도 바꿀 수 없다. 선언은 그 자체로는 무력하다. 즉, 선언은 실제로 이를 실현할 행동이나 자원 없이는 아무런 효과가 없으며, 궁극적으로 강압을 통해서만 작동한다. 선언은 본질적으로 강제력과 폭력의 완곡한 표현이다.

그런데 강제력과 폭력은 인기가 없고, 긴장을 고조시키며, 정부가 권력을 유지하기 어렵게 만든다. 폭정은 반드시 저항을 낳으며, 종종 혁명이 뒤따른다. 구소련과 동구권은 총구를 겨누며 명령과 지시를 통해 무언가를 '창조'하려 했고, 결국 잔혹함과 권위주의로 이어졌다. 이는 새로운 일이 아니다. 고대 이집트처럼 오래된 문명조차 강제력과 폭력을 통해 선언을 실현했다. 많은 통치자들은 자신이 내린 명령이 실현되는 것을 보고 스스로를 신이라고 믿었지만, 그것은 인간의 막대한 고통을 대가로 치러야만 가능했던 일이었다.

그와 달리 현대 사회는 법정화폐를 새로운 형태의 선언으로 사용한다. 법정화폐는 시장에서 가장 활발히 거래되는 재화인 돈에 국한된 선언이다. 하지만 돈으로 거의 모든 것을 살 수 있기 때문에 결국 권위자들은 시장을 마음대로 조종할 수 있다. 선언만으로 건물을 지을 수 없다는 건 분명하다. 그러나 돈에 관해서는 더 많이 찍어내는 게 합법적이고 심지어 자비로운 일로 보이게 할 수 있다. 케인스주의자들은 법정화폐 공급 증가가 본질적으로 가치를 창출한다고 보지만,[225] 안타깝게도 이것은 오해다. '우리가 스스로에게 진 빚'이라고 아무리 말해 봤자 그것이 도둑질이라는 사실은 변하지 않는다. 구글이 "우리는 악하지 않다"라고 주장하는 것만큼이나 정직하지 못한 말이다.

법정화폐의 교활함은 정부의 폭력을 시장의 원리처럼 위장하는 데 있다. 법정화폐의 발행은 다른 화폐 보유자들로부터 돈을 훔쳐 정부의 뜻을 따르는 이들에게 주는 것이다. 이런 도둑질은 은폐되며, 케인스주의식 선전과 맞물려 법정화폐를 무해하고 심지어 이타적인 것처럼 보이게 한다.

어떤 면에서 법정화폐는 법정 통치의 덜 잔인한 형태라고 할 수 있다. 하지만 이것은 마치 돈 갚을 기회를 주는 조폭이 길거리 깡패보다 더 낫다고 말하는 것과 다를 바 없다. 덜 악한 것도 결국 악이다. 권위자들은 여전히 그들의 선언을 이행하게 만들고, 국민은 무의식적으로 노예가 된다. 우리는 강제로 일하는 게 아니라 속아서 일한다. 권위자들은 너그러운 고용주처럼 보이지만, 사실은 우리의 저축을 훔쳐서 우리에게 급여를 주는 꼴이다. 마치 톰 소여가 친구들을 속여 자신이 칠해야 할 울타리를 즐겁게 대신 칠하게 만든 것과 다를 바 없다. 그들은 우리가 그들의 명령을 수행하도록 속이고, 우리가 그 특권에 감사하며 일하도록 만들었다.

독재자는 국민에게 자신의 변덕에 따르도록 강요하며 공공연하게 폭력을 행사한다. 이런 사회에서는 강제 징병, 전쟁, 빈곤이 만연해 인간의 자유가 거의 없는 비참한 삶을 살게 된다. 법정화폐적 통치Fiat Rule는 인류에게 재앙적이다. 그 증거는 과거 소련의 스태그네이션, 그리고 북한의 빈곤에서 분명히 드러난다. 노예 노동에 의존하는 사회에서는 진정한 발전이 거의 불가능하다.

이에 비해 법정화폐를 통한 통치는 적어도 겉으로는 자발적인 것처럼 보인다. 하지만 여전히 문명에 교묘하면서도 치명적인 해를 끼친다. 결국, 덜 악한 것도 여전히 악일 뿐이다.

## 법정화폐 체제의 문제점

―

이쯤 되면 법정화폐를 옹호하는 사람들은 "사람들이 이런 상품과 서비스를 제공하는 것을 좋아하고, 강제수용소로 끌려가는 깃도 아닌데 이 체제에 무슨 문제가 있느냐?"라고 반문할 수 있다. 전통적인 권위주의 체제만큼 노골적으로 악하지는 않지만, 법정화폐적 사고방시에는 몇 가지 심각한 문제가 있다.

첫째, 법정화폐는 권력을 중앙집중화한다. 도둑질이 교묘하게 이루어지고, 그 결과 권력이 중앙집중화되며 은근한 형태의 권위주의를 초래한다. 법정화폐를 통제하는 자는 단순히 돈을 주는 것만으로 사람들을 자신의 뜻대로 조종할 수 있다. 이는 공산주의보다는 더 부드러운 형태의 노예 제도일 뿐, 여전히 노예 제도라는 것에는 변함이 없다. 인플레이션을 통해 돈을 훔칠 수 있는 능력은 권력자들이 우리의 노동 생산량을 통제할 수 있게 한다.

둘째, 법정화폐는 문명을 파괴하는 인센티브를 만들어낸다. 부정행위와 도둑질이 널리 퍼진다. 예를 들어, 한 고등학생이 실수로 학교의 성적 시스템에 접근할 수 있는 권한을 부여받았다고 하자. 이를 알게 된 후 학생은 자신의 성적을 바꾸고, 돈을 받고 다른 학생들의 성적도 바꿔주기 시작한다. 결국 이 사실이 전교에 알려지고, 학교 당국에 보고되어 퇴학당한다.

법정화폐도 이와 비슷하다. 이것이 유지되는 동안 법정화폐를 위해 일하는 것은 마치 아무런 노력도 없이 보상받는 치트 키와 같다. 실제로 가치를 제공하지 않아도 되고, 대부분의 사람들은 그것이 절도라는 사실조차 모른다. 안타깝게도, 법정화폐가 만든 관료주의는 암처럼 자라나 문명을 파괴한다.

마지막으로, 법정화폐는 모든 것을 정치화한다. 앞서 살펴본 바와 같이, 관료주의는 계속해서 비대해지고, 사람들은 적은 노력으로 많은 돈을 벌 수 있는 지대 추구형 자리를 점점 더 선호한다. 지대 추구는 변덕스러운 시장에 상품과 서비스를 제공하는 것보다 훨씬 쉽게 돈을 벌 수 있는 방법이다.

그렇다면 지대 추구 자리는 어떻게 분배될까? 바로 정치를 통해 분배된다. 정치에서 도덕적 우위를 점하는 것은 원하는 것을 얻는 강력한 수단이다. 특히 법정화폐 체제에서는 권력자들이 고통을 해결해야 한다는 암묵적 의무감을 느끼기 때문에 더욱 그렇다. 이 전제는 결국 모든 사람이 자신을 피해자로 포장하게 만든다. 사람들이 서로 피해자라고 주장하는 이유는 그들이 도둑맞은 돈에서 한몫을 얻고 싶어 하기 때문이다.

이처럼 정치를 우선시하는 사회에서 진실은 더 이상 중요한 문제가 아니다. 정치에서는 누가 진실을 말하는지에 관계없이, 자신이 피해자라고 주장하며 더 많은 혜택이나 자원을 얻는 사람이 실제로 보상을 받는다. 이런 사고방식은 법정화폐의 영향력이 확산되면서 전염병처럼 모든 분야로 퍼져나간다. 법정화폐 체제는 사람들을 속여 일하게 함으로써 노예로 만들고, 그 과정에서 심각한 지대 추구와 생산성 파괴를 야기한다. 그리고 사회와 정치 환경은 거짓에 기반하게 된다.

하지만 건전한 화폐에 기반한 세상은 전혀 다르다. 비트코인은 정부 간섭으로부터 자유를 제공하고, 생산을 장려하며, 진실에 기반하여 작동한다. 진정한 생산과 건설은 법정화폐가 아닌 비트코인과 결합한다.

그러므로 법정화폐는 반드시 파괴되어야 한다. 무에서 유를 창조할 수 있다는 환상이 문명을 파괴하고 있으며, 법정화폐는 우리의 존재 자체에 대한 위협이다. 법정화폐가 우리를 파괴하기 전에, 반드시 법정화폐를 없애야 한다.

## 법정화폐를 어떻게 파괴할 것인가

이를 이루려면 먼저 특권 의식을 없애야 한다. 권리를 당연시하는 사람들은 법정화폐적 사고방식이 퍼지고 있음을 보여주는 징후다. 많은 사람들은 스스로 자각하든 그렇지 않든, 다른 사람에게 자신을 위해 무언가를 하도록 명령할 수 있다고 생각한다. 예를 들어, 의료 서비스를 권리로 만들면 누군가가 그 서비스를 강제로 제공해야 한다. 모든 권리 보장은 결국 누군가의 부담으로 이루어지는데, 정부의 경우 이러한 권리를 제공하기 위해 절도나 폭력을 동원한다.

둘째, 지대 추구 행위를 제재해야 한다. 지난 50년간 최고의 인재들이 생산적 활동이 아니라 투자은행 같은 지대 추구형 사업에 뛰어들었다. 우리는 이런 행태를 부끄럽고 비난받는 것으로 만들어야 한다. 왜 평생 남의 돈을 운용하기만 한 워런 버핏 같은 사람이 전 세계에서 가장 존경받는 인물 중 하나가 되었을까? 불과 100년 전만 해도 에디슨이나 테슬라 같은 창조적인 인물들이 존경받았다. 그러나 지금은 엉뚱한 부류가 존경받고 있으며, 너무 많은 이들이 생산적인 일보다 지대 추구를 선호한다. 우리는 세금을 축내는 이런 거머리들이 수치심을 느끼게 해야 한다.

셋째, 우리는 진실을 다시 위대하게 만들어야 한다. 법정화폐는 그 비윤리적인 본질이 알려졌다면 애초에 존재할 수 없었을 것이다. 그러나 거짓이 승리했고, 우리는 그로 인해 계속해서 고통받고 있다. 시장 경제는 거짓을 바탕으로 작동할 수 없다. 시장이 제대로 기능하려면 근본적으로 진실을 존중해야 한다. 우리는 허무주의적 사고방식에 속아 넘어가서는 안 되며, 다수결로 새로운 현실을 만들어낼 수 있다고 생각해서도 안 된다. 진실을 존중한다는 것은 자연의 법칙 앞에서 겸손해지는 것을 의미한다. 우리가 중력에 반대하는 투표를 한다고 해서 마법처럼 하늘을 날 수 있는 건 아니다. 그런데 왜 더 많은 돈을 찍어내는 쪽에 투표한다고 해서 마법처럼 생산성을 높일 수 있다고 믿는 걸까?

진실은 현재 체제에 대규모 도둑질이 존재한다는 것이다. 이것이 바로 법정화폐적 사고방식이 번성하는 근본적인 원인이며, 이에 대한 명백한 대응책은 훔치기 어려운 화폐를 채택하는 것이다. 비트코인이 바로 그 화폐다.

문명을 지키기 위해서는 법정화폐를 반드시 파괴해야 한다.

*Fiat delenda est.*

| 29장 |

# 알트코인의 망상과 순진함

**알트코인을 공개적으로 비판해** 온 사람으로서, 알트코인 창립자들이 나에게 자신의 프로젝트를 홍보해 달라며 접근하는 경험은 꽤 흥미롭다. 이는 사실 아주 흔한 접근 방식인데, 트위터에서 팔로워가 조금이라도 있는 사람이라면 누구나 팀에 합류해 달라는 제안을 받아본 적이 한 번쯤은 있을 것이다. 이 제안은 주로 백서 검토를 부탁하는 형태로 온다. '블록체인'이나 '암호화폐' 콘퍼런스에 갔다고 상상해 보자. 자기가 만든 토큰의 가격을 띄우려고 필사적으로 주목을 끌려는 알트코인 창립자들을 만나게 될 것이다. 그들은 마치 할리우드에서 영화 대본을 들고 다니듯, 모두가 자신들의 토큰이 대박 날 거라고 믿으며 백서를 꼭 움켜쥐고 있다.

이들과 대화하다 보면 뻔한 패턴이 반복된다. 나는 항상 처음부터 회의적인 입장에서 시작하고, 그들의 토큰에 대해 솔직하게 비판할 거라고 분명히 말한다. 그럼에도 불구하고 그들은 마치 신인 발굴에 혈안이 된 할리우드 에이전트처럼, 자신의 토큰이야말로 내 생각을 바꿀 거라고 확신하며 끈질기게 설득한다.

이런 확신은 할리우드에 막 도착한 신인 여배우가 자신이 곧 대박을 칠 거라고 확신하는 낙관론을 연상시킨다. 이 신인 여배우가 베테랑 업계 인사들의 냉소를 무시하듯, 알트코인 지지자들도 내가 알트코인에 대해 비판적이라는 걸 알면서도 아랑곳하지 않는다.

나는 그들에게 "내 리뷰가 마음에 들지 않을 수도 있는데, 거기에 돈을 쓰는 게 과연 현명할까요?"라고 묻곤 한다. 하지만 그들은 확고한 신념을 잃지 않는다. 그런 모습을 볼 때마다 나는 자녀의 유치원 발표회를 앞두고 망상에 빠진 부모가 떠오른다. 객관적으로 평범하거나 실수할 게 뻔한데 자식의 공연이 어마어마한 대작일 거라고 확신하는 부모.

## 개인을 숭배하는 문화

―

줄거리를 파악할 수 없는 끔찍한 영화 대본처럼, 알트코인의 존재 이유도 늘 뒤죽박죽이다. 난해한 기술용어들이 여기저기 등장하지만, 그것이 알트코인들을 멈추게 하지는 않는다! 그들의 과대광고는 계속된다. 예를 들어, '느린 세계 컴퓨터(이더리움을 지칭)' 같은 것의 효용성이 도마 위에 오르면, 그 빈 자리를 대신할 다른 서사가 곧바로 등장한다.

보통은 코인의 유용성에서 창업자의 재능으로 초점이 옮겨 간다. "이건 세계 컴퓨터도 아니고 코드가 곧 법도 아니지만, 우리 창립자는 뛰어난 천재입니다!"라는 식이다. 창립자는 마치 현대판 아인슈타인으로 묘사되며, 그들의 천재성이 탈중앙화된 블록체인으로 표현되었다고 포장한다. 심지어 유니콘 얼굴이 그려진 남성용 손가방(비탈릭 부테린이 착용한 가방)조차 괴짜 천재의 증표로 받아들여진다. 사람들은 이 토큰 창시자가 탈중앙화된 조직을 운영하거나, 거대한 데이터베이스의 속도를 높이거나, 계절성 알레르기를 치료하는 등 무엇이든 할 수 있다고 믿게 된다.

이런 개인 숭배는 커뮤니티뿐만 아니라 기술 자체에도 해롭다. 기술에 대한 합리적인 검토는 리더에 대한 모욕으로 치부되며, 대신 정당한 기술적 결함을 지적하는 이들을 무너뜨리기 위한 선전전이 벌어진다. 이 말이 무슨 뜻인지 모르겠다면 카르다노ADA를 비판해 보라. 대학교 사교 클럽에서 무료 피자를 준다고 공지할 때보다 더 빨리 모여드는 악플 부대를 만나게 될 것이다. 이는 마치 사이언톨로지교 신도들에게 L. 론 허버드(미국의 〈펄프매거진〉 저자이자 사이언톨로지교의 창시자)를 비판하는 것과 같다. 아무리 옳은 말을 해도 광신도들은 당신을 공격할 것이다.

## 이름뿐인 탈중앙화<sup>DINO</sup>

—

알트코인의 가장 큰 기술적 결함은 중앙집중화되어 있다는 점이다. 알트코인은 창립자의 통제를 받으며 벤처캐피털들의 자금을 지원받는다. 그러나 탈중앙화라는 서사를 내세우지 않으면 그 어떤 알트코인도 혁신적이거나 합법적이라고 주장할 수 없다. 그 이유는 간단하다. 탈중앙화가 없으면 규제를 받게 되기 때문이다. 그들은 마치 할리우드에서 누드 장면을 예술적으로 포장하는 것처럼, 자신들의 토큰이 탈중앙화된 것처럼 꾸민다.

하지만 토큰의 가치를 올리기 위해서는 거래소의 협력이 필요하며, 이 지점에서 중앙집중화의 실체가 드러난다. 토큰 창립자는 자신의 토큰을 상장하기 위해 거래소에 사전 채굴한 물량의 일부를 지급한다.[226] 이는 많은 사용자가 토큰을 구매하는 바이낸스Binance 같은 거래소의 주요 수익원이다. 상장은 일반적으로 큰 이벤트이며 할리우드 영화 시사회처럼 대대적으로 이루어진다. 그러나 박스오피스 수익처럼 대부분 상장 직후 잠깐 상승했다가 곧 폭락한다. 적어도 영화를 보는 사람들은 20달러만 손해를 보지만, 그 토큰을 산 사람들은 오래된 팝콘조차 없이 빈 지갑만 남게 된다.

## 에어드롭과 사전 채굴

—

알트코인 지지자들과 얘기해 보면 그들이 에어드롭에 집착하는 것을 알 수 있다. 에어드롭은 무료 토큰으로 알려져 있지만, 실제로는 알트코인 창립자들이 커뮤니티를 모집하는 수단이다. 이는 마치 코스트코에서 무료 시식을 제공하며 상품을 사도록 유도하는 것과 같다. 즉, 일종의 뇌물이다. 정상적인 사람이라면, 이런 걸 받으면 무언가를 돌려줘야 한다는 의무감을 느끼게 된다.

알트코인 에어드롭의 대가는 입소문으로 나타난다. 에어드롭을 받은 사람들은 무료 시식을 제공한 할머니에게 감사 인사를 하듯 프로젝트에 대해 좋은 말을 할 것이다. 그러나 무료 시식과 마찬가지로 에어드롭은 알트코인 투자자의 논리적 판단을 우회하여 프로젝트에 대한 지분을 제공함으로써, 그들을 백악관 대변인만큼이나 객관적이지 않게 만든다. 그들은 자신들의 코인이 비트코인을 대체할 것이라고 착각하기 시작한다.

사전 채굴은 더 심각하다. 이는 벤처캐피털리스트와 내부자에게 엄청난 할인율로 발행되는 토큰으로, 대개 토큰 공급량의 60% 이상이 공개 판매 전에 소진된다. 역설적이게도, 사전 채굴에 참여한 사람들이 에어드롭을 받은 사람들보다 훨씬 더 헌신적이다. 왜냐하면 토큰에 실제로 돈을 지불했기 때문이다. 그들은 마치 벼룩시장에서 산 품질 낮은 램프에 감정적으로 애착을 가지는 것처럼 손실을 인정하지 못한다. 이들은 매몰비용 오류의 희생양이 되어, 알트코인 창립자들이 저지르는 온갖 비윤리적이고 어리석은 행태조차 옹호하게 된다.

## 몇 가지 의구심 잠재우기

—

알트코인에는 유용한 무언가가 있다는 신화가 끊임없이 존재하지만, 이는 쉽게 불식될 수 있다. 현실 세계에서 문제를 해결하려고 애쓰다가 알트코인, 또는 알트코인의 사기성 재탄생인 웹 3.0, NFT, DeFi에서 그 해결책을 찾은 사람을 본 적이 있는가? 속기 쉬운 사람들을 상대로 돈을 모으는 경우가 아니라면, 아마도 본 적이 없을 것이다. 이 해결책들은 마치 영화 〈피위의 대모험Pee Wee's Big Adventure〉의 시작 부분에 나오는 루브 골드버그 장치(미국의 만화가 루브 골드버그가 고안한 기계로, 겉으로 보기에는 거창하나, 하는 일은 아주 단순하고 오직 재미만을 추구하는 연쇄 반응 기계를 말한다)와 같다. 이 영화에서는 아침 식사를 준비하기 위해 터무니없이 복잡하고 비효율적인 장치를 쓴다. 이와 똑같이 더 쉬운 방법이 있는데도 불구하고, 알트코인들은 불필요한 토큰을 억지로 끼워 넣어 더 비효율적이고 더 비싼 시스템을 만든다.

또한, 이 프로젝트들에 많은 개발자들이 참여하고 있다는 것 때문에, 놀라운 무언가가 만들어지고 있다고 믿지만 실제로 탈중앙화 애플리케이션의 코드를 살펴보면 이러한 프로젝트들이 보안에 취약하다는 것이 분명히 드러난다. 사람들이 돈을 잃는 '해킹' 사고가 반복적으로 발생하는 것은 우연이 아니다.[227] 알트코인은 〈인디아나 존스〉 시리즈보다 더 많은 버그(오류)를 가지고 있다.

이런 알트코인을 홍보하는 조직의 마케팅 부서는 늘 자신들의 능력을 과장한다. 마케팅 담당자들은 자신들이 홍보하는 코인의 막대한 사전 채굴 물량을 가지고 있으며, 더 많은 사람들이 코인을 사도록 유도할 상당한 이해관계를 가지고 있다. 이러한 프로젝트에 자금을 지원하는 벤처캐피털리스트들은 대중에게 공개되기 전에 상당히 할인된 가격으로 많은 토큰을 받는다. 그들의 목표는 이 코인이 유용하든 아니든 사람들을 설득해 구매하게 만드는 것이다. 이들은 예산의 최대 35%를 마케팅에 사용한다.[228] 이는 정교하고 유용한 기술이 아니라, 코카콜라 같은 건강에 해로운 설탕물을 팔 때나 필요한 비율이다.

이 프로젝트들이 정말 그들이 주장하는 것처럼 탈중앙화되어 있을까? 사실, 이 코인이나 프로토콜의 창립자가 마음만 먹으면 언제든지 규칙을 변경할 수 있다. 이는 구글의 서비스 약관보다 더 나쁘다. 적어도 구글은 처음부터 이용자에게 불리한 사용조건(약관)을 명시한다.

이런 프로젝트들의 대부분은 코드가 오픈 소스라서 쉽게 복제될 수 있다. 실제로 알트코인은 다양한 이유로 계속해서 복제된다. 흥미로운 점은 새로운 코인들이 기술적으로 원본과 거의 동일하다는 것이다. 그렇다면 왜 가격이 다른 걸까? 아마도 프로젝트의 실제 기능보다는 마케팅에 얼마나 많은 돈이 투입되었는지가 더 큰 영향을 미치기 때문일 것이다.

복제할 수 없는 프로젝트들은 비공개 소스로 되어 있어 코드 검증이 불가능하다. 이러한 프로젝트들은 탈중앙화의 원칙을 완전히 무시하기 때문에 더욱 나쁘다.

이러한 프로젝트에 참여한 많은 사람들의 과거는 의심스러운 경우가 많다. 이러한 토큰의 창립자들의 경력이라고는 기껏해야 다른 토큰을 '성공적으로' 출시한 것이 전부다. 그들이 그 토큰에 대한 약속을 이행했는가? 그렇지 않다. 하지만 초기 투자자들에게는 분명 높은 수익을 안겨주었다. 이들은 마치 네트워크 뉴스처럼 당신을 조종하기 위해 모든 것이 왜곡되어 있다는 것을 알면서도 계속 같은 말을 떠들어댄다.

## 내부자 거래

"하지만 수익률이 대단하잖아!" 몇 달 만에 500% 수익을 냈는데 뭐라고 할 수 있겠느냐고? 물론 할 말이 있다. 그런 수익률은 사기에서는 흔한 일이다. 예를 들어, 적절한 타이밍에 주식을 사고팔았다면 파산한 허츠(Hertz, 지난 2020년 코로나19 팬데믹으로 벌어진 경영난에 파산보호신청을 한 미국 대형 렌터카 업체) 주식에서도 돈을 벌 수 있었을 것이다. 돈을 벌었다고 해서 그것이 옳다는 건 아니다. 포커에서 약한 패로 우연히 이겼다고 해서, 그때가 본질적으로 강해지는 건 아닌 것처럼 말이다.

사람들이 알트코인에 관심을 보이는 건 오로지 수익률 때문이다. 기술은 형편없고 약속만 잔뜩 있을 뿐이다. 그리고 이 약속들은 대대적인 마케팅으로 과장된다. 열기가 고조되다가 결국 약속이 실현되지 않으면 폭삭 무너진다. 이것은 마치 멋진 영화의 형편없는 속편과 같다. '비트코인이 대단했으니 이것도 괜찮겠지!'라고 생각하지만 그 기술은 실망스러울 수밖에 없다.

알트코인을 장기적으로 분석해 보면 그 결과는 처참하다. 특히 비트코인과 비교했을 때 대부분이 5년, 때로는 그보다 훨씬 짧은 기간만에 90% 이상 가치가 떨어졌다.[229] 그런데도 사람들은 계속 이런 실패작들을 사들인다. 왜 그럴까?

그 이유는 단순하다. 빠른 수익의 가능성을 약속하기 때문이다. 타이밍만 잘 맞추면 원금의 몇 배를 순식간에 벌 수 있는 가격 상승이 빈번하게 일어난다. 알트코인 투자자들은 자신들이 지속적으로 이 타이밍을 잡을 수 있을 거라고 믿는다. 그러나 시장 타이밍을 꾸준히 맞출 확률은 비탈릭 부테린의 좁은 어깨만큼이나 적다.

복권 당첨처럼 순식간에 부자가 될 수 있다는 환상이 이러한 가격 상승을 지속시키는 원동력이 된다. 그 사이에 벤처캐피털리스트들은 큰 이익을 얻으며 웃고 있다.

## 비트코인은 어떨까?

―

비트코인은 원조이며, 본질적으로 값싼 모조품인 '암호화폐' 프로젝트들과는 매우 다르다. 비트코인에는 중앙 통제자가 없고, 잘못된 인센티브도 없으며, 특권계층이 없고, 마케팅팀도 없다. 그럼에도 불구하고 비트코인의 수익률은 탁월했는데, 그 이유는 비트코인이 약속한 것을 정확히 이행했기 때문이다. 즉, 검열할 수 없고,

압류할 수 없으며, 공급량이 엄격하게 제한된 화폐로 존재했기 때문이다. 이것이 바로 비트코인이 신뢰를 얻은 이유이며 '암호화폐'는 그렇지 않은 이유다.

비트코인의 핵심 속성은 탈중앙화다. 단일 실패 지점이 없으며, 그 어떤 통치기관도 아닌 사용자에 의해 제어된다. 코드를 복사할 수는 있지만 탈중앙화 자체는 복제할 수 없다. 탈중앙화는 코드에 있는 것이 아니라 네트워크의 고유한 특성이다. 알트코인은 같은 악기만 제공하고 같은 연주자는 없는 오케스트라를 재현하려는 것과 같다. 이것은 결코 제대로 작동하지 않는다.

'비트코인'은 더 나은 화폐다. 웹이나 금융, 예술을 재창조하는 척하지 않는다. 처음부터 비트코인은 더 나은 형태의 화폐였다. 디지털이고 탈중앙화되어 있으며 절대적으로 희소하기 때문이다. 이런 속성 덕분에 전 세계 사람들이 실제로 비트코인을 활용하고 있다. 이와 반대로 '암호화폐'는 그 어떤 것도 충족하지 못한다. '암포화폐'의 지도자들은 정치인처럼 지키지 못할 약속만 늘어놓는다.

## 망상의 거품 터뜨리기

내가 리뷰를 의뢰받은 백서들은 예외 없이 치명적인 결함을 드러낸다. 그 체인들은 항상 불필요한 토큰을 중심으로 돌아가며, 설사 그 토큰이 실제로 약간 유용하더라도 블록체인의 기술적 복잡성 없이 훨씬 더 쉽고 간단하게 구현할 수 있는 것들이다. 나는 난해한 영화 대본을 분석하는 전문 비평가처럼 그들의 취약점, 토큰의 불필요성 그리고 실제로 문제를 해결하지 못하는 점을 하나하나 지적한다.

내 피드백은 마치 영화 스튜디오의 경영진이 대본의 전면 수정을 요구하는 것과 비슷하며, 그 결과 알트코인 지지자들은 실망하게 된다. 그들의 야심 찬 계획은 대개 계속되지만, 가끔은 내가 그들을 설득해 포기하게 만들기도 한다. 어쨌든 내 피드백은 필연적으로 그들에게 큰 타격을 준다. 특히, 처음에 백서로 나를 설득할 수 있을 거라고 확신하던 것과 비교하면 더욱 그렇다.

그들은 실망한 표정이 역력하지만 나는 진실을 말한 것을 후회하지 않는다. 그들의 잘못된 확신은 마치 희망적인 마약과도 같고, 이 의심스러운 활동을 피하도록 돕는 것이 도덕적으로 더 옳다고 생각한다. 본질적으로, 내가 하는 일은 그들의 망상을 현실의 냉혹한 빛 아래로 끌어내는 것이다.

| Fiat Ruins Everything |

## 곧 출시될 새로운 알트코인 10가지

01. Diffirand: 몇몇 학부생을 속이는 데 지친 한 학자가 이제는 온 국민을 속이기로 결심하고 만든 코인.

02. BytePecunia: 공급 스케줄, 미래 거버넌스, 프라이버시 등 그 어떤 것도 보장하지 않는 프라이버시 중심의 코인.

03. Methamphetamine: 10대 창업자의 황당한 아이디어를 바탕으로 모든 것을 바꾸겠다고 약속하지만, 그 10대 창업자가 코딩을 할 줄 모르거나 할 생각도 없어서 실현하지 못하는 코인.

04. Trinium: 어떤 아시아인이 10억 명의 아시아인을 대상으로 마케팅하기 위해 설립했지만, 서구의 누구도 관심을 갖지 않고 결국 아시아인만 피해를 뒤집어쓴 코인.

05. Catastrophe: 가장 상위에 있던 소수는 20,000%의 수익을 얻지만 감옥에 잡혀가고, 18%의 이자를 준다고 주장하지만 가격이 더 이상 오르지 않으면 수익률이 -100%인 코인.

06. Crippled˙ 연필과 종이로 블록체인, 데이터베이스를 실행하여 친환경적이라고 주장하는 코인.

07. Daschund: 귀여운 로고만 있고 아무런 기능도 없지만, 언젠가는 이 로고 덕분에 어떤 억만장자가 장난 삼아 띄워주길 간절히 기대하는 코인.

08. Salami: 전직 월스트리트 투자은행가들이 대중을 더 강하게 등쳐먹기 위해 운영하는 SQL 데이터베이스 속의 토큰.

09. Sucker: 10명을 모집하면 3년 후에나 출금할 수 있는 스테이킹 코인을 제공하는 코인. 그 창립자는 그때 감옥에 있을 예정.

10. SeedOilSwap: 원숭이 NFT에서 흘러내리는 침을 통해 알고리즘적으로 강제되는 합성자산 스와프 거래를 가능하게 하는 플랫폼의 거버넌스 토큰.

| 30장 |

# 알트코인 지지자들이 비트코인을 지대 추구에 이용하는 방법

**알트코인 지지자들은** 규제 당국이 그들을 압박할 때 "우리는 모두 같은 길을 가고 있다"라고 말한다. 그러면서 "비트코인은 낭비적이고 구식이며 해롭다"라고 내뱉는다.

이처럼 알트코인 진영에서 비트코인이 차지하는 이상한 '애증' 관계는 혼란스러울 정도로 일관성이 없다. 한편으로는, 비트코인의 채택률이 어떤 알트코인, 심지어 알트코인 전체 시장을 합친 것보다도 높기 때문에, 하나로 단합된 모습을 보이려 한다. 그러나 다른 한편으로는 자신들의 코인을 띄울 기회만 있으면 비트코인을 비난한다. 알트코인 지지자들의 이런 이중적 태도는 가장 편협한 정치인의 행태를 연상하게 한다.

그들이 이렇게 오락가락하는 이유는 금전적 이익 때문이며, 그런 관점에서 보면 그들의 행동을 이해할 수 있다. 그들은 자신들의 코인을 띄울 수 있는 것이라면 무엇이든 주장한다. 아무리 심각한 결함이 있어도, 보안 결함이 아무리 심각해도, 아무리 노골적인 지대 추구도 자신들이 가진 토큰의 가격 상승을 위해서라면 눈감고 넘어간다.

일부 비트코인 사용자들은 그들의 이런 행태를 짜증스럽게 여기기도 하고, 또 일부는 무관심하다. 여러 면에서 알트코인은 본질적으로 비트코인과 아무 관련이 없기 때문에 이는 이해할 만하다. 하지만 그렇다고 해서 이들을 무시하는 것은 실수다. 알트코인이 사회 전반에 막대한 피해를 끼치고 있기 때문이다.

이 장에서는 알트코인으로 인한 피해를 다룬다. 그 피해가 제한적이거나 손해 보는 사람들은 그저 당연한 대가를 치르는 바보들에 불과하다고 생각할 수도 있다. 실제로 그들의 어리석은 행동에 어느 정도 거리를 두는 것은 중요하다. 하지만 그들의 행동은 심각한 부수적인 피해를 야기하며, 그것이 바로 우리가 알트코인에 반대해야 하는 이유다.

알트코인에 대해 많은 비판이 제기되어 왔다. 기술적으로 아무것도 제공하지 않고, 투자 관점에서 보면 형편없는 자산이며, 보안 측면에서는 최악이다. 우리는 종종 그들의 헛짓거리를 냉정하게 지켜보며 심지어 비웃기도 한다.[230] 하지만 사람들에게 알트코인의 무용함을 진정으로 납득시키려면 다른 차원의 논리가 필요하다.

우리는 알트코인에 대한 도덕적 문제를 제기해야 한다. 이 장에서는 알트코인이 어떻게 비트코인 채택을 방해하고, 사회적 가치를 파괴하며, 파괴적인 습관을 조장하는지 설명할 것이다. 즉, 알트코인이 단순히 실패한 기술이나 나쁜 투자자산이 아니라, 얼마나 비도덕하고 해로운지를 명백히 보여줄 것이다.

## 알트코인 지지자는 지대 추구자다

많은 사람들이 비트코인과 알트코인에 대해 배울 때 둘이 비슷하거나 같은 범주에 속한다고 혼동한다. 이러한 혼란은 이해할 만하다. 미디어에서 종종 비트코인과 알트코인을 '암호화폐'라는 하나의 카테고리로 묶어 다루기 때문이다. 더 중요한 점은 벤처캐피털리스트와 알트코인 창립자들이 알트코인을 비트코인과 연관시킴으로써 엄청난 이익을 얻는다는 것이다. 비트코인의 가격 상승과 오랜 보안 역사 덕분에, 두 가지를 함께 묶으면 전체 카테고리에 신뢰성을 부여할 수 있다.

따라서 벤처캐피털과 알트코인 창립자들은 알트코인을 비트코인과 연결하려는 강력한 인센티브를 가진다. 물론 비트코인의 주요 특징인 탈중앙화를 복제하는 것은 거의 불가능하다. 아직까지 이를 성공적으로 해낸 알트코인은 없었으며, 앞으로도 가능할지 여부는 지켜봐야 한다.

실제로 알트코인 지지자들은 탈중앙화를 달성할 수 있다 해도 -그들은 그렇게 하는 방법도 모르지만- 이를 원하지 않는다. 그렇게 되면 그 프로젝트에서 자신들이 이윤을 독점할 방법이 사라지기 때문이다. 그럼에도 불구하고 그들은 탈중앙화라는 허구, 또는 '탈중앙화인 척하는 것'을 유지하는데, 이는 지대 추구와 관련된 두 가지 분명한 목적을 달성하기 위해서다.

첫째, 알트코인들은 비트코인과 연결 지음으로써 그들의 프로젝트를 대중의 눈에 합법적으로 보이게 만든다. 적어도 비트코인이 합법적인 한도 내에서 말이다. 비트코인의 후광 효과를 마케팅에 활용하여 자신들의 코인에 과도한 열광을 불러일으킨다. 그들은 겉보기에 비슷한 복제품을 만들고 그것을 진짜인 양 시장에 내놓는다.

둘째, 문제가 발생해도 그들이 책임을 회피할 수 있는 이유를 제공한다. 알트코인 창립자들은 탈중앙화를 표방함으로써 자신들에게 책임이 없다고 변명할 수 있다. 이런 점에서 알트코인은 책임은 지지 않고 수익만 챙기는 완벽한 지대 추구의 기회라고 할 수 있다. 실제로 토큰 판매 약관에 토큰은 증권이나 지분이 아니며, 단지 토큰을 만든 중앙화된 주체에 대한 기부금일 뿐이라고 명시되어 있지만, 이런 복잡한 법률 문서를 꼼꼼히 읽는 사람은 거의 없다.[231]

이러한 행태는 본질적으로 매우 비윤리적이다. 비트코인의 명성을 악용해 사기를 저지르는 것이기 때문이다. 이는 마치 가짜 브랜드가 정품인 양 구매자를 현혹하는 것과 다를 바 없다. 당연히 이러한 사기 행태는 결국 비트코인에도 부정적인 영향을 미친다.

## 비트코인 채택을 방해하는 요소

―

비트코인을 처음 접하는 사람들에게 이 사실을 설명하는 일은 알트코인 지지자들의 혼란스러운 주장 때문에 훨씬 더 어려워졌다. 알트코인 지지자들은 "탈중앙화는 스펙트럼이다" 또는 "블록체인 기술에는 무궁무진한 활용 사례가 있다"와 같은 주장으로 오해를 불러일으킨다. 돈 탭스코트의 《블록체인 혁명Blockchain Revolution》이나 크리스 버니스크의 《크립토애셋, 암호자산 시대가 온다Cryptoassets》 같은 책들은 블록체인이 비트코인의 성공 비결이라는 잘못된 주장을 펼친다.

블록체인을 깊이 있게 연구한 기술 전문가라면 누구나 블록체인이 매우 제한적인 데이터베이스라는 것을 알고 있다. 하지만 알트코인 지지자들은 블록체인이 모든 것을 혁신할 수 있는 새로운 기술이라고 주장한다. 그 결과 '블록체인'이라는 용어를 둘러싼 혼란이 전 세계에 널리 퍼졌다. 사람들은 이제 블록체인이 공급망 문제 해결,[232] HIPAA(미국 건강 보험 양도 및 책임에 관한 연방법) 규정 준수 보장,[233] 클릭 사기 방지[234]와 같은 마법의 힘을 가졌다고 믿게 되었다.

비트코인을 정의하는 "신뢰하지 말고 검증하라"라는 정신과는 달리, 알트코인 지지자들은 사람들이 정보를 검증하는 것을 어렵게 만든다. 대신 그들은 사람들의 맹목적인 신뢰를 요구하고, 그것을 자신의 이익을 위해 끝없이 남용한다. 이러한 신뢰는 사용자 채택, 기술 개발, 가격 보장 약속 파기를 통해 반복적으로 무너진다. 결과적으로 루나 사태와 같은 재앙이 발생하고, 비트코인까지도 알트코인 사기꾼들의 무능함 그리고 부정직함과 같은 범주로 묶여 오명을 뒤집어쓰게 된다.

## 법정화폐의 죄악

탈중앙화를 내세우는 체제에서조차 끊임없는 약속이 난무한다는 사실은 의문을 불러일으킨다. 누가 이런 약속을 하고 있으며, 그 약속이 실제로 어떤 가치가 있을까?

법정화폐 체제의 근본적인 문제는 미래의 지불 약속과 현재의 화폐 공급이 뒤섞여 버린다는 점이다. 무수한 약속을 남발함으로써 법정화폐는 무한정 팽창할 수 있으며, 이는 사실상 도둑질을 통해 이루어진다. 그리고 이러한 약속에 대한 신뢰가 무너지면 초인플레이션으로 인해 체제가 붕괴된다. 알트코인도 본질은 법정화폐와 똑같다. 그들은 스스로를 '탈중앙화 화폐'라고 부르지만, 실제로는 중앙은행처럼 운영되며, 공급 조작과 통제까지 갖추고 있다.

알트코인은 법정화폐의 모든 윤리적 문제를 그대로 답습한다. 통화 팽창을 통해 가치를 갈취하고, 모든 참여자의 동의 없이 규칙을 바꾸며, 지대 추구의 기회를 수없이 만들어낸다. 이들의 통화 팽창 방식은 대량의 사전 채굴량을 서서히 배포한다는 점에서 기존 중앙은행과 약간 다르지만, 실질적으로는 법정화폐를 찍어내는 행태와 다름없다.

알트코인이 만들어낸 혼란Obfuscation은 파괴적인 결과를 낳았다. 수많은 사람들이 가치가 훼손되거나 도난당하지 않는 방식으로 저축할 수 있는 능력만 있었더라도, 엄청난 혜택을 누릴 수 있었을 것이다. 하지만 현실에서 새로운 참가자들은 알트코인이라는 함정에 걸려들고 만다. 이는 사실상 도박과 다름없다. 알트코인에 대한 끊임없는 투기는 아무런 가치도 만들어내지 못한다. 이런 노력이 차라리 저축과 자본 축적에 쓰였다면 엄청난 이득이 되었을 것이다. 문명은 자본 축적을 토대로 발전하지만, 지금은 비생산적이고 가치를 파괴하는 프로젝트에 너무나 많은 자원이 투입되기 때문에 이런 선한 순환이 가로막히고 있다.

## 가치의 파괴

―

비트코인과 알트코인의 차이는 극명하다. 비트코인은 시간이 지나도 사람들이 만들어낸 가치를 지킬 수 있는 도구다. 반대로 알트코인은 간접적이고 모호한 방식으로 그 가치를 빼앗는 함정에 불과하다. 비트코인은 검증을 기반으로 하기 때문에 진정한 날중앙화 화폐로 작동하지만, 알트코인은 쉽게 남용될 수 있는 신뢰에 의존하며 이는 벤처캐피털의 이익을 위해 악용된다.

벤처캐피털들은 알트코인을 대폭 할인된 가격에 취득하고 막강한 마케팅을 통해 적극적으로 홍보한다. 그들은 대중의 신뢰를 악용해, 싸게 산 코인을 개인 투자자에게 비싸게 팔아 이익을 챙긴다. 이런 개인 투자자들은 서구 국가에만 있는 게 아니다. 전 세계에서 가장 가난하고 취약한 사람들인 경우도 많다. 예를 들어, 엑스알피는 이란에서 자주 거래되는 코인이다. 이란 사람들은 비트코인을 사용하면 중앙은행의 수탈을 피하고 저축할 수 있어 상당한 이점을 얻을 수 있다. 그런데도 많은 이들이 오히려 알트코인 도박에 빠져들고 있다. 중앙은행이 발행하는 법정화폐와 마찬가지로 여기서도 캉티용 효과의 명확한 승자는 서구의 부자들이고, 가장 가난한 이들은 힘들게 모은 저축을 빼앗긴다.

알트코인 거래에 쏟아붓는 돈, 개발자의 시간, 마케팅, 노력 등 엄청난 자본이 생산적으로 쓰이지 않고 그저 낭비되고 있다. 벤처캐피털들은 이미 대부분의 투자에서 처참히 실패하는 등 투자 성과가 좋지 않다. 하지만 알트코인에서는 실패한 투자조차 그들에게 이익이 될 수 있다.

안타깝게도 많은 벤처캐피털은 알트코인의 중앙은행 역할을 하며, 대중을 속이고 약자를 착취해 돈을 벌어들이는 것에 양심의 가책을 느끼지 않는다. 알트코인 마케터들도 크게 다르지 않아서 종종 '돈을 받고 홍보하는' 방식에 가담한다.

여기서 이루어지는 교환은 돈을 대가로 신뢰를 제공하는 것이다. 다단계 사기 역시 같은 원리로 작동한다. 사람들이 평소라면 사지 않았을 제품을 팔기 위해 개인적인 관계망을 활용하는 구조다. 다단계 사기에는 음식이든 비타민이든 옷이든 최소한 눈에 보이는 제품이라도 있지만, 알트코인은 그런 제품조차 없이 순수하게 신뢰만 악용할 뿐이다.

## 미덕의 파괴

—

알트코인은 인간의 기본적인 악덕인 탐욕을 이용한다. 사람들은 최소한의 노력으로 최대의 수익을 얻고자 하며, 공짜로 무언가를 얻고 싶어 한다. 오늘날 사람들이 선호하는 직업은 투자은행가, 펀드매니저, 벤처캐피털리스트 등이다. 이런 직업들은 아무런 가치도 제공하지 않고 거래에 세금을 부과하는 지대 추구형 직업이다. 이들은 사회의 기생충이며, 안타깝게도 오늘날 대부분의 직업이 어떤 형태로든 지대 추구 요소를 포함하고 있다.

지대 추구를 허용하는 체제는 도덕적으로 결함이 있다. 지대 추구는 일종의 도둑질이다. 그러나 매우 안정적이고 수익성이 높으며 쉽기 때문에 사람들은 이를 원한다. 알트코인은 이러한 악덕을 악용한다. 알트코인은 사람들에게 지대 추구의 기회를 제공한다. 다른 사람들의 신뢰를 얻을 수 있다면 말이다. 냉소적으로 말해서 알트코인은 신뢰를 돈으로 바꾸는 방법이라고 할 수 있다.

슬프게도, 너무 많은 사람들이 지대 추구를 추구하면서 그것이 가치를 파괴하고 있다는 사실을 깨닫지 못한다. 알트코인에 투자한 모든 시간, 노동력, 노력을 알트코인이 제공하는 가치와 비교해 보라. 이는 궁극적으로 신뢰를 포함하여 축적된 자본을 감소시키는 엄청난 낭비일 뿐이다.

알트코인은 법정화폐에서 시작된 높은 시간 선호 현상을 더욱 악화시킨다. 법정화폐의 규칙은 항상 바뀌기 때문에 장기적인 계획을 세울 수 없다. 알트코인도 같은 문제를 가지고 있다. 규칙은 끊임없이 바뀔 수 있고 실제로 바뀐다. 이것이 바로 알트코인 생태계에서 거래가 중요한 이유다. 규칙이 바뀌기 전에 진입했다가 빠져나가야 하기 때문이다.

## 비트코인 공격하기

알트코인 지지자들은 혼란을 조장하고 비트코인의 정당성을 훼손할 뿐만 아니라 적극적으로 공격한다. 예를 들어, 이들은 비트코인의 작업증명이 너무 많은 에너지를 사용한다고 주장한다.[235] 이는 기술적으로 무지한 발언이자 근거 없는 도덕적 단정이지만, 에너지 생산을 이해하지 못하는 사람들에게는 영향을 미친다.

또한, 이들은 비트코인 채굴이 중앙집중화되어 있다고 주장한다. 그러나 이는 채굴 운영자와 채굴 풀을 혼동한 것이며, 궁극적으로 사용자가 악의적인 블록을 거부할 수 있다는 사실을 무시한 것이다. 이는 마치 뇌물을 받은 정치인이 기자의 도덕성을 비난하는 것과 같다. 이러한 주장은 알트코인이 완전히 중앙집중화되어 있다는 사실을 가리려는 방식일 뿐이다.

여기에 더해 알트코인 지지자들은 부의 분배가 '불공정하다'거나 비트코인이 '독소적(배타적)'이라는 주장도 늘어놓는다. 이 모든 것은 비트코인에 대한 두려움, 불확실성, 의혹을 퍼뜨려 알트코인을 상대적으로 더 좋게 보이게 만들려는 시도다. 이런 행태는 마치 물이 위험하다고 거짓말을 하며 사람들에게 물 대신 수은을 마시게 하려는 것과 다를 바 없다.

## 알트코인 파괴하기

알트코인은 도둑질, 사기, 지대 추구의 온상이다. 알트코인은 비트코인이 정당하게 얻은 명성을 이용해 스스로를 치장한다. 이들은 가난하고 약한 사람들을 희생시키면서 벤처캐피털리스트와 알트코인 지지자들을 부유하게 만들고, 법정화폐 체제의 높은 시간선호 행동을 더욱 악화시킨다. 알트코인은 비트코인의 채택을 방해하고, 비트코인이 도울 수 있었던 그 사람들을 착취한다. 요컨대, 알트코인은 악惡이다.

안타깝게도, 알트코인 지지자들은 비트코인을 공개적으로 칭찬하는 것만으로도 알트코인의 악행이 가려질 거라고 착각한다. 그러나 비트코인을 소유한다고 해서 알트코인의 가격을 마음껏 부풀릴 도덕적 권리가 생기는 건 아니다. 도덕은 그런 식으로 작동하지 않는다. 올바르고 선한 일을 하는 것은 기본이고, 단 한 번이라도 잘못된 일을 했다면 그에 대해 책임을 져야 한다.

따라서 알트코인의 폐해는 반드시 멈추어야 할 악이다.

*Altcoins delenda est*(알트코인은 반드시 파괴되어야 한다).

| Fiat Ruins Everything |

## 알트코인 지지자들의 합리화 10가지

01. 알트코인 창립자들을 위한 사전 채굴은 당연히 탈중앙화되고, 리더가 없는 시스템과 완전히 일치한다.

02. 개발자에게 세금을 부과하는 것은 코인을 소유한 다른 모든 사람으로부터 가치를 훔치는 행위가 아니다.

03. 튜링-완성형 스마트 계약에는 버그가 없을 것이다. 특히 누군가 "문제없다"라고 말했다면 더욱 그렇다. 어차피 누가 검증할 시간이나 있을까?

04. 나의 포르노 관련 데이터 베이스 행 항목 지정값은 특허나 저작권보다 훨씬 더 가치가 있다.

05. 암호화폐 회사로부터 돈을 받는 인플루언서는 절대적으로 신뢰할 수 있다.

06. 창립자가 두 가지 모순되는 말을 하더라도 둘 다 전적으로 옳으며, 그렇지 않다고 말하는 사람은 그저 혐오자일 뿐이다.

07. 우리는 당연히 우리가 선호하는 화폐에 투표할 수 있으며, 그것이 경제학의 법칙에 영향을 받지 않는다는 것은 자명하다.

08. 초기에 토큰을 판매하고 모든 결정을 내리는 사람들은 절대 중앙집중적인 단일 실패 지점이 아니다.

09. 경제학의 법칙은 적용되지 않으며, 내 토큰의 시가총액은 반드시 500조 달러에 달할 것이다.

10. 정보 보안은 중요하지 않다. 어차피 그 모든 막강한 권한을 가지고 누군가 나쁜 짓을 할 리가 없기 때문이다.

| 31장 |

# 피자데이의
# 잘못된 교훈

**피자데이는 종종 후회의** 감정과 함께 회자된다.

잘 알려진 이야기는 다음과 같다. 수년 전 라스즐로 한예츠가 파파존스 피자 두 판을 사면서 그 대가로 준 1만 BTC를 받은 어떤 운 좋은 사람이 있었다.[236] 오늘날 비트코인의 가치를 생각하면 믿기 어려운 거래다. 이 이야기는 피터 미누이트가 맨해튼섬을 단돈 24달러에 매입한 이야기와 비슷하다.

이 이야기에는 몇 가지 흥미로운 측면이 있다. 그것은 바로 비트코인으로 실제 상품이나 서비스를 구매한 최초의 사례였다는 점이다. 또한, 피자 두 판의 가격이 약 41달러였으므로 비트코인 한 개의 가격은 약 0.0041달러였다는 것이다.

이 이야기에서 또 한 가지 흥미로운 점은 라스즐로가 GPU

(그래픽 처리 장치)를 사용해 비트코인을 채굴한 선구자라는 것이다.[237] 그는 한 달 동안 비슷한 거래를 여러 번 하면서 피자에 약 10만 BTC를 썼다. 어떤 의미에서 그는 산타클로스처럼 거의 무심하게 가치를 나눠준 셈이다.

## 지대 추구의 환상

피자데이는 사람들에게 종종 단 한 번의 기발한 거래로 비트코인 억만장자가 되는 백일몽을 떠올리게 한다. 많은 사람들은 라스즐로가 되고 싶다는 환상을 품지 않는다. GPU 프로그래밍 전문가가 아니기 때문이다. 대신, 비트코인 토크 포럼에서 피자 몇 판에 비트코인을 사겠다고 제안했던 사람이 되는 상상을 한다.

이런 상상은 우리에게 은밀한 부러움과 질투를 일으킨다. 우리는 그들을 행운아로 여기며 마치 복권에 당첨된 사람처럼 생각한다.

이런 환상은 전형적인 법정화폐 사고방식에서 비롯된다. 이 사고방식은 가치의 위계를 법정화폐 기준으로 설정한다. 여기서 사람들이 원하는 것은 기술보다는 운이다. 그들은 가치 있는 상품과 서비스를 제공해 돈을 버는 것보다, 운 좋게 돈을 얻는 것을 더 선호한다.

이는 후회가 혁신보다는 운을 놓친 아쉬움에 있다는 사실을 보여준다. 법정화폐 중심의 세상에서는 GPU로 채굴할 수 있는 기술과 통찰력을 가진 사람보다, 그저 피자를 판 사람 쪽에 자신을 대입하는 게 훨씬 더 쉽다. 이러한 사고방식은 시장에 가치를 제공하며 돈을 버는 진정한 성취보다는 법정화폐 성과, 즉 단지 운이 좋아서 돈을 버는 것을 더 우선시한다. 대부분의 사람들은 스스로 혁신가가 되기보다는 혁신가의 뒤를 따르는 것을 더 선호한다.

## 비트코인에 대한 후회

우리는 모두 비트코인과 관련한 후회스러운 이야기를 지니고 있다. 나는 2011년 2월에 비트코인을 처음 접했다. 신용카드로 비트코인을 구매할 방법을 찾으려고 했지만 실패했고, 아마존 웹 서비스AWS를 이용해 채굴을 시도했지만 이틀 동안 혼자 채굴하며 블록을 하나도 찾지 못했다. 마운트곡스로 달러를 이체하는 절차를 시작했지만, 가격이 1달러에서 0.90달러로 떨어지자 설정하는 것이 너무 번거롭다고 생각해 포기했다. 나는 0.90달러에 비트코인을 살 수 있었지만 그러지 않았다. 이것은 내 인생에서 가장 큰 후회 중 하나다.

사람마다 후회하는 시점은 다르다. 2011년 6월, 비트코인이 30달러까지 올랐을 때를 떠올리며 그때 사지 않은 것을 후회할 수도 있다. 2013년 4월 비트코인이 266달러에 도달했을 때나, 그해 12월 1,100달러까지 치솟았을 때를 떠올리며 후회할 수도 있다. 아니면 2017년에 비트코인이 2,500달러, 5,000달러, 19,000달러에 도달했을 때, 더 최근에는 2020년 3월 비트코인이 4,000달러 이하로 추락했을 때나, 그해 말 1만 달러를 돌파했을 때 비트코인을 사지 않은 것을 후회할 수도 있다. 역사를 통틀어 비트코인에 대해 한 번이라도 들은 적이 있는 사람이라면 누구나 후회할 만한 순간을 가지고 있다.

비트코인에 대한 후회는 포커에서 패배한 이야기와 비슷하다. 누구나 그런 이야기를 가지고 있으며, 더 운이 좋았다면 손에 받아들였을 결과를 상상하는 것에 불과하다. 후회는 완벽한 판단력처럼 현실에서 갖기 어려운 미덕이 우리에게 있다고 가정하는 환상에서 비롯되기 때문에, 아무런 도움도 되지 않는다.

## 지키는 것의 어려움

이러한 후회 이야기에서 우리가 종종 간과하는 것이 있다. 비트코인을 처음 알았을 때 샀다고 해도 과연 그 이후의 도전을 견딜 수 있었을까? 2011년, 2013년, 2014년, 2018년에 있었던 85% 폭락을 견뎌낼 수 있는 다이아몬드 손Diamond hands(시장 변동성과 가격 급락에도 투자를 유지하는 것)을 가졌을까?

피자데이 이야기를 상상할 때 2011년, 2013년, 2014년, 2018년의 어려운 시기를 버티는 것이 얼마나 어려웠을지 생각해 본 적이 있는가? 우리는 종종 시간 여행자가 된 것처럼, 지금과 같은 신념을 가지고 그 시절을 겪었을 거라고 가정하는 경향이 있다. 나는 이러한 하락을 직접 경험했고, 대부분의 사람들은 그런 확신을 가지지 못해 결국 팔았다. 많은 사람들이 자신이 어려운 시기에도 굳건히 버텼을 것이라고 믿지만, 그 믿음은 O. J. 심슨 재판의 원래 평결처럼 모든 증거에 반하는 착각일 뿐이다.

2010년만 해도 1만 BTC를 보유하는 것은 드문 일이 아니었다. 당시 비트코인의 가치는 매우 낮았기 때문에 많은 사람들이 상당한 양의 비트코인을 보유하고 있었다. 그런데 지금 그들은 어디에 있을까? 대부분의 사람들은 비트코인 가격이 두 배 또는 세 배가 되었을 때 팔고 뒤도 돌아보지 않았다.[238] 그들은 비트코인을 장난감으로 여겼고, 그 혁명적인 본질을 이해하지 못했다. 그래서 그들은 새 컴퓨터, 새 자전거, 새 차를 사기 위해 비트코인을 팔았다.

## 꿈을 산산조각 내다

만약 당신이 2010년 라스즐로에게 피자 두 판을 1만 BTC에 팔았다면, 아마도 몇 년 안에 그 비트코인들을 전부 팔아버렸을 것이다. 그러지 않았을 거라고 생각하는 것은 오만이다. 당시 대부분의 사람들은 비트코인이 무엇인지 이해하지 못했고, 왜 비트코인을 보유해야 하는지 그 이유를 설명하는 교육 자료도 없었다. 지금은 비트코인에 대한 이해를 돕는 자료들이 풍부하다.[239] 2023년에는 비트코인이 이전의 그 어떤 것보다 훨씬 더 나은 형태의 화폐라는 것을 이해하기가 훨씬 쉬워졌다. 그러나 2010년에는 훨씬 더 어려웠다. 아직도 당신이 그 당시에 다이아몬드 손을 가졌을 거라고 생각하는가?

비트코인을 보유한다는 것은 비트코인이 무엇인지를 깊이 이해하는 것이다. 장기 보유자에게 필요한 덕목이 있다. 장기 보유자는 비트코인이 건전한 화폐라는 근본적인 가치를 이해하기 때문에, 반복적으로 발생하는 85% 수준의 폭락을 견뎌낼 수 있다. 2010년부터 비트코인을 계속 보유한 사람들은 정말로 특별한 사람들이었으며, 아마 당신은 그런 사람 중 한 명이 아니었을 것이다.

당신이 확고한 신념을 가지고 있었다고 가정해 보자. 2011년과 2013년의 첫 번째 버블을 버텼다고 해보자. 과연 2013년 마운트곡스 거래소가 붕괴하기 전에 비트코인을 지갑으로 인출할 선견지명이 있었을까?[240] 혹은 그전에 다른 거래소를 이용했다면, 그들이 사기를 치기 전에 빠져나올 수 있었을까?[241] 지금은 "당신의 키가 아니면, 당신의 코인이 아니다"라는 말이 있지만, 당시에는 일반적인 슬로건이 아니었다. 그 교훈이 하나의 밈처럼 퍼지기까지 많은 사람들이 손해를 봐야 했다. 설령 당신에게 확신이 있었다고 해도, 많은 사람들처럼 고통받았을 가능성이 크다.

2011년부터 시작된 알트코인의 출현도 또 다른 위험이었다. 가이스트겔트Geistgeld,[242] 페더코인Feathercoin,[243] 마스터코인MasterCoin[244] 사태에서 얼마나 많은 비트코인을 잃었을까? 또한 '파이럿Pirate40'[245]과 같이 높은 수익을 약속하는 수많은 폰지 사기도 있었다. 이런 것들을 피할 수 있었을까? 아직 제작되지도 않은 기계를 판매한 몇몇 ASIC(비트코인 채굴기) 스타트업도 있었다. '버터플라이 랩스Butterfly Labs'[246]나 '테라마이너TerraMiner'[247]에 속지 않았을까? 비트코인을 가져가고, 향후 12개월 동안 아주 적은 금액만을 지급했던 클라우드 채굴 서비스[248]는 어땠을까? 많은 비트코인을 잃게 만든 이러한 유혹적인 제안을 피할 수 있었을까? 이처럼 비트코인을 빨리 사들인 후, 이러한 비슷한 이름의 투자에 속지 않는 직감이 필요했다. 그런데 솔직히 이는 매우 어려운 일이다.

그 당시의 위험을 돌이켜보면, 사람들이 비트코인을 하나라도 보유하고 그 시기를 지나온 것 자체가 기적이다. 많은 초기 비트코인 투자자들은 마치 베트남 참전 용사처럼 수많은 위험을 피해 살아남은 행운을 되새기곤 한다.

## 신념을 구축하는 것은 어렵다

깊은 확신을 갖는 것은 쉽지 않으며, 초기 사용자들에게는 특히 더 어려웠다. 그 당시에는 모두가 비트코인을 사기라고 불렀다. 지금도 그런 확신을 가지려면 수년간의 연구와 확고한 의지가 필요하다. 2010년에서 2013년 사이에 비트코인에 대한 확신을 가진 사람은 마치 신체 건강한 정부 보건 공무원처럼 드물었다.

통념을 거스르고 자신의 신념을 따르기 위해서는 큰 용기가 필요하다. 코로나19 기간을 생각해 보자. 2020년 3월에 주류 담론에 반대하는 목소리를 낸 사람이 몇 명이나 있었을까? 초기에 몇 년간 비트코인을 보유하려면 그 정도의 신념이 필요했다.

2023년 기준으로 비트코인의 저축을 돕는 수많은 자료가 있다. 팟캐스트, 책, 동영상 등을 통해 신념을 키우고, 비트코인을 안전하게 보유하기 위한 최선의 방법을 선택할 수 있다. 초창기는 비트코인을 잃을 수 있는 함정이 가득한 시기였다. 요즘은 이런 함정을 피하기가 훨씬 쉬워졌지만, 그때는 그런 내용을 경고해 줄 초기 사용자들이 없었다. 현재 존재하는 자료와 우리가 아는 비트코인 밈들("당신의 키가 아니면, 당신의 코인이 아니다")은 단순한 선전이 아니라, 힘들게 얻은 경험의 결실이다.

## 비트코인 일탈 현상

비트코인 초기 사용자들을 연구해 보면 우려스러운 패턴이 드러난다. 2013년 이전에 비트코인을 지지했던, 개발자 출신이 아닌 거의 모든 비트코인 지지자들이 현재는 알트코인을 홍보하고 있다. 왜 이렇게 많은 초기 사용자들이 비트코인에서 벗어나 알트코인에 빠지게 된 걸까?

법정화폐 세상의 복권 당첨자들을 보면 이 질문의 답을 찾을 수 있다. 복권에 당첨된 후 몇 년이 지나면 많은 복권 당첨자가 당첨 전보다 더 나쁜 상황에 처한다. 그들은 갑작스럽게 생긴 돈을 관리할 준비가 되어 있지 않으며, 많은 사람들이 더 많은 부채를 지고, 인간관계가 파괴되며, 삶이 더 나빠진다. 심지어 일부는 자살하기도 한다. 모두가 그런 것은 아니지만, 그만큼 많은 사람들이 그런 문제를 겪기 때문에 많은 복권 기관들이 사후 지원 프로그램을 제공한다.

안타깝게도 이런 불운은 많은 초기 비트코인 사용자들에게도 반복되었다. 지난 10년 동안 많은 초기 투자자들이 사기의 희생양이 되거나 스스로 사기꾼이 되었다. 그 결과, 많은 사람들이 비트코인에 등을 돌렸다.

당신의 환상을 더욱 산산이 깨뜨리기 위해, 만약 당신이 일찍 알트코인에 뛰어들었다면, 알트코인 사기꾼이 되었거나 사기를 당했을 가능성이 높다. 이들은 거짓말, 속임수, 도둑질로 부를 축적하는 데 거리낌이 없는 연쇄 사기꾼들이다. 그들은 산산조각 난 꿈들의 지대 추구 악몽 속에 존재한다. 이는 결코 바람직한 운명이 아니며, 심지어 나의 가장 큰 적조차 겪기를 바라지 않는 일이다.

**신념을 한 단계 높여라**
—

많은 사람들에게 피자데이는 부자가 되는 꿈을 꾸며 시간 여행을 떠나는 기회를 제공한다. 이러한 사고방식은 종종 사람들을 알트코인으로 이끌며, 그 근본적인 원인은 법정화폐 사고방식에서 비롯된다. 본질적으로 피자데이는 일하지 않고도 운이 좋으면 부자가 될 수 있다는 환상, 다시 말해 대규모 지대 추구 욕망을 나타낸다.

법정화폐는 소비주의적 사고방식을 조장하여 지대 추구 욕구를 더욱 부추긴다. 정부는 복권을 통해 이런 욕망을 상업화하며 이익을 얻는다. 알트코인도 같은 욕망을 이용한다. 불행히도, 피자

데이는 실력보다는 운에 의존하는 욕망을 강화하며 이러한 사고방식을 부추긴다.

피자데이는 신념을 형성하는 것이 결코 쉬운 일이 아니라는 사실을 일깨우는 계기가 되어야 한다. 진정한 신념은 지식, 지혜, 용기를 요구하며 시간과 에너지, 노력이 필요한 덕목이다. 비트코인 초기 사용자들을 부러워하고 그 대열에 합류하고 싶다는 환상을 품기보다는, 어려운 시기를 견디고 그 과정에서 가치를 제공하는 확신을 키우기 위해 노력해야 한다. 비트코인 커뮤니티에는 "아직도 늦지 않았다"라는 말이 있다.

피자데이를 맞아, 우리의 신념을 한 단계 더 높이겠다는 다짐을 해보자.

| Fiat Ruins Everything |

## 비트코인 대신 산 10가지

01. 2년 후 더욱 빛나고 거부할 수 없는 버전으로 교체되겠지만, 꼭 가져야만 했던 매끈하고 매혹적인 애플Apple 기기.

02. 가상의 마을을 지키는 것이 재정적 미래를 확보하는 것보다 더 중요했기 때문에 구입한 모바일 게임 '클래시 오브 클랜'의 녹색 보석.

03. 사하라 사막을 뒤뚱뒤뚱 걷는 펭귄만큼이나 현재 직업과 관련이 없는 대학 학위.

04. 비트코인보다 덜 안전하고 기능도 떨어지는 사촌 같은 존재인 라이트코인. 훨씬 더 나쁜 것으로도 만족할 수 있는데, 진짜 가치 있는 물건이 왜 필요할까?

05. 평생 혼자라는 사실을 공고히 해준 데이팅 앱 구독.

06. 당신의 모니터 스크린에서 언제쯤 마침내 빛을 발할지 궁금해하며, 당신의 게임 구매목록에 처음으로 진입하기를 기다리는 할인 중인 스팀Steam 게임.

07. 솔직히 말해서 소파의 유혹이 너무 강력하기 때문에, 지금 옷걸이로 사용되는 운동기구.

08. '안녕하세요'와 '안녕히 가세요'라는 인사말 정도만 배우고 곧바로 잠수를 탄, 당신이 등록한 온라인 수업.

09. 다음 날 허탈감을 느끼고 자신의 선택에 의문을 품게 만든 바로 그 '성인용 영상'.

10. "알고 보니 다단계 사기였어"라고 말하기도 전에 이미 버렸던, 페이스북 친구가 팔던 다단계 제품.

결론

# 가치, 자기 주권, 희망의 미래

Fiat
―
Ruins
―
Every
―
thing

Fiat Ruins Everything

| 결론 |

# 가치,
# 자기 주권,
# 희망의 미래

**법정화폐 인센티브의 세계를** 함께 탐험해 온 여정의 끝에 다다랐다. 이제 우리가 배운 것을 되돌아보고 앞으로 다가올 희망찬 미래를 기대해 볼 시간이다. 법정화폐가 끼친 해악은 우리 사회의 모든 계층에 깊이 스며들어 있다. 우리 문명을 훼손하고 의미를 제공하는 모든 것의 가치를 떨어뜨리며 지대 추구 문화와 부패를 조장하는 등, 이 결함 있는 화폐 체제의 결과는 광범위하면서도 심각하다.

법정화폐는 마치 암처럼 우리 삶의 모든 측면에 스며들어 의미, 목적, 공동체, 가족, 일의 근간을 갉아먹고 있다. 우리의 미래가 약탈당하면서 개인의 삶은 고통받고 깊은 불만족을 느끼게 되었다. 우리가 갈망하는 진정한 연결은 실체와 깊이가 없는 피상적인 관계로 대체되고 있다.

한때 번성했던 공동체는 이제 영혼 없는 기업에 자리를 내주었고, 개인의 책임은 비인격적인 정부 안전망으로 대체되었다. 국가가 기생적인 지대 추구 계급을 부유하게 만드는 체계적인 약탈 행위에만 봉사하면서, 한때 유망했던 공동체의 미래는 이제 불확실성으로 흐려지고 있다.

이 모든 것을 집어삼키는 힘 아래에서 문명 자체가 퇴보하면서, 전 세계는 특히 개발도상국의 발전을 가로막는 달러 패권주의에 얽매이게 되었다. 이 억압적인 지배는 혁신을 억제하고 불평등을 영속시키며 진정한 번영과 성장의 잠재력을 훼손한다.

이러한 현실이 우울하더라도 희망은 있다. 법정화폐 체제가 우리에게 던지는 끝없는 도전에 맞서 변화를 만들어낼 힘은 우리 각자 안에 있다. 밝은 오렌지빛(비트코인을 상징하는 색상) 미래를 향한 우리의 여정은 재정적 삶에 대해 개인적 책임을 지고 자기 주권을 주장하는 것에서 시작된다. 우리가 추구하는 자유는 비트코인을 통해 한 사람, 한 사람이 법정화폐 체제에서 벗어날 수 있는 능력을 인식함으로써만 달성할 수 있다.

개인적인 책임을 진다는 것은 미래, 기업가 정신, 자기 주권을 제대로 평가하는 새로운 사고방식을 받아들이는 것을 의미한다. 기본 원칙부터 스스로 배우고 이해함으로써 우리는 깊은 이해를 바탕으로 정보에 입각한 결정을 내리고, 현 체제의 혜택을 누리는 사람들의 조종에 휘둘리지 않으며, 다른 사람들에게도 그렇게 하도록 영감을 줄 수 있다. 빚의 노예 상태에서 벗어날 때, 우리는 가치를 제공하고 의미를 찾으며 우리의 유산을 확립하는 기회의 문을 열게 된다.

자기 주권은 단지 재정적 독립만 의미하는 것이 아니라, 우리 삶의 모든 측면에서 자율성과 주체성을 받아들이는 것이다. 우리를 착취하고 통제하도록 설계된 체제에서 수동적인 방관자가 되는 것을 거부함으로써, 우리는 자기 결정권을 주장하고 이를 통해 다른 사람들에게도 화폐 좀비가 될 필요가 없다는 것을 보여준다. 무엇이 진실하고 선하며 아름다운지 엘리트들이 정의하도록 내버려두는 대신, 우리가 스스로 결정할 수 있는 세상이다. 이러한 원칙을 더 많이 구현할수록 개인이 앞으로 닥칠 엄청난 도전에 맞설 수 있는 역량을 갖추면서 문명도 더욱 탄력적으로 발전한다.

## 책임감 있는 자세

자기 주권을 되찾는 것은 단지 자유를 얻는 것만을 의미하지 않는다. 우리가 얻은 자유에 따른 책임을 받아들이는 것 또한 의미한다. 새로운 권한을 얻음과 동시에, 우리는 우리의 운명을 개척해야 하는 막중한 책임을 받아들여야 한다. 앞으로 다가올 격동의 전환기를 성공적으로 헤쳐 나가기 위해서는 우리의 미래를 지키기 위한 기술과 결단력을 한층 강화해야 한다.

권력이 분산될수록 사회를 움직이는 인센티브에도 변화가 일어날 것이다. 끊임없는 지대 추구가 더 이상 우리의 행동을 지배하지 않을 것이다. 그 대신 혁신과 관계, 공동체를 촉진하는 능력 기반의 시장 주도적 인센티브가 등장할 것이다. 엘리트 지배자들의 이상향적인 비전에서 벗어나, 우리는 각자 꿈을 추구하며 자신의 기술과 재능에 맞는 상품과 서비스를 통해 더 나은 문명에 기여할 수 있게 된다.

단순히 인구학적으로 더 지속 가능하기 때문이 아니라, 우리의 재정적 인센티브와 일치하기 때문에 가족을 소중히 여기고 보존하는 세상을 상상해 보자. 기업이 정치와 정부의 지원이 아닌 상품과 서비스를 우선시하는 세상. 부의 재분배를 위한 투표가 아니라 시민들이 투명성, 효율성, 재산권을 요구할 수 있는 힘을 지닌 세상을 말이다.

비트코인이 주도하는 세상에서는 우리 모두 책임감 있게 행동하도록 인센티브가 작동할 것이다. 우리를 구해 줄 복지 국가가 없기 때문이다. 대신, 우리는 필요할 때 가족과 공동체에 의지하여 오늘날의 비인격적인 기업의 일자리보다 훨씬 더 보람 있는 관계를 형성하게 될 것이다. 시장에서 능력에 기반한 인센티브가 자리 잡으면서, 우리의 행동은 현실과 동떨어진 경제학자들의 성장 모델이 아니라, 수요와 공급을 통해 공정하게 가격을 책정하는 분산된 필요와 요구에 따라 결정될 것이다.

## 인간성의 재발견

—

법정화폐의 지배에서 벗어나면서 우리 사회의 토대를 재건하고,

더 강한 가족, 의미 있는 일, 진정한 관계를 육성할 수 있다.

법정화폐 체제의 부식적인 영향력을 제거함으로써 우리의 문명, 국가, 공동체, 그리고 영혼까지도 치유될 수 있다. 돈은 더 이상 우리의 선택을 좌우하는 절대적인 신이 아니라, 우리에게 힘을 실어주는 도구로서 제자리를 찾게 될 것이다. 우리는 이제 엘리트가 강요하는 것이 아니라 우리의 열망과 가치에 기반한 미래를 계획할 수 있다.

현재 우리는 기업가 정신에 막대한 세금을 부과하는 법정화폐 체제에서 차갑고 영혼을 갉아먹는 기업들을 위해 일하고 있다. 그러나 법정화폐가 사라지면 우리는 시장에 직접 가치를 제공할 자유를 얻게 될 것이다. 이러한 기업들은 아마도 규모가 훨씬 작아지고 대부분 가족 단위로 운영될 가능성이 높아지면서 더 따뜻한 분위기를 자아낼 것이고, 우리는 서로를 더 깊고 의미 있는 방식으로 연결할 수 있을 것이다.

국가는 소수에게만 혜택을 주는 체제를 유지하는 대신, 국민 모두에게 도움이 되는 체제로 방향을 전환할 것이다. 인플레이션이라는 도둑질을 제거함으로써 개인은 자율성을 되찾을 것이고, 주권 국가들은 가장 생산적이고 혁신적인 시민을 유치하기 위해 경쟁해야 할 것이다.

더 이상 미국의 통화 제국주의에 얽매이지 않는다면, 글로벌 공동체는 진정한 경제 발전과 진보의 길을 열어 진정한 번영을 이룰 수 있을 것이다.

## 문명의 쇠퇴를 되돌리다

비트코인이 주도하는 미래의 혁신적 효과는 상거래와 기술을 넘어 사회 구조 깊숙이까지 영향을 미친다.

이 새로운 시대에는 인간관계, 공동체, 가족이 그 중요성을 되찾으면서 우리의 뿌리와 다시 연결될 것이다. 돈이 더 이상 삶의 모든 측면을 지배하지 않을 것이며 더 깊은 의미를 추구하는 것이 가능해질 것이다. 엘리트의 하향식 가치관이 아닌, 상향식 시장 인센티브에 의해 탄생할 특별한 예술, 문학, 음악을 상상해 보자. 비트코인이 주는 자유와 주권이라는 선물은 우리가 진정으로 중요한 것에 다시 집중할 수 있게 해줄 것이다.

공동체는 지역 문제를 해결하기 위해 단결하며, 혁신적이고 시장 중심의 해결책을 지지하는 화폐 체제에 의해 힘을 얻어 번성할 것이다. 모든 계층의 사람들이 글로벌 기업가 정신이라는 시장에 참여하면서 마르크스주의의 분열적 구조는 사라질 것이다. 보다 공평한 경쟁의 장이 마련되면 인류의 방대한 인적 자본이 더 나은 문명을 만들기 위해 활용될 것이다. 비트코인은 돈이 인간을 섬기는 세상을 만들 기회다. 돈이 아니라 인간이 주인이 되는 세계가 펼쳐질 것이다.

## 살아있는 이 순간

―

이러한 미래의 문턱에 서 있는 지금, 변화가 더 빨리 일어나기를 기대하며 흥분하거나 조금은 조급한 마음이 드는 것도 당연하다. 그러나 진정한 진보를 위해서는 인내가 필요하며, 가치 있는 노력에는 반드시 도전과 장애물이 따르기 마련이다.

다행인 것은 정책의 변화나 혁명을 기다릴 필요 없이 지금 바로 새로운 삶을 시작할 수 있다는 것이다. 우리는 법정화폐를 거부하고 비트코인이라는 더 공정한 저축 수단을 선택할 수 있다. 몇 달이 아닌 수십 년을 내다보는 장기적인 관점을 채택하고, 그러한 계획을 가능하게 하는 저축 도구를 사용해 자신 있게 계획을 세울 수 있다.

이 여정에는 좌절과 의심, 힘든 순간이 있을 것이다. 하지만 두려워하지 말자. 자기 주권과 저축의 변화를 이끌어낼 힘이 우리를 인도하고, 가장 어두운 시기에도 앞길을 비춰줄 것이다. 힘든 상황이 닥쳐 저축하려는 노력을 포기하고 싶을 때, HODL(팔지 않고 보유한다는 뜻의 'Hold'를 변형한 밈)을 잊지 말자. 아무것도 하지 않고 가만히 있는 것이 쉬워 보일 수 있지만, 충동적인 행동은 종종 인지된 위험에 대한 기본적이고 파괴적인 대응인 경우가 많다. 불안과 의심은 비트코인을 계속 보유할 용기가 부족했던 많은 비트코인 보유자들을 짓눌렀다.

이제 우리는 자기 주권과 희망을 향한 이 위대한 모험을 시작하면서, 신념을 고수하고 법정화폐 게임을 거부하며 앞으로 닥칠 도전들에 용기와 결단력, 지혜로 맞서야 한다.


## 다른 사람 돕기

―

영화 〈매트릭스〉에서 모피어스가 네오에게 "대부분의 사람들은 플러그를 뽑을 준비가 되어 있지 않다는 것을 이해해야 해"라고 말한 것처럼, 현재의 화폐 체제에 깊이 얽혀 있는 사람들은 그 진실을 쉽게 받아들이기가 쉽지 않다. 위기가 닥치지 않는 한, 빨간 약을 먹고 세상을 있는 그대로 볼 준비가 되어 있는 사람은 거의 없다. 자신의 재산과 운명을 책임질 준비가 된 사람은 더더욱 드물다.

다행히도 시간은 관점을 바꾸는 놀라운 능력을 가지고 있다. 비트코인이 출시된 지 2년쯤 되었을 때만 해도, 많은 사람들이 비트코인을 일시적인 유행으로 치부했다. 하지만 14년이 넘은 지금, 비트코인은 이제 실행 가능한 대안으로서 신뢰를 얻고 있다. 취약한 법정화폐 체제가 무너지기 시작하면서, 더 많은 사람들이 그 지속 가능성에 의문을 제기하고 대안을 모색하기 시작할 것이다.

이는 비트코인의 잠재력을 이해하는 사람들에게 다른 사람들의 멘토 역할을 할 수 있는 특별한 기회를 제공한다. 만약 당신이 다른 사람들이 격동의 전환기를 잘 헤쳐 나갈 수 있도록 진정으로 돕고자 한다면 당신은 누군가의 모피어스가 되어 그들의 첫걸음을 지원할 수 있다. 지식을 나누고 지침을 제공하며, 재정적 자립과 자유를 향한 여정을 떠나기로 결심한 이들을 도와라.

그들이 알트코인의 유혹과 힘들게 번 돈으로 도박을 하려는 유혹에 저항하도록 지원해 주어라. 대신 장기적인 관점에서 저축하고 자산 형성에 집중하도록 격려하고, 인내심과 신중함을 기르도록 격려해 주자. 그들의 본성을 자극하고 가치 있는 조언을 제공함으로써, 당신은 그들이 많은 시간을 절약하도록 돕고 그들의 마음의 상처를 줄여줄 수 있다.

## 변화를 만들어라

지금이야말로 우리 앞에 놓인 기회를 붙잡아야 할 때다. 망가진 체제의 수동적인 피해자로 남을 것인지, 아니면 일어서서 우리의 운명을 스스로 통제할 것인지는 우리의 선택에 달려 있다. 개인의 행동이 전 세계에 반향을 일으킬 수 있음을 잊지 말아야 한다.

법정화폐의 악의적인 인센티브, 문명의 퇴보, 비트코인이 가져올 변혁의 힘에 대해 자신과 다른 사람을 교육하라. 지식을 나누고, 우리를 새로운 통화 주권 시대로 이끄는 인프라와 도구를 구축하기 위해 끊임없이 노력하는 사람들을 지원하라. 이렇게 함으로써 우리는 자신의 재정적 안녕을 확보할 뿐만 아니라 문명의 건설에도 기여할 수 있다.

신뢰하지 말고 검증하라. 우리는 이 원칙을 비트코인뿐만 아니라 우리가 소비하는 정보와 우리가 맺는 관계에도 적용해야 한다. 잘못된 정보와 조작이 난무하는 이 시대에는 비판적으로 사고하고, 내러티브에 의문을 제기하며, 진실을 추구하는 것이 그 어느 때보다 중요하다.

자기 주권과 개인 책임의 원칙을 받아들이고, 자신과 다음 세대를 위해 더 나은 미래를 건설하려 노력하는 공동체에 동참하라. 변화의 시간은 바로 지금이며, 그 변화는 바로 당신에게서 시작된다.

그러니 우리의 꿈을 되찾고 세상을 바꾸고자 하는 더 큰 운동에 동참하고 있다는 사실에 용기를 얻고, 이 행동 촉구에 귀를 기울여라. 법정화폐의 억압적인 족쇄에서 벗어나 인간성을 재발견하고, 가치를 제공하고 진리를 추구하며 새로운 국경을 확장하는 사회를 건설하자.

법정화폐는 반드시 파괴되어야 한다. 우리 모두 공동의 노력을 기울여 화폐의 자유, 자주권, 인간 번영의 새로운 시대를 열어가자. 그 여정은 쉽지 않겠지만, 그 보상은 헤아릴 수 없을 만큼 클 것이다.

우리와 함께 이 모험을 시작하자.

| 감사의 말 |

이 책은 2022년 데이비드 페렐의 'Write of Passage' 강의에서 시작된 프로젝트다. 나는 강의를 위한 작업, 《비트코인과 미국의 꿈Bitcoin and the American Dream》의 공동 저자인 피트 리조와의 대화, 그리고 비트코인 커뮤니티의 잠재적 관심에서 영감을 받아 정기 칼럼을 쓸 가능성을 떠올렸다. 새롭게 찾은 자신감으로 무장한 나는 정기적으로 콘텐츠를 제작하는 일에 뛰어들었다. 아이디어의 씨앗에서 출발하여 크리스천 놀스, 마크 굿윈 등과 이야기를 나누며 곧 정기 칼럼이 구체화되었다. 이 프로젝트는 점점 성장하여 지금 여러분이 들고 있는 이 책으로 발전했다.

이 여정의 시작이 된 귀중한 강의를 해주신 데이비드 페렐을 비롯해 많은 분들께 감사의 인사를 전하고 싶다. 〈비트코인 매거진〉의 피터 차와, 케이시, 마크 굿윈, 크리스천 놀스, 조지 메카일, 데이비드 베일리, 엘렌 설리번을 포함한 팀은 다양한 형태로 도움을 주어, 내 글이 쌓여가는 데 기여했다.

나는 '비트코인 안식년'이라는 애칭을 붙인 9개월간의 휴식기간에 이 책을 집필했다. 당시 나는 가족과 함께 전 세계를 여행하며 보냈다. 인내심 많고 이해심 깊은 아내 줄리에게 이 책을 바친다. 그녀를 만난 것은 내게 축복이었다. 자녀 T, L, M도 내 작품에 영감을 주는 존재들이다. 매일 더 불안정해지지만, 150년간의 법정화폐 전염병으로부터 회복의 조짐을 보이기 시작하는 세상에 대비할 수 있도록 아이들을 준비시키는 것이 내 바람이다.

이 책에는 수많은 비트코인 사용자의 다양한 관점을 제공하는 나의 글로벌 여정이 중요한 역할을 했다. 여행 중에 만난 다양한 비트코인 커뮤니티의 많은 이들에게 큰 빚을 졌다. 텍사스주 오스틴의 비트블록붐은 내가 이 책에서 처음으로 자료를 발표했던 곳이다. 그곳에서 연설할 기회를 준 게리 레랜드, 마이크 클리어 그리고 다른 분들께 감사드린다. 라트비아 리가의 발틱 허니배드는 세계 여행의 첫 번째 목적지였고, 맥스 케이, 안나 호들 등이 내가 그곳에 자리 잡을 수 있도록 도와주었다. 그들 덕분에 청중 앞에서 법정화폐의 악에 대한 내 생각을 다시 한번 가다듬는 기회를 얻을 수 있었다.

오스트리아 인스브루크에서 열린 'bconf.de'는 정말 멋진 행사였다. 피터 타슐러, 루카스 발드너, 라힘 타기자데간 등에게 감사드린다. 그들의 환대와 재미있는 활동들 그리고 비트코인의 도덕적 정당성에 대해 이야기할 기회를 주신 것에 대해 감사드린다. 특히 그들과 연결해 준 'Gigi'에게 특별히 감사드린다! 스위스 루가노에서 열린 플랜 B 포럼은 그림 같은 장소에서 열린 콘퍼런스였다. 자코모 주코, 파올로 아르도이노, 닉 사보, 아담 백 등에게 감사를 전한다. 그들 덕분에 사이퍼펑크와 비트코인의 뿌리에 대해 배우고 설명할 수 있는 기회를 얻었다. 이탈리아 비아레지오에서 열린 라이트닝 핼러윈 컨퍼런스도 유럽에서 만난 또 하나의 아름다운 장소였다. 올렉 미칼스키, 피터 토드 등 덕분에 비트코인 스타트업 상황에 대해 더 잘 이해할 수 있게 되었다.

브라질 상파울루에서 열린 'Satsconf'는 정말 멋진 행사였다. 라이트닝의 미래에 대해 내 아이디어를 발표할 기회를 준 루카스 페레이라, 엘리자베스 스타크 및 다른 분들에게 감사드린다. 아르헨티나 부에노스아이레스에서 열린 'laBitConf'는 또 하나의 클래식 행사였다. 로돌포 안드로겐스, 마리아나 아부이레 등 콘퍼런스에서 즐거운 시간을 보내고 이 책에 대한 아이디어를 다시 한번 다듬을 수 있는 기회를 주신 분들에게도 감사드린다. 특히 마지막 순간의 패널 토론이 정말 즐거웠고, 이 토론은 다음 날 인터넷에서 큰 화제를 불러일으켰다.

요르단 암만의 비트코인 커뮤니티와 만날 수 있어서 기뻤다. 저녁 식사 자리에서 책의 주제에 대해 이야기를 나눈 마헤르 자나즈리와 다른 분들에게 감사드린다. 베이루트의 레바논 비트코인 지지자들도 정말 멋진 사람들이었다. 레바논의 초인플레이션에 대해 배울 수 있었던 사이페딘 아모스, 마르셀 유네스, 다니엘 허튼, 그리고 다른 분들과의 만남에도 감사드린다.

튀르키예에서 열린 이스탄불 비트코인 밋업에서 나에게 발표 기회를 준 것에 대해서도 정말 감사드린다. 탭루트 멀티시그에 대해 발표할 수 있게 해준 케말 야사르, 슈크루 데이, 알리칸 베르진에게 감사드리며, 이후 저녁 식사 자리에서 인플레이션과 대출에 대해 많은 것을 가르쳐준 케말, 케렘 투나 카라쿠룸, 야즈 쳄버치, 아타 니자모글루에게도 감사의 마음을 전하고 싶다.

조지아 트빌리시의 비트코인 커뮤니티는 정말 친절하고 통찰력 있는 그룹이었다. 책의 방향에 대해 토론하고 조지아 사람들에게 비트코인에 대해 가르칠 수 있도록 해준 데이빗 드발리, 니콜로즈 무세리제, 쇼타 치추아, 안조르 음자바나드제, 메리 코브라바, 마르코 델 라고 등에게 감사를 표한다. 또한, 아랍에미리트 두바이의 비트코인 커뮤니티와 함께 시간을 보낼 수 있어서 정말 즐거웠다. 특히 친절한 호스트가 되어준 스테판 리베라와 그의 아내에게 진심으로 감사드린다.

말레이시아 쿠알라룸푸르의 비트코인 커뮤니티도 성장하고 있는 그룹이다. 책에 대한 나의 아이디어를 발표하고 독특한 말레이시아 통화 정책에 대한 피드백을 받을 수 있게 해준 제리 벤, 찬콕 타이 그리고 다른 분들에게 감사드린다. 인도네시아 발리에서 열린 비트코인 밋업은 내가 가본 밋업 중 가장 편안한 분위기였다. 이 자리를 마련해 준 데아 레즈키타에게 감사를 표한다.

베트남 다낭에서 열린 라이트닝콘은 획기적인 행사였다. 훌륭한 행사를 만들어준 말콤 위드, 허먼 호 그리고 뉴트론페이의 나머지 팀원들에게 감사드린다. 그곳에서 사람들과 정말 좋은 대화를 나누며 이전에는 생각지 못했던 인맥을 쌓을 수 있었다. 태국의 비트코인 밋업 커뮤니티는 예상보다 훨씬 큰 규모였다. 짐 폰바닛, 스테판 킹, 스벤 에른스트 그리고 다른 분들의 환대와 대화, 태국에 대한 다양한 관점에 감사드린다.

작년에 한국에서 열린 서울 비트코인 밋업에 참석했는데, 비트코인에 대한 신뢰도가 높아지는 것을 보고 고무적이었다. 한국의 저출산 문제를 이해하는 데 도움을 준 캘빈 김, 브라이언 백(백훈종), 김대성, 백찬, 로빈 랙 등에게 감사한다. 서울에서 내가 연설했던 다른 밋업을 기획해 준 에리카 강에게도 감사드린다. 일본에서 열린 도쿄 비트코인 해커스 밋업도 정말 활기찼다. 와타나베 타로, 칼-요한 알름, DG Labs, 코타 코지마, 켄 등의 멋진 환대와 일본의 알트코인 현황을 분석해 준 분들에게 감사드린다.

대만에서 열린 타이베이 비트코인 개발자 밋업은 내가 참석할 수 있었던 가장 기술적인 밋업이었으며, 저녁 식사를 함께하며 토론한 루이스 리우, nopara73 및 다른 분들에게 감사드린다. 뉴질랜드의 키위 비트코인 빌더 밋업도 큰 도움이 되었다. 뉴질랜드의 노동력 부족과 법정화폐와의 연관성을 이해하도록 도와주고 환대해 준 코디 엘링햄, 파리스 말리 그리고 다른 분들께도 감사드린다.

또한, 이 책에 대한 피드백을 제공해 준 코리 클립스텐, 사이페딘 아모스, 로버트 브리드러브, 스테판 리베라, 맥스 카이저, 스테이시 허버트에게도 감사드린다. 특히, 해외에서 1년 동안 함께 책을 집필하며 책임 파트너가 되어준 파커 루이스에게도 특별한 감사를 전하고 싶다. 만약 아직 읽지 않았다면 그의 저서 《조금씩, 그러다 한순간에(Gradually, then Suddenly)》를 꼭 읽어보기 바란다.

많은 분들과 책을 통해 많은 것을 배웠다. 특히 법정화폐의 다양한 메커니즘을 이해하는 데 큰 도움을 준 사이페딘 아모스의 《비트코인 화폐의 미래(Fiat Standard)》에 특별한 감사를 표한다. 이 책의 많은 주장은 그의 위대한 업적을 바탕으로 하고 있다. 또한, 이 책에서 다룬 법정화폐와 관련된 다양한 주제를 분석하는 방법을 이해하는 데 도움을 준 머레이 로스바드, 루드비히 폰 미제스 그리고 다른 많은 오스트리아 경제학자들의 명쾌한 사고와 제1원칙에 입각한 실험정신에 감사드린다.

계속해서 나를 놀라게 하는 텍사스 오스틴의 비트코인 지지자 커뮤니티에도 감사드린다! 마이클 플랙스맨, 마이클 골드스타인, 마이크 슈미트, 브라이언 비숍, 피에르 로차드, 모건 로차드, 마티 벤트, 윌 콜, 애널리세 위더스팬, 줄리아 투리안스키, 조니 딜리, 팀 폭스, 라일 프랫 그리고 오스틴을 비트코인 도시로 만들고 있는 다른 분들께도 감사드린다. 멋진 북 트레일러 (출간을 앞둔 책이나 이미 출간된 책을 소개하는 짧은 동영상)를 만들어준 조너선 라이언 데이비스에게도 감사드린다.

마지막으로 모든 의미의 원천인 우리 주 예수 그리스도께 가장 큰 감사를 드린다. 이 책에서 가치 있는 모든 것은 그분의 공로이며, 부족한 부분은 전적으로 나의 책임이다.

| 주석 |

## 들어가며

1   미국 달러의 가치 하락에 대해 더 자세히 알고 싶은 독자는 사이페딘 아모스가 쓴 《달러는 왜 비트코인을 싫어하는가(The Bitcoin Standard: The Decentralized Alternative to Central Banking)》(뉴욕: Wiley, 2018) '4장: 정부화폐'를 참조하기 바란다.
2   건전한 화폐와 건전하지 않은 화폐의 구분은 《달러는 왜 비트코인을 싫어하는가》 '제7장: 건전화폐와 개인 자유'에서 사이페딘 아모스가 다시 설명한 중요한 개념이다.
3   역사적인 경기 사이클의 사례에 대한 더 깊은 논의는 머레이 로스바드가 쓴 《경제 불황: 그 원인과 치료법(Economic Depressions: Their Cause and Cure)》을 참조하라(앨라배마주 오번: Mises Institute, 2009).
4   중앙은행의 기능에 대한 심층적인 논의는 론 폴이 쓴 《우리는 왜 매번 경제위기를 겪어야 하는가?(End the Fed)》(뉴욕: Grand Central Publishing, 2009)를 참조하라.
5   중앙은행의 행동이 초래하는 결과는 프리드리히 하이에크가 쓴 《노예의 길(The Road to Serfdom)》(시카고: University of Chicago Press, 1944)에 설명되어 있다.
6   개인의 인센티브에 대해 어떻게 생각할 수 있는지에 대한 훌륭한 요약은 루트비히 폰 미제스가 쓴 《인간 행동: 경제학에 관한 논문(Human Action: A Treatise on Economics)》(피렌체: Martine Fine Books, 1949)에서 읽을 수 있다.
7   인플레이션과 그 효과에 대한 훌륭한 논의는 루트비히 폰 미제스가 쓴 《화폐와 신용의 이론(The Theory of Money and Credit)》(런던: Jonathan Cape, 1912)에서 찾아볼 수 있다.
8   인플레이션이 어떤 영향을 미치는지 자세히 알아보려면 애덤 퍼거슨의 책 《돈의 대폭락(When Money Dies: The Nightmare of Deficit Spending, Devaluation, and Hyperinflation in Weimar Germany)》(뉴욕: Public Affairs, 1975)을 참조하라.
9   루트비히 폰 미제스, 《화폐와 신용의 이론》, '제4장: 화폐가치' 참조.

## 1부 법정화폐는 악이다

10   이 효과는 리샤르 캉티용(Richard Cantillon)의 이름을 따서 명명되었으며, 이 효과가 존재하는 이유에 대한 논의는 그의 저서 《상업의 본질에 관한 에세이(Essai sur la Nature du Commerce en Général)》에서 확인할 수 있다(1755).
11   캘빈볼은 빌 와터슨의 만화 〈캘빈과 홉스(Calvin and Hobbes)〉에 등장하는 가상의 게임으로, 캘빈이 기분이 좋을 때마다 규칙을 바꾸는 게임이다.
12   에너지 감소의 원인에 대해 자세히 알아보려면 알렉스 엡스타인 쓴 《화석의 미래: 세계 인류의 번영을 위해 더 많은 석유, 석탄, 천연가스가 필요한 이유(Fossil Future: Why Global Human Flourishing Requires More Oil, Coal, and Natural Gas—Not Less)》에서 확인하라(뉴욕: Basic Books, 2022).
13   19세기 영국 섬유 노동자들이 일자리 감소에 항의하는 의미로 방직 기계를 파괴한 집단을 러다

이트라고 말한다. 근래 들어 이 단어는 일반적으로 자신의 일자리를 위협하는 기술 발전을 싫어하는 사람들을 의미한다.

14 리처드 아불라피아, "스피드 킬(https://slate.com/technology/2016/04/why-planes-arent-getting-any-faster-and-wont-anytime-soon.html, 2016.4.29.)"

15 제프리 터커, "끔찍한 식기세척기에 대해 이야기합시다(https://www.aier.org/article/lets-talk-about-ghastly-dishwashers/, 2019.12.20.)"

16 미셸 하비, "정부 규내가 주택 구입을 어렵게 만드는 방법, https://mises.org/wire/how-government-regulations-make-housing-unaffordable, 2020.7.8.)"

17 마리사 가르시아, "과학자들은 FAA의 위험 회피 문화가 드론의 진전을 저해한다고 말한다(https://www.forbes.com/sites/marisagarcia/2018/06/12/risks-averse-culture-at-faa-stifles-progress-on-drones-scientists-say/?sh=2d20e8084556, 2018.6.12.)"

18 다니엘 라칼레, "정부가 석유 시장을 망가뜨린 방법(https://mises.org/wire/how-governments-broke-oil-market, 2020.5.5.)"

19 CBDC는 방대한 주제로 다룰 만한 얘기들이 많은데, 시작하기에 좋은 내용은 다음과 같다. 노버트 미셸, "중앙은행 디지털 화폐와 자유는 양립할 수 없다(https://www.cato.org/commentary/central-bank-digital-currencies-freedom-are-incompatible, 2022.7.18.)"

20 이러한 건축물을 짓는 데 필요한 물류 시스템과 집념에 대한 자세한 내용은 미구엘 소브리노 곤잘레스가 쓴 글 "유럽의 고딕 양식 대성당을 짓기 위해 마을이 필요했다(https://www.nationalgeographic.com/history/history-magazine/article/gothic-cathedrals-architecture-medieval-europe)"를 참조하라.

21 "1960년부터 2022년까지 미국 가족당 평균 인원수(https://www.statista.com/statistics/183657/average-size-of-a-family-in-the-US/,2023.6.2.)"

22 케빈 루즈, "월스트리트의 비애: 왜 젊은 은행가들은 그렇게 비참한가?(https://www.theatlantic.com/business/archive/2014/02/the-woes-of-wall-street-why-young-bankers-are-so-miserable/283927/, 2014.2.19.)"

23 나치즘은 공산주의와는 다른 사회주의다. 나치라는 이름은 국가 사회주의라는 단어에서 유래하기도 했다. 역사학자들은 공산주의에 어느 정도 동조하는 사람들이 나치즘이 진짜 사회주의라고 주장하는 것에 대해 이의를 제기한다. 이 분석에 대한 자세한 내용은 아담 영, "나치즘은 사회주의다(https://mises.org/library/nazism-socialism, 2001.8.1.)"를 참조하라.

24 "미국은 지금 누구와 전쟁 중인가?(https://constitutionus.com/war/who-is-america-at-war-with-right-now/. 2023.3.9.)"

25 이 과정이 어떻게 작동하는지에 대한 훌륭한 논의는 E. S. 허먼과 노암 촘스키가 쓴 《동의의 제조: 매스미디어의 정치경제학(Manufacturing consent: The political economy of the mass media)》에서 확인할 수 있다(뉴욕: Pantheon Books, 2002).

26 노난 버전트, "이라크 내탕실상무기 실패는 20년 후 미국 징보에 그럼자를 드리운다(https://apnews.com/article/iraq-war-wmds-us-intelligence f9e21ac59d3a0470d9bfcc83544d706e, 2023.3.23.)"

27 "AML/KYC 규정 준수가 더욱 어려워졌다(https://www.pymnts.com/news/regulation/2020/aml-kyc-compliance-just-got-harder/, 2020.1.28.)"

28 "4대 해충 캠페인: 목표, 실행, 실패, 그리고 결과(https://www.worldatlas.com/articles/the-four-pests-campaign-objectives-execution-failure-and-consequences.html)"

29 생소한 이들을 위해 설명하자면, 조엘 오스틴은 '번영의 복음'이라는 것을 설교하는데, 이는 기

독교인이자 비트코인 사용자로서 나를 매우 불쾌하게 한다. 그 이유에 대한 간략한 요약은 비트코인과 성경 그룹의 《비트코인에 감사하다(Thank God for Bitcoin)》(뉴욕: Whispering Candle, 2020) 7장을 읽어보기 바란다.

30  "패밀리 오피스 퀵 가이드(https://www.familyoffice.com/family-office-quick-guide, 2023)"

31  "로마 유배의 역사(https://web.colby.edu/ovid-censorship/exile/history-of-roman-exile/, 2023)"

32  켄 몬드샤인, "중세 시대에서 취소되기(https://www.medievalists.net/2021/02/cancelled-middle-ages/, 2021.2.)

33  칼 마르크스·프리드리히 엥겔스, 《공산당 선언(The Communist Manifesto)》(뉴욕: Penguin Classics, 2015).

34  테일러 니콜 로저스·에린 스노드그래스, "제프리 엡스타인과 관련된 모든 유명 인사들(https://www.businessinsider.com/famous-people-jeffery-epstein-money-manager-sexual-trafficking-connected-2019-7, 2022.6.28. 업데이트)"

35  올가 카리프, "그린피스, 비트코인 코드 변경을 위한 암호화 억만장자 로비(https://www.bloomberg.com/news/artcles/2022-03-29/greenpeace-crypto-billionaire-lobby-to-change-bitcoin-s-code, 2022.3.28.)

36  나는 '비트코인 테크 토크(Bitcoin Tech Talk)' 249호(https://jimmysong.substack.com/p/erik-voorhees-thorchain-and-pride)에서 에릭 부어히스에 대한 기사를 뉴스레터에 썼다.

## 2부 개인의 인센티브를 파괴하는 법정화폐

37  나는 여기뿐만 아니라 책 전반에 걸쳐 많은 개념을 제시한 사이페딘 아모스의 저서 《비트코인 화폐의 미래(The Fiat Standard)》(The Saif House, 2021)에 대해 깊은 빚을 지고 있다. 그의 책은 현재의 법정화폐 시스템이 어떻게 작동하는지뿐만 아니라 그 역사와 그것이 사회의 다양한 측면에 어떤 영향을 미치는지에 대한 훌륭하게 분석한다.

38  폴 크루그먼, "중국의 물총(https://archive.nytimes.com/krugman.blogs.nytimes.com/2010/03/15/chinas-water-pistol/, 2010.3.15.)"

39  조나단 M. 파인골드 카탈란, "폴 크루그먼과 소비 신화(https://mises.org/library/paul-krugman-and-consumption-myth), 2010.3.25.)"

40  머레이 로스바드, "케인스 경제학에 대한 스포트라이트(https://mises.org/library/spotlight-keynesian-economics, 2022.8.13.)"

41  "M2(https://fred.stlouisfed.org/series/M2SL, 2023.5.)"

42  벤 페인터, "마약을 위한 세제(https://nymag.com/ news/features/tide-detergent-drugs-2013-1/, 2013.1.4.)"

43  "어떻게 물고기가 감옥 화폐가 되었는가?(https://fee.org/articles/how-a-fish-became-prison-currency/, 2017.3.8.)"

44  "부동산 중개 수수료의 작동 방식(https://www.redfin.com/guides/how-much-is-real estate-agent-commission-buyer-seller, 2023.)"

45 https://bullionvalues.org/Resources /ShippingCalculator.aspx 참조.
46 "뮤추얼 펀드 수수료 및 비용(https://www.investor.gov/introduction-investing/investing-basics/glossary /mutual-fund-fee-and-expenses)" 참조.
47 사이페딘 아모스의《달러는 왜 비트코인을 싫어하는가》외에도 금본위제 기간과 그 이후의 은행의 모든 헛소리에 대해 알아볼 수 있는 또 다른 좋은 자료는 닉 바티아의《레이어드 머니 돈이 진화한다(Layered Money)》(Nikhil Bhatia, 2021)가 있다.
48 금 보관소와 그 운영 방식에 대한 주제는 광범위하여 이 책의 범위를 벗어난다. 그러나 제임스 맥케이그의 글 "금 보유: 할당된 금과 할당되지 않은 금의 차이(https://moneyweek.com/2102/buying-gold-allocated-and-unallocated-gold-accounts-14900, 2011.12.5.)"에 할당되지 않은 금이 무엇인지에 대한 좋은 개요가 나와 있다.
49 1933년 행정명령 6102호(https://americanliterature.com/history/franklin-d-roosevelt/legislative/executive-order-6102, 2022)가 이를 시행했다. 금 기반 통화로 돌아간다면, 정부가 보유하지 않은 돈을 지출하고자 할 때 이런 종류의 압류가 또다시 발생할 가능성이 높다.
50 황인영, "무엇이 좋은 투자 수익률로 간주되는가?(https://www.sofi.com/learn/content/good-return-on-investment/)"
51 1934년부터 1971년까지 금 가격은 온스당 35달러였으며, 미국이 금본위제에서 벗어난 후 억눌렸던 상승세가 폭발하면서 수익률이 약간 왜곡되었다는 점에 유의하라. "금과 부동산의 역사적 수익률(https://www.mindfullyinvesting.com/historical-returns-of-gold-and-real-estate/, 2023.6.12.)" 참조.
52 에릭 마틴, "자영업자가 모기지 대출을 받는 방법(https://www.bankrate.com/mortgages/self-employed-how-to-get-a-mortgage/, 2023.6.9.)"
53 "학부 졸업률(https://nces.ed.gov/fastfacts/display.asp?id=40, 2022)"
54 "2000년부터 2022년까지 내셔널 풋볼 리그 평균 프랜차이즈 가치(https://www.statista.com/statistics/193435/average-franchise-value-in-the-nfl-since-2000/, 2023)"
55 "햄튼의 고급 주택 가격이 판매 부진에도 불구하고 기록적인 수준으로 상승(https://www.tradealgo.com/ news/prices-for-luxury-homes-in-the-hamptons-rise-to-record-levels-despite-slow-sales, 2023.4.28.)"
56 댄 프리막, "페이스북의 상장 전 가격 책정 내역(https://fortune.com/2012/05/18/facebooks-pre-ipo-pricing-history/, 2012.5.18.)"
57 프란체스코 트레비·미아오 벤 장, "미국에서의 규제 준수 비용(https://www.nber.org/papers/w30691, 2022.11.)"
58 제프 콕스, "52조 달러 규모의 그림자 금융은 이제 금융 시스템에 큰 위험을 초래하고 있다(https://www.cnbc.com/2019/04/11/shadow-banking-is-now-a-52-trillion-industry-and-posing-risks.html, 2019.4.11.)"
59 고린도전서 13장.
60 데니스 애쉬보 블로스키·파멜라 먼로, "50개 주에서 무과실 이혼법의 발효일《가족관계》제51권 4호, 가족과 법, 2002.10.)"
61 W. 브래드포드 윌콕스, "이혼의 진화(https://nationalaffairs.com/publications/detail/the-evolution-of-divorce, 〈내셔널어페어〉 2009년 가을호)"
62 데니스 애쉬보 블로스키·파멜라 먼로, "50개 주에서 무과실 이혼법의 발효일(https://content.csbs.utah.edu/~fan/fcs5400-6400/studentpre-sentation2009/04DivorceReadingVi

nsky.pdf, 〈가족관계〉 2002.10.)"

63 마이클 버거, "무과실 이혼의 영향에 대한 재검토(https://www.emory.edu/EMORY_REPORT/erarchive/1996/April/ERapril.22/4_22_96first_person.html, 1996.4.)"

64 아드리 무르기아, "미국의 수익성 높은 이혼 산업 내부(https://www.vice.com/en/article/3bjnxb/heartbreak-hustle-923, 2015.5.26.)"

65 라이언 맥마켄, "국가가 결혼을 장악한 방법(https://mises.org/wire/how-state-seized-control-marriage, 2022.12.1.)"

66 에스테반 오르티즈-오스피나와 막스 로저, "결혼과 이혼(https://ourworldindata.org/marriages-and-divorces, 2020)"

67 "세계 출산율 1950-2023(https://www.macrotrends.net/countries/WLD/world/fertility-rate, 2023)"

68 결혼에 대한 태도에 대한 심도 있는 논의는 칼 트루먼이 쓴 《현대 자아의 부상과 승리(The Rise and Triumph of the Modern Self)》의 1장을 참조하라(일리노이주 휘튼: Crossway, 2020).

69 윌리엄 L. 앤더슨, "1971년 8월의 위대한 케인스주의 쿠데타: 50년 후(https://mises.org/wire/great-keynesian-coup-august-1971-fifty-years-later, 2021.8.10.)"

70 다이아나 B. 엘리엇·크리스티 크리비카스·매튜 W. 브라울트·로즈 M. 크라이더, "1890~2010년의 역사적 결혼 트렌드: 인종 차이에 대한 초점(https://www.census.gov/content/dam/Census/library/working-papers/2012/demo/sehsd-wp2012-12_presentation.pdf, 2012.5.3.)"

71 케이 S. 하이모위츠, "흑인 가족: 40년간의 거짓말(https://www.city-journal.org/article/the-black-family-40-years-of-lies, 여름 2005)"

72 맥스 로서, "출산율(https://ourworldindata.org/fertility-rate, 2017.12.2.)"

73 제시 영, "2022년 일본 인구 50만 명 감소(https://www.cnn.com/2023/04/13/asia/japan-population-decline-record-drop-intl-hnk/index.html, 2023.4.13.)"

74 "첫 자녀 출산 시 여성의 평균 연령(https://w3.unece.org/PXWeb/en/Table? Indicator Code=34)"

75 의회조사국, "사회 보장의 자금 부족(https://sgp.fas.org/crs/misc/IF10522.pdf)"

76 찰스 C. 만, "인구 과잉에 대한 세계적인 공포를 불러일으킨 책(https://www.smithsonianmag.com/innovation/book-incited-worldwide-fear-overpopulation-180967499/, 2018.1.)"

77 야마미츠 에이미·톰 베이트먼·이셀 카토, "마지막 학생 졸업: 고령화 일본에서 학교 폐쇄 확산(https://www.reuters.com/investigates/special-report/asia-population-japan-children/, ", 2023.3.30.)"

78 사회보장 프로그램의 기원에 대한 자세한 내용은 머레이 로스바드가 쓴 《진보적 시대(The Progressive Era)》(앨라배마주 오번: Mises Institute, 2017)를 참조하라.

79 "2017 전 세계 가구 규모 및 구성(https://digitallibrary.un.org/record/3799696/files/house-hold_size_and_composition_around_the_world_2017_data_booklet.pdf)"

80 "1970년부터 2022년까지 미국에서 편모 또는 편부와 함께 사는 아동 수(https://www.statista.com/statistics/252847/number-of-children-living-with-a-single-mother-or-single-father/)"

81 프랑크푸르트학파에 대한 분석의 대부분은 진실한 사람, 현대 자아의 부상과 승리 및 앨런 멘

덴홀의 "문화 마르크스주의는 실재한다(https://mises.org/wire/cultural-marxism-real, 2019.1.9.)"에서 발췌했다.

82 폴 켄고르, 《악마와 칼 마르크스(The Devil and Karl Marx)》(노스캐롤라이나주 가스토니아: TAN, 2020) 4부를 참조.

83 머레이 로스바드, "미국의 관료주의와 공무원(https://cdn.mises.org/11_2_1_0.pdf, 〈자유주의 연구저널〉 1996년 여름호)"

84 "전통적 가족은 미국 가구의 7%에 불과(https://www.prb.org/resources/traditional-families-account-for-only-7-percent-of-u-s-households/, 2003.3.2.)"

85 이러한 기사가 많이 있지만 대표적인 것으로는 다음과 같은 것이 있다. 데이비드 베나타, "아이들? 그냥 싫다고 말하라(https://aeon.co/essays/having-children-is-not-life-affirm-it-immoral, 2017.10.19.)"

86 프란체스카 오르테그렌, "자녀 양육 비용이 시간이 지남에 따라 어떻게 변화했는가(https://listwithclever.com/research/cost-of-raising-a-child-over-time/, 2021.8.3.)"

87 삶의 마지막을 바라보는 관점을 얻을 수 있는 흥미로운 책으로는 보니 웨어가 쓴 《죽어가는 사람들의 다섯 가지 후회(The Top Five Regrets of the Dying)》(캘리포니아주 칼스배드: Hay House, 2012)가 있다.

88 "모성과 출산(https://science.jrank.org/pages/10304/Motherhood-Maternity-History-Religion-Myth.html)"

89 "나 혼자", History.com, nd, https://www.history.com/shows/alone.

90 사이페딘 아모스, 《달러는 왜 비트코인을 싫어하는가》 5장 참조.

91 출산율 감소에 대한 훌륭한 시각화는 팔라비 라오가 쓴 "세계 출산율 급락의 시각화(https://www.visualcapitalist.com/worlds-plummeting-fertility-rate/, 2023.4.10.)에서 볼 수 있다.

92 그레그 아이아쿠르시, "지난 해 소비자는 사기로 인해 58억 달러의 손실을 입었다—2020년 대비 70% 증가(https://www.cnbc.com/2022/02/22/consumers-lost-5point8-billion-to-fraud-last-year-up-70percent-over-2020.html, 2022.2.22.)"

93 로라 리처즈, "MLM(다단계 마케팅 사기)이 여성 우정을 해치는 방법(https://www.chicagotribune.com/business/ct-biz-mlm-female-friendship-costs-20190122-story.html, 2019.1.22.)"

94 자굼 우마르·임란 유사프·아담 자렘바, "마켓 스퀴즈 기간 동안 공매도가 심한 주식 간의 움직임: 게임스톱 거래 열풍에서 얻은 교훈(https://www.sciencedirect.com/science/article/pii/S027553192100074X, 국제비즈니스및금융연구(Research in International Business and Finance) 2021.12.)"

95 프랭클린 앨런·마를린 하스·에릭 노왁·엔젤 텐구-러브, "시장 효율성과 차익거래의 한계: 폭스바겐 숏 스퀴즈의 증거(https://www.sciencedirect.com/science/article/abs/pii/S0304405X21001975, 〈파이낸셜이코노믹(Financial Economics)〉 2021.10.)"

96 폴 R. 라 모니카, "오래된 GM은 왜 다시 뜨거운 주식인가?(https://money.cnn.com/2010/01/19/markets/thebuzz/, 2010.1.19.)"

97 켈 켈리, "주식시장과 경내가 실제로 작동하는 방식(https://mises.org/library/how-stock-market-and-economy-really-work, 2010.8.1.)"

98 "S&P 500 배당 수익률(https://ycharts.com/indicators/sp_500_dividend_yield)"

99 론 체르노우, 《타이탄: 존 록펠러의 삶(Titan: The Life of John Rockefeller)》(뉴욕: Vintage, 2004) 365쪽 참조.

100 루트비히 폰 미제스, 《인간 행동》 4장 참조.
101 댄 버로우스, "게임스탑: WSB가 헤지펀드를 이긴 방법(https://www.kiplinger.com/investing/stocks/602158/gamestop-how-wallstreetbets-wsb-beat-hedge-funds, 2021.1.30.)"
102 오브리 스페이디, "블랙록 CEO, 2017년 인터뷰 이후 '강제 행동' 발언으로 비난받은 후 DEI 이니셔티브에 대한 재조명(https://www.foxbusiness.com/politics/blackrock-ceo-slammed-force-behaviors-dei-initiatives, 2023.6.5.)"

### 3부 조직의 인센티브를 파괴하는 법정화폐

103 "개인 저축률(https://fred.stlouisfed.org/series/PSAVERT, 2023.5.)"
104 정부가 이러한 역할을 얼마나 많이 맡았는지에 대한 개요는 헨리 해즐릿이 쓴 《인간 대 복지 국가(Man vs. The Welfare State)》를 참조하라(미국 앨라배마주 오번: Mises Institute, 1970).
105 "씨티그룹: 2010-2023년 직원 수(https://www.macrotrends.net/stocks/charts/C/citigroup/number-of-employees, 2023)"
106 "IBM: 2010-2023년 직원 수(https://www.macrotrends.net/stocks/charts/IBM/ibm/number-of-employees, 2023)"
107 재커리 아르케, "페이스북 메타버스의 값비싼 실패(https://www.maristcircle.com/opinion/2022/12/8/the-costly-failures-of-facebooks-metaverse, 2022.12.8.)"
108 그 이유에 대한 자세한 설명은 루트비히 폰 미제스가 쓴 《관료제(Bureaucracy)》(코네티컷주 뉴 헤이븐: Yale University Press, 1944)를 참조하라.
109 로빈 던바, 《한 사람에게 몇 명의 친구가 필요한가?: 던바의 수와 다른 진화적 특질(How Many Friends Does One Person Need?: Dunbar's Number and Other Evolutionary Quirks)》(매사추세츠주 케임브리지: Havard University Press, 2010).
110 이것이 어떻게 작동하는지에 대한 메커니즘은 루이 루아네트가 쓴 "중앙 은행은 어떻게 불평등을 증가시켰는가(https://mises.org/library/how-central-banking-increased-quality, 2017.8.15.)에서 확인할 수 있다.
111 피터 그루리치, "IBM의 자사주 매입 전략 및 비용(https://www.discerningreaders.com/ibm-twenty-first-century-share-buybacks.html, 2022.4.6.)"
112 토마스 H. 클리어와 제임스 루벤스타인, "벼랑 끝에서 돌아온 디트로이트? 자동차 산업 위기와 구조조정, 2008-2011(https://www. chicagofed.org/publications/economic-perspectives/2012/2q-klier-rubenstein, 2012.)"
113 제임스 에스트린, "코닥의 첫 디지털 순간(https://archive.nytimes.com/lens.blogs.nytimes.com/2015/08/12/kodaks-first-digital-moment/, 2015.8.12.)"
114 크리스토퍼 서크, "Xerox PARC와 GUI의 기원(https://crm.org/articles/xerox-parc-and-the-origins-of-gui, 2020.6.12.)"
115 밥 시우라, "아마존은 배당금을 지급할 것인가?(https://www.suredividend.com/amazon-dividend/, 2023.6.21.)"

116 "크런치베이스 기술 해고 추적기(https://news.crunchbase.com/startups/tech-layoffs/, 2023.6.30.)"

117 이러한 직업에 대한 자세한 내용은 데이비드 그래버가 쓴 《허튼 직업들: 이론(Bullshit Jobs: A Theory)》(뉴욕: Simon&Schuster, 2018)을 확인하라.

118 1995년부터 영업을 시작했지만 2003년까지 흑자를 기록하지 못했다. 후안 카를로스 페레즈, "아마존, 역사상 첫 흑자 연도 기록(https://www.computerworld.com/article/2575106/amazon-records-first-profitable-year-in-its-history.html, 2004.1.28.)"

119 칼라 헤스터버그, "온라인 광고의 간략한 역사(https://blog.hubspot.com/marketing/history-of-online-advertising, 2021.11.29.)"

120 브라이스 코버트, "토이저러스의 종말은 경고다(https://www.theatlantic.com/magazine/archive/2018/07/toys-r-us-bankruptcy-private-equity/561758/, 2018.7.)"

121 "타임라인: 보더스 그룹 서점의 짧은 역사(https://www.reuters.com/article/us-borders-timeline/timeline-a-short-history-of-borders-group-bookstores-idUSTRE71F3AT20110216, 2011.2.16.)"

122 내더니엘 메이어손, "베드배스앤비욘드, 토이저러스, 라디오섁 모두 같은 이유로 폐쇄(https://www.cnn.com/2023/04/29/business/bed-bath-beyond-toys-r-us-cate-gory-killer-retail/index.html, 2023.4.29.)"

123 "개인 금융(https://www.opensecrets.org/personal-finances)"

124 "모바일 운영체제의 전 세계 시장 점유율 2009년 1분기부터 2023년 1분기까지(2023, https://www.statista.com/statistics/272698/global-market-share-held-by-mobile-operating-systems-since-2009/, 2023)"

125 분산형 알파넷 아키텍처를 비롯한 인터넷의 기원에 대한 자세한 논의는 재닛 아바테가 쓴 《인터넷의 발명(Inventing the Internet)》을 참조하라(매사추세츠주 케임브리지: MIT Press, 2000).

126 이 비즈니스 모델에 대한 자세한 논의는 쇼샤나 주보프가 쓴 《감시 자본주의의 시대(The Age of Surveillance Capitalism)》(뉴욕: Public Affairs, 2019)에서 확인할 수 있다.

127 칼라 에레리아 루소, "초콜릿 푸딩으로 120만 마일을 적립한 데이비드 필립스를 만나다(https://www.huffpost.com/entry/david-philipps-pudding-guy-travel-deals_n_577c9397e4b0a629c1ab35a7, 2016.7.13.)"

128 에릭 로젠, "40년의 마일리지: 상용고객 우대 프로그램의 역사(https://thepointsguy.com/guide/evolution-frequent-flyer-programs/)"

129 브라이언 서머스, "유나이티드항공의 로열티 프로그램은 220억 달러의 가치가 있을까?(https://skift.com/2020/06/15/how-is-united-airlines-loyalty-program-worth-22-billion/, 2020.6.15.)"

130 앤드류 쿠네쉬, "캐시 카우: 로열티 프로그램이 코로나19 시기 동안 항공사와 호텔의 생명줄인 이유(https://thepointsguy.com/news/economics-of-loyalty-programs/, 2020.9.4.)"

131 "미국 항공사 파산(https://www.airlines.org/dataset/u-s-bankruptcies-and-services-cessations/, 2022.8.24.)"

132 리처드 아불라피아, "스피드 킬(https://slate.com/technology/2016/04/why-planes-arent-getting-any-faster-and-wont-any-time-soon.html, 2016.4.29.)"

133 서머스, "유나이티드 항공의 로열티 프로그램."

134 유나이티드항공홀딩스(https://ycharts.com /companies/UAL/market_cap).
135 "가장 가치 있는 100대 항공사 로열티 프로그램(https://onpointloyalty.com/wp-content/uploads/2023/02/On-Point-Loyalty-Report-top-100-Most-Valuable-Airline-Programs-2023.pdf)"
136 믿거나 말거나 좀비 컴퍼니는 R. 카바예로·타케오 호시·아닐 K. 카시얍, "좀비 대출과 일본의 구조조정(https://www.nber.org/papers/w12129, 2007.9.)에 소개된 전문 용어이다. 나는 이러한 특정 기술적 정의를 언급하는 것이 아니라, 생존을 위해 정부 보조금에 크게 의존하는 기업에 대해 보다 일반적으로 이야기하는 것이다.
137 이 주제에 대해 더 자세히 알아보려면 톰 우즈, 《가톨릭 교회는 어떻게 서구 문명을 건설했는가(How the Catholic Church Built Western Civilization)》(워싱턴 DC: 리제너리 출판, 2005) 11장을 참조하라.
138 현대 자선단체의 비효율성에 대한 심층적인 분석은 켄 스턴, 《모두를 위한 자선단체: 자선단체가 실패하는 이유와 더 나은 기부 방법(With Charity for All: Why Charities Are Failing and a Better Way to Give)》(뉴욕: PublicAffairs, 2010)에서 확인할 수 있다.
139 이 제도가 억만장자들에게 어떤 혜택을 주는지 자세히 알아보려면 폴 밸러리가 쓴 "자선활동이 슈퍼리치에게 주는 혜택(https://www.theguardian.com/society/2020/sep/08/how-philanthropy-benefits-the-super-rich, 2020.9.8.)"을 확인하라.
140 버락 오바마, 《내 아버지로부터의 꿈(Dreams from My Father)》 13장(뉴욕: Times Books, 1995).
141 리 오하니언, "11억 달러 지출에도 불구하고 샌프란시스코의 노숙자 문제는 통제 불능 상태(https://www.hoover.org/research/despite-spending-11-billion-san-francisco-sees-its-homelessness-problems-spiral-out, 2022.5.10.)"
142 이 장의 많은 내용은 사이페딘 아모스가 쓴 《피아트 스탠다드(The Fiat Standard)》 9장에서 다루고 있다.
143 국립교육통계센터(National Center for Education Statistics), "학부 졸업률".
144 "1912년 불릿 카운티 학교 8학년 시험(https://www.bullittcountyhistory.com/bchistory/schoolexam1912.html)"
145 벤자민 긴즈버그, 《교수진의 몰락(The Fall of the Faculty)》 (옥스퍼드: Oxford University Press, 2011).

## 4부 국가의 인센티브를 파괴하는 법정화폐

146 "중앙은행이 없는 국가 2023(https://worldpopulationreview.com/country-rankings/countries-without-central-banks)"
147 예를 들어 1890~1910년 미국 중앙은행 이전 시기의 대출 이자율을 추적할 수 있다. 진 스마일리, "미국의 이자율 변동, 1888-1913(https://www.jstor.org/stable/2119559, 〈경제사저널(The Journal of Economic History)〉 1975년 9월호) 참조.
148 패트릭 배런, "실제 예산 규율을 위해서는 건전한 자금이 필요하다(https://mises.org/wire/sound-money-required-real-budget-discipline, 2016.4.12.)"
149 조세프 D. 리드 주니어, "역사적 관점에서 본 세금 반란(https://www.jstor.org/stable/41863157, 〈국세저널(National Tax Journal)〉 1979년 6월호)"

150 게리 갤즈, "사회보장: 역사상 가장 성공적인 폰지 사기(https://mises.org/library/social-security-most-successful-ponzi-scheme-history, 2013.11.11.)"

151 라이언 맥메이큰, "고마워요, 부시와 오바마: 미국인 7명 중 1명은 2015년에 푸드 스탬프를 받았다(https://mises.org/wire/thanks-bush-and-obama-1-7-americans-were-food-stamps-2015, 2016.3.8.)"

152 이것은 많은 정부가 마음에 들지 않는 사람들을 추적하는 데 사용하는 스마트폰의 모든 것을 볼 수 있는 소프트웨어다. 2016년 현재 라이선스 10개에 115만 달러다. 니콜 펄로스, "스파이 기술 기업이 어떻게 정부가 스마트폰의 모든 것을 볼 수 있게 하는가?(https://www.nytimes.com/2016/09/03/technology/nso-group-how-spy-tech-firms-let-governments-see-everything-on-a-smartphone.html, 2016.9.2.)"

153 조이스 배틀, "인도와 파키스탄-핵 문턱에서(https:// nsarchive2.gwu.edu/NSAEBB/NSAEBB6/, 국가안보문서보관소(National Security Archive Electronic) 전자 브리핑북 6호) 참조.

154 "북한의 핵 프로그램(https://kls.law.columbia.edu/content/north-koreas-nuclear-program-history, 한국법제연구센터)"

155 사이페딘 아모스,《달러는 왜 비트코인을 싫어하는가》, 4장 참조.

156 카림 체하예브, "공공 보안 파업으로 현금이 부족한 레바논(https://apnews.com/article/middle-east-lebanon-economy-beirut-78b9eb30d8014ed0ac81314546668728, 2022.8.9.) 정부 노동자 추정치와 "노동력, 총-레바논(https://data.worldbank.org/indicator/SL.TLF.TOTL.IN?locations=LB)"

157 이관후·저스틴 브루머, "미션 크리티컬 정부 소프트웨어 프로젝트 관리(https://www.businessofgovernment.org/sites/default/files/Viewpoints%20Dr%20Gwanhoo%20Lee.pdf, 2017년 가을호)"

158 "미연방 건강보험(Healthcare.gov): 비효율적인 계획 및 감독 관행으로 인해 계약 관리 개선 필요성 미흡(https://www.gao.gov/products/gao-14-694, 정부회계책임사무소보고서(Government Accountability Office Report), 2014.7.30.)"

159 스티븐 레비, "미국의 기술 전문가가 물러나다(https://www.wired.com/2014/08/health care-gov/, 2014.8.18.)"

160 "오바마케어-역사상 가장 큰 소프트웨어 개발 재앙(http://www.generationaldynamics.com/pg/ww2010.i.hcgov150823.htm, 세대역학보고서(Generational Dynamics Report) 2015.8.23.)"

161 EEOC와 그 권한에 대한 심층적인 논의는 월터 블록《차별 사례(The Case for Discrimination)》(앨라배마주 오번: Mises Institute, 2010)의 2부에 나와 있다.

162 코리 닥터로우, "오른쪽이든 왼쪽이든, 빅테크 검열에 대해 걱정해야 한다(https://www.eff.org/deeplinks/2021/07/right-or-left-you-should-be-worried-about-big-tech-censorship, 2021.7.16.)"

163 "영국 관습법은 세계에서 가장 널리 퍼진 법률 시스템이다(https://www.sweetandmax well.co.uk/about-us/press-releases/061108.pdf, 매티슨홍보(Mattison Public Relations) 2008년 11월)"

164 "재닛 옐런 재무장관, '미실현 자본 이득'에 대한 과세 가능성 언급(https://www.youtube.com/watch?v=0LfANN7IIeM)", KUSI 뉴스 참조.

165 "수년간의 부채 한도(https://bipartisanpolicy.org/debt-limit-through-the-years/)", 초당정책센(Bipartisan Policy Center) 참조.

166 애쉬 나바비, "조닝의 경제와 정치(https://mises.org/wire/economics-and-politics-zoning, 2019.11.4.)" * 조닝(Zoning)은 토지사용에 대한 용도를 지정한 시의 토지용도지정법

을 말함. 한국에서는 '지목'이란 단어로 사용.
167 짐 페다코, "조닝은 도둑질이다(https://mises.org/ library/zoning-theft, 2006.3.21.)"
168 마이클 맥레이·아마르 라디아범라일랜드 토머스, "현대 경제의 화폐 창출(https://www.bankofengland.co.uk/-/media/boe/files/quarterly-bulletin/2014/money-creation-in-the-modern-economy.pdf, 영란은행 분기별 회보 2014년 1분기)"
169 "우리가 하는 일(https://www.fanniemae. com/about-us/what-we-do, 2023.5.2.)"
170 "주택 가격 대비 중위 가구 소득 비율(미국)(https://www.longtermtrends.net/home-price-median-annual-income-ratio/)"
171 https://www.statista.com/statistics/941309/china-share-of-home-purchases-by-number-of-homes-owned-unit/.
172 리밍예, "중국 유령도시의 진화(https://journals .openedition.org/chinaperspectives/7209, 2017)
173 데이비드 쿠식, "미국 주택의 건축 연도별 중간 연령(https://todayshomeowner.com/home-finances/guides/median-home-age-us/, 2020.1.16.)"
174 사이페딘 아모스, 《비트코인 화폐의 미래》, 원서 103~105쪽 참조.
175 제이미 무어, "유럽에서 오랜 세월 동안 변하지 않은 10곳(https://www.businessinsider.com/places-in-europe-that-havent-changed-in-ages-2016-6, 2016.6.17.)"
176 립튼 매튜스, "ESG: 진보적 엘리트들이 경제에 끼친 또 다른 사기 행각(https://mises.org/wire/esg-another-fraudulent-hustle-progressive-elites-have-foisted-economy, 2023.4.27.)"
177 알렉스 엡스타인, 《화석의 미래(Fossil Future)》, 62쪽.
178 이에 대한 훌륭한 설명은 조나단 비어, 《블록사이즈 전쟁(The Blocksize War)》(Independent, 2021)에 있다.
179 매트 블라인더, "크립토 통화를 홍보하는 인플루언서의 그늘진 세계 내부(https://mashable.com/article/influencers-altcoin-scams, 2021.6.25.)"

## 5부 세계화의 인센티브를 파괴하는 법정화폐

180 대부분은 사이페딘 아모스가 쓴 《달러는 왜 비트코인을 싫어하는가》 4장에서 발췌했다.
181 닉 리우디스, "금본위제란 무엇인가? 장점, 대안 및 역사(https://www.investopedia.com/ask/answers/09/gold-standard.asp, 2023.4.30.)"
182 "작은 변화(https://www.parliament.uk/business/publications/research/olympic-britain/the-economy/small-change/, 영국의회(UK Parliament) 2023)"
183 요르그 구이도 헐스만, 《화폐 생산의 윤리(The Ethics of Money Production)》(앨라배마주 오번: Mises Institute, 2008), 218쪽.
184 행정명령 6102호, AmericanLiterature.com.
185 닉 바티아, 《레이어드 머니 돈이 진화한다(Layered Money)》, 원서 68~72쪽.
186 알렉스 글래드스타인, 《비트코인, 초제국의 종말(Check Your Financial Privilege)》(테네시주 내슈빌: Bitcoin Magazine Books, 2021), 3장.

187 사이페딘 아모스, 《비트코인 화폐의 미래》, 11장.
188 "중앙은행 유동성 스와프(https://www.federalreserve.gov/monetarypolicy/central-bank-liquidity-swaps.htm, 미국 연방준비제도이사회, 2023.3.19.)"
189 "영국과 관련된 전쟁 목록(https://en.wikipedia.org/wiki/List_of_wars_involving_the_United_Kingdom)"
190 마이클 렉텐발트, "마스터링 더 퓨처(https://mises.org/wire/mastering-future-megalomaniacal-ambitions-wef, 2016.4.2.)"
191 크리스 밀러, 《칩 워(Chip War)》 (뉴욕: Scribner, 2022).
192 토드 스팽글러, "넷플릭스, 2020년에 콘텐츠에 170억 달러 이상 지출할 것으로 예상(https://variety.com/2020/digital/news/netflix-2020-content-spending-17-billion-1203469237/, 2020.1.16.)"
193 스콧 로클린, "분야로서의 양자 컴퓨팅은 명백한 헛소리(https://scottlocklin.wordpress.com/2019/01/15/quantum-computing-as-a-field-is-obvious-bullshit/, 2019.1.15.)"
194 사이페딘 아모스, 《비트코인 화폐의 미래》, 9장.
195 치링 찬, "낙오자: 과학, 기술, 그리고 소비에트 국가주의(https://ojs.stanford.edu/ojs/index.php/intersect/article/download/691/659/2987, 〈인터섹트(Intersect)〉 2015)"
196 마이클 D. 고딘, "라이센코이즘(https://ethos.lps.library.cmu.edu/article/id/560/)", 과학사 백과사전(Encyclopedia of the History of Science) 참조,
197 제임스 킵 핀치, "공학 및 과학: 역사적 검토와 평가(https://www.jstor.org/stable/3100887, 〈기술과문화(Technology and Culture)〉 1961년 가을호)"
198 데이비드 맥컬러프, 《라이트 형제(The Wright Brothers)》 (뉴욕: Simon&Schuster, 2016).
199 유도만능줄기세포라는 대안은 본질적으로 전체 논의에 의문을 제기했다. 데비 킹, "유도만능줄기세포의 10년: 되돌아보기(https://cellculturedish.com/ten-years-of-induced-pluripotent-stem-cells-a-look-back/, 2016.8.31.)"
200 "2021년 2월 텍사스 전력망 정전의 타임라인 및 사건(https://energy.utexas.edu/research/ercot-blackout-2021)", 텍사스대에너지연구소(University of Texas Energy Institute) 참조.
201 "청정 에너지 전환에서 중요 광물의 역할(https://www.iea.org/reports/the-role-of-critical-minerals-in-clean-energy-transitions/executive-summary)"
202 조아킴 북, "유럽인의 발밑에 가스를 밝히다(https://mises.org/wire/lighting-gas-under-ouropean-feet-how-politicians-and-journalists-get-energy-so-wrong, 2022.5.9.)"
203 알렉스 엡스타인, 《화석의 미래》, 6장.
204 알렉스 엡스타인, 《화석의 미래》, 2장.
205 알렉스 엡스타인, 《화석의 미래》, 1장
206 "통계적 세계 에너지 검토(https://www.bp.com/en/global/corporate/energy-economics/statistical-review-of-world-energy.html)"
207 "플라스틱은 석유로 만들어진다(https://www.polyplastics.com/en/pavilion/beginners/01-05.html)"
208 스탠리 르버고트, "노동력과 고용, 1800-1960(https://www.nber.org/system/files/chapters/c1567/c1567.pdf.)"

209 "미국-농업 분야 고용(전체 고용의 %)(https://tradingeconomics.com/united-states/employment-in-agriculture-percent-of-total-employment-wb-data.html)"
210 케이시 크라운하트, "전기 비행기의 이륙을 막는 이유(https://www.technologyreview.com/2022/08/17/1058013/electric-planes-taking-off-challenges/, 2017.8.8.)"
211 커크 치술름, "석유로 만든 144가지 제품과 충격을 줄 수 있는 4가지 제품(https://innovativewealth.com/inflation-monitor/what-products-made-from-petroleum-outside-of-gasoline/)"
212 "비농업 사업 부문: 노동 생산성(https://fred.stlouisfed.org/series/OPHNFB), FRED 경제데이터 2023.5.)"
213 라훌 통기야, "가난한 나라에 탄소 배출 제로를 너무 일찍 달성하도록 강요하는 것은 불공평하다(https://www.brookings.edu/blog/planetpolicy/2022/10/26/it-is-unfair-to-push-poor-countries-to-reach-zero-carbon-emissions-too-early/, 2022.10.26.)"
214 "핵잠수함 및 항공모함(https://www.epa.gov/radtown/nuclear-submarines-and-aircraft-carriers, 2023.5.3.)"
215 사이페딘 아모스, 《달러는 왜 비트코인을 싫어하는가》, 원서 47~53쪽.
216 "마크 로스코(https://www.nga.gov/features/mark-rothko.html)"
217 제임스 알투처, "피카소는 어떻게 50,000점의 예술 작품을 만들었을까?(https://medium.com/the-mission/how-did-picasso-create-50-000-works-of-art-a3bc21e82c89, 2015.10.5.)"
218 여기서의 미술계 경제학은 대부분 돈 톰슨이 쓴 《1,200만 달러짜리 박제 상어(The $12 Million Stuffed Shark)》(뉴욕: St. Martin's Griffin, 2010)에서 발췌한 것이다.
219 솔로몬 애쉬, "판단의 수정과 왜곡에 대한 집단 압력의 영향(https://gwern.net/doc/psychology/1952-asch.pdf, 1952)
220 "COVID-19 감염자를 위한 격리 및 예방 조치(https://www.cdc.gov/coronavirus/2019-ncov/your-health/isolation.html, 2023.5.11.)"
221 사이먼 시백 몬티피오리, 《스탈린: 붉은 차르의 궁정(Stalin: The Court of the Red Tsar)》(뉴욕: Vintage, 2005).
222 론 폴, 《우리는 왜 매번 경제위기를 겪어야 하는가?(End the Fed)》(뉴욕: Grand Central, 2010).

## 6부 법정화폐 체제의 종식

223 찰스 E. 리틀, "카토가 말한 '카르타고 델렌다 에스트'의 진위와 형식(https://www.jstor.org/stable/3289867, 〈고전저널(The Classical Journal)〉, 1934.3.)"
224 아드리안 골드스워디, 《포에니 전쟁(The Punic Wars)》(시카고: Cassell, 2001).
225 로버트 P. 머피, 《화폐 역학의 이해(Understanding Money Mechanics)》(앨라배마주 오번: Mises Institute, 2021), 14장.
226 프리마인은 초창기 제작자가 보관한 토큰의 일부다.
227 "문서화된 디파이 익스플로잇 타임라인(https://chainsec.io/defi-hacks/)"
228 "2019년 암호화폐: ICO 마케팅 예산은 얼마인가?(https://www.super-cryptonews.

com/cryptocurrency-in-2019-what-should-your-ICO-marketing-budget-be/, 2019.11.28.)"

229 2023년 6월 18일 기준 분석(https://twitter.com/jimmysong/status/1671572837600043033?s=20).

230 Chainsec.io, "문서화된 타임라인"

231 유익한 예는 EOS 약관이다. https://d340lr3764rrcr.cloudfront.net/purchase_agreement/block.one+-+EOS+Token +Purchase+Agreement+-+September+4%2C+2017.pdf.

232 조던 핀네스, "알트코인 라운드업: 공급망 위기를 정면으로 돌파하는 세 가지 블록체인 프로토콜(https://cointelegraph.com/news/altcoin-roundup-3-blockchain-protocols-taking-the-supply-chain-crisis-head-on, 2021.11.5.)"

233 엘리 리치맨, "프라이빗 블록체인, 설명: 프라이빗 블록체인이란 무엇이며, 무엇이 아닌지, 그리고 HIPAA 기대치를 관리하는 방법(https://www.fiercehealthcare.com/tech/private-blockchain-explained-what-it-what-it-isn-t-and-how-to-manage-your-hipaa-expectations, 2018.9.19.)"

234 리처드 칸, "블록체인이 광고 사기에 대항하는 데 도움이 되는 방법(https://www.anura.io/blog/ how-blockchain-can-help-in-the-fight-against-ad-fraud, 2018.4.5.)"

235 타일러 크루스, "Change The Code: 기후가 아닌 코드-그린피스 미국, EWG, 기타 단체가 기후 오염을 줄이기 위해 비트코인을 밀어붙이는 캠페인을 시작했다(https://www.greenpeace.org/usa/news/change-the-code-not-the-climate-greenpeace-usa-ewg-others-launch-campaign-to-push-bitcoin-to-reduce-climate-pollution/, 2022.3.29.)"

236 https://bitcointalk.org/index.php?topic=137.0 참조.

237 마이클 카필코프, "초기 개발자는 사토시가 네트워크 방어를 위해 GPU 채굴을 발명했다고 말한다(https://cointelegraph.com/news/satoshi-invented-gpu-mining-to-defend-the-network-says-early-dev, 2020.5.30.)"

238 https://twitter.com/GregSchoen/status/70261648811761665 참조.

239 제임슨 롭, "비트코인 정보 및 리소스(https://www.lopp.net/bitcoin-information.html)"

240 로버트 맥밀란, "비트코인의 4억 6,000만 달러 재앙, 마운트곡스의 내부 이야기(https://www.wired.com/2014/03/bitcoin-exchange/, 2014.3.3.)"

241 "비트코인 거래소 및 거래의 역사(https://academy.bit2me.com/en/historia-exchanges-trading-bitcoin/, 2023.4.17.)"

242 https://bitcointalk.org/index.php?topic=42417.60 참조.

243 https://bitcointalk.org/index.php?topic=178286.0 참조.

244 https://bitcointalk.org/index.php?topic=265188.0 참조.

245 https://bitcointalk.org/index.php?topic=446450/1.0 참조.

246 에이드리언 제프리스, "FTC, 비트코인랜드에서 두 번째로 미움을 받는 회사 버터플라이 랩스 폐쇄", 2014.9.23, https://www .theverge.com/2014/9/23/6833047/bitcoin-conspiracy-theorists-vindicated-as-ftc-shuts-down-butterfly-labs.

247 찰리 리처드, "최대 999명의 채권자에게 파산 신청(https://cointelegraph.com/news/cointerra-files for bankruptcy with-up-to-999-creditors-owned, 2015.1.29.)"

248 https://bitcointalk.org/index.php?topic=937339.0 참조.

#### 옮긴이 **백훈종**

핀테크 스타트업 디에이그라운드의 공동 창업자이자 투자 플랫폼 스매시파이(SmashFi)의 대표이다. 미국 조지워싱턴대학교에서 경영학(금융 특화)을 전공했다. 코인원과 세아상역에서 폭넓은 실무 경험을 쌓았다. 현재 CEO로 있는 스매시파이는 전 세계 비트코인 투자자들을 대상으로 안정적이고 신뢰할 수 있는 자동 투자 서비스를 제공하는 혁신적인 플랫폼으로, 국내외 1만여 명의 고객을 대상으로 서비스를 제공하고 있다. 디에이그라운드의 자체 개발 플랫폼 샌드뱅크와 함께 장기적이고 안정적인 투자 전략으로 사용자들의 지속 가능한 수익 구조 형성을 추구한다. 유튜브 채널 '백훈종의 전지적 비트코인 시점'에서 비트코인 장기 투자의 필요성과 중요성을 알리고 있다. 지은 책으로는 《웹 3.0 사용설명서》, 《비트코인 사용설명서》가 있다.

#### 감수 **강승구**

비트코이너. 스마트 비트코인 적립식 투자 솔루션 '비트세이빙'을 운영하는 업루트컴퍼니의 공동창업자이자 부대표이다. 업루트컴퍼니는 국내 최초로 온체인 데이터, AI를 활용한 스마트 비트코인 적립식 투자 솔루션 '비트세이빙'을 론칭했으며, 스트래티지(구 마이크로스트래티지)와 〈비트코인 매거진〉이 운영하는 'Bitcoin for Corporations'에 국내 최초로 가입한 기업이다. 비트코인뿐만 아니라 연쇄 창업가이자 벤처기업협회 멘토, 창업진흥원 평가위원 일 등을 하며 창업생태계에서 폭넓게 활동 중이며 창업 전에 이랜드를 비롯한 국내, 외국계 대기업에서 전략기획 업무를 하였다. 《땡스 갓 포 비트코인(Thank God For Bitcoin)》의 국내 출판기획 및 감수를 하였고, 《나는 오늘도 비트코인을 산다》를 썼다.

---

### 당신은 왜 부자가 되지 못하는가

초판 1쇄 발행 | 2025년 11월 12일

ⓒ 지미 송, 2025

지은이 | 지미 송
펴낸곳 | 거인의 정원
등 록 | 제2023-000080호(2023년 3월 3일)
주 소 | 서울특별시 강남구 영동대로602, 6층 P257호
이메일 | nam@giants-garden.com

* 이 책은 저작권법에 따라 보호받는 저작물이므로 무단전재와 무단복제를 금합니다.
　이 책의 전부 또는 일부를 이용하려면 반드시 사전에 저작권자와 거인의 정원 출판사의 서면 동의를 받아야 합니다.
* 잘못 만든 책은 구입한 서점에서 바꿔 드립니다.